高齢社会の政治経済学

日本の高齢者福祉政策を中心に

尹 文九 著

ミネルヴァ書房

推薦の辞

一般社団法人 GAIA 機構理事長
筑波大学大学院名誉教授

進 藤 榮 一

　高齢社会化の危機がわが国で叫ばれてからすでに20年以上も経つのに，危機への有効な政策をいまだ私たちは手にしていない。昨年来の年金問題の混乱や「後期高齢者医療制度」対策の迷走が，それを象徴する。ポスト小泉政局の混迷もまた，つまるところ高齢者福祉政策を軸にした21世紀公共政策の不在から来ている。

　いったい私たちは，高齢社会化が，少子化とともに加速度的に進展しているにもかかわらず，それに対処できる有効な政策をなぜ打ち出すことができないのか。第二次世界大戦の敗戦の瓦礫から見事に立ち上がり，経済超大国化に成功したのに，なぜ私たちは少子高齢社会化の前で足踏みし，社会の活力を失い続けているのか。いったい，高度成長を可能にした霞が関官僚の政策構想力や永田町族議員政治の政策調整力は，高齢者福祉政策の策定になぜ無力であり続けるのか。

　いや，本書が明らかにしているように，かつて日本は世界に先駆け高齢者福祉政策の先鞭をつけ，革新自治体がモデル的ともいえる福祉政策を展開していた。それなのに，なぜ55年体制崩壊前後から，政策構想力も調整能力も失って，いまや先進国中の高齢者福祉"後進国"へと転落したのか。いったい日本の高齢者福祉政策の隘路は，どこにその打開の途を見出すことができるのか。

　これら一連の政策課題に対して本書は，高齢者福祉という21世紀の最重要政策課題に焦点を当て，日本の政策形成システムに潜む現実と神話を解きほぐしていく。そして戦後の高齢者福祉政策の転機を記した五つの基本政策の形成過程のダイナミズムを追跡しながら日本型政策決定システムの光と影を明らかにする。

　そこから私たちは，高齢社会化，あるいは少子高齢社会化という先進国共通の政策課題に，いかなる解を指し示すべきか，日本型政策過程にひそむ陥穽をどう改め，市民にとって真に豊かな社会をつくり上げていくのか，今日の日本が直面する政治課題にいくつもの示唆を手にできるだろう。

　本書は，かつて若い日に，軍政下の韓国をあとに青雲の志を抱き，筑波大学の研究室の門をたたいた著者八年の研鑽の成果を基礎にしている。政策研究の黄金

時代を記した90年代筑波の知的雰囲気が，日韓両国の社会福祉学会や日本政治研究家との頻繁な交流と巧みなアマルガムを奏しながら，21世紀社会の政治と政策指針のかたちを見事に指し示している。私はいまでも，国際関係論の大教室の最前列で受講する，来日間もない著者の燃えるような眼を想起する。あれから四半世紀，社会福祉政策研究の第一人者として大成しつつある著者の研鑽成果の刊行を慶び，一人でも多くの人々が本書を手にされるよう勧めたい。

「老いるアジア」の現実がいま急速に広がり，看護士・介護士人材や社会福祉事業が国境を超えて相互交流と相互依存を強めている。世界同時不況以後で，先端技術分野や環境や農とともに，福祉介護医療が，新成長産業分野として浮上している。その意味で本書は，単に福祉政策を考究する学徒や社会福祉関係者ばかりでなく，広く東アジア共生の時代の中で，政治やメディア，公共政策の現場で苦闘する関係者に必読の書となるだろう。アジアと日本の繁栄と共生のために，本書を広湖に勧める所以である。

2017年初秋の筑波にて

高齢社会の政治経済学
―― 日本の高齢者福祉政策を中心に ――

目　次

推薦の辞……………………………………………………………進藤榮一…i

序　章　研究の方法及び本書の構成…………………………………………1

　　第1節　研究の方法……………………………………………………1
　　第2節　本書の構成……………………………………………………5

第Ⅰ部　社会福祉政策の基礎理論　　19

第1章　本書の理論的アプローチ………………………………………21
　　第1節　問題の提起……………………………………………………21
　　第2節　福祉政策に関する先行研究の検討…………………………24
　　第3節　理論的枠組みの構築…………………………………………32

第2章　福祉政策決定に関する理論的考察……………………………49
　　第1節　政策決定の理論モデル………………………………………49
　　第2節　福祉国家発展の決定要因をめぐる政策理論………………53
　　第3節　日本における政策決定理論へのアプローチ………………60

第3章　日本における福祉観の形成とその変遷プロセス…………75
　　第1節　問題の提起……………………………………………………75
　　第2節　戦前における福祉観の形成及び変化………………………77
　　第3節　戦後における福祉観の変化…………………………………84
　　第4節　残された課題…………………………………………………93

第Ⅱ部　高度経済成長期における高齢者福祉政策　　97

第4章　1960年代の高齢者福祉と老人福祉法…………………………99
　　第1節　問題の提起……………………………………………………99
　　第2節　先行研究の検討及び研究方法………………………………100
　　第3節　老人福祉法制定以前の高齢者福祉の歩み…………………104

第4節　老人福祉法制定の背景………………………………………………110

第5節　政策形成への動き……………………………………………………116

第6節　老人福祉法の決定過程………………………………………………131

第5章　1970年代の高齢者福祉と老人医療費無料化制度…………139

第1節　問題の提起……………………………………………………………139

第2節　制度成立の経緯………………………………………………………140

第3節　制度創設への動き……………………………………………………146

第4節　制度成立をめぐるアクターの動向…………………………………156

第5節　小　　括………………………………………………………………172

第Ⅲ部　安定成長期における高齢者福祉政策　　177

第6章　新保守主義と福祉政策改革の政治過程………………………179

第1節　問題の提起……………………………………………………………179

第2節　福祉国家危機論の台頭………………………………………………180

第3節　財政危機と行政改革…………………………………………………192

第7章　高齢化社会と老人保健法……………………………………………209

第1節　問題の提起……………………………………………………………209

第2節　制度成立の狙いと背景………………………………………………210

第3節　老人医療費無料化制度の見直しをめぐる動向……………………216

第4節　法案の作成過程における厚生省の役割……………………………220

第5節　法案の決定過程をめぐる動き………………………………………225

第6節　老人保健法の問題点…………………………………………………228

第8章　1980年代の高齢者福祉と健康保険法の改正………………235

第1節　問題の提起……………………………………………………………235

第2節　健保法改正をめぐる政策環境………………………………………235

第3節　改正案をめぐる政策形成過程………………………………………239

第4節　改正案をめぐる政策決定過程………………………………………247

第5節　小　　括………………………………………………………………251

第Ⅳ部　低成長時代における高齢者福祉政策　　257

第9章　高齢社会と介護保険法……………………………259
　　　──政策問題としての介護問題──
　　第1節　問題の提起…………………………………………259
　　第2節　介護保険制度成立への背景………………………261
　　第3節　政策議題としての介護保険の台頭………………269

第10章　超高齢社会と介護保険法…………………………291
　　　──介護保険法案の成立と制度の問題点──
　　第1節　介護保険法案の形成過程…………………………291
　　第2節　介護保険制度の仕組み……………………………328
　　第3節　介護保険制度の改正（2005年）…………………334
　　第4節　介護保険制度の問題点と残された課題…………341

終　章　今後の課題…………………………………………355
　　第1節　日本型政策決定の特徴……………………………355
　　第2節　今後の課題…………………………………………358

あとがき…………………………………………………………361
参考文献…………………………………………………………365
人名索引…………………………………………………………381
事項索引…………………………………………………………383

序　章
研究の方法及び本書の構成

第1節　研究の方法

（1）事例研究

　本書では，日本における高齢者福祉政策の形成及び決定過程を具体的，あるいは実際的に分析するためイシュー・アプローチ（issue approach）に基づく事例研究方法（case study research）を用いて分析するものとする。一般に，政策決定過程は，それぞれの展開がもつ独自性やその複雑性のゆえに，相互に比較したり，一般化したりするために不可欠な均一のデータを得ることが難しい。そのため少なくとも研究の手始めには，具体的な事例を選択し，その叙述，分析を出発点とすることが通常の手法となるが，こうした方法を事例研究という。

　事例研究という手法が政策形成過程研究に特に有用である点について P. ホールは次のように述べている。「政策形成及び決定過程の研究には，さまざまなアプローチが存在するが，事例研究方法は政策が形成され，転換（変化）されていく過程を最も効果的に提示しうるものである。また，この方法は，政策の開発，変化過程に対する具体的な記述から始め，さらに一般化の水準にまで高める上で重要な手段になる。しかも，この方法は動態的接近法（action approach）を使用することによって政策形成過程に参与したアクターの意図をよく説明してくれるものである[1]」と指摘している。

　そして，こうした方法に基づく事例研究には，これまで多くの研究が積み重ねられてきた。なお，イシュー・アプローチとは「事例研究のうち，特定のイシューの登場，展開，決着を政策要求をめぐる対立と妥協の過程という観点から整理し，こうした事例研究をもとに政策決定過程が示す何らかの構造を発見しようとする試み[3]」であると，大嶽秀夫は定義した。[2]

とりわけ，イシュー・アプローチによる事例研究は，ある政策の決定過程を，始まりと終わりがあり，かつ，他の政策過程からは独立であるという意味で自律的な一つの過程とみなすことによって，中間的，中期的な観点からの分析を可能にさせるのであり，また，政治過程についてのある局面における全体像を与えてくれるという利点がある。したがって，この方法は，政策過程についてのある種の全体的な見取り図を与える役割を果たすことによって，個々のアクター間の因果関係の分析に進む前提として，どの因果関係がさらなる分析に値するかを指示する役割を演ずるのである。研究対象内部での個別的な関係の検討に入り込めば入り込むほど，その特定の関係が政治過程全体においてもつ重要性・位置づけについての「位置感覚」を明確にすることが重要な意味をもつことになるのである。

ところが，この研究方法にはこうした利点とともに弱点もある。すなわち，この方法は特定の争点の構造的関連に対する分析を欠きやすいし，また，複数の政策過程間の相関関係を看過しやすい。こうした弱点を補完するため本書では，各事例研究において構造的関連に対する分析を強化し，5つの事例研究を取り上げ複数の政策過程を比較分析する方法を使用するつもりである。

一方，イシュー・アプローチによる事例研究は社会科学が追究すべき理論化の課題を軽視しているとの批判を受けやすい。特に，この方法による事例研究が，ジャーナリストによる単によく整理されただけの事件の記録と，いかに区別されうるのかという批判を避けるのも難しい。こうした問題点を克服し，記述と分析の効率性を高めるために，研究者はより洗練された理論的分析枠組みを使用する必要がある。

（2）比較研究

前で，本書の研究方法のひとつである事例研究についての諸般の特性ならびに，その問題点について，簡潔に概観してみた。しかし，事例研究方法は，主に政策決定過程におけるアクターらの権力関係の分析に焦点を当てているため，争点の性格及びアクターらの利害関係を糾明するマクロ的な分析部分が脆弱である。また，個別の政策過程に研究を限定しているため，複数の政策過程間の相関関係を明らかにしにくいことは，前述したとおりである。したがって，ここでは事例研究の弱点を補完するための事例比較研究を中心に日本の高齢者福祉政策の形成及び決定過程を検討する。

一般に，社会科学の研究における比較研究方法には，何よりも，理論構築と理論の検証を行う他の研究方法に比して，次に挙げるような著しい利点があると指摘されてきた。第一に，社会科学理論が有用なものとなるためには，文化的な側面から明確な概念が定義されるべきであるが，文化間の比較研究はこうした点から社会科学の理論の成立に寄与する面が大きい。比較研究を通じて，既存の概念がもっている意味がより明らかにされることによって，社会科学理論の成立が促されることになる。

第二に，理論（theory）とは，検討される過程で従属変数の全体範囲と独立変数のそれを包括しなければならないが，文化間の比較研究はこの作業に必要とされる。なぜならば，ひとつの理論に中心的なすべての概念に根拠を置いたあらゆる行為を包括する単一の文化とは存在しないからである。限定された範囲内の現象のみを対象とした研究は，場合によって単純に間違った理論を一般化させることもある。

第三に，あらゆる理論は，変数の間における一般性を提示することに，その目的を有するが，文化間比較研究はこうした面からも重要である。

第四に，おおよそ優れた理論は可能な限り少ない数の概念と命題により説明しうる，すべての事象を説明しているが，比較分析は変数間の関係に対して柔軟に対応する余地を有するものであり，より単純な仮説を導き出すことを指向することによってこうした目的に寄与することができる手法である。

比較研究がもっているこうした長所に基づく比較社会福祉政策研究の必要性と有用性は，理論的な側面と実際的な側面の両面でいえる。すなわち，理論的な側面では，既存の社会福祉政策理論の適用範囲を拡大し，また理論の精緻化に寄与できる。たとえば，社会福祉政策の形成過程が西欧国家においては多元主義論により説明可能である点や，非西欧国家がエリート論的に説明できるとの点を発見すれば，社会福祉政策形成過程にみられる，社会現象に関する説明をより正確に事実に即した形で明らかにすることができる。したがって，社会政策分野における比較研究は，ある政策現象が特定社会のみで現れる現象なのか，あるいは全体社会に一般的なことなのかを明らかにすることができるのである。

そして，実際的な側面で比較社会福祉政策の研究は，福祉制度の性向と位置を看破することによって，特定の国家の社会政策についての理解を可能にさせる。比較研究は，ひとつの国家のある問題を取り扱う方法を導入する過程で，政策決

定者に文化的に選択の可能性の範囲を広げさせ，よりよい選択ができるようにしてくれる。したがって，比較社会福祉政策研究は，ある国家が直面している与件と実情を照合することによって，それと類似の他の国に特定政策を合理的に選択させ，あるいは自国に合う政策を考案させることにも役に立つのである。[6]

（3）比較事例研究

　本書は，比較事例分析を用いて，日本の政策決定における主要なアクターである官僚，政治家，利益集団の動機と行動論理に対する先行研究の理論的命題に基づいて，個別的に日本の高齢者福祉政策の決定過程を検討した。そして，個別・争点別に成り立つ先行事例研究を結合し，文献資料と新聞資料の分析を通じて，日本の高齢者福祉政策の決定過程を検討した。そして，今まで通説とされてきた，ある現象に対する既存の説明方法を批判し，それとともにその理論で不足したところを補完することに重点を置くことにする。

　こうした作業のためにはマクロ的な分析をした上で，さらによりミクロ的な分析を行う必要がある。もちろん，単一国家の経験的事例研究は，多国間の比較研究に比べて，理論の一般化という面では多少不十分かもしれないが，本書においては，政策環境的な要因に起因する，複雑かつ多様な政策をマクロレベルで分析することから生じる限界を克服するため，政策形成段階を段階毎に区分し，その各段階別に分析する方法を用いる。政策形成過程を段階別に区分する理由は，複雑な政策形成過程を簡潔で体系的に研究できるという点とともに，各段階における政策環境とアクターの影響力の比較評価が可能であるということである。さらに，一国における特定の現象をより具体的なレベルで説明できるという長所もある。また経験的事例研究の蓄積によって，次の段階で理論的一般化を指向する比較研究が続けられるという面からもこのような方法による研究には意義があると思われる。

（4）研究の対象ないし範囲

　社会に存在するさまざまな問題を解決するために提起され，また決定された「政府の活動となる目的と手段のセット」[7]が政策と定義できるならば，こうした政策には国防，外交，経済，教育など，非常に多岐にわたる多様な政策が存在するわけである。この多様な政策は，多くの場合は互いに関連をもっているが，こ

こでは主に日本の福祉政策に限定し，そのなかでも高齢者福祉政策を事例研究として取り上げ，その政策決定過程の特徴と変化を検討したい。

　研究の対象となる時期は高度経済成長以後，高齢者人口の割合が増加するとともに，高齢者の問題が個人的な問題のレベルを越え，社会問題として大きく台頭した1960年代以降から現代までの約50年間である。しかし，激動期における約50年というのはある意味では非常に長く，その間だけでも数え切れないほどに高齢者施策が行われてきたため，そのすべての事例を研究対象として検討することは不可能であろう。したがって，ここでは，高齢者福祉政策のなかでも1963年に制定された老人福祉法を始め，1973年の老人医療費無料化制度，そして，1982年の老人保健法と1984年の改正健康保険法，最後に1997年の介護保険法を事例として選択した。

　高齢者福祉政策を選択した理由は前で少し解れたが，特にそのなかでも上記の５つの事例を選択したのは，それぞれ理由があるからである。というのは，福祉政策は基本的には，再分配を本質としているので，国防，外交などの他の政策と比べて，新しい政策は国民に直接的に影響を及ぼしている面が多い。そのため，国民の関心が高く，その政策決定にも多くの関係者が直接，間接的に政策決定に参加し，また影響を与えているといわれている。したがって，民主主義社会における福祉政策の決定過程を検討するということは，その社会における一般的に多元化された政策決定の特徴が見いだしやすい傾向があると思われる。さらに，本書で取り上げる事例は，その政策の内容面からも，予算面からも日本の高齢者福祉政策における他と一線を画するほどの重要な政策であったこととともに，時期的にも一定の時間を置いた政策事例として各時期におけるアクターらの影響力変化過程の検討ができるだろう。

第2節　本書の構成

　本書は，4部11章から構成されているが，各章別にその内容を簡単に整理すると次のようである。

第1章：本書の理論的アプローチ
第1章では，序論的考察として研究の目的を明らかにし，先行研究を検討した。

6

そして，その先行研究の問題点に基づいて，研究の方法や分析枠組みを設定した。まず，本書は，日本の高齢者福祉政策を研究対象とし，そのなかで5つの政策を事例として取り上げている。これらの政策を事例として選択したのは，それなりに理由があるからである。つまり，ここで扱っている諸事例は日本の高齢者福祉政策における大きな方向転換をもたらす政策であるからである。したがって，その政策の決定は多くの人々に影響を及ぼすことになる。それゆえ，当然，その政策決定の過程は複雑であり，多様な利害関係を持っているアクターの参加が予想されるので，日本の高齢者福祉政策決定過程を理解するに当たって，よりよい事例であると思われたからである。

分析方法としては複雑であり，多様な政策をマクロ的に分析することからくる限界を乗り越えるため，政策決定過程を3つの段階に分類し，各段階別にアクターらの相互関係を分析する方法を選択した。段階別に区分して分析した理由は，複雑な政策過程を簡略に，また，体系的に研究できるという点とともに，各段階ごとの政策環境とアクターの影響力を比較評価できるというメリットがあるからである。

次に，分析モデルとしては，日本の政治的状況を考慮し，G.アリソンの第三のモデルである官僚政治モデルを主に用いた。この理論は，合理的行為モデルとは異なり，政策決定には多様な問題について多数のアクター及び，要因が存在していることを想定している。ところが，これらの多数のアクターが追求する目標は同一ではなく，アクターは組織や個人の目標ないし，利益を考慮しながら決定に参与しているので，問題を見る観点もそれぞれ異なる。それゆえ，それらを調整するために，政治が必要となってくるのである。したがって，政策とは，政府内部の個人のプレイヤーの間の闘争と妥協，そしてある特定の政策案に対して，その擁護者と反対者が，それぞれ行使する権力や政治的手腕によって決定されると仮定される。つまり，この官僚政治モデルによれば，政策とは政治的ゲームの結果であるといえる。しかし，この官僚政治モデルは，批判されるべき難点もあるため，官僚政治モデルを用いながらも，日本の特殊な状況を考慮し，組織過程モデルを併せて検討を行ったのである。

第2章：福祉政策決定に関する理論的考察

第2章は，3つの節から構成されている。第1節では，一般の政策決定理論の

なかで，日本の政策決定の特性と関連して有用な理論モデルについてそれぞれの理論の特徴及び問題点を検討した。理論モデルとは「研究の方法を定めてくれる問題と資料の選定基準であり，関心対象に対し，どのような視角から分析するかということを意味する」のであるから，研究を行う上で重要な基礎になる。しかし，各理論モデルは，政策決定の相異なる側面に関心をもち，それぞれの理論は他の理論より特殊な状況ないし目的に最も有用なもので，独立的な存立も可能であり，また状況によって併存する場合もある。したがって，研究の対象と性格にしたがって適切に複合的に取捨選択し活用すれば，現象をより正確にみることができるだろう。

第2節は，福祉国家発展の決定要因をめぐる理論として，第一に，マルキシズム，第二に，産業民主主義理論，第三に，社会民主主義モデル，第四に，その他の理論を福祉政策と関連させて，それらの理論が福祉国家の発展をめぐってどのように議論されてきたかを見た。H. ウィレンスキーを始めとする産業民主主義理論を主張した人々によれば，福祉制度の構造的形態と福祉政策決定に重要な影響を与えている要因として，政治体制的な要因よりは，産業化という要因を強調している。その結果，資本主義社会であれ，社会主義社会であれ，産業化の程度が同等レベルであれば，福祉政策の構造と内容も類似するという。

反面，こうした主張とは異なる社会民主主義理論がある。この理論では，社会経済的要因を重視した上で，政治的な要因を最も重要なものとして考えている。つまり，社会民主主義理論は福祉国家の発展を決定するより重要な要因として労働運動の政治的な強さを強調している。

第3節では，日本において常に論じられてきた政策決定のパターンをエリートモデルと多元主義モデルとに区分し，各理論の一般的な特徴を日本の状況に照合して考察した。日本における政策形成研究は，長年にわたって官僚による国家権力の独占的行使，つまり，官僚支配，あるいは官僚優位の側面を強調してきた研究が多かった。しかし，1980年代に入ってから，多くの研究者によって，日本政治における多元性が主張されるようになって，伝統的な官僚優位論は修正を余儀なくされた。その結果，自民党の族議員の活動に焦点を当てた「政党優位論」あるいは「党高政低論」が80年代以降，日本の政治過程を説明する通説の位置を占めるに至っている。

ただし，本書では，田中角栄元首相がいった，「今や党の時代である」という

キャッチフレーズに象徴されるように，あらゆる政策分野で政治家と官僚との力関係が逆転してしまったとの現象解釈には疑問を提起した。確かに，財政赤字の状況下での予算編成や米価の決定にみられるように自民党政治家の介入が政策決定に大きな影響を及ぼしている事例もあるが，このように自民党政治家が影響力を発揮しているのは，政治家が選挙区や支持団体に利益誘導のできる分野に限られており，それ以外のところでは依然として官僚優位の現象は変わっていないのである。

　一般に，政策決定において，官僚は法律の制定を政治家に依存し，政治家は資金と票を利益団体に依存している。その利益団体は，政府の施策を通じて便益を享受しているがゆえに，便益の確保や拡大について官僚と政治家に依存している。こうした相互依存関係は，しかし，完全なシンメトリーをなしてはいない。たとえば，こうした共同体内部で各自の利益が安定して守られているときに，その共同体は「均衡」状況にあるといえるが，その場合でも，官僚は政府資金を供給したり，参入規制を維持する権限をもっているため，優位に立っている。もしも，共同体の秩序を乱そうとする団体があれば，制裁を加えることも可能である。政治家も，現実的な政策を作成するためには，官僚に依存しなければならない。

第3章：日本における福祉観の形成とその変遷プロセス

　第3章では，日本において福祉に関連する言葉がどのように用いられ，また，どのように変遷したのかを考察した。

　日本において「福祉」概念は明治期の慈善，救済事業から出発して，現代の社会福祉事業という概念に至るまで，時期によってその表現も異なり，表現が異なることに応じてそれが含む内容も少しずつ異なる。のみならず，それは当時の福祉に関連した制度や政策の展開において重要な意味を有している。福祉政策は，それが国家責任において財政支出を伴う形態で実施される場合にはそれを推進し，あるいは少なくともそれを容認するコンセンサスを前提とし，それを支えるものとして一定の福祉観があるからである。

　社会福祉という概念は，時期において異なり，また論者によって見方も同一でないので，明確な時期区分とその時期においてどのような言葉が社会福祉を表現したかを特定するのは容易ではない。しかし，日本は時期によって福祉概念も相違していたことがわかる。特に，日本は長い間，政策決定における官僚優位論が

序　章　研究の方法及び本書の構成　9

通説になってきた点から権力の側で用いた概念が広く社会に通用し，また，これが国家の法律上，あるいは行政上で用いられる中心的な概念になったことを明らかにしたのである。

第3章では，概念上の違いによって5つの時期に区分し，検討した。すなわち，第一期は慈善・救済という用語によって福祉に関することが語られた明治維新から大正中期に至る時期であり，第二期は社会事業という言葉が広く使われることになった第一次大戦以後の時期とした。また，第三期は第二次大戦が始まる頃から大戦が終わる時期であり，この時期には厚生事業が中心概念になった。そして第四期は戦後から1960年代末まで GHQ の影響下で日本において初めて本格的な福祉政策や制度が整備された時期で，福祉概念としては社会福祉事業という言葉が一般に通用した。さらに，第五期には石油危機以降，財政赤字の状況下で自民党政府が主張してきた「日本型福祉社会」論が福祉概念を代表して使われてきたのである。

第4章：1960年代の高齢者福祉と老人福祉法

第4章から第10章までは本書の本論に該当するところであり，これまでみてきた理論に基づいて5つの事例研究を行ったが，老人福祉法の制定過程を取り扱った第4章は全6節より構成されている。

第1節では，老人福祉にあまり関心を示さなかった自民党政府が，なぜ1963年に単独法律としては世界最初といわれる老人福祉法を制定したのかという問題を提起した。第2節では，老人福祉法の成立過程に関する先行研究を検討した。その結果，橋本と三浦は老人福祉法の制定を促した要因のうち，直接的な要因として社会，経済的要因があることを述べたこと，また，大山は，上記の社会的条件の存在とともに，制度上の問題からくる法制定の要請があったことから老人福祉法の制定の具体的な動きが生まれたと主張したことが判明した。そして，岡本は社会問題としての高齢者問題の発生とその解決策としての老人福祉法の制定を位置づけ，その政策過程の分析を通して，老人福祉法の制定に関わる要因及び過程を明らかにした。第3，4節では，先行研究においての問題点を踏まえて，第1節の問題意識に答えるため，老人福祉法制定以前の国内状況と高齢者対策の歩みと同時に，老人福祉法の制定をめぐるより具体的な社会・経済的要因を分析した。

ところが，序章でも述べたように，たとえ，社会，経済的要因が充分に成熟し

たといっても，新規の政策や予算の増額を要求する政策の決定は通常，社会的要因のみの所産ではなく既存の諸機関や諸個人が行う意思決定の結果であるといえる。したがって，第5，6節では，こうした社会要因に加えて，それらの要因がどのような段階で，どのようなアクターの相互作用の結果，ひとつの政策にまとめられていったかということについて厚生省，自民党，そして全国養老事業協会を中心に検討した。

第5章：1970年代の高齢者福祉と老人医療費無料化制度

第5章では，1955年に成立した自民党政権は，国家の目標として資本蓄積と経済政策を重視してきたが，なぜ1970年代になって，急速に経済成長の政策から福祉重視への政策転換をしたのかという問題提起から，1973年に実施された老人医療費無料化制度の成立過程を検討した。

第2節においては，制度成立の背景として次の4点を指摘した。その第一点とは，高齢者の医療制度をめぐるさまざまな問題点があったこと，第二点は，高齢者の所得ないし経済的状況をめぐる問題に関して述べた。また，第三点は，このような社会的要因に基づく市民運動及び革新自治体の台頭による反公害運動や福祉要求の運動の拡大に対する自民党政権の対応を指摘し，第四点では，こうした要件とともに高度経済成長の結果，国家の財源ができていたことなどを要因として取り上げた。

そして，第3節では，制度創設への影響者（influencer）としてマスメディアと革新自治体の誕生を挙げて説明した。1970年における「福祉ギャップ」を保守支配体制の危機と結びつけたのは，マスメディアの影響が大きい。これらのマスメディアの役割は市民運動や革新自治体に多大な影響を及ぼしたのである。一方，1960年代後半から革新自治体の誕生が増加し，政策として環境保全や社会福祉を充実を主張したことである。

このような状況下で1969年，東京都が老人医療費無料化制度を実施した。その後，この制度は全国に波及し，国としても老人医療費無料化制度の導入をせざるをえなかったのである。ところが，同制度は他のものと異なる点を示している。つまり，大きくて新しい政策の決定は，中央政府によって企画され，推進されるのが一般的であるが，これは下から実施された制度が中央まで影響を及ぼした結果，国家の政策として受け入れられたことにその特徴がある事例であった。

第4節では，厚生省と自民党がその制度成立において，どのような役割を果たしたかについて考察した。周知のとおり，革新自治体あるいは美濃部東京都知事が国の政策形成の影響者としての役割を果たしたが，政策の創設者（initiator）あるいは，承認者（authorizor）までの役割を果たしたわけではない。厚生省は日本が西欧諸国と比べて社会保障政策が遅れていることを認識し，1960年代中盤から人口構造の老齢化による要収容者の増加などに伴い老人福祉施設の整備拡充を緊急課題とした。また，1964年度予算の概算要求に際し，老人医療問題に関して老人医療費負担軽減対策を盛り込んだ予算を要求した。しかし，この問題は当時，議論を呼んでいた医療保険の抜本改正の一環として検討すべきであるとの主張が強く，実現までには至らなかったのである。そこで厚生省は70歳以上の国民を対象に「老齢保険制度」を構想し，東京都の老人医療費無料化制度の実施を反対してきたが，結局，この問題の解決のため積極的に対応することになった。その後，政策原案の作成をめぐっても部局間の対立は激しく，かつ錯綜していた。このような動きのなかで，厚生省は老人対策の充実を最重点施策とした上，老人医療費無料化の実施のため具体的な検討が行われ，1972年度予算要求に当たって70歳以上の者の医療保険の自己負担分を公費で負担するという案で予算要求をした。

さて，同法の改定における自民党の動きは，どのようなものであったか。1968年園田厚相が老人医療費無料化の意向を示した際，自民党はほとんど興味を示さなかった。ところが，東京都で同制度が実施された後，多くの地方自治体が関心をもつようになった。1971年には，老人対策小委員会を設け，むしろ自民党が率先して法案を作り出し，これを予算交渉の過程で抵抗する大蔵省に押しつけた。こうした急な政策変化は，自発的というよりは状況に強いられたものであった。つまり，市民運動，革新自治体の誕生を媒介とした自民党保守政権の危機の顕在化の結果，福祉重視への政策変化を行わせることになったのである。

第6章：新保守主義と福祉政策改革の政治過程

第6章では，日本型福祉社会論の意義及び展開過程を検討し，それが国家政策に及ぼした影響及び福祉見直し論が影響力を増大させていく政治過程を，新保守主義と関連させて理論的に検討した。第1節では，問題提起として自民党政府はそれまでの福祉拡充，給付拡大一本やりから，なぜ急に削減の方向に方針を転換したのか。このような大きな政策転換がどのようにして可能であったのかという

疑問から，こうした福祉再編の問題が提起された制度的理念的背景を検討した上，1980年代医療改革の政治過程を追跡しながら，それが成功可能になった要因を分析した。

　第2節では，福祉国家の危機と日本型福祉社会論について述べた。もちろん，前のところでも触れたので重複する部分もあるが，各々の章において，それなりに重要性があったためやむなく記述したのである。ところが，ここでは，「日本型福祉社会」論に対する一般的な議論は避けて，「日本型福祉社会」論がいかに評価されているかについてその問題点を中心に指摘した。

　第3節では，1973年石油危機以降，急激に増大し始めた財政赤字の現状及びその要因を検討した後，行財政改革の政治過程を厚生省と第2臨調の活動を中心に分析した。高度成長期における日本の財政は高度成長による税収の自然増によって充当されたが，1970年代に入ってから財政赤字が急速に増大した。その要因には，石油危機以降の低成長による税収の減少もあるが，むしろ税支出面では，不況の克服のため，公共事業費と福祉給付の拡大による社会保障関係費の増加がその原因であった。

　しかし，大蔵省を含む新保守主義者たちは，財政赤字の原因として主に社会保障関係費の増加に特に注目し，その対応として社会福祉制度の見直しを主張した。確かに，当時社会保障関係費用は，一般会計のなかで大きなウェイトを占めていたが，財政危機の原因をすべてこれに求めることはできない。なぜなら，1970年代後半の財政をみていくと，社会保障関係費とともに伸びが目立つのが，公共事業関係費であった。ところが，公共事業関係費用は，自民党の伝統的な顧客集団と関連しているので，この部分に対してはあまり問題化されなかったのである。財政赤字が続く状況下で，大蔵省は財政再建の必要性を政治問題として提起した。そして，財政再建の解決策として大蔵省が考慮したのが，消費税の導入であったが，これは結局は失敗に終った。そこで財界は諸経費の洗い直し，政策合理化などにより行財政改革を推進し，財政再建の態度を示した。

　こうした状況下で鈴木内閣は，最大課題として「増税なき財政再建と行財政改革の推進」を目標とし，1981年3月に第2臨調が発足した。その後，臨調は第一次答申を行ったが，このなかで「活力ある福祉社会の実現」という理念が示され，これを実現するためには民間の創造的活力を生かすことや増税なき財政再建のために社会保障制度の改革が挙げられた。政府は基本答申を最大限尊重するという

「行政改革大綱」を決定した。その後，中曽根内閣が成立し，中曽根首相は就任演説で「臨調の基本答申を最大限尊重し，その具体化のため措置を早速に実施」と行政改革に拍車をかけた。

第 7 章：高齢化社会と老人保健法

　第 7 章では，第 2 臨調路線下で推進された福祉再編の政治過程の一つとして老人保健法の成立過程を検討した。第 1 節では1982年 8 月に成立した老人保健法の制定は福祉拡大給付拡大の方向から削減，抑制の方向に方針を転換させたことから「福祉切り捨て」という国民からの厳しい批判があったにもかかわらず，法案提出後 1 回の通常国会で成立可能であったかについて問題を提起した。

　一般に，既存の制度は複雑な利害関係をめぐって，当事者間の紛争と妥協の産物として成立されたものであるので，それを改正することは容易ではない。特に，老人保健法のように，無料化から有料化へと既得権の削減をもたらす制度改正の場合は，受益者集団の抵抗があるので，社会的な権力関係の再編など，非日常的なきっかけがない限り，追求されない傾向がある。

　第 2 節と第 3 節では，制度成立の狙いと背景及び老人医療費無料化制度見直しをめぐる働きについて述べた。すなわち，1970年代末の財政危機と社会的権力関係の変化は，社会保障関係費用の削減を伴う制度改革が政治議題化される環境を造成した。老人保健法においても，その制定をめぐる背景として政策環境は充分に準備されていたといえる。それは老人医療費無料化制度を導入した後，いろいろな問題が出てきたからである。このなかでも老人医療費の増加の問題は最も大きな問題であった。つまり，老人医療費は老人医療費無料化制度の実施以後急増することになり，1982年には1973年と比べて 6 倍も増加したのである。こうした統計的な数字は高齢者人口の増加にも原因があるが，それよりも無料化による高齢者の受診の増加にその主な原因があると指摘された。したがって，医療費の増加を抑制するために医療費に対し自己負担を導入し，コスト意識をもつことにより過剰検診を自制させる方法として，早くから厚生省内では新しい制度の成立を準備していた。

　第 4 節と第 5 節は法案作成過程における各アクターの役割と決定過程について検討した。1976年 2 月には，老人保険医療問題懇談会が厚相の諮問機関として設置され，厚相に報告書を提出した。そこで，老人保健医療対策は，総合的，包括

的な制度として確立されるべきことや，現行制度に改善を加えずに一部負担を課することは現実的ではないが，適正な費用負担を考えるべきことなどが提言された。この報告書を受け，厚生省は社会局に老人保険医療制度準備室を設け，78年12月には，小沢構想が，79年10月には橋本構想が発表され，制度の見直しの必要性を訴えていた。こうしたことを踏まえて，対策本部は発足後3カ月で老人保険制度試案をとりまとめ，発表したが，日本医師会がこの試案に全面的に反対の意思を示した。また，総評も一部負担自体に反対し，自民党も老人クラブなどの陳情もあって，一部負担の額を引き下げることを要求した。さらには出来高払い制度見直しの問題をめぐって日医は強硬に対応した。

　このように，同制度の成立には日医を含め多くの反対があったにもかかわらず，老人保健法は，厚生省が当初目標とした，患者の一部負担の問題，保険制度間の財政調整の問題，総合的な保険福祉事業の推進，というほぼ政策目標の原案通り1982年8月に成立した。その成立要因として政策環境の変化，議題の多面性と複雑性，グレイパワーの微弱などが考えられるが，最も重要な要因としては制度成立のため厚生省官僚の徹底した準備と戦略が挙げられる。すなわち，老人医療費の有料化のため厚生省が提起した自己負担額は少額であった。このように，少額の自己負担を設定することによって，厚生省は福祉後退を心配していた労働界と野党の抵抗を弱化することに成功した反面，有料化原則の導入によって財界と大蔵省を納得させたのである。

第8章：1980年代の高齢者福祉と健康保険法の改正

　第8章では，1984年の健康保険法の改正過程を検討したが，改革の課題は老人保健法とほぼ同一なものであったので，ここでは要点だけ述べる。第2節の健康保険法改正の背景としては，人口高齢化と国民負担率の増加，各保険制度間の給付をめぐる格差の問題，続く財政状況の悪化などの要因とともに，当時の福祉制度の見直し，「小さな政府」を要請した第2臨調と自民党の強い後押しがあったのである。しかし，重要な問題はこうした問題に対し担当官庁である厚生省がどのように認識したかということである。したがって，第3節では政策形成過程を厚生省の吉村仁というアクターを中心に考察した。高齢化と低成長による税収の伸び悩みのなか，いかに財源を確保していくかという問題は，厚生省では早くから認識していた。この健保法の改正において政策企業家の役割を果たしたのは吉

村仁である。1982年，吉村が保険局長に就任した後，制度改正のため本格的な動きが始まった。その動きをさらに加速化させたのは，ゼロ・シーリング予算が導入されたことである。当時，厚生省は，年金の削減は限界にきているとの判断から医療保険制度の削減のため法案作成に本格的に動き出した。吉村を含む改革派厚生省官僚は，自分たちの意向を臨調答申に反映させ，臨調や行革審の政治的リソースを利用して，日医の反対を封じ込めるため，マスコミを通じてキャンペーンを行った。

　吉村は自身のアイディアをもとに第2臨調の行政改革の力を利用して積極的に世論を形成していくとともに，中曽根首相を支えていた田中角栄に接近し，その支持を得て，さらに，田中派の社労族のリーダーたちへの説得にも全力を挙げた。その結果，従来の自民党政治家を通じて日医が厚生政策における影響力を行使するパターンから官僚が政治家に働きかけてその支持を獲得し，それによって，医師会の反対を押え込むパターンに変化したのである。したがって，80年代の医療改革における日医の影響力が相対的に低下した反面，厚生官僚の権限が強化される傾向に変化したのである。

　一方，厚生省は医療保険に焦点を当て，給付と負担のあり方を見直し，その公平化を軸として制度の大改革を目的とした制度改革案を発表した。ところが，この改革案に対し，野党，医師会を始め，各関係団体は強い反対の意向を示したにもかかわらず，同改正案が1984年8月に一回の国会で成立したことは例のないことである。このような改正法案をめぐる政策決定過程を第4節で検討し，第5節ではこうした状況を踏まえ，政策決定の特徴について整理した。つまり，1984年の健康保険法改正をめぐる政策過程は日医などの関係団体の強い反対があったにもかかわらず，厚生省の原案に近い形で成立した。しかし，一般には1980年代の財政危機下の政策過程の特徴として，官僚主導から党高官低への議論が指摘されるなか，この事例の場合はむしろ，政策共同体のなかでも官僚が主導的に政策過程をリードした事例であったといえる。

第9章：高齢社会と介護保険法──政策問題としての介護問題

　第Ⅳ部は，高齢社会のなかで新しく制定された介護保険法の制定過程を事例としてキングダンの政策の窓の理論に基づいて，どのような状況で「合流」が可能になったかを便宜上，2章に分けて考察した。第9章では問題提起から介護保険

法制定の背景やそれがひとつの政策問題として至る過程を検討した。まず，第1節は，「日本型福祉社会」を主唱してきた自民党政府がなぜ，1990年代に入って公的介護保険という政策へと変化したのかとの問題の提起から出発し，第2節では公的介護保険構想の背景について述べた。ここで主な背景として指摘したのは，高齢者介護をめぐる政策環境が大きく変化したことである。つまり，既存の社会保障制度は法制度上からも，財政上からも，社会構造の変化に対応できなくなったのである。特に，高齢者の介護をめぐるさまざまな問題の台頭は，すでに個人問題のレベルを越え，政策問題として政府が対応すべき状況になっていたのである。

　第3節では，政策問題として介護問題が政府内でどのように議論され，また，それがどのような歴史的な過程を経て政策問題まで台頭したかをみた。ここで重要なのは，1970年代後半を境として家庭の福祉機能を重視した日本型福祉社会論の主張が1980年代末になって，修正を余儀なくされはじめたこと，つまり，日本型福祉社会の構想は福祉膨張の歯止めとして，日本型集団主義の活用を唱えてきたが，その家族観の変化が現れると同時に，家族に対する役割の期待が低下していることなどで対応できなくなったということである。さらに，今後，来るべき超高齢社会を考えるとその問題はより深刻な問題に違いない。そこで，厚生省が考えたのが介護保険制度である。

第10章：超高齢社会と介護保険法——介護保険法案の成立と制度の問題点

　第10章は第9章の引き続きとして厚生省の主導下で介護保険法案の作成及び決定過程を検討した上，決定された介護保険法の内容やその問題点について言及した。

　第1節は，公的介護保険を成立させるために，政策主唱者である厚生省がどのような準備過程を経て関係団体及び，自民党の協調を求めながら法案を作成したかをより具体的に記述した。政策決定のプロセスにおいて政策案を作成する局面は，政府が社会のニーズをどの程度認識し，いかに優れた政策を考案するかという最も基本的かつ，重要な作業が行われる段階である。特に，日本でのアジェンダは行政的のみならず政治的にも設定されるが，多くの場合は各省が独自にアジェンダ設定を行うのが一般的な傾向である。

　すなわち，与党は政策案の作成を行政部門に任せているため，行政官僚は政策

立案段階から関係団体，各省，与党あるいは，野党と政治的交渉を行うのである。たとえば，政策立案の段階で政策創設者は政策に対する諮問の調達可能性や実行可能性などを詳細に検討してから原案を作成するので，その過程で関係団体と調整を図る。そして，与党や関係各省に根回しを行い，全体として基本的な合意が成立してから稟議書を回すというのが一般的なパターンである。公的介護保険法の制定過程においても例外ではない。

　第2節では，紆余曲折を経て139回の臨時国会への法案提出から法案成立までの過程を主に新聞の資料を用いて記述した。当初から同法案の国会提出に対し，各界団体の強い抵抗があった。たとえば，新進党は同法案を撤回して検討し直すべきであると強く反発し，また，経団連や経済同友会も社会保険方式ではなく，税方式が望ましいと主張した。そして保険方式を主張する日経連も日商も保険料の企業負担を義務づけることは容認できないと法案の修正を求めた。

　こうした反対の声も強かったが，厚生省の早期成立の意向に従って，1997年5月21日衆議院厚生委員会で賛成多数で可決され，また衆議院本会議で可決され，成立に向けての第一歩を踏み出したのである。したがって，厚生省は目標の2000年度の実施に向けて，秋の臨時国会を法案成立のタイムリミットと位置づけていたが，国会審議の行方が不透明感を増してきた。つまり，法案成立に前向きだった民主党は党内で非自民路線を唱える声が強くなってきたし，与党の社民党でも9月の医療費引き上げに続いて国民に負担増を求めるのだから介護保険には慎重に審議すべきであるとの気運が広がっているなか，法案は参議院で本格審議が始まった。そこで，小泉厚相は介護問題は放置できない問題であるので一日も早い成立を主張したが，これを反映してか，介護保険法案は保険料などを含め，当初から指摘された法案提出以来の問題が約一年にわたる審議によってもほとんど解消されないまま，12月2日参議院厚生委員会で公的介護保険法案の政府修正案を再修正の上，自民，社民，民主，太陽の4党派の賛成多数で可決，翌日には参議院本会議で可決され，9日に成立することになった。

　第3節では，以上のようなプロセスを経て1997年12月に成立した介護保険法の内容の仕組みについてまとめてみた。つまり，第一に，保険者及び被保険者に対してだれが保険者または被保険者になるのか，第二に，介護サービスを受けるためには何が必要であり，その認定の流はどのような手続きをしなければならないのか，そして第三に，介護保険の給付にはどのような種類があるのか，第四には，

介護保険制度を実施するのに必要な財政及び費用負担はどのように構成されているのか，さらに第五には，こうした介護サービスの提供者及び施設はどんなものがあるのか，などについて簡単に言及した。

そして第4節では，同制度が2000年4月から実施され10年以上経っているが，制度成立段階から今日まで露呈している問題点について検討した。多方面から多くの問題が指摘されているが，ここでは第3節の内容と関連して介護保険法自体の問題，また要介護認定をめぐる問題やサービスの供給における基盤整備の問題，そして保険料賦課と関連し，経済的弱者の問題，さらに人権と関連して営利企業の参入と利用者保護の問題などを中心に略述した。

終章：今後の課題

最後の章である終章では，これまでみてきたように日本における高齢者福祉政策がどのように決定され，また，どのように変化したかについてその特徴を明らかにした。そして，本研究における残された問題点を指摘した後，今後の課題について述べた。

注

(1) P. Hall, et al., *Change, Choice and Confliction Social Policy*, Great Britain : Heinemann Educational Books Ltd., 1975, pp. 13-17.

(2) たとえば，ひとつの政策決定において現れたアクターの行動類型及びアクターらの間に存在する影響力の関係などが挙げられる。

(3) 大嶽秀夫『政策決定』東京大学出版会，1990年，10頁。

(4) C. P. Warwick and S. Oserson, *Comparative Research Methods*. N. J. : Prentice Halls Inc., 1973, pp. 8-11.

(5) たとえば，W. J. Goode の著書『世界変革と家族形態』（*World Revolution and Family Patterns*）は，比較社会学の主要な事例であるといわれているが，これは産業化と核家族化の関係がイギリスとアメリカの経験が提示するよりさらに複雑である事実を明らかにしている。よりミクロな分析を通じて「産業化」という言葉に多様ないし多次元的な内容を含めているし，これらの内容が相互に同一の方式で関連されていない点を指摘している。

(6) B. Q. Madison, *The Politics of Social Policy*, London : Croom Helm, 1980, pp. 11-12.

(7) 行政管理研究センター調査研究部編『政策研究のフロンティア』行政管理研究センター，1988年，19頁。

第Ⅰ部

社会福祉政策の基礎理論

第1章
本書の理論的アプローチ

第1節　問題の提起

（1）日本高齢化現象の特徴とその対応

　日本は先進諸国一般に共通する高齢化社会という現象をはるかに上回るスピードで超高齢化しつつある。2010年代には，どの国も経験したことのない未曾有の速さで高齢人口の比率が上昇している。マスコミを通じて報道される政治家の発言や，一般の市民の声をみても，急速に増加する高齢人口が，日本に対する重大な挑戦であることが広く理解されていることがわかる。

　2015年10月に実施された国勢調査の結果によれば，人口全体に占める65歳以上高齢者の人口の割合は26.7％であった。これはおよそ4人に1人が65歳以上の人口であることを示すものであり，1950年には4.9％と20人に1人という水準であったことから比較すれば，短期間に急速な人口高齢化が進行していることを示している。また，将来における人口高齢化の進展を人口問題研究所が2012年1月に公表した中位推計によれば，「高齢者人口の割合は2000年に17.2％，2023年に30％に達した後，2050年には40％となり国民の約2.5人に1人が65歳以上になる」[1]との予測がなされている。

　高齢化という現象は，他の先進産業国家においても共通にみられる現象である。しかし，問題は日本が世界に例をみないほど速いスピードで高齢化が進んでいるということである。その結果，日本政府は，1963年に老人福祉法の制定をはじめ，高齢者のためのさまざまな政策が立案され，決定されてきた。特に1970年代に入ると，高度成長の「ひずみ」によって福祉・高齢者問題が台頭し，1970年代の老人ブームといわれた数年の間に，高齢者に対する公共政策は著しく拡張されることになった。同時にそれは，日本を制度的福祉国家への変貌を促し，福祉政策分

22 第Ⅰ部 社会福祉政策の基礎理論

野における最も大きな政策変換であったといえる。しかし，1970年代半ばから，低成長による財政悪化が進む一方，高齢者人口の急速な増加は，また福祉政策に大きな変化をもたらしたのである。

そして，1980年になると，日本政府はこうした政策環境の変化に対応するために，福祉サービスの供給主体を公共領域から家族，企業，地域へと転換させようとした「日本型福祉社会論」のもとで諸施策の見直しと再編成を行ってきたのである。それでは，なぜ1963年の時点で，世界最初といわれる老人福祉法が制定されたのか。そして，資本蓄積と経済政策を重視してきた自民党・保守政権が，なぜ1970年代に入って急速に経済成長より福祉へという大きな政策変換を行ったのであろうか。さらに，その政策はまた，1980年代に「日本型福祉社会論」へと変化したのか。

このような問題意識から本書においては，いかなる過程が政策決定の要因となっているのかとの問いを発する。すなわち，急速な人口高齢化の問題に対して日本政府がどのような対応を行っているのかを問うのである。

ところが，これまでに社会福祉政策を公共政策のひとつとして意識的に位置づけた研究は決して多くない。各種の社会福祉サービスは，それぞれの根拠となる法律，政令，通知などによって実施されている。そして一般的に，法律の制定には，その時代，その時期の社会状況のもとでの政治的判断が反映している。すなわち，社会福祉に関する法律はその他の法律と同様に，法律が制定された当時の社会的・政治的・経済的状況のもとでひとつの公共政策として制定されているのは周知の事実である。

しかし，従来の研究は社会福祉政策の発達論に焦点を置いたものが多かったので，社会政策の環境的要因を重視したマクロな視点に着目した研究が多かった。その結果，実際に政策形成及び決定過程に参与し，大きな影響を及ぼしている多様なアクターの相互関係は，相対的に見過されてきた傾向がみられる。さらに，結果として同様の社会政策がもたらされたとしても，その政策形成の各段階別与件と変数及びアクターらの影響力と相互関係が異なるにもかかわらず，これを画一的にみることによって，社会福祉政策の形成過程をあまりにも単純化させたという批判に直面することになる。

したがって，社会福祉制度の発達に関する研究が相対的に多くなされてきたにもかかわらず，今でもその決定過程を説明することに対しては混乱があり，統一

されていないのである。それは，研究者の関心と研究の焦点が多様であるゆえに研究者が選択する概念と変数，分析方法と水準，政策の性格，たとえば全体的な社会福祉プログラムであるか，あるいは個別の社会福祉プログラムであるか，などによって多様な結果が導き出されるからである。それゆえ，既存の研究結果を通じていえることは，社会福祉政策の種々の環境変数が政策の形成において影響を及ぼしていることは明らかであるが，社会福祉政策の環境変数はそれぞれの事例によって互いに異なる影響を及ぼし，あるひとつの要因が常に第一次的に重要性をもっているとはいえないということであろう。

しかし，H.ウィレンスキーに代表される研究には，産業化や伝統的な家族の解体，経済余剰や財政収入の増加といった歴史的な社会的趨勢への不可避的ないし自動的な対応として福祉政策の発展をとらえる傾向がある。こうした分析は，変化の推進力を政策環境のなかに位置づけ，暗黙のうちに政治システムを受動的なブラック・ボックスとみなす。もちろん，社会政策をもたらす原因と結果は，明らかに一国の社会，政治，経済，文化の最も奥深いところと関わっており，特に福祉政策の場合，その実施に際して多くの財政支出を必要とするため，経済的要因が大きな変数になることはいうまでもない。

しかし，それだけが政策変化にストレートに結びつくわけではない。そこには，かならず政策環境と政策産出を結びつけるアクターらの政治力学があり，それによって政策は生まれるのである。

（2）本書の狙い及び研究対象として高齢者福祉

本書では，一国における社会福祉制度を単に政策環境的な問題としてとらえるのではなく，個々の政策がどのような理由からどのような政策環境のもとで，いかなる過程を経て立案されるのかを，官僚や政治家，圧力団体，専門家などのアクターらの間で展開される政治的な相互作用に着目して統合的，包括的に明らかにすることをひとつの目的とする。

さらに対象として高齢者福祉政策を選択した理由は，高齢者福祉が他の社会福祉の分野に比べて特殊性と重要性がある分野だからである。というのは，今のような超高齢社会において，高齢者福祉政策と関連した多くの政策は社会福祉政策のなかで最も重要な部分を占めているし，またそれは，全体としての国家政策の性格と方向を左右しているからである。さらに，今日，超高齢社会と呼ばれてい

る現代社会のなかで，高齢人口の量的，また，質的な面からの増大は，国家全体に重大な影響を及ぼしている。したがって，高齢人口の増大によって，政策形成者は深刻な問題に直面しており，高齢化社会の問題はその幅の広さにおいて尋常ではない。これまでに高齢者問題や高齢者の福祉政策は，労働市場と商品市場，住宅部門，医療及び保健などを含めて家族政策，社会保障政策，労働政策に至るまで多数の政策分野に翼を広げており，加えて，経済成長や全般的な生活の質にも重要な影響をもっているのである。

このような点から，本書では戦後日本の高齢者福祉政策のなかでいくつかの政策を選択し，それらの政策変化の過程を検討した上で，日本の政策決定過程の特徴を理解することに努める。

第2節　福祉政策に関する先行研究の検討

（1）社会福祉政策の発展に対する既存の理論

西欧の福祉国家の発展を問題にする場合も，日本のそれを問題にする場合も，次のような3つの説明モデルを見いだすことができる。それらのモデルは，社会政策の発展に対する政府と政治の重要性をどのようにみるかによって相違してくる。

①　第一モデル

第一は，政治にあまり関心をもたない社会学者，経済学者の見方である。日本における社会福祉政策に対する研究は多数がこうした見方によって行われてきた。彼らは産業化や伝統的な家族の解体，資本主義の危機とか経済の余剰や財政収入の増加といった，歴史的な社会的趨勢への不可避的ないし自動的な対応として社会福祉政策の発展をとらえる傾向がある。彼らは日本の福祉国家への発展が相対的に遅々としていたことを，家族福祉による伝統的な支援の存続ときわめて急激な経済成長によって説明し，また1970年代における社会福祉への予算の拡大を経済成長に伴う歳入の増大と関連させる。また，1970年代後半から1980年代初頭にかけて社会福祉の充実，公共部門の整備・拡充を目指した政策理念から，公共部門の抑制と民間活力の積極的活用，そして自助と家庭基盤を重視した「日本型福祉社会」論による福祉の後退を，1973年石油危機以降の減速経済と結びつけるのである。

第 1 章　本書の理論的アプローチ　　25

　こうした分析は，政策変化の推進力を政策環境のなかに位置づけ，暗黙のうち
に政治行政システムを受動的なブラック・ボックスとみなすか，または環境の変
化を無意識に政策に変換する機会あるいはルーティンの集まりであり，時には時
間の遅れを伴ったり，条件の変化に取り残されたりするものと考えるのである。
　たとえば，H.ウィレンスキーは『福祉国家と平等』という著書のなかで国家
間の社会保障支出の相異を，GNPの大きさと人口の高齢化（直接的な原因），
さらに社会保障制度の存続年数という3つの変数によって説明している。
　丸尾直美も1957年以降の社会保障給付費の対国民所得費を被説明変数とする多
変量回帰分析をいろいろ試み，また，社会保障給付費を構成する主な給付費項目
である年金，医療，社会福祉費についても多変量回帰分析を試みた。[2]その結果と
して，丸尾は社会保障給付費（対国民所得費）は主として高齢者人口比率（総人
口に占める65歳以上の人口の比率）によって決定されるとした。すなわち，高齢
者人口比率が上昇すれば政府はより多くの年金を払わねばならなくなる。また，
社会保障給付費の対国民所得費の増加を説明するもうひとつの説明変数として，
失業率を挙げている。失業率の増加は，雇用保険に失業保険，給付費と生活保護
費を増加させる上に，失業率が高い年は概して経済成長率が低い年で，社会保障
給付費の対国民所得費の分母である国民所得の成長率が低くなるので，必然的に
失業率の増加は社会保障給付費の対国民所得費を高めることとなる。
　このような見方は，暗黙裡に政策は環境への自動的な対応であり，環境の変化
と政策の変化の間にある政治・行政過程の中身，すなわち官僚や政治家の思考や
行動は，形而上的で興味のないものとみなしていながら経済成長率と社会福祉の
間には統計上の直接的な関係があるといわれている。そして仮に福祉が経済的に
規定されるとすると，経済成長と社会投資拡大への国家努力との間には，かなり
安定した関係が存在するものと予想される。
　しかし，日本における1970年から1985年の間の名目成長率は経済成長率と社会
投資拡大との相異を示している。確かに日本経済は，1973年以来継続的に6％以
下の実質成長率を示しているので，1970年から1985年の期間の急激な成長パター
ン及び後の社会投資の縮小は経済動向によって簡単には説明できない。[3]もちろん
政策の方向性や選択の幅は国家内外の権力関係によって規定されているにしろ，
政策は環境が生み出す問題への対処であるから，問題となる環境の変化は当然政
策の変化を促す要因になる。しかし，今日における福祉国家の多様化の動きをこ

26　第Ⅰ部　社会福祉政策の基礎理論

うした政策環境の変数のみで説明するには明らかに限界があるといわねばならない。すなわち，社会福祉政策の具体化は相対的な自律性を有する「政治・行政システム」を通じてなされることを考えれば，福祉政策の形成及び決定に影響を及ぼしている変数として政治行政過程という変数が重視されなければならない。[4]

②　第二モデル

　第二の説明モデルは，政策分析家や官僚制的な歴史家の見方であり，彼らも政策は社会的趨勢とともに変化すると考えている。しかし，政策選択は，さまざまな国家目標間の相対的な重要性ならびに諸解決策の効果ないし効率の比較によって決まるのであって必然的なものとはみていない。一般的に政策を「社会に存在する各種の問題を解決するために構想され，決定されたものである」[5]と解釈するならば，各種の問題というのは一国における政策環境のことを示しているのであろう。したがって，政策環境の変化が政策転換の要因になるのは明らかである。環境がゆるやかに変化する場合は，既存政策の多少の軌道修正で対応できるかもしれない。ところが，政策環境の変化が急激であったり，既存政策では対応できない性質のものである場合，政策の急激な転換や新たな政策が求められる。このように既存政策の問題点を求めて，改革しようとする政府官僚の認識が，政策転換のきっかけになっている。その場合，行政の過程が「政策」過程として意味をもつためには，「合理性」の存在が前提となるが，現実の政策過程は官僚の合理性のみが貫かれる世界ではない。しかしながら，「技術合理性と官僚制によって推進される意思決定（テクノクラシー）」が，今日，政策志向の政治の世界で圧倒的な支配力を持っていることは疑うべくもない。[6]

　日本においてこのアプローチを適用すれば，高度経済成長期であった1970年代における福祉の強調，1980年代における新たな政策環境下での新施策の予期せざる費用高への対応といった優先順位の変化が強調されるであろう。こうした見方は，政府の審議会の報告書から政策の転換過程を分析し，基本的にそれがテクノクラシー的過程で進んだものとみなすであろう。このような分析に基づいての研究は，主に個別政策過程に対する事例研究を中心として行われている。[7]たとえば早川純貴と大嶽秀夫は1984年の健康保険法改正の政治過程，中野実は1985年の年金法改正の政治過程をそれぞれ事例として取り上げて研究した。[8]また，加藤淳子は医療と年金の両者の政治過程に対し，比較分析を行った。一方，J. C. キャン

第 1 章　本書の理論的アプローチ　**27**

表1-1　政策転換の4類型

		アイディアの関与	
		あ　り	な　し
エネルギーの関与	あ　り	政　治　型	偶　然　型
	な　し	認　知　型	慣　性　型

出典：J. C. キャンベル『日本政府と高齢化社会』中央法規出版，1995年，44頁。

ベルの『日本政府と高齢化社会』（*How Politics Change : The Japanese Government and the Aging Society*）は日本の高齢者福祉政策の1950年から1980年代に至る軌跡を「政治，行政過程」と関連づけて説明したものである[9]。斬新な理論枠組，多くの文献資料と多種多様なインタビュー[10]に基づいて，これまでブラック・ボックスのなかに封じ込められてきた「政治・行政過程」を可視化するとともに，幅広い事例研究を通じて戦後日本の高齢者福祉政策がどのような特質を伴って形成されてきたかを明らかにしているのである。

　そのなかでもキャンベルは政策転換を理解するために分析すべき2つの次元を提示している。すなわち，新しいエネルギーと新しいアイディアという2つの次元を用いてある特定の政策転換を検討する場合，新しいエネルギーと新しいアイディアのどちらが関わっているか，両方ともか，どちらも関わっていないかによって意思決定を4つの類型に分類・定義し，日本の高齢者福祉政策の転換過程を説明している。つまり，「アイディアよりもエネルギー優位の政策転換は政治型（political）であり，エネルギーのみの場合は偶然型（artifactural），アイディアのみの場合は認知型（cognitive），アイディアもエネルギーもない場合は慣性型（interial）[11]」と定義したのである（表1-1）。

　また，キャンベルは他の論文[12]で政策変化の説明変数として，第一に，社会・経済環境の変化（inertial explanations），第二に，目標，問題，解決策に関する人びとの認知の変化（cognitive explanations），第三に，政治的エネルギー総量の変化（artifical explanations），第四に，政治の領域における政治的力関係の変化（political explanations），第五に，政策の主唱者がだれであるか（policy sponsorship）という5つの変数を視野に入れ，日本の高齢者福祉政策の決定過程を明らかにするとともに，日本における一貫性を欠いた高齢者福祉政策の軌跡を説明している。

　そこでまず，第一は長期的なスパンにおける政策の変化の趨勢を説明する場合に有効であり，第二は政策の内容の変化を説明する際に，そして第三は特定の政

28 第Ⅰ部 社会福祉政策の基礎理論

策がなぜある時点で変化したかを説明するために，さらに第四は政策の主要受益者を明らかにするために，それぞれ有用性を発揮する。そして最後に，第五の「政策の主唱者がだれであるか」は，上述の抽象的な説明変数の特質を具体的なアクターへと結びつけていく上で重要である。

　このようなことからキャンベルは「エネルギーとアイディアの関係が過程を生み，過程が政策を生み出した」という仮説を提示した上で，あるひとつの類型が政策決定において優勢である場合でも，現実には前述した4つの類型はしばしば，同時に作用し，かつ，相互に作用している。しかし，それは，必ずしも，ランダムでもなければ，予測不能というものでもない。したがって，彼が提示した4つの類型（表1-1参照）ほどには純粋理論的な関心を呼ばないかもしれないが，現実の政策転換過程を分析する場合にはきわめて有効であると述べている。

③ 第三モデル

　福祉国家発展の第三の説明モデルは，福祉国家を諸々の社会階級ないし，それを代表する政党間の政治的闘争の所産とみるもので，福祉国家に関する西欧の文献の多くがこの見方をとっている。したがって，両陣営の勢力のバランスや戦略や政治的才能などによって結果が決まるということである。このアプローチを日本に適用すると，福祉が比較的低い水準にあったことを説明するために，保守党である自民党が長期にわたって安定的に与党として君臨したことを取り上げることとなる。すなわち，野党の脅威や自民党の伝統的な支持基盤を拡張しようとする試みに応じて社会福祉に関する予算は拡大し，こうした圧力が減少するとそれに応じて福祉への投資も減少することに焦点が置かれる。政策決定への参加者は圧力団体，政党，官僚，階級あるいは社会集団といったものであるが，いずれにしても異なる目標の達成をめざすアクターたちの紛争が基本的過程として予想できる。ところで，福祉政治に関する数多くの研究が避けられないひとつの問題は国家の定義である。国家という用語が意味するところとしては政府支出，統治エリート，政府全体，あるいは官僚と公務員などが考えられるが，国家を中心とした研究は一般に，公的組織において重要な地位を占める日本の政府官僚の権威こそが，その中心的意義を占めるものと認めている。

　国家の能力の発展において鍵となる時期は，体制的な危機に対応して現れる。P. ゴーレヴィッチは産業民主主義国家におけるケインズ学派と他の公共政策の

変化を示すために，20世紀初頭の経済危機について研究し，体制的危機が，安定性と正統性を再構築することを目的とし，立案された政策の，大きな転換につながっていることを示唆した。このような危機に対応する転換が政治の新しい制度を生み出すことを学者たちは強調している。K. カルドアは戦後日本の政治における類似の過程を「危機と補償」の原動力と定義づけている。彼は，日本における政治的危機の結果として，与党連合が利益集団などの要求に応える形での社会政策によって補償を行うように変化したと主張している。すなわち，彼の仮説は，危機の出現が国内の福祉政策に対する諸団体の要求に応える国家の能力の拡大に直接関係しているというものである。

　また，新川敏光は『日本型福祉の政治経済学』において福祉国家危機論出現の現象を福祉国家の解体ではなく，再編過程と捉え，日本においてこれまで議論されてきた多元主義的分析枠組に代わる「新政治経済学，権力リソース動員モデル」といった国際的福祉国家研究の動向に対応した日本福祉の分析を行うことによって日本福祉国家の政治経済学への端緒を開こうとした。新川は，ステイティズムといった制度的アプローチの有用性に留意しつつ，独自の分析枠組みを形成していく。

　すなわち，政策全体として国家は，社会過程のなかに還元されうるものではないが，その能力は経済状況，国家と社会との関係を無視して論じることはできない。したがって，国家の自律性は，経験的に問われるべき問題であるとし，その上で「権力リソース動員モデル」を枠組みとして用いることを明らかにしている。福祉国家の発展は，経済的要因に規定され，経済が成長するにつれ，そして，経済が開放的であればあるほど，公的福祉は増大する傾向にあるが，その経済が開放的であれば，国家は国際競争力の強化のために公的福祉の拡充を通じて社会的調和・労資協調を図る必要性が高くなる。こうした経済的要因は政治的要因によって媒介される。ただし，政治的要因の第一となるものは，政治的党派によるものではなく，労働権力である。つまり，労働者側が強力な組織基盤を背景に，資本家側に対抗しうる政治的影響力を獲得し，統治連合の形成に成功すれば，制度的福祉国家が実現される可能性が高まり，経済危機の場合にも，社会民主主義的戦略を採りやすく，福祉の後退が起こりづらい。しかし，組織労働が脆弱であり，左翼の政治的影響力の小さなところでは，保守的な統治連合の形成が起こりやすい。したがって公的福祉の発展は低く残滓的であり，職域，企業福祉が重視さ

30　第Ⅰ部　社会福祉政策の基礎理論

れる傾向がある。残滓的福祉国家においては，経済危機に対して，市場の柔軟性
を回復，維持・拡大する新保守主義戦略が有力となる。[16]

　つまり，新川によれば，1980年代に入って福祉国家の縮小と労働市場の柔軟化
を志向している新保守主義的再編戦略が採られたのは，石油危機の克服過程で右
派の労働勢力が保守支配連合との提携を通じて労働のコーポラティズムを志向す
ることによって，左派の労働勢力が孤立及び弱化したからと説明している。すな
わち，福祉の守護勢力である労働界の分裂と弱化が保守支配連合による福祉国家
の縮小を可能にしたということである。

　このような主張の特徴は1980年代の福祉再編の過程を保革対立の構図と考えて
いるという点である。たとえば，医療・年金制度の改革に関しても，福祉給付の
削減という側面のみに焦点を当てて，これをイギリスやアメリカの新保守主義に
よる福祉国家の再編，縮小の戦略と同様の脈絡でみている。こうした見方は社会
党・総評などの見方と一致しており，左派知識人の間では幅広く共有されていた
のである。しかし，こうした左派的な視角は福祉再編の政治過程を従来の保革対
立の観点として狭く解釈しているので，分配，削減を伴う行財政改革がなぜ民間
労組及び給与生活者層の支持を獲得しえたかについて説明できないのである。

　新川は，その意図した「日本型福祉を微視的な政策過程と可視的な政治過程，
構造を通して，複眼的に分析」することには，かならずしも完全な成功を収めた
とはいえないのではないだろうか。というのも，政策過程と政治過程を明確に分
離することは不可能といってよく，無理にこの両者を分離することは両方の分析
を不十分なものとしてしまうと考えられるからである。新川も疑問を投げかけて
はいるが，その採用した分析枠組みから導き出されるモデルに現在の日本の政治
経済状況が合致しないという点からすると，この枠組みに修正を加える必要があ
るのではないだろうか。また，彼の議論は福祉国家という現象を通じて，現代日
本の政治経済の権力システムの動態を分析しようとするものであって，社会保障
政策はいかにあるべきか，高齢化社会における年金改革はどうあるべきかという
政策論・規範論を展開したものではない。さらにインタビューや新たに発掘され
た資料を駆使した「ハードな」実証研究でもないということを認めている。[17]しか
しながら，福祉国家論を政治的側面のみならず経済的側面も含めて両面から分析
するその手法で新たな地平を切り拓いたといえる。

（2）先行研究から得られた含意

　以上のように，福祉政策決定に関する先行研究を検討してみたが，今までの事例研究から福祉再編の政治過程の主要な特徴をまとめてみよう。

　第一に，1980年代の事例研究からみられるのは，医療，年金の改革が厚生省の官僚主導により行われた上，その過程で新保守主義のイデオロギーの影響力は，それほど大きくなかったという点である。すなわち，英，米の場合は，民間経済の活力のための福祉国家の縮小を志向する新保守主義的戦略として推進された例に比べ，日本における医療，年金の改革は，来るべき高齢化社会に対する積極的な対応策として各制度間で分散されていた制度の合理化と社会保険財政の長期的な安定化を追求する厚生官僚の合理的政策計画に従って進行されたのである。とくに，J. C. キャンベルは「政策決定の環境変化も重要であるが，最も重要なものはリーダーシップの質である」と主張するとともに，「行財政改革が外部的変数として重要な役割を担ってきたが，それを適当な形で利用できるよう作成した厚生官僚たちの綿密な準備と戦略がなかったならば，制度改革の成否は不透明であった」と指摘している。

　第二に，1980年代の医療改革と年金改革は，給付削減と分散された制度の合理化を求めることで共通点もみられたが，前者の成立過程が日本医師会のような社会側の組織化された集団の反対があって難航した反面，後者の成立過程は政府主導の世論作りを通じて順調に改革への合意形成がなされた。これに対し加藤淳子と中野実は，2つの政策領域がもつ制度的差異によって，相異なる政治的様態が現れたと説明した。つまり，医療政策の領域においては，保険者と被保険者の間に日本医師会のような利益集団が介入する反面，年金政策の場合は，利益集団が存在しなかったからであるということである。

　第三に，これらの事例研究が示唆するのは，相互に対立する集団間の利害紛争を事前に調整し，ひとまとまりの案（package deal）として提示する戦略が，制度改革における成功の要因であったということである。すなわち，厚生省は，福祉給付の削減に伴う社会的抵抗を分断し，制度改革の正当性を確保するため給付削減案と制度間の格差是正案を関連させて提示することによって，給付削減には反対しても制度間の格差是正を通じて，利益を得る集団の支持が確保できたし，それを通じて反対派の努力を弱め，改革の成功を可能にしたのである。

　以上のようなことから，医療，年金の改革過程に対する事例研究は，1980年代

32　第Ⅰ部　社会福祉政策の基礎理論

政策過程の一般的特性として指摘されている「党高官低[20]」現象が，あらゆる政策分野で政党と官僚制の力関係が逆転してしまったことを意味しているのではなく，政治家が選挙区や支持団体に利益誘導のできる分野に限られており，それ以外の分野では依然として官僚主導の枠組みは変わっていないことを示唆しているのである[21]。しかし，これらの事例研究は，主に，政策決定過程におけるアクター間の影響力の関係についての分析に焦点を当てているため，争点の性格及びアクターらの利害関係を基本的に規定する構造的連関に対する分析が不十分である。また，個別の政策過程に研究の範囲を限定しているから，複数の政策過程間の関連関係を充分に糾明することが不可能である。その結果，福祉給付の削減を伴う医療，年金改革において，なぜ大きな抵抗もなく，これらが受け入れられたか，に対する説明が欠如しているのである。

第3節　理論的枠組みの構築

（1）政策決定における官僚優位・政党優位に関する論議

　1993年に政権交代が行われるまで40年近く政権の座にあった自民党は，連立政権以前の政策決定を分析する際，日本政府の一部とみなされてきた。なぜならば，当時の政府は自民党の意見を聞くことなしに，政策を決定することはできなかったからである。そうした状況下において自民党と官僚の間には，強く相互依存関係が存在したことについては，研究者の認識が統一されているが，このうちどちらが政策決定における中心的な役割を果たしてきたかについては，時代ごとに多様な理論モデルが提示されてきた。

　1970年代初めまでは，権力エリート理論が代表的なモデルであった。このモデルの基本仮説とは「日本の政策決定は自民党の幹部と高級官僚，そして財界の指導者で構成された少数のエリートグループに集中されているし，この3つのグループは通常その目的と行動において統一されている。また，国家の重要な政策決定にはほぼ参加しているし，その際一般大衆よりは自身あるいは組織の利益に応じた形での決定を行う傾向がある。他方，エリートの範囲に含まれない個人や集団は重要な政策争点を包含した決定過程において参加が排除されている[22]」ということである。

　一方，このように政・官・財のエリート集団間の連合を強調している理論とは

異なり，国家の自律性と官僚制の優位を主張する見解が1970年代後半，ステイ
ティズムの台頭とともに現れた。その代表的な例が C. ジョンズの「発展指向国
家（developmental state）」モデルである。ジョンズはアメリカを規制指向国家，
韓国や台湾を権威主義体制国家であるとする立場を採っており，それらと対比し
て日本を発展指向国家ないし，ソフトな権威主義体制と位置づけている。こうし
たとらえ方は，日本のように「計画，合理的」発展国家において，政策過程を実
質的に支配している集団はエリートの経済官僚であり，自民党の政治家の役割は
経済成長を官僚らが達成できるように，利益集団らの圧力を断ち切って，官僚が
立案した政策に正当性を付与する保護者の役割を果たすというものである。

　すなわち，彼は「開発途上国において経済発展は国家政策のうち最優先の政策
課題になる。経済成長を短期間に効率的に達成するためには，民主主義体制より
も権威主義体制の方が都合がよい。そこで，産業政策の政策過程は，政党や国会，
あるいは利益集団ではなく，通産省の官僚が最も大きな影響力と役割をもつこと
になる。日本は，アメリカのような規制指向国家でもなければ，韓国や台湾のよ
うなハードな権威主義でもないが，戦後長らく単一の政党（自民党）が政権を独
占しつづけたという意味においては，民主主義体制とはいえない」と主張してい
る。[23]

　ところが，このような C. ジョンズの主張に対する批判が相次いで登場するこ
とになった。[24] たとえば，国家（官僚制と政党）と利益集団の相互依存協力関係を
強調するネオ・コーポラティズムなどがそれに当たる。この理論によれば日本の
官僚制は各種の「審議会」[25]を通じ，保守的利益団体等を政策の形成及び決定過程
に公式なアクターとして参加させることにより，政府の政策目標を追求する際に，
利益団体の協力を獲得しているが，その一方で，労働組合の参与を排除している
点にその特徴があるという意味から日本のコーポラティズムを「労働なきコーポ
ラティズム」[26]とする主張もある。

　以上の理論は政策決定における官僚制の役割を相対的に重視し，政党の役割を
副次的なものとしてみなしたものである。周知のとおり，日本における政策決定
の研究は長年にわたって官僚による国家権力の独占的行使，つまり，官僚支配・
官僚優位の側面を一貫して強調してきた。こうした背景には，戦前から日本の官
僚は「天皇の官吏」の名のもとに社会的地位の高いエリート集団として強力な指
導力を発揮してきた。そうした戦前からの伝統に加えて先程検討したように，通

34　第Ⅰ部　社会福祉政策の基礎理論

産省主導による戦後日本の産業政策，大蔵省による強力な予算コントロール，さらに吉田茂以降の自民党における官僚出身政治家の支配などがあいまって，官僚優位が日本政治を特徴づけるものとして強くイメージされてきたことがあげられる。

　しかし，官僚優位論は，1980年代に入って官僚制に対する自民党の優位，及び立法過程における野党の役割を強調する理論が提起されはじめるとともに，重大な修正を余儀なくされた。こうした流れのなか，日本的特殊性を強調するために「多元主義に様々な限定語がつけられた理論」[27]が主張されることになった。これらの議論の方向は既存のエリート的視角を批判し，多元主義を主張しているが，それはあくまで多元主義の修正であり，その意味ではネオ・コーポラティズム論への接近ともいえる。しかし，彼らは日本政治は多元主義で競争的なのであるということや，日本的特質として各省庁間の強い縦割り主義（sectionalism）に基づき下位政策の領域別に各省庁の部，局，自民党族議員，関係利益団体間に共生関係が形成されている点については合意している。

　確かに，1980年以降の財政危機の状況下における予算編成や米価の決定にみられるように，自民党政治家の介入が政策決定に大きな影響力を与えてきた。この結果，自民党政務調査会を足場とする「族議員」の発言権の増大に代表される[28]「党高官低論」あるいは「党高政低論」が通説になってきたが，このような主張が，まるで日本におけるあらゆる政策分野で官僚制と政党の力関係が逆転してしまったとのイメージを植えつけてしまったのである。

　ところが，こうした極端な政党優位論に対して，猪口孝，岩井奉信は「自民党の主導が確立されているのは，政治家が選挙区や支持団体に利益誘導のできる分野に限られており，それ以外の分野では，依然として官僚主導の枠組みは変わっていない」[29]と論じた。一方，政党優位への主張を認めながらも，自民党と官僚制の関係は相互依存的であり，政策形成においては両者の役割は混合的になるとの見方もある。[30]

（2）理論的分析枠組み

　官僚と政党が協力・分業関係にあることを認めても，実在の政策形成過程にはさまざまな段階があり，ある段階では一方が主導的な役割を果たすものの，別の段階では他方が主導するものと考えられる。しかも，政策類型によって，両者の

役割が異なるとするならば，以上のような理論モデルのなかの，どれが日本の政策過程を説明するにあたってより適当であるのかを明らかにするためには，直感的な観察や印象論にとどまらず，より分析的な視点に立った研究が要求されるといえる。そこで以上のような疑問に解答を与え，政策形成をめぐる個別的な事例研究の成果を理論化のレベルにまで結びつけるために，政策形成過程におけるアクター間の影響力関係や相互依存関係を構造づけている潜在的な次元を抽出する作業が必要とされる。

　したがって，本書では，政策環境要因が複雑であり，多様である政策をマクロ的に分析することから起因する限界を克服するため，その過程を大きく３つの段階に分けて，その各段階別に分析を行うつもりである。このように政策決定過程を段階別に区分し分析する理由は，まず複雑な政策過程を簡略化し，体系的に研究することができるという点と，各段階別に政策環境とアクターの影響力の関係をより具体的に比較，評価することがそれにより可能となるからである。

　一般的に，社会福祉政策の形成過程に関する多くの先行研究においては，一般公共政策の政策過程段階に焦点を当てているが，ここでは，各事例についてその政策形成過程を初期過程から形成及び決定に至るまで全体的に眺望できるのみならず，各段階別に関連アクターらの相互関係を比較的詳細に分析可能な「C. ジョンズの政策形成過程のモデル」[31]に基づいて検討する。ジョンズのモデルは，他のモデルに比べて政策が個人的な認識規定から公的な政府の政策に確立される全体過程を詳しく包括している。しかも，その過程を具体的な政策過程と区分して，政策研究における看過しやすいところの記述ができるという点がある。特に，政策形成の各段階別過程で，アクターの役割と相互関係を明らかにすることによって政策形成の理論的検討を補完することが可能であるとの利点があるのである。

　このジョンズの政策形成モデルは，次のように要約することができる。すなわち，公共問題は，国民がニーズを認知することによってはじめて社会に存在しうることになる。そして，一定の国民に共通した問題の一部が組織化され，問題解決に対する要求を造成する。または政治家による要求が形成されることもある。こうした要求事項は権限を有する人々によって判断され，決定され，さらには施行されることになる。しかも，こうした決定は，公共問題に作用し，影響を与え，国民はこの決定に反応することになる。この際，反応が人々の共通の反応である

36　第Ⅰ部　社会福祉政策の基礎理論

表1-2　C. ジョンズの政策形成過程段階

段　　　階	政府での分類	体　　　制	産　　　出
①問題の認知及び規定段階	政府の向けた問題	問題確認体制	政策問題を選定
②形成及び合法化段階	政府内活動	形 成 体 制 合法化体制	問題解決のため行動代案を決定し，国会が決定案に合法性を付与
③執 行 段 階	政　　　府	適 用 体 制	政策を施行
④評 価 段 階	政府に対する政策評価体制（政策環境）		施行された政策を評価
⑤終 決 段 階	問題解決あるいは変化		問題が解決され政策が終決されるか，または政策を修正

資料：C. Jones／金海東訳『福祉国家の類型』大永文化社，1990年。

場合，また新たな要求が形成され，こうした過程は循環することになる[32]。

　こうした過程は，政府を中心にいくつかに分類が可能であり，また「体制の概念[33]」による区分が可能である。また，プロセスとは諸々の活動を示すこととしてあり，体制の動的な側面から検討されるべきものであろ。したがって，一つの体制内の多くの類型化された活動を称する。そして，その結果として産出が概念化される[34]。以上のことを政策形成過程の段階として整理すると表1-2のようになる。

　このように C. ジョンズのモデルは，政策形成過程を個人的アクターらの認知から政策を決定，執行し，問題を解決するまでの過程を段階的に区分することによって，政策形成過程を多様な面から分析するのに有用な枠組みを提示している。だが，政策過程は連続的過程であるため，相互に連結された行動の流れとみられるが，認識の便宜上いくつかの段階に区分する場合，注意が必要である。なぜならば，ある一つの政策過程をいくつかの段階に分けたとしても，その段階ごとに相互連結点があいまいになり，また，互いに重複している場合が多いので，各過程に対する明確な概念設定が難しいからである。特に「行政国家的状況[35]」が深化することによって，政策決定過程と執行過程は密接な関係にあるので，どこまでが決定であり，また執行はどこから始まるかを明確に区分することは容易なことではないだろう。

　したがって，既存の先行研究で提示された社会福祉政策の形成過程段階を利用しながら，本研究の目的に符合する形成過程の段階を構想する必要がある。表1-2で示しているように，政策過程（policy process）とは「国民の要求や支持に

第 1 章　本書の理論的アプローチ　37

表 1 - 3　社会福祉政策の環境と政策過程との関係

社会経済的環境要因 (A)	政治行政的環境要因 (B)	政策過程 (C)	政　　策　　(D)
高 齢 者 人 口 １ 人 当 GNP 社 会 福 祉 精 度 実 施 期 間	政 治 行 政 体 系 政 党 間 競 争 政 治 理 念	個 人 問 題 社 会 問 題 政 策 問 題 政 策 議 題 政 策 化	立　　　　法

基づいて立案，決定され，それが実施された後，執行上の有用性や社会に及ぼすインパクトが評価され，この結果が次の政策案にフィードバック（feed back）される」全過程を称したものである。この過程のうち，政策決定に収斂する一連の局面を「政策形成過程（policy-making process）」あるいは，「政策決定過程（policy-decision process）」と呼んでいるが，対象となるのは「政策過程」ではなく，「政策決定過程」である。したがって，表 1 - 2 のジョンソンが提示したモデルからみれば，認知段階より合法化までの過程となるのである。

　一般的に，社会政策の研究において，社会政策の発展と政策産出に関する既存の研究の結果，政策環境と政策過程及び政策の間には表 1 - 3 のような因果関係がみられる。

　ここで社会福祉政策の環境的要因が政策に及ぼしている影響力の関係や，また，これらの要因間の相対的重要性については，異なった主張がある。こうした主張に関しては，第 2 章で詳しく検討するつもりであるが，大きく２つに分けられる。その一つは，産業民主主義の理論を擁護する人々であり，彼らは社会福祉政策の発達における経済変数が他の変数よりも絶対的に社会政策の発達と政策産出に大きな影響力を及ぼしていると主張している。つまり，表 1 - 3 からみれば，こうした立場を取る人々は社会，経済的環境要因（A）が独立変数として政策に直接的に影響を及ぼしている（A＞D），または媒介変数の政治，行政的環境要因（B）を通じて政策に影響を与えている（A＞B＞D）とみなしている。この理論にしたがえば，福祉制度の構造的形態と福祉政策の決定に重要な影響を及ぼすものとしては，政治体制的な要因よりは，産業化という要因が重視されているのである。

　一方，こうした主張とは異なり，社会民主主義理論を主張する人々は，政治・行政的環境要因（B）が政策決定において，媒介変数のみならず一つの独立変数

38 第 I 部 社会福祉政策の基礎理論

として政策に大きな影響を与えている（B＞D）と主張している。

　しかし，本書では，極端な産業民主主義理論も，また社会民主主義理論も問題点があることを提起する。もちろん，既存の研究結果が研究者の関心，政策内容，及び類型個別国家の状況などによって，相異なる結論に到達する点を指摘することはできるが，新しい政策の決定は政策環境がまったく真空状態では起こらないという問題点がある。つまり政策の方向性や選択の幅は，国家内外の権力関係によって規定されているにしろ，政策は環境が生み出す問題への対処であるから，環境の変化は当然，政策変化を促すことになる。環境が緩やかに変化する場合は，既存政策の多少の修正で対応できる。しかし，政策環境が急激であったり，既存政策では対処しえない性質のものである場合，政策の急激な転換や新たな政策が求められることになる。

　公共政策は，社会のニーズや問題が，政府が取り組むべき課題として認知されてから立案されるとすれば，この過程においては社会・経済的環境要因が政策形成の大きな原因になる。そして，その問題をどのような方法で対処するかという問題になると，政治，行政的要因が重要視されるだろう。このように，政策とはそれが制定される際の社会・経済的状況の下で政治的アクターの妥協の結果によって制定されると仮定できる。

　こうしたプロセスを検討するため，一般的な政策形成過程（表1-4）を表1-5のように3つの過程に区分し，各過程ごとにアクターの動きを検討することにしよう。

　すなわち，第一番目の段階である認識過程においては，なぜそうした政策問題が台頭し，また政府はそれを解決しなければならないのかという問題を社会・経済的環境要因に焦点をおいて検討する。

　そして第二番目の政策案の作成過程では，政府が社会ニーズをどの程度認識し，その社会問題を解決するため，いかに優れた政策を考案するかという，最も基本的かつ重要な作業が行われる段階として，官僚を中心に実質的に政策案が作成される過程を検討する。政策案の作成は「政策課題が発見」されたことから始まる。しかし，政策課題が発見されたとしても，それが政府の取り組むべき課題として認知されなければ，立案のプロセスに乗ることはない。これがいわゆる「アジェンダ」に載せられる段階である。日本では，アジェンダは政治的に作成されるよりも各省が独自に設定を行う方が多い。このように，行政内部で政策が企画，立

第 1 章　本書の理論的アプローチ　39

表 1-4　社会福祉政策形成過程の段階

段　　階	概　念　定　義	政府との関連分類	産　　出
人間の欲求の不充足	人間の生活に必要な欲求を自ら充足できない状態，その結果として故人問題の発生	政府の外側で政府に向けて活動	問題解決に対するニーズ
個 人 問 題	問題の原因と解決が一次的に個人と関連する問題		
社 会 問 題	問題の原因と解決が社会体制と関連する問題		
政 策 問 題	多くの社会問題のなか，政府の政策的考慮の対象とすべき社会問題	政府内での活動	問題解決のための行動
政 策 議 題	解決すべきものとして政府自ら認識した問題，あるいは政府によって解決すべきものとして他の体制のメンバーによって，明白に表明された問題		
政　　策（立法）	社会問題の解決策として政府が施行しようとする行動指針の確定		政　　策

表 1-5　本書における政策形成過程の段階区分

政策形成過程の段階			政府関連との分類	産　　出
本　　書	一　　般	C. ジョンズ		
問題の認識過程	欲求の不充足	事件の認知（perception）問題の定義（definition）	政府の外側での活動が中心	問題解決に対するニーズ
	個 人 問 題			
政策案の作成過程	社 会 問 題	集結（aggregation）及び組織化（organization）		問題解決のための行動
	政 策 問 題			
政策決定過程	政 策 議 題	代　　表（representation）	政府内での活動が中心	政　　策
	政　　策			

案される場合には，アジェンダ設定と政策立案は同時進行するのが通常である。[39]
しかし，日本では，「政治的アジェンダ設定」の場合でも，「行政的アジェンダ設定」の場合でも，実質的な政策案を作成するのは，ほとんどの場合，官僚の役割である。

　第三番目の政策決定過程では，官僚によって作成された政策案がどのようなアクターの相互作用を経て一つの政策として誕生するかを考察する。

40　第Ⅰ部　社会福祉政策の基礎理論

　このように便宜上，政策決定過程を３つの過程として区分したが，それぞれの段階が明確に区分できるとはいえない。自民党の一党支配が長期にわたって存続したため，与党と行政部門は一体化し，相互依存システムが定着してしまったことを考慮すれば，自民党は官僚にその仕事を任せているケースが多い。そのため，官僚は政策立案の段階から，政策の合理性と実現可能性を同時に追求するよう求められるので，官僚は政策立案段階の以前から関係団体，各省，自民党，あるいは野党と政治的交渉を行うのである。つまり，本来なら政治レベルで行うべき関係者の利害調整を官僚が行っているため，実質において，政策案の作成過程と決定過程は重複しているともいえる。

　このように，日本の官僚が政策形成において主導的な役割を担っていることは否定できない。だが，すべての政策分野において官僚の主導性がみられるわけではない。ある政策では，政治家が主導的な役割を演じるケースもあれば，利益団体によって主導される場合もある。[40]しかしながら，官僚が主体的に政策を作成している局面は，依然としてかなり存在している。

　戦後日本の高齢者福祉政策決定過程を分析対象としている本書は，日本の独特な政治状況を考慮し，基本的には「日本型官僚政治モデル」を受容する。その理由は，日本はアメリカのように政策専門家の役割が小さい反面，官僚が政策専門家の役割を担ってきたからである。また，各部門別に形成された管轄省庁，自民党族議員，関連利益集団の三者同盟がひとつの利益集団として行動する態様が日本的であるからである。[41]

　日本の政策決定の特徴として欧米では「日本株式会社論」あるいは，「権力三頭モデル」が広く受け入れられているが，本書ではそれとは違った見方をとる。すなわち，日本型官僚政治モデルは，「合理的決定モデル」とは異なり，政策決定には多数のアクターが関係するが，これらの戦略的目標は同一のものではなく，国家，組織，個人の目標を考慮しながら，決定を行っているということである。

　G. アリソンは政府内の官僚政治という点について議論を展開している。彼は政策決定過程において政府内の個々のプレイヤーに焦点を当て，ルールにしたがった行動経緯を通じて，バーゲニングが行われるとみる。単一の合理的選択によってではなく，押し合いへし合いによって決定が行われるし，プレイヤーはさまざまな思惑によって政策を選択する。したがってアリソンは，政府の行動は政府内の政治的アクター間のさまざまなバーゲニング・ゲームの政治的結果として

性格づけることができるとしている。つまり政策とは、「政府内の個々のアクター間の妥協、争い、すなわち特定の代案に対して擁護者と反対者が使う権力と政治的才能によって決定されるもの[42]」とみなしている。しかしながら、アリソン自身もこのモデルが合理的行為者モデル（rational actor model）と組織過程モデル（organizational process model）に代わって、すべての政策過程を説明できると考えているわけではない。合理的行為者モデルは国内において共有された価値意識、原則、イメージなどに着目するものであり、そうしたコンテクストのもとで展開される具体的な政府の行動は組織過程モデルや官僚政治モデルが説明しうるとするのである[43]。周知のとおり、このモデルが政策研究や決定理論の分野に大きな影響を与えてきたのは確かであったが、他方、次のような批判ないし問題点も指摘されたのである。

　第一は、官僚政治モデルは外交政策の意思決定に特化したものであり、立法過程や利益団体などが決定過程の上で考慮されていないことから多くの批判を受けている[44]。また、第二に、このモデルでは、政策決定において最も影響力を持っているプレイヤーは組織の利益をほとんど考慮しないと主張する一方で、組織の利益から生じる官僚的押し合いへし合いが政策決定の主たる要因であると主張している。

　そして第三に、「官僚政治」という言葉は「官僚」を担い手とする「政治」を指すかのごとくである。G. アリソンは官僚という語を用いた理由として「政治」が行政府という官僚制組織の中に位置していることを挙げているが[45]、彼が官僚政治の担い手としてまず大統領、各省庁長官などの政治的指導者層を挙げていることから明らかであるように、官僚制組織としての行政府といっても、それは政治的指導者層を含めて想定されている。すなわち、官僚政治は官僚による政治ではなく、行政府における政治を指すのである。

　最後の第四に、官僚政治モデルにおいては、政府行動の規定要因として「プレイヤー」の政治的活動という過程に焦点が当てられ、決定の内容については、それが正しいものかどうか十分に取り上げられていないとの批判もある。このモデルの根幹を成すのは「重要な選択に関する共有された力と相異なる判断という文脈は、政治が選択のメカニズムであることを意味している[46]」という記述にみられるように、決定や行動を生み出すメカニズムとしての官僚政治である。つまり、このモデルにおける主な関心は、いかなる決定が成されるかではなく、決定がい

42　第Ⅰ部　社会福祉政策の基礎理論

かに作成されるか，何が起こったかではなく，なぜそれが起こったか，内容では
なくプロセスに焦点が当てられているのである[47]。

　政府が社会に及ぼす作用の重要性に照らせば，政策決定の内容に関心を向ける
のは，当然のことといえる。しかし，実際の政策研究においては「内容」よりも
「プロセス」に関心を向ける傾向が広くみられる。官僚政治モデルのこうした問
題点を補完するために，組織過程モデルがともに用いられるならば，日本の高齢
者福祉政策決定を理解する上で有益な分析枠組みになると思われる。したがって，
本研究では以下の組織過程論の概念を利用する。

　政府が問題を認識し，選択肢を検討するのは，組織を通じてであり，この組織
自体はその組織がもつ情報処理にしたがってそれらを行う。つまり「政治の行動
として捉えられるものは，あらかじめ決められた手続きに従ってその組織が行動
した結果である[48]」ということである。そして，アクターは政府内のグループの連
立である。これらの特徴は組織内の人々を強調し，異なったプレイヤーの行動を
理解する上で有益である。このことはまた，組織とプレイヤーの関係を分析する
際にも役に立つ。特に，日本の場合には，組織のメンバーという観点から行動す
る傾向があるので有益である。さらに，プレイヤーは，彼らの地位や役割によっ
て自分の立場を決める傾向があるし，また組織の利益や目標という観点から問題
をとらえる傾向がある。

　決定は，政府内のプレイヤー間の相互作用の結果である一方，これらのプレイ
ヤーは組織の影響や使命によって影響を受けている。それゆえ，組織の利益や目
標を検証することによって組織内のプレイヤーの行動の説明が可能である。換言
すれば，プレイヤーを通じてこれらの組織の利益と目標は政策決定に影響を与え
ることができるのである。したがって，組織の性格ないし，目標の解明なしに，
組織内のアクターがどのように行動するかということを理解することはむずかし
い。

　M.ハルパソンは，組織の性格と組織内のプレイヤーの役割に焦点を当て，政
策決定に参加するアクターは，自己の所属する組織の使命に立脚し政策を検討す
るとした。つまり，組織の利益を重視しているアクターは，特定の問題の完全な
調査が必要であるとは考えないのである。実際，部下はしばしば問題を簡素化し，
報告すべき情報を選択して伝え，すべての可能な選択肢ではなく，自らにとって
都合のよい一つか二つの選択肢を上司に提示すると主張している[49]。

第 1 章　本書の理論的アプローチ　43

　一方，官僚の行動に関する動機については多様な仮説があるが，ここでは，「官僚の行動動機は自身の組織の利益を極大化することにある[50]」との仮説に基づいて検討する。

　特に，日本の官僚は自身が属している省庁に強い帰属意識をもっているので，政策形成に際しては政策の論理よりも組織の論理の方が優先する傾向が強い。これは省庁間にある強い分立性と対抗的競争関係として表れている。こうした各省庁間の縦割り主義は，日本的人事システムがその原因であると指摘されている。すなわち，日本で「キャリア」と呼ばれるエリート官僚の昇進は，年功序列制と同年次内での能力主義によって決定されているので，名目上の人事権をもっている政治家（大臣）の裁量権が少ないのである[51]。

　こうした人事システムによって，官僚は自身が属する組織に対し最善を尽くすことになる。さらに，官僚が退職した後も，天下り先を紹介してくれる人は自身が所属していた省庁の次官ないし官房長であるから，省庁に対する強い帰属意識をもつことになる。組織に対するこうした忠誠心と帰属意識が，他の省庁に対する対抗意識に発展し，省庁間の縦割り主義を助長しているのである。

　このように，日本的状況を考慮し，官僚政治モデルに組織過程モデルを併用すれば，日本の政策決定過程をより詳しく分析することが可能であると思われる。

注
(1)　三浦文夫編『図説高齢者白書1997』全国社会福祉協議会，1997，32頁。
(2)　Naomi Maruo, "Development of the Welfare Mix in Japan," in Richard Rose and Rei Shirator, eds., *The Welfare State East and West*, Oxford: Oxford University Press, 1986, pp. 64-79.
(3)　Stephen J. Anderson, *Welfare Policy and Politics in Japan: Beyond the Developmental State*, Paragon House, 1993, pp. 21-22.
(4)　松井二郎「日本型福祉行政の特質」『社会福祉研究』56号，1993年4月，93-94頁。
(5)　政策の概念規定についてはさまざまな定義がなされているが，本研究ではさしあたって，中村紀一「政策過程と行政広報——テクノ・デモクラシーの可能性——」『都市問題研究』第48巻第5号，48-50頁を参考にした。
(6)　中村紀一，前掲論文，52頁。
(7)　事例研究として1984年健康保険改正をめぐる政治過程については，すでに，次のような研究がある。
　　①加藤淳子「政策決定に関する理論と実證—公的年金制度と医療保険制度改革の

44　第Ⅰ部　社会福祉政策の基礎理論

ケースをめぐって」『レヴァイアサン』8号，1991年。

②高橋秀行「医療保険─政策変容と政治過程」『日本の公共政策──その基準と実際──』行政管理研究センター，1991年。

③────「日本医事会の政治行動と意思決定」中野実編『日本型政策決定の変容』東洋経済新報社，1986年。

④青木泰子「健保改正の政治過程」内田健三他編『税制改革をめぐる政治力学』中央公論社，1988年。

⑤早川純貴・山口裕司・田村晃司「二一世紀の医療保険は展望できたか─健康保険法改正をめぐる政治過程」『阪大法学』第140号，1986年。

⑥早川純貴「福祉国家をめぐる政治過程──84年健康保険法改正過程の事例研究（1）（2）──」『駒沢大学法学論集』No. 43，1991年。

⑦江口隆裕「昭和五九年健康保険法などの立法過程」『北大法学』第36巻3号。

⑧大嶽秀夫「健康保険法改正にみる「福祉見直し」──医療費の抑制をめぐって──」『自由主義的改革の時代』中央公論社，1994年，第6章。

⑨中村昭雄「第5章　行財政改革と健康保険法改正」『日本政治の政策過程』芦書房，1996年。

(8)　中野実『現代日本の政策過程』東京大学出版会，1996年，15-82頁。

(9)　John C. Campbell, *How Policies Change: The Japanese Government and the Aging Society*, Princeton : Princeton University Press, 1993. 三浦文夫・坂田周一監訳『日本政府と高齢化社会──政策転換の理論と検証──』中央法規出版，1995年（この論文では引用頁は後者によるものである）。

(10)　J. C. キャンベルによればインタビューのほとんどは東京の社会保障研究所で過ごした1976年から1977年の間に実施し，実施したインタビューは比較的公式のものが237件であるが，このうちいくつかは集団面接があり，残りは同一人物に繰り返し行ったものである。インタービュー相手を分類すると，国レベルの官僚が98件，政治家とスタッフが14件，利益団体の代表者が24件，学者などの専門家が39件，都道府県職員が24件，市町村職員が25件，福祉現場の責任者が9件，新聞記者が4件となっている（キャンベル，前掲書，4頁）。

(11)　4つの類型に対するより詳しい説明は，J. C. キャンベルの前掲書，44-51頁を参照されたい。

(12)　松井二郎，前掲論文，94頁。

(13)　J. C. キャンベル，前掲書，538-539頁。

(14)　S. J. アンダーソン／京極高宣監訳『日本の政治と福祉──社会保障の形成過程──』中央法規出版，1996年，7頁。

(15)　産業民主主義理論への批判として登場した社会民主主義理論では，先進資本主義諸国が単一の福祉国家の形態へと収斂しておらず，さまざまな福祉国家の形態が存在す

ることが認識され，そのような多様性を説明する要因として，労働の組織化が最も重要視される。福祉国家の発展は，価値に関する合意に基づいて行われるというよりは，集団，階級間の対立・紛争の帰結とみなされる。したがって，先進諸国間における福祉国家の形態・構造の違いは，階級間の制度的権力関係（権力リソースの動員・組織化）に基づいている。

⒃　新川敏光『日本型福祉の政治経済学』三一書房，1993年，56-57頁。

⒄　新川敏光，前掲書，300頁。

⒅　こうした見方には例外がある。たとえば，加藤淳子は医療，年金改革が厚生省官僚主導で行われたことを指摘しているが，給付削減を伴う人気のない政策の成立を可能にした条件として，第2臨調によるイデオロギー及び政策アイディアが政策変化に及ぼしている影響を強調している（加藤淳子「政策決定過程研究の理論と実証」『レヴァイアサン』第8号，木鐸社，1991年，181-182頁）。

⒆　J. C. キャンベル，前掲書，492頁。

⒇　日本の政策決定過程において，政治家が政策決定に強い影響力を及ぼし，官僚制の影響力が相対的に弱化されている現象をいう。この用語は日本の政策決定過程に対するパラダイムが官僚優位論から政党優位論へ，エリート論から多元主義論へと変化する過程で登場したのである。

(21)　行政管理研究センター編『政策研究のフロンティア』行政管理研究センター，1988年，22頁。

(22)　Haruhiro Fukui, "Studies in Policy making : A Review of the Literature", in T. T. Pempel, ed., *Policy Making in Contemporary Japan*, Ithaca : Cornell University Press, 1977, p. 35.

(23)　大山耕輔『行政指導の政治経済学——産業政策の形成と実施——』有斐閣，1996年，56-57頁。

(24)　C. ジョンソンの発展指向国家モデルに対する批判として，D. フリードマンは，その著書である『誤解された日本の奇跡』（*The Misunderstood Miracle*）のなかで，通産省の官僚的コントロールのもと，一糸乱れぬ経済成長をめざして拡大していく開発型資本主義という，ジョンソンの日本像に批判を加え，それとはまったく異なる角度から日本の経済的成功を説明した。というのは，二重構造論を前提とする通産省の指導を次々覆しながら，草の根的な中小企業のネットワークが成長したことを指摘し，この点に日本の強さの秘密があるとしている。また，野口悠紀雄も『1940体制』という本のなかで，戦後日本の経済成長を主導したのは，通産官僚ではなく大蔵省の金融統制（低金利政策）による資源の配分を背景にした民間部門の主導により主要産業の発展ができあがったと主張している。さらに大山耕輔も『行政指導の政治経済学』のなかで，ジョンソンの捉え方について3点を取り上げて，その問題点を提示しているが，その問題点については大山耕輔，前掲書，57-58頁に詳細に書かれてあるので参

46　第 I 部　社会福祉政策の基礎理論

照されたい。

(25)　審議会は国家行政組織法 8 条に基づいて設置された合意制機関であって，諮問機関
と審査，検定を行う参与機関の双方を含む。審議会総覧によれば，1997年 9 月現在，
217の審議会があり，その名称は，審議会，審査会，調査会，協議会，委員会と多様
である。設置目的として，政策決定における民主性と専門性の確保を目的としてある
が，その当初の目的をどの程度達成しているかについては，否定的な評価と肯定的評
価に分かれている。審議会の機能及び制度に関する研究は数多くあるが，そのなかで
も曽根泰教研究会の『審議会の基礎研究』と，『臨調型審議会と制度改革』が総合的
に，また，詳細に論じている。

(26)　J. J. Pempel and Keiichi Tsunekawa, "Corporatism without Labor ? The Japanese
Anomaly," in Philippe C. Schmitter and G. Lehmbruch, eds., *Trends Toward Cor-
poratist Intermediation*, Beverly Hills : Sage Publications.

(27)　たとえば，その代表的な理論として，下記のようなものがある。
①佐藤誠三郎・松崎哲久「仕切られた多元主義」『自民党政権』中央公論社，1986年。
②中邨章・竹下譲「分散型多元主義」『日本の政策決定』梓出版社，1984年。
③猪口孝「官僚主義大衆包括型多元主義」『現代日本政治，経済の構図——政府と市
場——』東洋経済新報社，1983年。
④「パターン化された多元主義」Michio Muramatsu and Elliss Krauss, "The Con-
servative Policy Line and the Development of Patterned Pluralism," K. Yama-
mura and Y. Yasuba, eds., *The Political Economy of Japan, Vol. 1, The Domes-
tic Transformation*, Stanford : Stanford University Press, 1987, pp. 516-554.
⑤曽根泰教「一党優位型多元主義」「日本の政策形成論の変化」中野実編著『日本型
政策決定の変容』東洋経済新報社，1986年，301-319頁。

(28)　「族議員」「族」とは，もともと議院運営委員会の理事などを長く務めた与党議員た
ちを指す「議員族」だけに与えられた「称号」であった。彼らは，予算や法案の審議
の進め方，修正の段取り，時には法案の成立ないし廃案などについて，互いに合意を
つくる術にたけていた。この場合，合意が有効であるためには，互いに「審議」を守
ることが大切で，自分の党を騙してでも相手側との約束を守るのが当然とされた。し
かし，1960年代末頃から「文教族」や「逓信族」などという言葉が登場した。それら
の議員は文部省や郵政省の所管事項や人事についての知識が豊富で，自らの見解をも
ち，仲間たちは派閥横断的に集まった。しかし，1980年代になると，「党高政低」と
か「党高官低」などという言葉が盛んに使われるようになった。すなわち，政治家が
政策決定に強い影響力を及ぼすようになり，官僚の力は相対的に弱まったという認識
が広がったのである。それとともに，そうした「党高」の主役として喧伝されるよう
になったのが族議員であった（族議員については①日本経済新聞社編『自民党政調
会』1983年，②佐藤誠三郎・松崎哲久『自民党政権』中央公論社，1986年，③猪口

第 1 章　本書の理論的アプローチ　47

孝・岩井奉信『「族議員」の研究』日本経済新聞社，1987年などを参考されたい）。

⑵　猪口孝・岩井奉信『族議員の研究──自民党政権を牛耳る主役たち──』日本経済新聞社，1987年，213-215頁。

⑶　こうした見解としては，佐藤誠三郎・松崎哲夫の『自民党政権』と山口二郎の『大蔵省官僚支配の終焉』などがある。

⑶　Charles O. Jhones, *An Introduction to the Study of Public Policy*, Second edition, North Situate : Duxbury Press, 1977. ただし，ここでは金海東訳『政策形成論』を主に参考にした。

⑶　C. Jones／金海東訳『福祉政策の類型』大永文化社，1990年，26頁。

⑶　体制（system）とは，共通する価値をもつ 2 人以上の人々が，ある目標の達成のため相互作用をする場合，この相互作用が類型化ないし，構造化された際，これを一口で体制と呼んでいる。したがって，体制は同一視される一定の人々，共通する価値と目標によって規定される境界，類型化された行態，そして指向性にその特徴がある。

⑶　金海東訳，前掲書，28-31頁。

⑶　行政国家的状況とは「現代の複雑，多様な社会経済的問題を迅速に処理するためには，政策決定における高度の専門技術が必要であるが，組織技術的側面で言えば，立法府は高度の機動性と情報処理能力において，とても行政府を乗り越えるのが難しいので，行政府が政策執行機能だけのみならず実質的な政策決定の機能まで演じている状況」をいう。鄭煕彩「政策執行過程」全学俊外共著『現代政治過程論』法文社，1983年，341頁。

⑶　金栄老『政策形成に関する研究』修士学位論文（慶熙大学校）1991年，13-20頁。

⑶　E. Kent, Calder, *Crisis and Compensation*, Princeton : Princeton University Press, 1988, p. 37.

⑶　政策課題の発見とは，社会のなかで問題が生じたり，あるいは問題発生が予想されるときに，政府がそれに気づくことを指しているが，これには行政官が世の中の動きに目を配っていて発見する場合もあれば，審議会や研究会の場で外部の専門家によって指摘される場合もある。また，関係団体の要請を受けた議員が議会で取り上げる場合もあろうし，マスコミが取り上げたことがきっかけとなる場合もある。

⑶　たとえば，ある政策課題を発見した場合，まず課長が部下に対応策の検討を命じるであろう。この瞬間から，政策立案の準備作業が実質的に開始されることになるので，アジェンダ設定と政策立案は同時に進行するといえる。

⑷　政策形成において政治主導の契機は，官僚の力では共同体の利益を守れなかったり，あるいは増進できない場合に訪れる。立案段階では，野党を説得できず，合意形成が国会審議にまで持ち越された場合などがその例である。また，新規事業が予算編成で大幅に削られ，復活が難しい場合にも，官僚は族議員や大臣に頼んで大蔵省に圧力をかけてもらわねばならない。一方，政治家と官僚の意向が合致しない場合もありうる。

また，利益団体主導は，その利益団体が政治資金を通じて議員を操り，その議員を通じて官僚を統制できる場合に可能となる。たとえば，かつての武見会長時代の日本医師会は，自民党や厚生省に対して強い影響力をもち，医師優遇税制や診療報酬制度を実現させたのである。

(41)　もちろん，こうしたことは日本に限られた現象であるわけではない。こうした現象はアメリカを含む他の先進国家においてもみられるが，ここで「日本的」とした理由は，日本では自民党の長期政権の結果，これら三者の相互依存システムが最も制度化されているとの意味からである。

(42)　G. T. アリソン／官里政玄訳『決定の本質——キューバ・ミサイル危機の分析——』中央公論社，1985年，392-404頁。

(43)　たとえば，G. アリソンは，「大規模組織が実施する政府行動の具体的な特徴を説明するには，組織過程モデルが有効である。しかし，政府部内のトップ・レベルの議論から生まれる決定を扱うには官僚政治モデルが最適である」としている。

(44)　J. C. キャンベル／三浦文夫・坂田周一監訳，前掲書，41頁。

(45)　Graham T. Allison, *Essence of Decision, Explaining the Cuban Missile Crisis*, Boston : Cittle, Brown and Company, 1971, p. 279.

(46)　Ibid., p. 171.

(47)　大河原伸夫「官僚政治モデル」白鳥令編『政策決定と社会理論』良書普及会，1984年，74頁。

(48)　宮川公男『政策科学入門』東洋経済新報社，1995年，188-189頁。

(49)　Morton. H. Halperin, *Bureaucratic Politics and Foreign Policy*, Yale University Press, 1974, pp. 26-39.

(50)　W. ニスカネン（William A. Niskanen）は，官僚たちは自身の効用を極大化するため予算の極大化を追求するとの仮説を提示している。また，ミクエとベルランゼ（Migue and Belanger）は，この理論を修正し，「裁量予算」の極大化仮説を主張している。つまり，官僚の効用極大化は単に，全体予算規模によって決定されるものではなく，官僚が裁量に基づき使用できる予算規模によって決定されるとしている。しかし，官僚が予算を獲得する際の動機を考慮しても，官僚の行動をすべて予算と関連させて説明することはできない。官僚権力の一つである規制に関する権限は，予算の規模とは関係なく決定されるからである。

(51)　大嶽秀夫『現代日本の政治経済権力』三一書房，1979年，81頁。

第2章
福祉政策決定に関する理論的考察

第1節 政策決定の理論モデル

　政策決定へのアプローチやその理論モデルは決定過程で作用する合理性の程度と関係がある。すなわち，それは高い合理性を前提とする規範的・理想的アプローチと，それとは逆に低い合理性，あるいはあまり合理性を考慮しない現実的，経験的アプローチと2つに大きく分けることができる。前者の例としては，合理モデルが挙げられるが，これには合理性の追求が可能な OR，ゲーム理論，費用便益分析，PPBS などが含まれる。そして，両方のアプローチを部分的に混合した混合モデル，予測可能な状況のなかで集団的意志決定の問題を取り扱っているゴミ箱モデル，マクロ視点で民主主義という理念の問題とリンクさせて政府と国民の間の力学的関係を説明する公共選択モデルなどがある（図2-1）。
　その他にも，政策決定モデルにはさまざまな類型があるが，ここでは，日本の高齢者福祉政策と関連させていくつかのモデルに限定してその理論の特徴を簡単に述べることにする。

図2-1　意思決定の接近方法と理論モデルとの関係

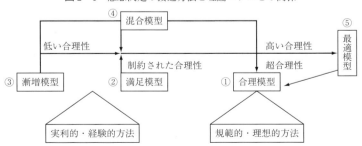

出典：尹正吉『政策過程論』洞論社，1991年，95頁。

図2-2 合理モデルの立場から見た政策過程

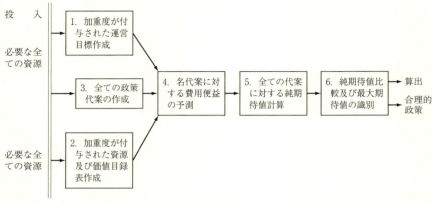

出典：安海均『政策学原論』茶山出版社，1995年，102頁。
前提：合理的政策決定の推進に必要なすべての資源と資料が確保されている。

(1) 合理モデル (rational model)

このモデルは，人間は理性と合理性を根拠に決定し行動する，という理論である。そのため，これは，人間の能力を「全知の前提 (assumption of omniscience)」としており，人間は目的達成を極大化するために努力する経済人のような合理的人間であると仮定するモデルである。したがって，政策決定者は問題を正しく認識し，明確な目標を立て，正確な因果関係が存在すると仮定しなければならない。その上で，出されたいくつかの代案のもたらす結果の長所・短所を分析した後，その代案のなかで最善のものを選択しなければならないのである。[3]

こうした理論に基づいて政策決定過程を図示したのが図2-2である。

しかし，この理論は，次のような点から非現実的であるという批判を受けている。まず第一に，人間の能力，時間あるいは費用には限界があるということ，さらに未来の完全な予測は不可能であるという理由から，合理的選択理論は現実とは合わない，という批判である。

第二に，「埋没費用 (sunk cost)」問題である。すなわち，このモデルには，すでに成立した決定や公約そして既存の政策に対してすでに投資された費用などは，政策決定過程から除外されている，という点が批判の対象となっている。こうした理論的批判から，制限された合理的モデルが登場することになったのである。

第２章　福祉政策決定に関する理論的考察　51

（２）満足モデル（satisfying model）

　このモデルは，J. マーチ（James G. March）と H. サイモン（Herbert A. Simon）によって主張された理論であり，合理モデルの現実的制約点を克服するために提出されたものである。[4] 彼らによれば，情報と代案及びその代案がもたらすすべての結果を予測するには人間には限界があるので，政策決定者は，さまざまな目標や問題のなかでも最も自分に関連がある部分のみを関心の対象にする。そして，代案の提出及び選択も，すべての代案を考慮するのではなく，ある代案を優先的に検討し，その代案でもある程度満足できる水準で解決しうる，という理論である。したがって，この理論は，現実の政策決定に対して適用しやすいという長所をもっているのである。しかし，この理論は一方で，あまりにも主観的あり，決定者の創造性が欠如している可能性が多いとの指摘もある。

（３）増分モデル（incremental model）

　C. リンドブロム（Chales Lindoblom）は，増分モデルを提示したが，このモデルは合理モデルより長所が多く政策形成能力を現実的によく備えている，と主張している。[5] 増分主義（incrementalism）とは，公共政策を基本的には過去の政策の延長であると考え，政策の修正は付加的・増分的なものにとどまる，と考えるものである。このモデルは，先に述べた合理モデルの非現実性を批判するものとして現れたものであり，既存の政策プログラムや支出予算は基本的に変わらないものと考え，それらの増加，減少ないし修正だけに注目するものである。したがって，政策決定者は一般に，既存の政策プログラムの正当性を容認し，その継続に暗に同意し，それからの増分的あるいは漸進的変化しか考えないのである。

　J. C. キャンベルは，日本の予算編成過程に焦点を当てて政策決定過程を分析した。[6] 彼によれば，日本の場合，他の国より高いと思われるが，政策決定の95％程度は予算面におけるルールにより行われるとされるが，最も興味深い点である残りの５％は別のルールに支配されているという。すなわち，政府が新しいことを始めたり，支出を大きく増加または削減したり，あるいは既存の路線を変更する，といったような重要な政策の転換は予算とは異なる別のルールとして発生すると強調したのである。[7]

　このように，このモデルは政策決定の実際を記述するモデルとして現実性の高いものであると評価されている反面，政策決定の規範的モデルとしては保守的性

52   第Ⅰ部　社会福祉政策の基礎理論

図2-3　ゴミ箱モデルの立場からみた政策過程

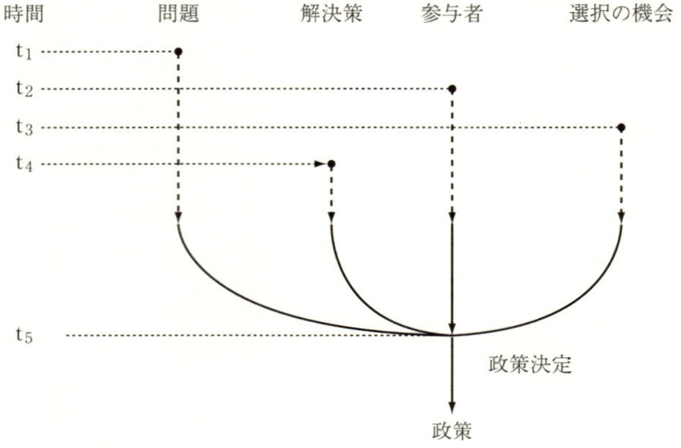

時間　　　　問題　　　　解決策　　　参与者　　　　選択の機会

t₁ ········· ●

t₂ ········· ··············●

t₃ ········· ··························●

t₄ ········· ··············●

t₅ ·········

政策決定

政策

格が強いという指摘もある。

（4）ゴミ箱モデル（garbage can model）

このモデルは，M. コーエン，J. マーチなどにより提案されたものである。このモデルにおいては，組織の行動選択は合理モデルに代表されるようなきっちりと整理されたプロセスのなかで行われるのではなく，それは多様な問題とその解決案とが乱雑にごちゃ混ぜに入っているゴミ箱（garbage can）のなかでの選択のようなものであるとされる。

　このモデルの基本は，組織を「組織化された無秩序（organized anarchy）」と考えるところにある。この「組織化された無秩序」は，次のような３つの一般的性格を前提としている。すなわち，それらは，問題性のある選好（problematic preference），不明瞭な技術（unclear technology），そして一時的な参加（part-time participants），である。こうした前提のもとで，ゴミ箱モデルは，まるでいろいろなゴミが偶然にひとつのゴミ箱に集められるように，個別的な４つの構成要素の流れ，すなわち，問題の流れ，解決策の流れ，参加者の流れ，選択の流れが互いに異なった時間に箱（can）のなかに入って，偶然かつ同時に一カ所に集まるとき，初めて決定に至るとみている。このとき，４つの構成要素の流れは，時間と関係がある。

　結局，このモデルによると，政策決定過程は次の図2-3にみられるように，以上の４つの要素の個別の流れと同じであり，そうした４つの要素の接点で政策

が作成されるものと考えられているのである。

　このようなゴミ箱モデルは，政策プロセスのひとつの現実的なモデルとして多くの説得力のある要素をもっているといえる。しかし，そうした状態が組織のすべての決定過程で発見されるわけではなく，一部分の組織，あるいは一時的に現れる決定過程を説明する場合にのみ適したモデルであるという批判も提起されるかもしれない。

第2節　福祉国家発展の決定要因をめぐる政策理論

（1）マルキシズム（**Marxism**）と福祉政策

　マルキシズムは，福祉国家を分析する場合には，きわめて説得力がある理論である。なぜなら，この理論は，一方では資本主義の構造を説明し，他方では階級闘争に焦点をおいているからである。すなわち，この理論は，福祉国家は発展のための必要性によって生成されたし，またそれは組織労働者階級の政治活動の結果として生成された，という矛盾点を理解させてくれるからである。この矛盾は，マルキストによる分析の中心概念であり，福祉政策の研究においても重要な役割を演じている。以下は，その内容である。[9]

①　資本主義の内的矛盾と福祉

　資本主義自体の矛盾として次の4つの矛盾を取り上げているが，その第一に，生産力と生産関係の矛盾を指摘している。つまり，先進産業社会の生産力は集団的である。そうした社会で要求される財貨とサービスを生産するためには，多数の結合された努力が必要である。矛盾のひとつの側面は，そのようにして生産されたものが生産集団に配分されることなく，一部のエリートに配分されることにある。生産力と生産関係のこうした矛盾は，階級闘争の原因になり，それは結局，資本主義社会に崩壊をもたらすことになる。

　第二に，資本主義の存在的矛盾としてマルキストは，資本主義の存在自体が矛盾の過程であると考えている。すなわち，社会や思想のすべての現象は，それ自体が対立と闘争の要素を含んでおり，こうした対立・闘争はより高次元の形態へと発展進化するための原因である，とみなされている。

　第三に，政治・経済的矛盾として資本主義国家は，基本的に2つの相互矛盾的

な機能，すなわち資本蓄積と正当化の機能をもっている。たとえば，国家は資本主義発展のために資本蓄積が必要である一方，その社会的不安の除去とともにその存立のための正当性を維持する方法として福祉活動を拡大する。その結果，国家は，財政危機に直面することになるのである。

第四に，福祉と生産性との矛盾に対して M. クラウツは，「福祉国家を支えるための高い生産性と，生産性を低下させる福祉政策の間には，本質的に紛争が存在する」と指摘している。現在の資本主義は福祉国家を目指す方向にあるが，多額の福祉に必要な財源は結局，確保・維持できなくなるのである。

② 福祉矛盾論に対する批判

上記の主張が妥当性をもつためには，いくつかの仮説が検討されなければならない。

第一に，福祉支出の増大は労働生産性を阻害するという命題は，20世紀後半におけるイギリスのような福祉国家にはある程度妥当するように思われる。しかし，それは，スウェーデンを含む北欧ヨーロッパ先進福祉国家には，当てはまらない。

第二に，福祉政策の拡大は支配階級の相対的弱体化につながるという命題は，かならずしも現実には当てはまらない。以上の議論を通じて，マルキストがいう矛盾という概念は，資本主義と福祉国家の関係を説明しているという点で，ある程度の価値があるが，すべての国における両者の関係を説明分析するための枠組みとはならないであろう。

（2）産業民主主義理論と福祉政策

社会福祉政策の決定過程の研究は，社会福祉政策を生み出す環境要因と実際に政策決定過程に参与する人々の力学関係及び決定過程における諸般の特性を理解し，それを通じてその社会の権力の所在を看破することに目的があるといわれている。ところが，社会福祉政策の形成過程研究は1960年代以降，社会福祉政策の産出と発達に寄与する環境要因を，大きく「社会・経済的環境要因」を重視する見解と，「政治・行政的環境要因」を重視する見解とに区分し，各々の論理が主張されてきたのである。

まず，福祉政策の発展要因として社会，経済的目標を重視した産業民主主義理論は，経済変数が他の変数よりも絶対的に社会政策の発達と政策産出に大きな影

第2章　福祉政策決定に関する理論的考察　55

響力を及ぼしていると主張している。特に，経済の発達と成長による産業化，都市化などの社会変動が社会政策の内容を決定する要因になり，他の変数である政治体制の差異やイデオロギー的な相違性は社会福祉政策の変化に対するインパクトとしてはあまり大きなものではないとみなされているのである。

　このように，社会・経済的要因を重視する見解は，「産業民主主義」の立場からのものと，「マルクス主義」の立場からのものとがある。前者の代表的な論者としては，H.ウィレンスキーが挙げられる。彼は，発展途上国及び社会主義国を含む64カ国の比較を通じて，福祉国家の起源とその一般的発展過程を説明している。その際，経済成長とそれがもたらす人口学的帰結が決定的に重要な要因であり，それは，政治体制あるいはイデオロギーの違いを超えてあらゆる国を福祉国家化へと向かわせ収斂させる，と結論づけている。[12]

　こうした立場から主張されてきたものが，いわば「収斂理論」である。この理論によれば，福祉制度の構造的形態と福祉政策の決定に重要な影響を及ぼすものは，政治体制的な要因よりは産業化という要因が重視されている。その結果，資本主義社会や社会主義社会における産業化の程度が同等のレベルであれば，福祉政策の構造と内容も類似するというのが，この理論の核心である。

　すなわち，産業化と経済発展は現代社会の中心的課題であり，またそれは社会構造が機能的に統合されるための主要な条件なのである。先進産業社会の社会構造を決定するものは，イデオロギーでも，階級闘争でも，文化でもなく，技術なのである。結局，この理論によれば，産業化の初期における福祉政策は，支配的エリートあるいは社会階級とそのイデオロギーによって異なるが，先進産業社会になると福祉政策の基本的構造は制度的に類似してくる，と主張しているのである。

　このような主張は，基本的に経済発展が社会福祉発展を規定するという産業主義理論を支持し，政治の役割に疑問を投げかけるものであった。したがって，こうした研究は政治的イデオロギーの重要性を否定したため大きな批判を呼び，いわゆる「政治は重要か」という論争を巻き起こすことになった。

　F.キャスルズとR.マッキンレーは，「H.ウィレンスキーなどの経済的人口統計学者たち（economic demographers）が社会政策発展における政治の重要性を見いだせなかったのは，高所得国と低所得国との異なる類型を見逃したからである。これらの2つの異なるカテゴリーを一緒にすると，圧倒的多数を占める低所得国

56　第Ⅰ部　社会福祉政策の基礎理論

の類型が高所得国の特徴を隠してしまう。低所得国ではそもそも社会政策の財源が限られているので，政策発展は経済成長に大きく左右される。しかし，分析をOECD諸国に限ってみると，政治的要因の重要性は明らかになり，福祉政策と経済発展との強力な相関関係は消える[13]」と述べ，産業民主主義理論に疑問を投げかけた。

（3）社会民主主義理論と福祉政策

　福祉国家発展の社会経済的要因を重視する立場のなかで「マルクス主義」に基づく見解については，次のように特徴づけられる。つまり，その見解は，資本主義と社会主義の間の政治的，イデオロギー的，そして経済体制的区別を強調する点で，産業民主主義理論とは異なっているが，資本主義社会においては資本主義の経済法則による構造的拘束のゆえに，国家による福祉政策も社会の不平等を取り除くことはできず，資本主義の変革は生じないといったように，「社会経済的要因」を決定的なものとする点では，前者と同じであるといえる。

　しかし一方で，この立場は，そのような「社会・経済的要因」を重視した上で，「政治的要因」を最も重視するのである。M. シャリフによると，「先進国における福祉国家の発展は，その国の経済的・社会的構造のもとで，福祉国家の拡大によって利益を受ける労働者が労働組合，労働者政党といった諸組織を通じ，また階級的動員力に基づいて，政治権力をどの程度コントロールしうるかによって左右される[14]」と述べている。つまり，「社会民主主義理論」は，そうした考えをひとまず仮説として設定し，それを実証的に検証しようとするものなのである。それゆえ，この理論の中心は，福祉国家の発展を決定するより重要な要因として，労働運動の政治的強さという点を強調している。そこで，労働者の求める福祉国家のあり方を限定化・特定化するために，福祉国家を類型的に分類しようとする作業が現れることになる。たとえば，「社会民主主義型」，「自由主義型」，「保守主義型」といったものが類型化されている[15]。

　その場合，「社会民主主義型」とは，社会保障における私的制度，民間企業の果たす役割を限定的なものとしてとらえ，公的福祉を貧困救済中心のものから社会権に基づく普遍的プログラムへと編成替えし，また社会保障の給付及び財政負担の面でも平等化を図る，といった制度的特徴を備えているものである。そうした型に適合する国としては，スウェーデンやノルウェーが含まれる。

第2章 福祉政策決定に関する理論的考察　57

　これに対して、「自由主義型」とは、福祉の分配においても公的介入を最小限にとどめ、市場の働きを最大化しようとするところに、その制度的特徴があるとみなされている。具体的には、年金・医療制度において民間保険が果たす役割が大きく、公的福祉はできるだけ最小限の程度にとどめ、それゆえに、スティグマを伴いがちな貧困救済のための公的扶助が中心であったり、あるいは自助保険原理に依存するがゆえに公的負担は少ない、といった特徴が挙げられている。これは、アメリカ、カナダ、オーストラリアといったアングロ・サクソン系の「新世界」の国々において、典型的にみられる[16]。

　そして「保守主義型」の起源は、国家主義、温情主義、改革主義あるいはカトリック改革主義にあり、制度的には身分や職業に立脚した職域的社会保障がその中心的特徴となっている。この型は、また、保険原理に基づきながら団体に基礎を置いているという点で、社会保険制度の充実とともに、貧困救済のための公的扶助はその社会保障支出のなかに占める比重を低下させていくという点で、個人、市場に基礎をおいているといえる。それゆえ、この型は社会保障支出のなかで公的扶助の比重が高くなっている「自由主義型」とは区別される。この型に該当する国としては、西ドイツ、オーストリア、フランス、イタリアなどが挙げられる[17]。

　以上のように、異なるパターンによって分類された3つの型の福祉国家について検討したが、ここで重要なのはこうした分類が絶対的とはいえない。なぜなら、多くの国の場合、政策環境の変化によって国家の政策も変化するので、当然、時代によってその国が属した類型も変化するからである。

　それでは、日本は3つの類型のなかどちらに属するのか。確かに日本は1960代末から1970年代初めの、いわゆる「福祉元年」と呼ばれる時期においては「社会民主主義型」に類似した政策を行った。しかし、石油危機以降、財政状況の悪化のもとで誕生した新保守主義政権は、市場の原理を強調した「自由主義型」の路線に政策を転換し、それが今まで続いているのではないかという気がする。

　さて、「社会民主主義理論」の論議は、当初の社会保障支出と社会民主主義政党の政権支配力との間の相関関係の分析から、社会民主主義に適合する福祉国家のパターンを特定化すること、そして、そのパターンと競合・対立するパターンを類型化するような研究へと発展してきた。ところが、最近では、福祉国家の発展にとって社会民主主義理論は必要条件であっても十分条件ではない、といった控えめな主張に変わってきていることも事実である。

58　第Ⅰ部　社会福祉政策の基礎理論

　しかし，福祉国家発展の決定要因をめぐる研究がわずか十数年前から始まったことを考えれば，この理論が与えた影響は大きいといえる。また，この理論は，1970年代半ば以降に台頭してきた福祉国家の危機論，すなわち，先進国の経済パフォーマンスの悪化の原因を福祉国家に求め，福祉国家の時代は終わったとするいわゆる新保守主義＝新自由主義の考えに対しても経験的反論を加えているといえる。つまり，「福祉先進国」＝「社会民主主義型」では，ネオ・コーポラティズムが制度化されている場合が多いこともあって，相対的に良好な経済パフォーマンスが維持されている。

　また，この理論では，社会保障支出負担はかなり高いにもかかわらず，社会保障が一般に保障されているため，福祉国家批判は多数派を形成していないことは明らかである。これに対して，「福祉後進国」＝「自由主義型」の場合は，かならずしも良好な経済パフォーマンスを維持しているわけではない。また，この型においては，社会保障支出負担がなお低い水準であるにもかかわらず，福祉の重点が貧困救済の公的扶助に置かれ，その便益を受けるのが少数の貧困層であるために，福祉国家への批判が多数派を形成しやすくなっている，ということも明らかである。[18]

（4）その他の理論と福祉政策

　社会福祉発展に新たな視角を提供するものとして，D. キャメロンの公共経済に関する研究が注目される。彼の研究は，社会福祉支出に限らず公共支出一般の拡大に関するものであるが，所得補助支出が公共経済の拡大を招くと考えているので，福祉国家発展の研究と解することができる[19]。彼によれば，経済の開放性が公共経済拡大を促進する最も重要な要因である。経済の開放性は，一国の経済が国際市場にどれだけ依存しているかによって決まり，具体的には GNP に対する輸出入の占める割合によって測定される。また，国際市場への依存度が高く開放経済下にある国では，公共経済のウェイトが拡大する傾向があることを発見し，その仮説として，開放経済体制下にある国は，経済の国際競争力を高めるための必要から産業の集中化を促進することになる。その結果，高度の産業集中は，雇用者団体及び労働組織の連合が形成される好条件を生む。強力に組織化された労働者は左翼政権を生み出す重要な前提条件になり，そのようにして誕生した左翼政権は，積極的に社会政策を展開し，公共経済を拡大する傾向がある。したがっ

第２章　福祉政策決定に関する理論的考察　59

て，経済の開放性は公共経済の拡大を説明する最も重要な変数であって，左翼政権が遠く離れた第二の説明要因であると指摘している[20]。

　ここでこうした理論間の論争の優劣を明らかにするのは容易ではない。なぜならば，政策はサンプル変数，対象時代などの変数選定の相違によって，数量分析の結果が異なるからである。変数の選択に関しては，いかなる絶対的な基準もない。しかし，経済発展に収斂理論を受け入れるか，政治的な相違によって社会福祉発展の度合いが異なる可能性を認めるかという問題は，二者択一のものではない。

　たとえば，一定水準以上の経済発展がなければ，社会政策を発展させる財源を調達できないという意味では収斂理論は支持されるが，一定水準以上の経済発展を遂げた先進資本主義国家間においては，経済構造力，政治的要因に起因する異なる社会福祉発展の類型が認められる。つまり，一定の経済発展を所与のものとした場合，政治的要因が介在する余地が生まれるのである[21]。

　検討したように，福祉国家の発展要因をめぐって上記の理論は異なる見解を示しいるが，これらの研究は国内の政策環境を重要視する点では共通点がみられる。すなわち，比較される対象国家の社会政策発達と政策産出の国内的な要件を重視しているし，国際社会における国家間のアイディアや専門技術の交流は考慮しないまま，個別国家の独自性を前提に研究がなされてきたといえる。

　反面，国内外の政策環境の研究には，国際社会における国家間の密接な関係と知識技術及びアイディアの拡散（diffusion）が，個別国家の社会政策の発達と政策産出に寄与するところが多いとの主張もある[22]。いわば，拡散理論（diffusion theory）がそれである。国外的環境を重視した拡散理論は，経験的で常識的な立場で充分にその重要性が認識されるが，拡散過程を具体的に説明できないという欠点も有する。この理論によれば「個別国家は他の国家との関係の途絶えた真空のなかに存在しえず，ある国家における社会政策すべてが独自の方式にとって考案されることもなければ，他の国家で樹立された政策決定をまったく無視しても成り立たない」と主張している[23]。

　一般的に国内政策の発達と採択は他の国で起こる類似な制度から影響を受けることになる。しかし，こうしたアプローチには，国際的な環境変数が具体的な社会政策に転換される過程について十分な説明ができないという限界がある。なぜなら，単に特定の国家と隣接しているとの地理的位置が重要な要因であるという

ことにとどまらず，なぜ（why），あるいは，いかにして（how），そうした知識と認知されたアイディアが政策ないし立法化されたのかという過程に対する具体的な説明が不可能である。

以上のように，福祉政策の発展をめぐる環境要因を中心とした理論を検討してみたが，これらの研究には次のような限界がみられる。第一に，政策環境要因に関する研究は，指標を通じての比較分析を行うことによって，決定過程を必要以上に単純に解釈しすぎる傾向があるため，発達過程及び産出過程を静的なものとみなすものであるとの批判を受けやすいのである。

第二に，政策環境要因を重視した研究は，総量資料を用いて計量的な統計分析を説明するのが一般的であるが，この際，諸般の変数等の因果関係を説明することによって，統計分析の罠に陥る危険がある。すなわち，計量分析は政策環境と政策産出との因果関係を理解する可能性を大きくしてくれる一方で，具体的なものを提示しない。したがって，統計分析は，相関関係と直接的な因果関係の間で，論理の変化が大きいといえる。

第三に，政策環境の研究では，マクロ的な分析が多く，社会現象で発生する複雑で多様な選択が看過されやすいことがあげられる。このような限界を克服し既存の政策環境要因を補完するため，政策環境とアクターという立場から，福祉政策の形成過程を検討する必要がある。

第3節　日本における政策決定理論へのアプローチ

前節で福祉国家の発展をめぐる環境要因について考察したが，ここでは，日本における政策は主にどのようなアクターの影響を受けて決定されるのかについてみていきたい。これまで，この問題に対しては多くの論者によってさまざまな理論やモデルが提示されてきたが，大別すればそれらはエリートモデルと多元主義モデルに分けることができる。前者は，日本の政治過程を説明する上で通説として使われてきたものである。しかし，1980年代に入ってからは多くの研究者によって多元論的アプローチが主張されてきた。もちろん1980年代の政治に対する力点の置き方は，論者によってそれぞれ異なるが，日本の官僚優位論あるいは官僚支配論といった主張は修正を余儀なくされている。このような日本の政策決定理論の変化をエリート理論と多元主義理論を中心に検討してみたい。

（1）エリート理論へのアプローチ

　この理論は，基本的に国家装置による支配のイメージを強調している。それゆえ，公共政策は，統治するエリートの価値や選好を反映したものと考えられている。民主主義社会において，公共政策は国民の要求を反映し決定されると，しばしば主張されてきたが，それは現実と異なる場合が多い。このモデルにおいては，政策問題は大衆がエリートの意見を形成するというよりも，エリートが大衆の意見すなわち世論を形成する，という立場をとっている。したがって，公共政策とは，エリートの選好が具体化したものなのであると定義できる。このモデルは長い間，日本の政策決定に関する研究のなかで一般的であり，影響力のある理論として論じられてきた。しかし，論者によって少しずつ見方が異なっており，その違いは以下の通りである。

①　三頭権力エリート論（**triparita power elite**）

　ここで三頭権力エリートとは，与党である自民党首脳，高級官僚そして大企業家を指し，この3つの集団が政策決定に対してかなりの影響力をもち，または常に連合して重要政策を統制しているととらえる。この理論によれば，戦後日本で選挙によって選ばれた国会議員は名目上，立法府と行政府を監督しなければならないが，時間と専門的知識の欠如により政策決定者としての充分な機能を果たすことができない状況である。したがって，彼らは，国家での与野党間の真の妥協に対してではなく，自民党の政策に追随しがちになる。

　しかし，自民党は，政策決定集団ではなく，選挙で勝つことを目標としているので，選挙民と後援者（後援会，企業家，経済団体）に依存することになる。そして，専門的な政策決定は，官僚に依存しているのである。それゆえ，自民党と連合可能な勢力は，企業家と官僚ということになる。したがって，企業家は寄付金の代価として自分の利益になる法案を決定してもらうために，また官僚はより多くの予算を確保してもらうために，自民党に依存しようとするのである。こうした関係のなかでは，この3つの集団は図2-4のようには相互補完関係にあり，自然に連合関係を形成しているのである。しかしながら，三頭権力エリートモデルでは，誰が政策形成を命じ，内部でどのような駆け引きがあったのかといった点には関心は向けられていないようである。

図2-4 三頭権力エリート理論の構造

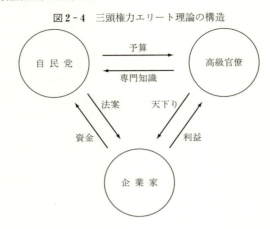

② 合意モデル（consensus model）

このモデルにおいては，日本文化の独自性が強調されている。それは，日本人は全体として高い同質性をもっているがゆえに合意に達しやすく，論争の極小化を望む傾向が強い，ということである。たとえば，H. ベアナルド（Hans Baernald）は，「日本に一般的にみられる傾向は，最大限の合意領域を追求する態度であり，合意ができない場合は決定を避けようとする」と述べている。また，R. ホーレン（Richard Halloran）は，「日本を支配するのは，支配階級内での合意」であり，「支配階級は微妙で複雑な過程を経て到達する合意によって決定を行っている」と主張している。

こうした見解は，日本の政策決定パターンの特徴をある程度示しており，欧米ではいわゆる「日本株式会社」論という形で広く受け入れられている。したがって，日本の官僚組織，自民党，そして財界は，共通の利益をもち政府を支配しているため，これらが中心となった政策決定のパターンは協調的でなければならないのである。なお，こうした合意に達する過程には，次のような4つの方法が取り上げられる。

　(a) 純粋な合意パターン：これは，メンバーが集団に対して強い所属意識をもち，同一の目標を共有しているときにのみ可能となる。したがって，自民党内の派閥及び官僚組織内では，非公式で，人間的な合意に依存した決定方式が用いられやすいのである。

　(b) 造作された合意パターン：日本の官僚や政治家たちは，合意に対する執着

が強いほど，意識的に葛藤（conflict）状況を合意形成時に解消しようとするので，官僚組織内でプロジェクトチームを構成したり，自民党内で委員会を構成して合意に到達しようとしている。

(c) 高位層の仲介パターン：先に述べた2つの方法では解決できない場合には，高位層の仲介方法がとられる。たとえば，局長間に対立があった場合は事務次官が仲裁の役割を担当し，問題を解決しようとしている。そして党と行政府が対立した場合は行政府を代表する人物と党の幹事長レベルの人物が，仲裁的役割を行っている。

(d) 葛藤回避方式：以上，議論した諸方式が適用されない場合，解決策のひとつとして，自ら問題を解決しようとはせず，ただ問題が大きくならないように抑制する方法がある。すなわち，稟議制にみられるように，対立の要因がみられる場合には，前もって調整して葛藤を回避する方法がある。

③ 官僚政治モデル（bureaucratic politics model）

戦後，日本の政治は政府機能の拡大によって特徴づけられる。すなわち，職能政府ないし福祉国家と呼ばれるものが，戦後日本で少しずつ育成されてきたといってよいだろう。当然のことながら，そこでは，行政の肥大化現象が生じ，官僚の役割が大きくなるにつれて，その重要性が強く認識されるようになった。特に，政策形成および決定における官僚の役割は，他のアクターに比べて圧倒的に大きいという官僚優位論が，辻清明を始め，伊藤大一など多くの研究者によって主張されてきた。こうした理論の根拠は，日本の権力構造における戦前と戦後の連続性に基づいて論じられている。つまり，日本は「上から」近代化を推進してきた国であるため，国が具体的に官僚機構や産業や地方自治の指導を行い，戦前の日本を運営してきた。そして，戦後もこのシステムは，継続しているとみるわけである。このように，明治維新以来，政治と行政の両面において官僚が主導的な役割を果たしつづけてきた伝統に拠ること以外に，次のような理由によっても，官僚が一般に政策決定過程で大きな役割を果たしてきたことがわかる。

まず，第一に，長い間にわたって蓄積されてきた国家指導と政策形成・決定における専門知識と技術を身につけたテクノクラートの輩出とその卓越した政策立案の能力が挙げられる。第二に，官僚は内外の重要な情報を特権的に入手・整理し，それをコントロールできる公的特権を有している。

64　第Ⅰ部　社会福祉政策の基礎理論

　第三に，官僚はひとつの省庁に属し，同一省庁内の部署を転任するだけであるので，同一・同質の政策分野に対して長期に携わることができる。この結果，官僚たちは，その政策分野のエキスパートとなり，関連する国会常任委員会のメンバーや関連業界・団体との関係のなかで，特定の「人脈」を形成することができるのである。

　第四に，官僚が政策過程において今日においても大きな影響力をもちうるのは，何よりも官庁が有している行政指導権や許認可権などの公的統制権にある。官庁・官僚は，国民の福利厚生という観点から，さまざまな生産活動を公的権威をもって許認可し，指導することができる。そして，それは法的基準に照らされるが，細目では官庁・官僚の意向や判断，つまり「裁量」に委ねられている。

　第五に，多くの行政事務が「予算の裏づけ」を必要とすることから，これら官庁・官僚の裁量権が大きく物をいう。大蔵省が，「政府の財布のヒモ」を握っている以上，各省庁の有する行政指導，許認可権，裁量権，そしてこれらをコントロールする大蔵省の予算編成権，財政統制権こそ，官庁・官僚が政策過程に広範な影響力を発揮する源泉なのである。ただし，日本の政治が「官僚主導政治」といわれるのは，官庁・官僚が先述のような権限をもって，ルーティン型行政一般において，その主導性を発揮しているからだけではない。相対的に専門性の高い特定の分野でも，非ルーティン型の政策形成・決定の際にも，政策の構想から立案・調整，国会での審議過程・決定・実施という政策のサイクルのいずれの部分においても，官僚は実質的にはほぼその主導性を発揮しているからなのである。

（2）多元主義理論へのアプローチ

　エリートモデルを基調とする日本政治の通説的理解は，民主化という実践的な政治の要求に応えたために，アカデミズムとジャーナリズムの世界に定着し，制度化された。これは，1960年代の高度成長による社会・政治変容によっても，1970年代の危機的政治過程によっても，容易に挑戦されることはなかった。

　しかし一方で，1960年代末以降の高度成長の「ひずみ」によって，市民運動や学生運動が広範に発生し，他方では革新自治体が出現し，中央の政策と異なる政策を次々と打ち出した。また他方で，財界から相対的に自立した業界団体，新産業における企業の登場，教育や福祉などの団体の利益集団化，それらとタイアップした自民党政調会部会，議員連，政調族の台頭，貿易自由化や経済成長に伴う

第2章　福祉政策決定に関する理論的考察　65

官僚の許認可権の喪失や地位の低下，そして保革伯仲による国会機能の変化など
により，1970年代末には新しい政治学による日本政治の解釈が生まれることに
なったが，これがいわゆる多元主義モデルである。[31]

　エリート理論の批判として出発したこのモデルは，政策決定過程を社会諸勢力
の間の相互作用の過程として理解している。このモデルの特徴として挙げられる
のは第一に，権力は国民に等しく分配されているわけではないが広く分散してい
る，第二に，エリート間には競争と対立の関係がある，第三に，影響力をもつエ
リートは政策ごとに異なる場合が多い，第四に，一般大衆はこうした多様なエ
リートに対して何らかの影響力を行使できる，と主張している。

　1979年の大嶽秀夫の『現代日本の政治権力経済権力』を始めとして，1981年の
村松岐夫の『戦後日本の官僚制』，1983年の猪口孝の『現代日本の政治経済の構
図』，1988年の佐藤誠三郎・松崎哲久の『自民党政権』などの研究は，いずれも
多元主義モデルを主張し，まさにパラダイム転換を引き起こしたのである。

　こうした多元主義論者の考えは，日本の政治においては，自民党だけが政権を
支配しつづけているものの，いくつかのレベルでは多元化が進んでいる，という
ことを強調している。たとえば，官僚制は，そのセクショナリズムのもつ多元性
に加えて，大蔵省や通産省の地盤低下により，ますます官庁間における多元化が
進んできている。また，自民党は，派閥という権力追求型の多元的下位組織に加
えて，後援会という地域利益集団，政調族という政策選好による集団を発達させ
てきた。そして，野党を含む政党の活動は，国家の正当性確立，保革伯仲状況と
ともに活発化し，官僚制から自立するだけではなく，優越さえしてきた。さらに，
高度成長を経て力を蓄えた私的部門（企業，団体，労組，住民運動）は，公的部
門（官僚機構）からある程度の自立性を獲得してきた。市民運動，消費者運動，
女性運動などは，マスコミを通じて，この多元的過程に参加するようになった。

　こうして，日本の政治過程には，さまざまな争点ごとに多様な集団，団体，ア
クターが関与し，影響力が発揮されてきたのである。[32]特に，村松は，従来のエ
リート論や官僚優位論に対する反論の口火を切った。彼は『戦後日本の官僚制』
のなかで，55年体制下の二大政党制の背後には，経済，労働，農業団体などの経
済的利益や身障者，老人の福祉的利益など，無数の利益や主張がうごめいていた
が，これが選挙過程を経て国会審議に至る政治過程を通じて，少しずつ政策に統
合されていった，と述べている。

66 第Ⅰ部 社会福祉政策の基礎理論

　つまり，具体的な個々の政策決定過程は，諸利益集団間の，したがって諸利益を代弁する諸官庁や政治家の間の競争・交渉・取引の過程であり，このような政策過程の特徴が多元主義的であるというのである。

　その特徴として次のようなものがあげられる。第一に，日本の政治は一枚岩的権力に支配されてはいない。第二に，政治的影響力の行使に必要なリソースは，社会に広く分散している。たとえば，予算過程に多くの集団や個人が関与できるのは，そのためである。第三に，日本の場合，政党と官僚は利害調整者としての役割が大きい。それは，日本では多くの事柄が制度化されていることに原因がある。第四に，諸政策参加者がそれぞれの主張をするための場が，数多く設定されている。

　したがって，日本における政策決定過程は，与党内の派閥，経済界，地方団体，農業団体，医療団体，中小企業団体などのダイナミクスによって形成されているために，多元主義という概念で把握することができる，と村松は指摘している。[33]

　このように，1980年代以降の日本の政治学をリードしてきたのがいわゆる多元主義者であり，彼らの研究が日本政治研究の質を高めたことに異論はあるまい。彼らの研究の意義は，日本政治の特殊性を特殊なジャーゴンによって説明するのではなく，比較可能な一般的枠組みのなかでとらえようとしたことにある。日本の政策過程が多元主義的であることは，今日広く了解事項となったとされるが，多元主義の概念も論者によって異なり，曖昧さが拭いきれない。

　こうしたエリート論あるいは多元論について，T. ロウィはエリート論者や多元論者たちが主張しているそれぞれのモデルは，ある特定の政策決定に焦点を当てて説明するためには適当ではないということにおいてより，むしろそれらはモデルとはいえないし単純に自身の主張に妥当性を付与するための主張に過ぎないと指摘した上，次のような結論を出している。すなわち，「多元論的アプローチは調査すべき対象を提示しているし，エリートモデルは調査しなくてもかまわない対象を提示している。したがって，エリート論と多元論の両者は，特定の例についての説明が不可能であるので理論とはいえない[34]」と主張したのである。

　いずれにせよ，日本において多元主義が隆盛した1980年に，実は多元主義の代表的な国であるアメリカにおいて多元主義批判が高まり，ポスト多元主義が模索された時代であったことを考えれば，新しい理論を求める声が現れてきたのも偶然ではないだろう。

（３）政策論的アプローチ

　以上のように，エリート論，多元論を含め日本の政策過程についての多くの事例研究がなされ，これに関する理論モデルが提示されている。だが，これらは主に政策過程に参加するアクターを中心に論じられてきたといえる。すなわち，政策過程において，どのアクター（人物，機関，組織）が最も影響力を及ぼすかという視点からのアプローチである。今日までの研究がアクター論に偏ってきた背景には，官僚制の支配，役割を重視する官僚制優位論が戦前から1960年代末までに支配的であり，政策過程の研究が官僚制というアクターの研究から始まったことに原因があると考えられる。1980年代に主張された多元主義モデルも官僚優位説に代わる理論モデル，たとえば，「党高官低」あるいは「政党優位論」という理論が通説の位置を占めるに至っているが，これも結局はアクター論であり，その意味で官僚優位説に拘束されていたのである。

　しかし，これらのアクター論からのアプローチだけでは分析できない側面が残るとされ，日本の政策過程の全体像をとらえるには，政策論的アプローチによって補完される必要性が主張されたのである。⁽³⁵⁾

　そこで T. ロウィは，政策研究が事例研究を中心とするものであったことや，その具体的な事例と政治理論とが関連しないため事例研究から一般化あるいは理論化を引き出せないことを批判した。そして，彼は政策を社会に及ぼす影響，あるいは及ぼすと予想される影響に着目して，政策分野を分配，規制，再分配の３つに分類し，これら３つの類型が機能的であり，また歴史的にも時代ごとにどの類型の政策が主流であったか截然と区別できるとした。さらに，こうした類型は，各政策領域，すなわち分配政策，規制政策，再分配政策の現実の権力アリーナを構成し，各アリーナは，独自の政治構造，政治過程エリート，団体関係を生み出す傾向があると論じている。⁽³⁶⁾

　ところが，最近の政策過程の研究は混迷した状況にある。たとえば，官僚制，政党，利益集団などに対する評価も人によりかならずしも一致しておらず，また戦後60年余りの間の政策過程をある特定の事例研究から抽出し，それを一般的なモデルであるかのように説明するのは，過度の一般化になっていないだろうか。いかに族議員が政策決定過程で影響力を及ぼしているようにみえても，それは「官僚制というお釈迦様の手のひらの上をうごきまわっていた，西遊記に出てくる孫悟空とお釈迦様のそれに近い」といえるかもしれない。このように自民党の

68　第Ⅰ部　社会福祉政策の基礎理論

族議員が政策決定に大きな影響力をもつようになっても，官僚制の守備範囲にな
る問題では，まだまだ実質的には官僚主導の政策決定になりがちなのである[37]。

　このように，現実政治の複雑な政策過程を単純なモデルでとらえると，多くの
ものを看過してしまう危険性がある。そこで，山口二郎は「一つの政策形成には
さまざまな側面があり，それを単純なスローガンで捉えることはできないと主張
するとともに，政策形成過程の変化を総体的に把握するためのより緻密な枠組み
が求められる[38]」と主張したのである。

　特に，アクター論だけに依拠すると，どうしても，アクターの影響力の分析だ
けに集中し，政策過程の全体像を見失いがちとなる。たとえば，官僚制優位ある
いは政党優位という大きな問題に対して，反論するのは容易である。なぜならば，
現実の政治過程には，それを証明する断片的な事例がたくさんあるからである。
したがって，対立する理論を攻撃するだけでは，無意味なのである。重要なのは，
政党・政治家と官僚制とがどのような役割分担を行っているのか両者の機能的分
担関係を明らかにすることである[39]。このようにアクター論を補完するアプローチ
が政策論的アプローチである。それは政策の性質，特徴，類型に応じて，政策過
程のパターン，つまり政策形成に関与するアクターの種類や行動様式が決まると
いう考え方である[40]。

　こうした立場から，山口は政策類型の必要性に対し次のよう説く。「ある政策
が政治化し，政治家―官僚の相互交渉の場に浮上してくるためには，どのような
条件が必要かを考え，それに応じて政策のレベルを類型化し，それぞれの類型に
応じて政策決定過程の理論化を試みる必要がある[41]」としながら，政策類型とそれ
に対応する政治過程の類型化を展開している。彼は政策の集合を「さまざまな具
体性のレベルの政策が段階的に互いに結合して構成するところの一つのシステ
ム」としてとらえ，システムの末端と上位のレベルでは政策決定過程の態様は異
なるから，政策の具体性のレベルが政策分類のひとつの基準軸になるという。

　また，政策の集合をひとつのシステムとして捉えると，全体システムが構成さ
れる際の構成要素としての部分システムの相互関係が検討されねばならず，政策
の種別がもうひとつの基準軸となる。彼はこの政策のレベル，政策の種別という
2つの分類基準軸に加え，システム志向性（systemic concern）という概念を導入
し，システム志向性には安定志向性，統合志向性，計画志向性の3つの要素が含
まれると述べている[42]。

そして，山口はこの安定志向性，適応志向性の尺度を政策分類の第一基準軸として，政策のレベルによる分類を試み，政策の具体性の段階区分を３つのレベルに分類した。すなわち，第一に，最も抽象度が高い概念提示的政策（施政方針演説に現れるスローガンやキャッチフレーズなど），第二に，経済計画や国土計画のように，政策システム全体あるいは省庁を単位とする部分的な政策システムの総体的構図を規定する基本設計的政策，第三に，明確な顧客集団をもち，政府がこれに対して財・サービスの給付，行動の規制などの何らかの働きかけを行って顧客集団をコントロールするという政府の具体的な行動の案を表示した実施設計的政策，の３つに分類した。[43]

中野実も，これまで提示されてきた多元主義モデルの仮説や類型について，性急な一般化が少なからずなされていることに気づいて，その原因の多くが，よりミクロな分析を欠落させていることから生じているといわざるを得ないとした。そして，現代日本の政治過程をできるだけミクロなレベルでとらえ直すことにより，多元主義モデルに基づく分析や通説に対する批判と，新たな分析の地平を発見するとの狙いにより日本政治の類型化を試みたのである。[44]

先に触れたが，政策類型論を初めて明確に定式化した T. ロウィは，公共政策過程における影響力関係は政策の分野によって異なり，また政治的な手続きや媒介も異なるという意味で「政策が政治を決定する[45]」と仮定した。しかし，中野は同一の政策過程を構成する公式的な各段階や非公式の局面によって，この過程は参入・関与するアクターは異なり，それゆえに行使される影響力，手続き，媒介の様式もまた異なるという点から，ロウィの「政策が政治を決定する」という仮説に沿った検証によっても政策過程における影響力関係を類型化するにはなお不充分であるとした。

すなわち，ロウィの仮説においては「政策過程の各段階や局面が政治を作り出すという点についてはあまり論じられておらず，実証的データも示されてこなかった[46]」と主張した。そして，ある政策の立法過程を構想設定→起案→立案→調整→閣議決定→国会提出→常任委員会審議・採決→本会議可決・成立というように，公式的な諸段階に分けるとしても実際の立法過程の流れの途中で不測の事態や国内外の環境変化，与野党内の変化に伴う政局の流動化といった公式の過程とは別の政治的局面が随伴する場合がある。このような局面では，しばしば公式上は予定，予測外のアクターが加わったり，公的なアクターの行使する影響力にも

70 第Ⅰ部 社会福祉政策の基礎理論

表2-1 日本の政策過程における影響力システムの類型

日本政治の類型			下 位 類 型	参 加 者	ゲームの法則
A	政府・与党幹部政治	(1)	官 邸 政 治	・首相と側近（私的諮問機関・ブレーン） ・幹部官僚　・閣僚	首相主導
		(2)	与・党・大蔵省幹部政治	・政調会幹部・党四役 ・有力族議員　・大蔵省幹部	相互依存・協調的
		(3)	官僚主導政治	・特定官庁部局の官僚 ・政調会の関係部会，調査会	特定官庁官僚主導
B	永田町政治	(1)	派 閥 政 治	・自民党総裁　・派閥 ・自民長老・実力者議員	派閥主導 競争的派閥力学
		(2)	族議員政治	・有力族議員　・自民実力者議員 ・自民幹部	有力族議員主導（協調的）
		(3)	実力者政治	・自民党総裁　・派閥 ・自民党・実力者議員	自民実力者議員主導
C	国 会 政 治	(1)	タテマエ政治	・各党リーダー ・国会常任委員会委員	各党リーダー中心（競争的・対立的）
		(2)	国 対 政 治	・各党間ネットワーク ・各党国会対策委員 ・議院運営委員会委員	非公式の政治的取引きと相互妥協
D	エリート協調政治	(1)	三角同盟政治	・自民幹部　・幹部官僚 ・財界幹部	相互依存・協調的
		(2)	リベラル・コーポラティズム政治	・自民幹部　・労働界幹部 ・幹部官僚（マスコミ幹部） ・財界幹部	財界主導（参加者協調的）
E	顧客指向政治	(1)	陳 情 政 治	・自民有力議員　・族議員 ・弱小利益集団（中小企業，地方自治体 etc)	個別報償的 利益配分
		(2)	利益誘導政治		
F	世 論 政 治	(1)	ブーム政治（ムード政治）	・各党　・マスメディア ・一般有権者	世論に支配的な政治的ムードやブーム

出典：中野実『現代日本の政治過程』東京大学出版会，1996年，84頁。

変化が生じ，その立法過程が思わぬ方向へと展開し，その結果も予想外のものに
なることがあるからである。

　以上のことから，一層ミクロなレベルの検証は，単に，政策過程を厳密に説明
するための重要な条件であるのみならず，政策過程が，ただ予定調和的に制度，
手続きに沿って単線的に進行する意思決定の連鎖ではなく，その過程が急に加速
したり，停滞したり，あるいは停止することさえありうるのはなぜかという，ま

さしく政治に特有のダイナミクスの理解にとっても不可欠であろう。

いままで論議したことを念頭に日本の公共政策過程をアクターの影響力関係でみると，政党主導の過程もあれば，首相官邸主導，官僚主導，財界主導の過程もある。また，世論や選挙が政策過程に大きく作用し，政府の政策転換をもたらすこともありうる。そこで中野は，政策過程における影響力を基準に日本政治の基本パターンの類型化を試み，日本政治がどこまで日本独特のものか，逆にどの程度まで一般的な属性なり普遍性を日本政治が持ち合わせているか，といったことを明らかにしようとしたのである。[47]

表2-1で示しているように各々の政治システムの類型とその下位類型は一定の政治状況や政治的局面で自立性を維持する。もっとも，個々に類型化された各システムは機能的には相互に作用し合うだけではなく，融合したり混合化することもある。たとえば官邸政治は派閥政治あるいは実力者政治と対立して互いに自立性を競い合うこともあれば，両者が融合・一本化したり，族議員政治が国対政治と反撥し合うこともあれば，双方が区別のつかない程度に一体化する場合もある。しかし，たとえば官邸政治と国府政治とが完全に重なることはなく派閥政治とタテマエ政治が混合化するようなことはありえない。このように各システムは，互いに相対的な独自性なり自立性を保持しつつ相互作用し合う関係にあるといえる。

注

(1) 合理性とは，「最少の費用と努力によって最大の目的達成を求めるもの」と規定できる。その場合，合理性は能率性と合目的性を綜合した意味を示しているが，合理性について詳細は鄭世煜・崔昌浩『行政学』法文社，1986年を参照されたい。

(2) 尹正吉『政策過程論』洞論社，1991年，95-97頁。

(3) 合理モデルの説明に関しては次のものを参照。①安海均『政策学原論』茶山出版社，1995年，322-323頁，②尹正吉『政策過程論』洞論社，1991年，95-99頁，③尹在豊編著『組織管理理論』法文社，1981年118頁，④朴東緒『韓国行政論』法文社，1981年，162-164頁。

(4) 兪熙『政策学原論』法文社，1987年，70-71頁。

(5) 同上，71-75頁。

(6) J.C.キャンベル／小島昭・佐藤和義訳『予算ぶんどり——日本型予算政治の研究——』サイマル出版会，1984年。

(7) John Creighton Campbell, *How Politics change*, 1993, Princeton : Princeton Uni-

72 第Ⅰ部 社会福祉政策の基礎理論

versity Press, preface xi.

(8) 宮川公男『政策科学の基礎』東洋経済新報社，1994年，161-164頁。

(9) Alec Pemborton, "Marxism and Social Policy : A Critique of Contradictions of Welfare," *Journal of Social Policy*, Vol. 12 No. 3, 1983, pp. 289-308.

(10) M. Krauss, *The New Protectionism : the Welfare State and International Trade*, New York : New York University Press, 1978, p. 60.

(11) 産業民主主義理論に対する研究は以下のものを参照されたい。

① P. Cutright, "Political Structure, Economic Development and National Social Security Programs," *AJS*, 70, 1965.

② J. J. Aaron, "Social Security : International Comparisons," in Otto Eckstein, ed., *Studies in The Economics of Income Meantenance*, Washington, D. C. : Brooking Institution, 1967.

③ B. G. Peters, "Economic and Political Effects on the Development of Social Expenditure in Finance, Sweden and the United Kingdom," *Midwest Journal of Political Science*, 16. 2, 1972.

④ H. L. Wilensky, *The Welfare State and Equality*, Berkley : University of California Press,1975.

(12) Harold. L. Wilensky, *The Welfare State and Equality : Structural and Ideological Roots of Public Expenditures*, Berkeley, Cal. : University of California, 1975, pp. 45-49.

(13) F. Castles and R. D. Mckinlay, "Does Politics Matter : An Analysis of the Public Welfare Commitment in Advanced Democratic States," *European Journal of Political Research 7*, 1979. p. 165.

(14) M. Shalev, "Class, Politics and the Western Welfare State," in S. E. Spiro and E. Yuchtmann-Ynnr, eds., *Evaluating the Welfare State ; Social and Political Perspective*, New York : Academic Press, 1983, p. 27.

(15) G. Esping Andersoen, "Power and Distributional Regimes," *Politics and Society*, Vol. 14, 1985, pp. 223-256.

(16) こうした国，特にアメリカのように労働者政党，社会民主主義政党が存在しない場合には非階級的な運動，つまり黒人などのマイノリティの運動が福祉国家発展の要因になるとともに，福祉政策はそれらの層に対する融和的，規制的な政策を帯びるとされている。

(17) 保守主義型の福祉国家レジームの存在は「社会民主主義モデル」の議論にとって最大の難題を提起しているといえる。カトリック政党が政権党である場合の方が，左翼政党の場合よりも福祉支出が多く，そして，それにコーポラティズムの条件が加わる場合には，さらに，社会政策について頂上団体間のコンセンサスを得ることができ，

第 2 章 福祉政策決定に関する理論的考察 73

また，間接税といった眼にみえない形での福祉財源の確保ができるため，福祉財政の拡大に対する反対運動も起こっていない，といった見解が出されているのである（H. L. Wilensky, *op. cit.*, 1981）。

(18) M. G. Schmidt, "The Welfare State and Economy in Periods of Economic Crisis : A Comparative Study of Twenty-Three OECD Nations," in N. J. Vig and S. E. Schier, eds., *Political Economy in Western Democracies*, New York : Holmes and Meier, 1985, pp. 158-160.

(19) D. R. Cameron, "The Expension of the Public Economy : A Comparative Analysis," *American Political Science Review 72*, 1978, p. 1249.

(20) Ibid., pp. 1256-1257.

(21) H. L. Wilensky, et al., *Comparative Social Policy*, Berkeley : Institute of International Studies, University of Califormia, 1985.

(22) こうした拡散理論に対する研究は以下のものを参照されたい。

①D. Collier and R. Messick, "Prerequisites Versus Diffusion : Testing Alternative Explanation of Social Security Adoption," *American Political Science Review 69*, 1975.

②T. Midgley, "Welfare Implication of Development Paradigms," *Social Service Review*, 1984.

③S. Macpherson and J. Midgley, *Comparative Social Policy and the Third World*, London : Wheatsheaf, 1987.

(23) 玄外成『韓国と日本の老人福祉政策の形成過程』裕豊出版社，1994年，38-39頁。

(24) 宮川公男，前掲書，146-149頁。

(25) 福井治弘「日本の政策決定に関する研究」韓培浩他編『日本の政策決定の解剖』正音社，1984年，262-290頁。

(26) Wayne Wilcox et al., eds., *Asia and the International System*, Cambridge, Mass. : Winthrop Publishers, 1972, p. 50.

(27) Richard Halloran, *Japan : Image and Realities*, Tokyo : Chartes. Tuttle, 1969. p. 71.

(28) 韓培浩「日本における政策紛争の解消の構造と過程」韓培浩他編『日本の政策決定の解剖』正音社，1984年，26-32頁。

(29) 村松岐夫「政策決定」三宅一郎・山口定・村松岐夫・進藤榮一『日本政治の座標』有斐閣，1984年，201-206頁。

(30) 中野実『現代日本の政策過程』東京大学出版会，1992年，98-99頁。

(31) 村松岐夫・伊藤光利・辻中豊『日本の政治』有斐閣，1992年，63-66頁。

(32) 同上，65頁。

(33) 村松岐夫『戦後日本の官僚制』東洋経済新報社，1983年，293-296頁。

(34) T. J. Lowi, "American Business, Public Policy, Case Studies, and Political

74　第Ⅰ部　社会福祉政策の基礎理論

Theory," *World Politics 16*, July 1964, pp. 685-686.

(35)　中村昭雄『日本政治の政策過程』芦書房，1996年，14-16頁。

(36)　行政管理研究センター編『政策研究のフロンティア』行政管理研究センター，1988年，91頁。

(37)　日本経済新聞社編『自民党政調会』日本経済新聞社，1983年，60頁。

(38)　山口二郎『大蔵官僚支配の終焉』岩波書店，1987年，はしがき，ix頁。

(39)　同上，11頁。

(40)　中村昭雄，前掲書，16頁。

(41)　山口二郎「多様化する官僚制論と統合への模索」『自治研究』第59巻10号，良書普及会，1983年，150頁。

(42)　山口二郎，前掲書，35頁。

(43)　同上，38-41頁。

(44)　中野実『現代日本の政策過程』東京大学出版会，1996年，8頁。

(45)　T. J. Lowi, "Four Systems of Policy, Politics, and Choice," *Public Administration Review*, Vol. 32 No. 4, 1972, p. 299.

(46)　中野実『日本の政治力学──だれが政策を決めるのか──』日本放送出版協会，1995年，13頁。

(47)　中野実，前掲書，83-86頁。

第3章
日本における福祉観の形成とその変遷プロセス

第1節　問題の提起

　1960年代の高度経済成長期の末期に至ると，それがもたらした公害等の弊害が世論の注意を引くようになり，経済成長第一主義への反省と疑問が高まってくる。それと平行して福祉への関心の増大もみられる。この傾向は，1970年代初めにも引き継がれ，1973年には「福祉元年」という表現さえみられるようになった。ところが，皮肉なことに，まさに同年に「石油危機」から始まった経済の低成長と，公的福祉の拡大による財政支出の増大は，新保守主義的議論を自民党政権内での支配的地位に引き上げ，「福祉国家危機論」が台頭することになった。すなわち，「福祉見直し論」の名によって財政上の事情から福祉予算への厳しい枠づけがなされるに至っている。

　1983年11月，当時の大蔵大臣であった渡辺美智雄は「乳牛は乳が出なくなったら，屠殺場へ送る。ブタは八ヶ月たったら殺す。人間も働けなくなったら，死んでいただくと大蔵省は大変助かる」との迷言をはき，マスコミをにぎわした。しかし，これは渡辺の本音であるばかりでなく，通俗化した社会進化論的な考えが依然として支配的であることの一例である。すなわち，この考え方によれば，弱者であることに「怠慢」，「無能」といったレッテルが貼られる。この種の考えは深く日本人の価値観や，日本の政治文化に根ざしており，容易に変わるものとは思えない。

　あたかも，福祉とは財政上のゆとりがあるときにのみ許されるぜいたくなものであるかのようである。そもそも福祉は国民のためのものであり，政府の財政事情の影響を受けるものではないはずである。それにもかかわらず，日本の政府は福祉と財政とを同一次元において論じる。これ以上，福祉の後退を許さないと主

76　第Ⅰ部　社会福祉政策の基礎理論

張できる正当性の根拠はどこに求められるべきなのであろうか。

　こうした疑問から本章では，日本において支配的であった福祉観の意味の変化をさぐることによって，その当時の福祉観の歴史的特徴を究明し，今後の福祉観の発展に資することを目的とする。そのためにまず，実際に広く使われた「福祉概念」の特徴から出発し，「福祉」という語の背後にある価値観まで及ぶ範囲を対象とする。

　福祉という概念は時代によっても異なり，また人によっても異なる。それは日本だけではなく，どの国においても同じであろう。たとえば，身体障害の問題を取り上げてみても，身体障害者たちは不幸だといわれる。ところが，身体障害者の側にいわせれば，障害が不幸なのではなく，障害により差別を受けることが最も寂しいのだという。すなわち，問題は日常生活のなかで，人間らしく幸福に生きていく権利が侵害され，不平等・不公正が生じているところにある。ここでは，社会福祉概念を単なる主観的な心情としてとらえるのではなく，主体的に人間らしく幸福に生きる権利，それが「福祉」であり，社会福祉とはこの「福祉」に対して社会的に生まれてきた対応を指すものとして捉えることにする。[3]

　しかし，こうした「社会福祉」という概念ないし用語はいつの時代にも存在していたものではないし，また，各時期においてどのような概念が社会福祉を表現したかを特定するのも容易ではない。なぜならば，同じく「福祉」を論じる場合でも保護を必要とするものをどうとらえるかによって，その意味はまったく違ったものになるからである。すなわち，要保護者はもっぱら本人の怠慢や無能力が原因でそのような結果になったようにもみられがちであるが，そうではなく社会経済・政治体制から基因する場合のあることを考えあわせると，その対応も違ってくる。

　たとえば，日本において石油危機以後経済の低成長の状況下で，前者の考え方から「福祉国家危機論」，ないし「福祉見直し」の必要性が強調されたが，これに対して「福祉切り捨て」に反対する人たちは，貧困は社会が生み出したものであるから社会が全体として責任を負うのは当然であると考える。このように，同じ福祉といっても，「福祉見直し」論者が主張する「福祉」と，「福祉切り捨て」反対論がいう「福祉」とはその見方がまったく違う。しかしながら，長い間，強い官僚支配の国家であったということもあってか，日本では権力の側で用いた概念が広く社会に通用し，これが国家の法則，あるいは行政上用いられる中心的な

概念になったといえる。

　さて，今日に至るまで日本においてどのような時期に，どのような概念が一般的に用いられてきたのか。この場合，それぞれの時期区分はあくまでも用いられた概念の違いによってなされるべきであり，それは大きく4つの時期に区分できる。すなわち，日本資本主義の生成期に当たる明治維新から大正中期に至るまでは，慈善・救済という名によって福祉に関することが語られ，第一次大戦以後は社会事業という言葉が広く使われることになった。そして第二次大戦が始まる頃から厚生事業が中心概念になり，戦後になって社会福祉事業へと移行する，この4区分である。[4]

　それでは，前述した慈善・救済事業，社会事業，厚生事業，社会福祉事業という名称の内容的な相違はどのようなところにあるのだろうか。歴史的には慈善・救済事業であったり，社会福祉事業であったり，時代ごとに表現は異なりそれなりに意味するものも異なるが，ここで福祉に関連した観念に注目するのは，福祉に関する制度や政策が国家責任において財政支出を伴う形で維持され実施される場合には，それを推進し，あるいは少なくとも容認するコンセンサスを前提とし，このコンセンサスを支えるものとして一定の福祉観があるからである。

第2節　戦前における福祉観の形成及び変化

（1）慈善・救済事業観としての福祉観

　明治維新の変動は，江戸時代の貧民に加えて新たに小作農や旧下層武士などから多数の貧民を生み出した。しかし，明治維新政府は貧困な士族の救済以外には何ら積極的な対策を講じなかった。これは明治政府の福祉に対する態度が，江戸幕府と同じ「憫れみ」の見下した態度であったことを意味する。

　なお，明治7年（1874）国家法制上，救貧に関する規定が初めてみられたのが恤救規則である。この規則は，わずか5条によって構成された簡単な内容のものであった。その前文には「済貧恤救ハ人民相互ノ情誼二因テ，其方法ヲ設カヘキ筈二候得共（以下略）」と定めているように，そこでは日本の伝統的な家族主義制度による私的扶養が醇風美俗として強調されている。

　したがって，一般の老人は家庭で扶養されることが原則であり，身寄りがない上，就労が困難であり，かつ，貧困な場合に限り救済適用の対象者となることが

できたに過ぎなかった。つまり，救貧は人民相互の情誼によることが原則である⁽⁵⁾
とし，公の直接的な責任を回避している。この恤救規則を中心とする救貧制度は，
伝統的な慈善・救済観に支えられて，救護法が定められる昭和初期までそのまま
存続したのである。

　それでは，恤救規則の内容からみられる伝統的な福祉観の特質とは一体どのよ
うなものであったものなのか。当時，内務省地方局府県課長であった井上友一に
よれば，日本の救済制度は「厳正なる制限的救助主義」でなければならないと
語っている。「義務的救助主義」を国家が要救護者の救済について義務を負う主⁽⁶⁾
義と仮定すると，「制限的救助主義」はこれに対立する概念として使われた。

　要するに，救貧制度を広範なものにすれば，国庫支出が多くなるだけではなく，
家族や近隣関係における道義を弱め独立自助の精神を失わせて，貧民は増大する
ことになるという論理である。のみならず，家族と近隣関係における道義の崩壊
は，家族と村落共同体を社会的基盤として成立している「家族国家」全体の存立
に関わる問題ともなる。したがって，救助は「人民相互ノ情誼」によるものとさ
れたように，救助の責任について，大正初頭の内務次官水野錬太郎は『救済事業
者の心得』において，救済の責任を第一次的に親戚故旧（親族），そして隣保相
扶（地域社会）におき，次いで市町村，府県，最後に国家としていた。⁽⁷⁾

　また，水野は「救済の本義」と題する講演で，「我邦の慈善・救済に関する制
度と致しましては，原則と致しまして親戚故旧相救ふという主義が本である。是
は亦我邦の美風であって，誠に慶重すべき所の趨勢である」と述べている。すな
わち，家族制度に求められない場合に「隣保相扶の途」によるのであって，それ
でも，どうしても足りないときに，順次市町村，府県が救済に当たり，最後に国
家が救済するということになるとしていたのである。⁽⁸⁾

　つまり，国家は最後の例外的な救済主体であって，原則としては「骨肉」（血
縁関係）から出発して次第に同心円を拡大していくなかで，救済がなされるべき
であるという論理である。また，日本の社会行政の創始者，後藤新平を受け継ぎ，
衛生と貧民保護を行政として整備したのは窪田静太郎であるが，彼によれば「社
会事業も富国強兵を図る一手段として価値を認められた」のであった。

（2）社会事業としての福祉観

　明治末の救済事業の次の段階として，大正期に入っては社会連帯思想を中心と

する，社会事業という名称が，正式に公の文書に登場することになった。これは，米騒動を直接の契機として社会事業の必要性が認識されるとともに，行政機構の組織化が進んだためである。すなわち，1917年（大正6）8月，地方局救護課が新設され，1919年11月にそれが社会課と改称されたし，また翌年8月には社会局に発展した。そして1922年11月には内務省外局として社会局の誕生とともに，これまでの慈善・救済事業は社会事業に発展することになった。このような行政機関拡大の変化には，広くは社会的要請，狭くは行政関係者の要求に対応したものであった。

この時期，社会福祉関連の事業として注目すべきものは大阪で始まる「方面委員会制度」の採用・普及が挙げられる。この制度は米騒動以後，大阪府で深刻化した都市細民問題に対応するために，地方有志，すなわち「隠れたる有志者篤行家の中より選択」される方針であったというが，具体的には「当該郡区長及び警察署長をして詮考せしめ知事は其に適任者に就て之れに委員嘱託の辞命……を発するの手続を取って」と小河は述べた。

ここで方面委員会制度は委員を知事が委嘱し，行政機関の補助機関として関係地域の社会調査，医療及び乳児の保護等地域に根ざした窮民救済制度として実施されていた。この制度はその後，各実施主体により名称は異なるが，各地で実施され，1928年には全国に普及することになった。こうした流れのなかで，1931年には日本方面委員連盟が結成され，民間社会事業として大きな役割を果たしたのである。それではこのような方面委員会の急速な普及の背景には何があるか。

1936年に方面委員会制度が公布されたが，その一条に「方面委員は隣保相扶の醇風に測り互助救済の精神を以って保護指導のことに従うものとする」と規定されていた。この規定には明治末からみられる隣保的連帯の奨励，動員の線に沿い，それを一層体系化，組織化したものとして多くの点で伝統との連続的要素を見いだすことができる。そのなかで，重要な点は，公的制度と隣保的連帯とをつなげることによって，公的財政負担を軽減しえたというところである。

この制度について，内務省嘱託委員であった小沢一は「方面委員会制度は……家族制度を中心とする隣保相扶の制度である。……我国の家族制度はその思想的根底に於いて西洋諸国の家族制度と大に異なるものがある。我邦の家族制度の中心は個人主義と根本的に異なった，家族一体の思想であつて斯る。一体，相愛の家族主義は欧米の個人本位の家族制度と大に傾向の異なるものである」と

80 第Ⅰ部 社会福祉政策の基礎理論

述べた。

このように方面委員会制度は，積極的側面からいえば，家族主義と隣保相扶の美風による教化的色彩をもち続けたのであり，消極的側面では救済に関する権利性を否定し，公的支出を抑える制限的救助主義の伝統を引き継いだのである。すなわち，本来，方面委員会は名誉職とされていたから人件費を必要とせず経費の節約になる。当時，方面委員会制度を指導した半井清は「なるべく，金の掛けない仕事，精神的の奉仕事業をやらなければいかぬ」という方針で指導したと回顧している。

伝統的な家族主義の理念を基礎としていた方面委員会制度においては，当時，大正デモクラシーの影響とともに社会連帯という新しい思想が社会事業の基本観念として強調されるようになる。まず，田子一民に代表される社会事業という言葉は，田子一民が社会局長在任の際，公刊した『社会事業』という著作の巻頭にみられる。そこでは「社会事業は社会連帯の思想を出発点とし，根底として，社会生活の幸福を増進し，社会の進歩を促そうとして行う所の努力である」と述べられている。

また，「社会事業の精神」と題する社会事業大会（1920年）における当時の床次竹二郎内務大臣も「人体に譬へて見ると，左手を蚊に刺された場合に，其の苦痛は左手の苦痛ばかりではなく他の部分の苦痛として之を排除する責は左手のみにあるにあらず右手も当然に連帯して其の責に当ならねばならぬ」という形で社会連帯の観念を説明している。

このように，内務官僚の社会事業論では社会有機体として社会をとらえ，社会連帯と労資協調が主張されるとともに1929年にようやく救護法が制定された。この法は，65歳以上の老衰者，13歳以下の幼者，妊産婦，不具，廃疾，疾病，その他精神または身体の障害により労務を行うにあたって支障ある者を対象に，生活扶助，医療，助産，生業扶助及び埋葬費の給付を行うものである。

確かに，明治期の恤救規則と比べ給付対象が拡大されたことや，公的扶助義務主義に立つことや，負担において市町村の負担が少なくなったことなどは社会事業における大きな変化であるといえる。しかし，これは恤救規則とあまり変わらない隣保相扶を救護法の前提とし，当時，最大緊急の課題であった失業者の問題を除外したこと，普通選挙権の剝奪など受救者から市民的権利を奪ったことなどが問題点として取り上げられている。

さて，この時期における社会事業の根本理念である社会連帯観の日本的特質とはどのようなものであったか。この点について，石田雄は「日本における福祉観念の特質」という論文のなかで次のように述べている。第一に，「社会は既に，一つの有機体である」という田子の理解にも示されている有機体観が特徴である。こうした日本における社会連帯論は，有機体としての社会のなかに連帯が自然に形成される面を強調し，固有の意味を認めない社会有機体観は明治末の国家有機体観と容易に癒着する可能性をはらんでいた。

第二に，第一の特徴と関連して，フランスの政治家として社会連帯主義を提唱したレオン・ブルジョアが事実としての連帯と義務としての連帯とを区別し，後者を成立させるために正義の観念を強調している点はまったく問題とされていない。社会連帯観を社会有機体観と同一視し，それをもっぱら事実上の存在とする傾向があるとしたら，正義の主張は姿を消すのである。

第三に，社会連帯における個人と社会，及び国家の関連が明確ではない。すなわち，日本の社会連帯観のなかにあった個人主義的要素は看過され，個人が社会を構成し，その社会連帯が正義のために行動するように国家を義務づけるという観点は失われる。このような国家観が社会の自然的有機体観と結びつくと，国家と社会の区別は不鮮明となり，社会連帯は国家統合を強めるものとして理解される。

（3）厚生事業としての福祉観

前述したように慈善・救済事業の福祉観から出発した福祉観は，1929年の大恐慌から満州事変以後の国際的緊張のなかで社会事業においても大きな変化をみせた。すなわち，1937年の「盧溝橋事変」をきっかけに，日中戦争が展開され，日本は急速に戦時体制の整備を行った。1938年には国家総動員法を制定し，経済活動のあらゆる分野にわたって人的・物的資源のすべてが戦争遂行のために動員された。こうした状況下で農村を含む日常の食生活にも事欠く貧困家庭が続出し，国民の健康状態は極度に悪化し，軍部は国民の体力向上及び結核撲滅のため衛生省の設立の構想をもつに至った。[18]

こうした軍部の動きとは別に1937年，首相に就任した近衛首相は「国民体位向上及び国民福祉の増進をはかるため，これに関する行政を綜合・統一すると共に，これを拡充刷新することは喫緊の要務である」と認め，軍部が主張する衛生行政に限らず，独自の福祉国家建設の構想を考えたのである。新省の創設においては

82 第Ⅰ部 社会福祉政策の基礎理論

衛生省案と社会省案の2つの案があったが，結局，両者は合体されて1937年閣議にて保健社会省設置要綱が決定され，同年の枢密院本会議では厚生省とすることに決定し厚生省が誕生することになった。[19]その組織は当初，体力局・衛生局・予防局・社会局，そして外局として保険院から構成されたが，戦時体制のもとで軍事援護と労務需給などの対策が要請されるようになり，組織の改編が行われた。その結果，主に社会事業を担当していた社会局は生活局を経て健民局の指導課へと次第に縮小していくことになった。

　以上，簡単に厚生省誕生の背景とその組織の変遷過程を検討したが，厚生省発足当時とその後の「厚生事業」の展開過程とをみれば，戦時動員への力点の急速な移行が明白である。すなわち，厚生省の開設と同時に発表された近衛首相の談話では「凡そ国民の健康を増進し，国民体力の向上をはかり，以て国民の精神及び活動力を充実するとともに，各種の社会政策的施設を拡充して，国民生活の安定をはかることは，わが国の産業経済及び国防の根本をなす重大事で真に帝国百年の大計といふべきだ」[20]と述べ，これが厚生省設置の目的であるとしている。

　しかし，現実には，厚生行政の展開は，当面の戦争目的を遂行するのに必要な人的資源の動員のための国民の保護育成という視点から行われたのである。その結果，極端な中央統制をもたらし，国家への依存感を強め，強力な国家権力の介入によって社会事業が振興されることを国民が期待するという方向をとった。

　さて，ここで，この時期における「厚生事業」という概念の意味を整理してみると，この言葉は1938年から使われはじめているが，その名称が定着するまでには若干の時間を要した。太平洋戦争が始まってから広く使用されるようになり，実際に「厚生事業思想」の基本が示されたのは1940年の「紀元二千六百年記念全国社会事業大会」における厚生大臣への答申においてである。そこでは，事業目標として「一，国民生活ノ確保並ニ刷新，二，人的資源ノ保護育成，三，東亜共栄圏内ノ社会事業ノ拡充」の3点が挙げられている。[21]

　このように，ここでは厚生事業という言葉は使われていないが内容的には「社会事業」から「厚生事業」への転換が示されている。それでは，厚生事業というものは一体，何だろうか。また，社会事業と比べてどのような異なる意味をもっているのか。1937年10月，「社会事業報国の熱意に燃えしかも斯業革新」を主張した関係者たちが集まって日本社会事業研究会を結成した。この研究会の中心人物であった磯村英一は「日支事変と社会事業理論の再検討」という論文を，また，

牧賢一は「戦時下に於ける社会事業観念の転機について」等を執筆し，人的資源論や全体主義的社会事業観を展開した。

　このような展開のなかで厚生事業の理論化を試みた竹中勝男は，「日本社会事業がこれまでの救護中心の社会事業から国民生活の確保刷新，人的資源の保護育成というやうな社会事業に取っては全く新しい社会政策的課題を新しき厚生事業的観点に於いて取り上げるためには社会事業とは何かという社会事業の本質的課題を再検討することから出発して，この発展形態として国民厚生事業の倫理構造を確立することが要求されて居る」として社会事業に関する概念と説明している。また，要救護性という概念を使って社会事業と厚生事業を次のように説明している。

　すなわち，「社会事業における要救護性は……最低生活標準に対する消極的な性質のものであり，生産者としての資格に関係するよりも非生産者としての特質に関係し，従ってその救済目的は最低生活を保証することによって生命を保護するものであるが，必ずしも彼を人的資源として生産社会に送り出すことを目的とするものではない」のに対して，「厚生事業的要救護性は国民全体の状態を凡ての観点からながめ"消極的には国民協同体に於ける反社会的なものの排除"民族全体に対する有害分子の抑圧を，積極的には協同体を最も貴重なる財である労働力の保護育成という観点に於いて把握さるべきものである[22]」と述べている。

　こうした竹中の厚生事業論は，主体に即していえば国民協同体理論であり，対象に即していえば，「国民協同体の分肢としての個人を人的資源まで育成し，保護せんとする」生産力の保護育成及び指導である。この時期，竹中とともに厚生事業の理論化を試みた山口正は，「社会事業指導概念の再検討」という論文で全体と個人の調和を図る官民一体の全体主義を日本の社会事業の指導理念とした。また，個人主義と独裁主義を止揚した日本的全体主義こそ日本の社会事業の特性としてみながら，社会事業は現実の生命・家庭・郷土・祖国に規定された個人と，社会の総合体としての人間の共同生活が対象であり，その出発点は部落共同体における隣保相扶でこれが第一次目標であると述べながら，日本の社会事業の特殊性について論じている[23]。

　しかし，太平洋戦争が開始すると戦時厚生事業という名称が一般化することになって厚生事業は戦時生産力増強のために動員される。すなわち，開戦後，大政翼賛会の研究発表会では「大東亜戦争完遂のため刻下喫緊の要請たる戦争産業の

84　第Ⅰ部　社会福祉政策の基礎理論

生産増強のために在来の厚生事業（社会事業）を動員し，その多年の経験と努力とを直接生産部分に積極的に寄与せしめ，併せて国民皆働運動展開に伴う国民生活の援護保全に万全を期する方針の下に，其の具体的方策を協議」すると述べている[24]。

　このように厚生事業という概念は，要救護者を含めたすべての国民生活が保障されることを意味するものではなく，総力戦のための生産力を増強し，人的資源を培養するという国家政策具現への協力等の精神が国民厚生事業の中心理念になり，これに基づいて厚生事業が行われた。この場合，要救護者のような生産に役立ない人々の問題が軽視されるのは当然である。したがって，この時期，行政組織においても社会事業を担当していた社会局は生活局を経て次第に健民局の指導課になり，特に1944年8月より戦時援護課に縮小されると同時に生産力となりえないものに対する援護業務が縮小されることになる。こうした流れのなかで社会事業施設と生産施設の結合が強調され，施設の統廃合が進められ，精神病院やらい療養所では労働と栄養失調で患者死亡率が50％を超えるなど処置が低下したのである[25]。

第3節　戦後における福祉観の変化

　以上，戦前の福祉観の特徴及びその概念の変化過程を検討してみたが，これからは戦後から今日に至るまでの時期を考察する。それは大きく2期に区分できる。まず第一期は，敗戦から始まり高度経済成長を経て低成長へと転換した約30年間である。そして第二期は，石油危機以後，今日に至るまで日本社会において一般に広く使われてきた「日本型福祉社会論」の福祉観について考察したい。

（1）社会福祉事業としての福祉観

　敗戦とアメリカによる占領政策は日本に多方面において大きな変化をもたらした。1946年に制定された新憲法は，国民主権，戦争放棄，議会制政治，基本的人権と地方自治を基本として，自由と民主主義を保障したものであった。特に，憲法第25条1項で「すべて国民は，健康で文化的な最低限度の生活を営む権利を有する」と定め，2項では「国は，すべての生活部面について，社会福祉・社会保障及び公衆衛生の向上及び増進に努めなければならない」と規定し[26]，社会福祉の

表現が社会保障とともにみられることになったのである。

占領統治の間における社会事業は主にアメリカ占領当局者を中心に行われ，彼らの考えが大きな影響力を及ぼしたと考えられる。その点から占領当局者らの福祉に対する一般的な考え方，それが日本にどのようなインパクトを与えたか。また，占領当局の福祉観はどのようなものであったかについてみると，まず注目すべきものは1946年2月27日の社会救済に関する SCAPIN 775号である。それは，困窮者に無差別平等主義と国家責任による生活保障を与え，公私分離の原則がとられるべきことを明らかにし，その実施方法として全国単一政府機関の樹立と支給総額の無制限を内容としたものであった。

こうした占領政策に応じて，日本政府は各種の援護法令の整理統合を行い，無差別平等原則の線に沿って1946年に旧生活保護法を制定する。旧生活保護法の成立に伴い戦前から存在した救貧制度は廃止され，すべての生活困窮者は生活保護法で統一的に救済されることになった。その旧生活保護法の第一条では「この法律は保護を要する状態にある者の生活を，国が差別的または優先的な取扱をなすことではなく平等に保護して社会福祉の増進することを目的とする」と，「平等に保護」という言葉で無差別主義の原則を示している。ところが，第二条となると「能力があるにもかかわらず勤労を怠ける者，その他，生計の維持に努めないもの」，及び「素行不良者」は保護の欠格者とされ，伝統的な惰民観の残存を示し，さらに公私分離の原則にもかかわらず民生委員（旧方面委員）が残っているなど，旧制度から引き継いだ不協和音的要素を含んでいた。

元来，社会事業から社会福祉へという言葉は，新憲法の「マッカーサー草案」から使われはじめたが，それが単行法のなかでみられたのは1947年に制定された児童福祉法であると石田雄は述べている。一方，吉田久一は，戦前社会事業は「保護」，戦後社会事業は「福祉」と区別する意見は実証的にも科学的にも誤認であるとして日本における社会事業の変化は昭和恐慌等の資本主義的危機からであり，そのころからすでに「社会福利」，まだ「社会福祉」と呼ばれはじめていたという見方をとっている。

しかし，とにかく社会福祉という言葉は1947年の児童福祉法で初めて使われ，1951年に制定された社会福祉法によってさらに一般化された。孝橋正一によれば，このとき以来，立法用語は当然行政用語となり，それが一般用語として国民の間にも普及したが，この場合立法者の意図では，社会福祉事業といっても，別に従

86　第Ⅰ部　社会福祉政策の基礎理論

来からの用語である社会事業と何ら意味的，本質的に変わるものではなく，ただ，新しく出直すにあたって，大いにやろうという意気を表現するために，福祉という文字を入れたものと説明されていると述べている。ともあれ，社会福祉法制定以降，福祉という用語が行政上にも定着し，立法上でも社会福祉事業振興法，精神薄弱者福祉法，老人福祉法，母子福祉法と続けて制定されている。

　他方，1948年には社会保障制度審議会が成立し，翌年「生活保護制度の改善強化に関する勧告」を提案することになる。この勧告のなかで，国はすべての国民が，最低生活を営む程度にしなければならないと生活保障についての国家責任を明らかにした。この勧告に基づいて，初めて請求権を認めた新生活保護法が1950年に成立する。同年，社会保障制度審議会勧告において社会保障は社会保険，国家扶助，公衆衛生及び社会福祉を含むものとされ，「ここに社会福祉とは国家扶助の適用を受けている者，身体障害者，児童，その他，援護育成を要する者が自立して，その能力を発揮できるように必要な生活指導，更生補導，その他援護育成を行うことをいうのである」と規定されている。

　上記のように，社会福祉概念がどのような背景から発生，普及されてきたかを，占領政策とそれに対応する日本政府側の立法，行政を通じて検討してみた。ところが，占領統治が終わると民間の諸理論は多様化していくなかで朝鮮特需終了以降の緊縮財政に逆コースが加わって占領政策に対する反動を伴った。すなわち，再軍備の進行と圧力団体の影響力を背景に，1952年戦傷病者戦没者等遺族援護法が，そして1953年には未帰還者留守家族等援護法と軍人恩給の復活など，無差別平等主義に反する特別措置がとられ，社会保障制度体系に，まだ不整合面を生ずることになる。

　こうした過程のなか，「朝日訴訟」が起き，社会福祉への人々の関心が高まることになる。しかし，1959年度版『厚生白書』では「人間の福祉のための支出，ここにいう人間投資はまさに生産力効果をもつ投資である」と生産力に重点を置きつつ福祉の存在理由を説こうとしている。

　また，1960年度版では「福祉国家の究極の目的は，国民一人一人に高度の水準の生活と文化を保障することであるが，福祉国家を追求している国々の当面の目標は国の積極的な施策による貧困の追放にあることはほぼ疑いのないことである」としながらも，「福祉国家が貧困を克服する過程は経済の成長とともに，社会連帯と生存権尊重の思想の発展によっておしすすめられる」ともいっている。

第3章　日本における福祉観の形成とその変遷プロセス　87

そして「まず経済成長を，しかる後に社会保障の拡充を」という見解をしりぞけ
ながらも「経済成長政策と社会保障政策は，国家が貧困を追放する政策の二大支
柱である以上，その政策の実践にあたっては相互にバランスをとらなければなら
ない」というバランス説に落ち着いている。

（2）「日本型福祉社会」論としての福祉観

　占領改革によって導入された新しい福祉観によって，社会福祉は一応の成長を
遂げ，制度的にもある程度までは整備されてきた。だが，占領統治が終わると改
憲論者を中心に，そうした占領改革に対する反動が生まれ，再軍備論や，個人主
義否定論などを提唱することによって国民の自由と権利を制限しようとの動きが
みられるようになった。

　すなわち，福祉国家の名によって，国民の国家権力への期待感をかりたてなが
ら，国民を国家社会秩序に統合しようとするものであった。それは国民の生存権
を強調することによって，福祉の増進より，国家への国民の依存性を強めようと
するものである。そして，このような形で福祉国家を利用することができたのは，
福祉を国民の基本的権利としてよりは国家の恩恵とみる日本の伝統的な福祉観が
残っていたからであろう。

　ここでは1980年代以来，日本で広く用いられてきた「日本型福祉社会論」に示
された福祉観を取り上げ，それが福祉政策にどのような結果をもたらしたかを明
らかにする。1960年代末になると，福祉に対する国民の要求が増大したため，政
府は1970年に「新経済社会発展計画」を発表し，そこで成長より福祉優先とか生
活重視を口にせざるを得なくなった。だが，それは高負担とセットのものとされ
ており，実質的には「高福祉・高負担」に容易に転化しうるものであった。

　この計画は，「国民が連帯意識の上に立って，自ら望ましい社会の在り方を選
択するとともに，社会的責任とその分に応じた負担をうけもちつつ社会開発に参
加するのが社会開発本来の姿であって，政府は国民の選択にもとづいて積極的に
その推進を支援すべきものである」と述べてあり，責任は国民に，政府は単に支
援するだけと主張しているのである。ここで福祉国家に対置して福祉社会という
用語が使われはじめている。

　ところが，田中政権の際，さまざまな要因から「福祉元年」の宣言と同時に
「経済社会基本計画」が発表される。この計画の理念にしたがって，厚生省は

88　第Ⅰ部　社会福祉政策の基礎理論

1973年5月「社会保障長期計画懇談会」を発足させる。この時点では国家の基本的な方針は制度的福祉国家の実現に向けられており，この懇談会は長期的に社会保障政策の改善，発展の方途を検討するものと期待された。ところが，同年秋に石油ショックが起こり，スタグフレーションが続くなかで，自民党を含め保守系知識人によって「福祉見直し」論が主唱され，「福祉二年」はついに訪れなかったのである。

　それ以降，世間に広く用いられるようになったのが「活力ある福祉社会」という表現である。1974年4月，自民党幹事長の橋本登美三郎は福祉社会建設に向けた私案を発表する。そのなかで彼は，もっぱら政府が提供する社会保障ないし福祉を「扶助国家」，国民の自助を基礎として家族，企業の私的機能に公的福祉機能がこれに加わって実現されるものを「福祉社会」と定義しながら福祉社会の建設を主唱した。だが，これは当時，自民党内で大きな反響を呼ぶまでには至らなかった。

　ところが，1975年に自民党政務調査会は『生涯福祉計画』を発表する。そのなかで自助にのっとった福祉を強調し，福祉予算の膨張を批判した。こうした自民党の姿は政府に影響を及ぼし，政府は1976年に『昭和50年代前期経済政策』を発表することになる。それは，社会保障の充実を図るとしながらも，他方で，国民の福祉向上は政府の手によってすべてなされるわけではなく，個人，家族，企業の役割や，社会的，地域的連帯に基づく相互扶助が必要である点を強調している。

　このような，政府自民党内の福祉国家に対する危機感に加えて，「福祉見直し」の動きに理論的根拠を与えたのが「政策構想フォーラム」のメンバーであった保守系知識人，学者であった。彼らは1976年3月に「新しい経済社会の建設をめざして」という提言を行い，福祉はあくまでナショナル・ミニマムを保障するものであって，国家に依存する貧弱な人間を作り出すヨーロッパ型福祉国家との決別を宣言したのである。

　また，日本における福祉国家の批判のはしりとなったのはグループ1984年によって書かれた「日本の自殺」という論文である。そこで，彼らはローマ帝国の没落を取り上げながら日本を比較，説明している。要するに，大衆社会が出現し市民が自制なき権利を要求しはじめ，活力なき福祉国家への道をたどるとき，やがて社会は衰退し，没落していく運命になるという議論である。

　さらに，「グループ1984年」のメンバーであり，上記の論文の主筆者と推定さ

れている香山健一は，著書『英国病の教訓』のなかで，西欧福祉国家の現実を英国病としてとらえ批判している。彼によれば，「英国病は第一に，経済的停滞，第二に，国家介入の拡大による財政危機，第三に，慢性的ストライキ，第四に，政局の不安定化など４つの徴候がみられるが，こうした４つの徴候の発生は公共福祉機能の拡大に起因している[36]」と述べている。たとえば，医療，年金などの国家の公共サービスが拡大することによって，国民は国家に依存するようになり，自立の精神を喪失することにつながるのみならず，市場の原理を破壊し，自助を侵害し，利己主義を育てる。したがって，公共サービスへの需要が高まり，政府の支出も増大し公的部門が膨張する。そして財源を確保するため，課税を強化し，公共事業を拡大さざるをえなくなる。こうした政府の行動は，国民の間の労働意欲を減退させ，投資，生産性向上への誘因を弱める。その結果，経済は停滞することになり，税収が減少し財政危機が生じ，最後には，国民の間に社会的責任感がなくなり，社会統合が解体し，政治不安が生まれることになる。

したがって，こうした英国病を避けるためには，第一に，子供に義務の重要性を教えなければならない，第二に，自立精神を妨げ，利己主義を助長する行き過ぎた福祉サービスを抑制しなければならない，第三に，私的セクターの活力を基盤とした団結自立を尊重しなければならない，そして最後に，国民は国家に頼ったり，責任を国家に転嫁してはならないと主張している[37]。

また，1979年１月の施政方針演説において大平首相は「文化の重視，人間性の回復はあらゆる施策の基本理念に据え，家庭基盤の充実，田園都市構想の推進等を通じて公正で品格ある日本型福祉社会建設が必要である」と述べている。ここでいう日本型福祉社会とは「日本人が持つ自立自助の精神，思いやりのある人間関係，相互扶助の仕組みを守りながら，これに適正な公的福祉を組み合わせる」ものである[38]。

福祉に対するこのような考えをもった学者や官僚などが政治的に結集したのが，大平内閣時代に作られた９つの政策研究グループであった。これらのグループは1980年度にそれぞれの報告書を提出するが，そこで共通してみられるのは，戦後ケインズ的経済政策は公的部門を肥大化させ，結局民間の活力ある経済活動を抑制してしまっている。それゆえ，福祉政策は「バラまき福祉」ではなく社会的弱者に対する最低生活の保障を中心に行うべきであり，極力民間の活力，地域，企業などを含めたさまざまな集団における自助を通じて実現されるべきであるとい

う観点をとっている。

　このように太平首相が主張した日本型福祉社会の建設は，単に，政権党である自民党や，国家内の一部の勢力にとどまらず，政府の一般方針として採用されるに至ったという点で注目すべきである。その後，1979年政府は「新経済社会7カ年計画」を閣議決定し，計画期間における経済運営の基本方向のひとつとしての新しい日本型福祉社会の実現に向けて次のような目標を掲げている。[39]

「欧米先進国へキャッチアップした我が国，経済社会の今後の方向としては……個人の自助努力と家庭や，近隣・地域社会等の連帯を基礎としつつ効率のよい政府が適正な公的福祉を重点的に保障するという自由経済社会のもつ創造的活力を原動力とした我が国独自の道を選択創出する。いわば，日本型ともいうべき新しい福祉社会の実現を目指すものでなければならない」と，この計画は，日本が今後進むべき基本方向を，国民の強い勤労意欲と高い社会的流動性という社会経済的特質を生かした「新しい日本型福祉社会の創造」に求めている。

　つまり，福祉の機能として重要なのは個人の自立自助，家庭の自立自助と家庭，職場，地域社会の相互扶助，そして公的扶助である。それゆえ，中心になったのは自立・自助と相互扶助であり，公的扶助はこれを助け，補完するものとして位置づけられている。したがって，1980年代の社会福祉政策を考えるためには，こうした政府主導の日本型福祉社会推進論の要点を把握しておくことが必要となる。

　これに対して堀勝洋は主として自民党の研修叢書『日本型福祉社会』を参考にして次の7つの特徴を抜き出している。[40]すなわち，第一に，欧米型福祉国家の否定，第二に，自助努力の重視，第三に，家庭における相互扶助の重視，第四に，地域社会における相互扶助の重視，第五に，企業福祉の重視，第六に，民間の活力及び市場システムの重視，第七に，社会保障施策は自助努力や家庭福祉等が機能しない場合の補完などを挙げている。

　このように，日本型福祉社会論は日本的伝統，美徳を強調しながら日本は西欧とは異なる価値，道徳をもつゆえに，日本型のユニークな福祉社会を実現しうるというのである。彼らがいう日本の伝統・価値は，それほど特殊なものであり，西欧と日本とを明確に区別するほどのものなのであろうか。

　この点について堀勝は日本型福祉社会論を肯定的に評価しながらも，これを日本独自のものと考えることには，疑問の余地があることを指摘している。すなわち，日本型福祉社会論で主張する自助・相互扶助・家庭福祉・地域福祉等はかな

らずしも日本社会の特質といえるものではなく，西欧諸国にも当てはまるものである。個人主義が発達した西欧諸国においては，自助努力という面は，むしろ国家責任論の強い日本よりも発達しているといえる。また，地域社会における福祉・相互扶助も，むしろ西欧諸国の方が都市的アノミー現象の強い日本においてよりも現実に行われているという感が強い。

　家庭福祉については，老親との同居率は日本の方が高いが，別居の場合の老親との交流は欧米の方が頻繁だということを統計に基づいて説明されている。そして，企業による福利事業は，確かに日本の方が西欧諸国よりも手厚くなされていると考えられるが，西欧諸国においても企業年金を始めさまざまな企業内福利施策が講じられている。したがって，日本型福祉社会論が主張し，目指すべき対象としている福祉社会を果たして日本型といえるかについて疑問の余地がないわけではないと述べられている。[41]

　要するに，福祉国家病とまで呼んで西欧福祉国家を反面教師にし，福祉のために国庫支出を削減して家庭と企業に期待するのが日本型の特質と考えられているようである。そして，こうした傾向は1981年7月に第2次臨時行政調査会が提出した答申において一層明瞭になる。そこでは「活力ある福祉社会の実現」と「国際社会に対する貢献の増大」という2つの理念が示されていたが，そのうち，「活力ある福祉社会」は1973年の「経済社会基本計画」で用いられた言葉である。

　しかし，上記の「基本計画」がいうところの「活力ある福祉社会」とは，経済成長第一主義を是正し，社会保障を充実させるという文脈で経済と福祉の調和を提唱するものであったのに対して，第2臨調のいう「活力ある福祉社会」においては明らかに社会保障を抑制し経済成長を推進する方向で「経済と福祉の調和」が説かれていたのである。第2臨調の答申によれば，「活力ある福祉社会」を実現するためには自由経済社会のもつ民間の創造的活力を生かし，適正な経済成長を確保することが大前提となる。さらに日本社会の特徴として家庭・地域・企業等の役割を指摘し，「個人の自立，自助の精神に立脚した家庭や，近隣，職場や地域社会での連帯を基礎としつつ，効率の良い政府が適正な負担の下に福祉の充実を図ることが望ましい」と説く。[42]

　このように，日本でいわれる福祉社会とは国民の生活保障について国家の義務性を弱めるものとして機能しているように思われる。そして，「活力ある」とは福祉がしばしば貧民を生み出すので競争社会における自力の原理を強調すること

92　第Ⅰ部　社会福祉政策の基礎理論

が必要であるという見方を示すものであるといえる。[43]

　また，当時の厚生省保健局長として1984年健康保険法の改正において主要な役割を果した吉村仁は全国綜合健康組合協議会の第35回総会で「このまま医療費が増大し，それを国家財政で賄うとすれば，税と社会保険料の負担の増大が日本から活力を奪い国が滅ぶ」という「医療費亡国論」を説きつつ「医療費適正化の方向と対策」のなかで「医療費効率逓減論」を主張した。ここでいう効率というものは，老人に医療費を費やすのは「枯れ木に水をやるようなもの」といった元労働大臣の言葉にその真意がよく表れているように，治療すれば労働能力が回復する見込みのある者だけをできるだけ短期間の入院で治療するという意味としても考えられる。

　このような「福祉・医療に国は金を出さない」という臨調「行革」の路線が，厚生省に一貫して根底に流れる基本方針になったのである。こうした流れのなか，1986年厚生省は「長寿社会対策大綱」を発表する。この大綱には「21世紀初頭の本格的な高齢化社会の到来に備え，人生80年時代にふさしい経済システムの構築を目指し，政府が推進すべき長寿社会対策の指針」として3つの基本方針が掲げられている。[45]

　この3つの基本方針とは　第一に，経済社会の活性化・活力ある長寿社会のための高齢者の就業，社会参加等の活動促進，第二に，社会連帯の精神に立脚した地域社会の形成，及び包容力ある長寿社会のための自立と連帯，地域の相互扶助機能の強化，第三に，生涯を通じた，健康で充実した豊かな長寿社会の実現である。この基本方針のもとに，健康・福祉システムとして「地域の相互扶助が促進しつつ，地域におけるサービス供給体制の体系的な整備を図る。また，これらのサービスが安定的に供給されるようサービスに要する費用の適正化，及び負担の公平化を図る」とされている。

　こうした流れのなかで政府は「高齢化社会危機論」を展開しながら，次のような5つの基本原則を掲げている。すなわち，第一に，自立自助と支援システムの構築，第二に，社会活力の維持，第三に，地域における施策の体系化と家族への支援システム，第四に，公平と公正の確保，第五に，民間活力の導入などを基本原則としている。しかし，これらの原則は1982年7月に発表された第2臨調の第三次答申の主張する理念と原則をそのまま採用したものである。

　先にも言及した第2臨調「行革」の根底に流れる「自立自助，相互扶助，連

帯」が基礎となっており，福祉に対する国の責任や国の負担という考えは可能な限り回避されている。たとえば，1988年1月の『週刊社会保障』という雑誌に「21世紀の社会保障」と題して厚生省の政策立案の中心となっている若手官僚グループが掲載した論文のなかでは，21世紀の日本の社会保障はまさに「よく準備したものがよく報われる社会」，または「アリとキリギリス」の世界を地でいくものだと書かれている。

　また，同時に渡辺美智雄は「社会福祉をすればするほど楽をしてしまう。老人医療費の無料化が『親不孝奨励金』になってしまった。……こういう『ごくつぶし』が増えると日本はダメになる」と講演したのである。ここに流れる思想が同一なのはおわかりいただけるだろう。こうした考えは単なる夢物語ではなく現実の問題として進行し，また厚生省のさまざまな正式の政策文書にも盛り込まれているのであった。

　特に，日本では1960年代前半あたりで，厚生官僚たちが生活保護行政に取り組む姿勢が消極的なものであった結果，社会保険の重視，生活保護の軽視，福祉官僚の優位が保険官僚の優位に変化し漏救を放置する傾向が生まれたといわれたのである。

第4節　残された課題

　日本における福祉観は，明治期の慈善救済事業から出発して現代の福祉事業に至るまで時期によってその表現が異なり，それなりに内容も少しずつ変化してきたことを検討したが，各々の時期によって相異なる福祉関連概念が存在し，また，各時期においてどのような概念が社会福祉を代表したかを断定するのは容易なことではない。なぜならば，同じく「福祉」を論議する場合でも救護を要するものをどうとらえるかによって，その意味が違ったものになるからである。

　しかし，本章では日本が政策形成における長い間，官僚の影響力が多大であったという点から権力の側で用いた概念が広く社会に流通し，また，これが国家の法制上，あるいは行政上で用いられる中心的な概念になったということを考察したのである。

　たとえば，近代日本において，社会保障制度は恤救規則からわかるように家族や地域共同体という擬似的な扶養体制に依存し，国家の責任をできるだけ否定，

94　第Ⅰ部　社会福祉政策の基礎理論

軽減していこうとする傾向があった。そのことは同時に，国家が公的扶助，その他の福祉サービスを国民の権利よりは国家の恩恵として提供することによって，国民を統合，包摂しようとする側面も含んでいた。社会連帯論にしても国家と社会，個人との関係をあいまいにしてしまったために，国家主義的な社会事業の推進と国民のそのなかへの統合を容認することとなった。こうした国家による個人の統合，包摂は戦時体制下での国家総動員体制によってその頂点に達する。

　しかし，戦後 GHQ による民主改革の過程で生存権が認められることになって，戦前の社会事業とは区別された形での社会保障制度が導入された。そして，権利としての生存権の問題は戦後日本の社会保障論の重要課題とされたにもかかわらず，近代日本を通じて権利としての生存権は単なる経済成長の「パイ」の分配の権利化として認識されやすかった。

　そして高度経済成長の終焉とともに自民党政府内で「福祉見直し」論や「日本型福祉社会」論が台頭することになった。前述したように，彼らが主張する「日本型福祉社会」というものにおいては，個人の自助努力が強調され，さらに権利化は濫給を招き，怠慢を助長するという，戦前の慈善的な救貧観への回帰を想起させるような議論が主張されることとなる。考察したように，近代日本を通じて現代まで時代を問わず，社会福祉に関する文書のなかで共通して用いられた用語が「自助・自立」，「社会連帯」，「相互扶助」といった言葉であった。

　こうした福祉観は，国民の生活保障に関する国家の義務性，すなわち，権利としての福祉を否定し，生存権保障の義務を国家が放棄するための口実として使用されてきたと思われる。また，福祉は少数弱者のためにあるものではない。すべての国民に対してその必要性が生じたときに社会的支援をかならず受けることができる権利を確実に保障することが重要なのである。しかし，こうした考えは日本の政治家たちにおいて，さらには国民の間においてでも多数派ではないだろう。

注

(1)　NHK 放送世論調査所編『図説戦後世論史』日本放送出版協会，1975年，195頁。

(2)　相野谷安孝『国が医療を捨てるとき』あけび書房，1993年，44頁。

(3)　一番ケ瀬康子『社会福祉とは何か』労働旬報社，1995年，30頁。

(4)　石田雄『近代日本の政治文化と言語象徴』東京大学出版会，1983年，175-177頁。

(5)　川村匡由『現代老人福祉論』ミネルヴァ書房，1992年，12頁。

(6)　井上友一『救済制度要義』博文館，1907年，ただし，ここでは石田雄『日本の政治

第3章　日本における福祉観の形成とその変遷プロセス　95

と言葉（上）』東京大学出版会，1989年，248頁から再引用。

(7)　吉田久一『日本社会福祉理論史』剄草書房，1995年，66頁。

(8)　水野錬太郎「救済の本義」『救済研究』1巻4号，1913年。ただし，ここでは石田雄，前掲書，249-250頁から再引用。

(9)　吉田久一，前掲書，92頁。

(10)　大阪府ではすでに明治41年「窮民救助規則」を制定し，これに基づいて窮民救助を実施してきたが，大正7年に発生した米騒動を契機として，方面委員会制度を創設することになった。

(11)　「方面委員事業報告」『救済研究』8巻12号，12頁。

(12)　厚生省五十年史編纂委員会『厚生省五十年史（記述編）』厚生問題研究会，1988年，87頁。

(13)　小沢一「方面委員制度の社会的機能に就て（二）」『社会事業』9巻8号，59頁。

(14)　この点については後藤新平「福辞」『救済研究』7巻1号，31頁を参照。

(15)　田子一民『社会事業』帝国地方行政学会，1922年，1頁。

(16)　床次竹二郎「社会事業の根本精神」『社会と救済』4巻4号，5頁。

(17)　高島進『社会福祉の歴史——慈善事業・救貧法から現代まで——』ミネルヴァ書房，1995年，202頁。

(18)　石田雄「日本における福祉観念の特質」『福祉国家4―日本の法と福祉』東京大学出版会，1984年，29-30頁。

(19)　当時，日本では結核問題が社会の大きな問題であったが，このような傾向は軍隊においても同様であった。ひとつの例を挙げると，満州事変後，陸軍は旧満州に2個師団（約2万人）を送ったが，1個大隊（約5千人）が結核を発病して本国に帰って来たといった事件まで生ずることとなった（『厚生省五十年史（記述篇）』375頁参照）。

(20)　副田義也『厚生省史の研究（平成三，四年度科学研究補助金研究成果報告書）』1993年，41-42頁。

(21)　藤田進一郎「厚生行政体制の完成」『社会事業研究』26巻2号，1938年2月，2頁。

(22)　答申全文は『社会事業研究』28巻11号，1940年11月，101-105頁に収録されている。ただし，ここでは石田雄『近代日本の政治文化と言語象徴』東京大学出版会，1983年，212頁から再引用。

(23)　竹中勝男「社会事業と厚生事業に於ける要護性」『社会事業研究』29巻7号，1937年4月，6-7頁参照。

(24)　吉田久一『日本社会福祉理論史』剄草書房，1995年，139頁。

(25)　谷川貞夫「厚生事業実践体の動向」『厚生事業研究』31巻1号，1943年1月，48頁。

(26)　戸波江二『憲法』ぎょうせい，1994年，225頁。

(27)　日本政府はGHQのSCAPIN 404号に対して当面の措置として生活困窮者，緊急生活援護要網を実施するが，近日内に無差別平等を原則とした新法制度を作ることを

96 第Ⅰ部 社会福祉政策の基礎理論

約束した「救済福祉に関する件」を回答した。これに対して GHQ は1946年2月27日 SCAPIN 775号を発し，以下の原則が守られるなら日本政府の回答を承認するとした。この原則とは第一に保護の無差別平等であり，第二に保護の国家責任の明確化であり，さらに第三には最低生活の保障であった。

(28) 社会福祉研究所編『占領期における社会福祉資料に関する研究報告書』社会福祉研究所，1978年，120頁。

(29) 石田雄『日本の政治と言葉（上）』東京大学出版会，1989年，292頁。

(30) 吉田久一『日本の社会福祉思想』勁草書房，1994年，173頁。

(31) 孝橋正一「現代社会事業理論の基本的課題」吉田久一編『戦後社会福祉の展開』ドーメス出版，1976年，14-15頁。

(32) この訴訟は，岡山県津山市福祉事務所長が行った生活保護法による，保護更生決定処分に対して，1957年8月13日国立岡山療養所の結核患者だった朝日蔵が，厚生大臣を相手取って「生活保護の基準や扱い方は，憲法第25条に違反する」という訴えを東京地方裁判所に提出した事件である。この事件について詳しくは，厚生省五十年史編集委員会，前掲書，974および1190頁を参照。

(33) 社会保障研究所編『占領期における社会福祉資料に関する研究報告書』社会保障研究所，1978年，197-198頁。

(34) 石田雄『近代日本の政治文化と言語象徴』東京大学出版会，1983年，228頁。

(35) 石田雄『日本の政治と言葉（上）』東京大学出版会，1989年，296頁。

(36) グループ1984年「日本の自殺」『中央公論』1976年2月号。

(37) 香山健一『英国病の教訓』PHP研究所，1978年，21-22頁を参照。

(38) 香山健一，前掲書，151-153頁。

(39) 川内一誠『太平政権五五四日』行政問題研究所，1982年，96-99頁。

(40) 経済企画庁編『新経済社会七ヵ年計画』大蔵省印刷局，1979年8月，11頁。

(41) 堀勝洋「日本型福祉社会論」『季刊社会保障研究』第17巻第1号，1981年，38-40頁。

(42) 堀勝洋，前掲論文，49頁。

(43) 新川敏光『日本型福祉の政治経済学』三一書房，1993年，162頁。

(44) 相野谷安孝『国が医療を捨てるとき』あけび書房，1993年，44頁。

(45) 相野谷安孝，前掲書，41頁。

(46) 副田義也「生活保護制度の展開」東京大学社会科学研究所編『転換期の福祉国家（下）』東京大学出版会，1988年，247頁。

第Ⅱ部

高度経済成長期における高齢者福祉政策

第4章
1960年代の高齢者福祉と老人福祉法

第1節　問題の提起

　1963年に制定された老人福祉法は，老人に関する単独法律としては世界最初の法律であった。同法制定以降，50年以上が経過するなか，老人福祉をめぐる状況の変化を背景に老人福祉法も時代の要請に応じて数多くの改正を重ねてきた。本章は，老人福祉法の制定当時においても，人口の高齢化や老人扶養意識の変化が始まっていたとはいえ，なぜ，日本で1963年の時点で世界最初といわれる老人福祉法が制定されたのかということから始まる。

　一般的に法律の制定及び改正は，それが制定される当時の社会・経済的要因のもとで政治的意思決定によって行われるといわれているので，新しい政策の決定や，既存の制度を改正するためには，その制度がどのような時期に，どのような要請によって成立したのか，または，その後はどのように展開してきたのか，さらに，そのことが社会全体のなかでどのように評価されてきたのかを考察することが必要である。

　したがって，1963年7月11日，制定された老人福祉法は全38条で構成されていたが，現在は43条となっており，それは，50年余りの間に社会構造の変化とともに老人福祉法の定める範囲がそれに合わせて，変化したことに起因する。それゆえ，老人福祉政策の変化を把握するためには，まず，最初に成立した老人福祉法の成立過程を考察することが重要である。したがって，ここでは，老人福祉法の形成過程を中心に日本の高齢者福祉政策形成の過程を検討することにする。

第2節 先行研究の検討及び研究方法

（1）老人福祉法の制定に関する先行研究の検討

　老人福祉法の制定に至るまでの社会的背景について，大山正[1]は「第一に，老人福祉対策の強化に至った社会的条件の存在，第二に，制度上の問題からくる法制定の要請があったことから，老人福祉法の制定の具体的な動きが生まれた[2]」と述べている。そこで第一の社会的条件として，老齢人口の増加，老人の就業の問題，私的扶養の減退，社会環境の変化などの4点を挙げている。まず，老人人口の増加に対しては，今日では，65歳以上を高齢者と呼んでいるが，当時は60歳以上を対象としている点を注意しなければならない。

　次に，高齢者の就業の問題とは，高齢者の就業率の低さと同時に，技術革新や労働人口の増加により終身雇用や年功序列型賃金体系が崩れることで，高齢者の立場が不安定なものになることであった。そして，私的扶養の低下として，憲法改正に伴う民法の改正により，家庭内における高齢者の位置が不安定になり，さらに戦後住宅事情の悪化が加わり，家のなかで高齢者の居場所がなくなった状況などを取り上げている。

　こうした要因とともに国民一般の意識の上でも，老後の生活への不安が増加していたと指摘している。そして社会環境では，都市的，画一的，近代的なものへと生活環境が変化することで，高齢者にとって住みにくい環境となっている点が問題とされている。

　第二の制度上の問題とは，1959年に国民年金法が制定され，国民皆年金制となったが，年金以外の分野における老人福祉対策は不充分で，わずかにある老人対策もその根拠となる法制度が異なるため，円滑な進展が望めなかったことである。そこで，老人福祉対策を総合的に体系化するためには，単独法を制定することが効果的であると議論された結果，老人福祉法が制定されることになったのである。

　こうした大山の見解は，老人福祉法を必要とした当時の社会的状況の説明として納得できるものである。しかし，これらの状況だけでは，老人福祉法が制定されたという主張には，無理があるのではないか。つまり，大山が指摘している社会的要因以外にも，老人福祉法の制定を強く促すものがあるのである。もちろん，

彼は老人福祉法の制定に関する背景のひとつとして，九州社会福祉協議会連合会の「老人福祉法試案」の発表から自由民主党の「老人福祉法案」の発表までの動向を取り上げている。ところが，それらの法案と社会的な状況との関連は，明確にされていない。

たとえば，湯沢雍彦は，1955年前後の高齢者問題の台頭の要因として挙げられている人口高齢化，平均寿命の伸び，核家族化という3点の主張に同意しながらも「原因はむしろ，高齢者をとりまく生活環境の変容，なかんずく高齢者自体と国民の高齢者にたいする意識ないし感情の変化，およびその変化に影響を与えた思想的・経済的諸条件と，これを国民一般に伝達する情報のあり方にあったといえそうである」[3]としている。つまり，湯沢によると，大山の指摘だけでは老人福祉法の制定を考えていく上で，高齢者自体と国民の高齢者に対する意識ないし，感情の変化やこれらの変化に影響を与えた情報伝達のあり方という点で，不充分であることを示唆している。

一方，橋本宏子は，老人福祉法の制定を促した社会的要因として，次の2点を挙げている。その第一点は，直系家族形態のなかで，経済的には一定の安定を保ちえていた「中間層」の高齢者に生じた精神的な動揺である。そして，第二点は，1955年に神奈川県で起きた「聖母の園　養老院」の火災である。前者について具体的にいうと，技術の近代化による老齢者の役割喪失，労働力の流動化による農業の小規模経営化とイデオロギーとしての家族制度復活論の停滞，新民法が一般庶民の生活規範として定着した点を挙げている。後者に関しては，建物の老朽化が，第一の原因であると指摘した。生活保護法上の生活施設での同様の問題への解決策として，施設の合理的・計画的設置の推進，運営の改善・整備への要請の動きがみられた。また，養老事業関係者などの老人福祉対策充実への要求は，老人福祉法制定への動きとなり，それは老人クラブを中心とする「中間層」の高齢者の要求にもなっていった，としている。[4]

橋本は，老人福祉法制定の要求がすでに1950年代後半からあり，この要求は養老事業関係者から出発して中間層の老人たちの集まりである老人クラブを巻き込むようになったことを示している。こうした橋本の指摘は重要であるが，この時代の動向が，1963年の老人福祉法へ直結する動きであるかどうかは検討が必要である。

さらに，三浦文夫は，老人福祉法が制定された当時の状況として，老齢人口の

増加と高度経済成長によって生じた社会・経済的な変化に対する高齢者の生活不安の高まり，世論調査にみられる国民の老後生活への不安の増大，さらに老後生活を子供に依存して送るという考え方の減少という意識変化を挙げている。これらが総合された結果，老人福祉施策の発展が期待されるようになった時期は1960年代の初頭であった，としている。[5]

　これらの先行研究の成果を踏まえて，岡本多喜子は，社会問題としての高齢者問題の発生と，その解決策としての老人福祉法の制定を位置づけ，その政策決定過程の分析をとおして，老人福祉法の制定に関わる要因連関を明らかにした。岡本によれば，「老人福祉法の制定には，６つの要因と４つのアクターが関わっているが，これらのアクターはそれぞれの場と役割のなかで，老人福祉法の制定に向けて動いていた」と述べている。[6]

　まず，６つの要因について，その第一は，児童福祉法の制定である。1947年に制定されたこの法律は，その後の社会福祉関連法の制定に，ひとつの雛形を提供したものであった。第二の要因としては，憲法制定と民法改正による「家」制度の廃止が挙げられている。この「家」制度の廃止は，高齢者と養老事業関係者に大きな衝撃を与えたのみならず，一般の高齢者にとっても大きな問題となったのである。第三は，生活保護法の存在であり，第四の要因として国民年金法を挙げている。これは，1959年に制定されたが，この法律による無拠出制の年金額は，生活を送れる金額にはほど遠いために，次なる高齢者対策としての老人福祉法の制定機運が生まれた，という。

　第五として，経済の発展を挙げている。すなわち，経済発展は新規事業に関する大蔵省との予算均衡を比較的容易にする可能性があるということである。老人福祉法の制定当時は，高度経済成長への移行期であり，厚生省の予算は前年に比べて２割の伸び率を示していたのである。そして，第六は，政治状況である。この時期は，1955年以後の二大政党時代から社会党の左右分裂により民社党が結成された時期であり，この民社党は自民党の外圧となっていた。さらに，公明党が結成されるなど，野党の福祉に対する関心は，高くなっていたのである。

　次に，法の制定に直接関連した４つのアクターについては次のように取り上げている。第一は，社会福祉の全国組織である全国養老事業協会と全国社会福祉協議会を挙げている。第二は，自民党である。五五年体制期の政策決定過程を検討するときには，自民党と行政との関係を無視することはできない。老人福祉法の

第4章　1960年代の高齢者福祉と老人福祉法　103

制定に関しては，政務調査会部会のもとに社会保障調査会が設置されたし，さらに社会保障調査会による老齢部会が設けられ，その部会長に紅露みつが就任した。その後，この老齢部会により老人福祉法試案が作成された。もし，当時このような自民党の老人福祉法への動きがなかったとすれば，この時期に老人福祉法が制定されたかどうかは疑問である。

　第三は，厚生省及び厚生省社会局である。政策決定の一方の代表者が自民党であるとすると，他の一方は行政である。老人福祉法においては厚生省，特にその担当課である施設課をかかえる社会局が，老人福祉法制定に対して理解を示し，協力的であったことは重要である。第四は，老人福祉法制定当時の厚生省社会局施設課長であった瀬戸新太郎である。この瀬戸の存在が，老人福祉法の制定において最も重要なアクターとしての役割を演じたと主張している。

（2）研究の方法

　老人福祉法を公共政策のひとつの決定の結果としてとらえるとき，以上の先行研究は次の点で不明確である。まず，第一に，どのような社会的背景によって，老人福祉法はこの時期に制定されることになったか。言い換えると，高齢者の問題が社会問題とされたかどうか，ということである。第二に，厚生省が法案作成を準備し，国会で制定された老人福祉法と，自由民主党が作成した老人福祉法案との違いをどのように考えるのか。これは法案作成及び制定に関わる行政と政治との関係である。第三としては，老人福祉法の制定過程で，一般の人々はどの程度関心をもっていたのであろうか。これは政策効果を考える上では大切なことである。これらのことが不明確のまま，これまで老人福祉法の制定過程が議論されてきたが，ここではこれらの問題点を踏まえて，老人福祉法の政策形成過程を段階別に区分して，各段階別分析を試みている。

　政策形成プロセスを段階別に分析する理由として次のことが挙げられる。まず，複雑な政策過程を簡略に体系的に研究することができるし，そして各段階において政策環境と政策参与者の影響力の比較，評価ができる点がある。さらに，こうした結果により，社会福祉政策の具体的な政策形成に対する事実的な説明が可能であるという長所があるからである。

　一般的に政策形成過程について多様なモデルが提示されているが，ここでは大きく3つの段階に区分して検討する。まず第一段階は，社会生活上，老人欲求の

不充足過程で生じる個人問題が社会問題にまで至る過程で，老人福祉政策を形成させるため，前提条件として政府外で発生する一連の活動を問題の認識過程とする。第二段階は，社会問題として老人問題を政府が認識した上で，それを解決するため，政府内で老人福祉政策の成立のため動きはじめた過程である。そして第三段階は，政策問題として自民党あるいは厚生省が作成した法案を成立させる政治過程としての老人福祉政策の決定過程である。このように各段階を区分し，それぞれの段階において，どのような政策環境のもとで，いかなるアクターの相互作用によってひとつの政策が成立するに至ったかを検討する。

第3節　老人福祉法制定以前の高齢者福祉の歩み

（1）戦前の高齢者福祉対策

　日本における老人福祉の始まりは聖徳太子が593年，大阪に四天王寺を建立した際，その一角に院をつくり，身寄りのない老人を他の貧困者とともに1カ所に集め，保護を始めたことにさかのぼる。その後制度として初めて取り組んだのは，701年に制定された大宝律令といわれているが，全国の老人を対象とした救貧対策としての制度化は，1874（明治7）年に制定された「恤救規則」であった。もっとも，この規則はわずか5条によって構成された簡単な内容であった。

　そこでは，日本の伝統的な家族制度による私的扶養が醇風美俗として強調されており，一般の高齢者は家庭で扶養されることが原則であり，身寄りがない上，就学が困難であり，かつ，貧困な場合に限り，救済適用の対象者となることができたに過ぎなかった。[10]すなわち，多くの老人福祉事業は民間の慈善事業によって手がけられ，国家や地方公共団体は最小限の財政的負担によって高齢者福祉施策を行うとしたのである。したがって，この規則によって救済された高齢者の総数およびその保護率は表4-1及び表4-2のようにきわめて少なかったのである。

　表4-1は「恤救規則」によって救済された数を年度別に示したものである。表のなか，総数（A）は主に，廃疾，疾病，児童，70歳以上の老衰者などを含めており，老衰（B）は70歳以上の高齢者の被救済者のみを区別して示した。また，表4-2は被保護，老衰者の保護率を表示したものであるが，この2つの表を通じて明らかなように，大多数の老人はこの規則によって救済されなかったことがわかる。さらに，その給付の内容も1年当たり米108斗に相当する金銭給付で

第4章 1960年代の高齢者福祉と老人福祉法

表4-1 恤救規則による被救済人数の推移

年度	総数(A)(人)	老衰(B)(人)	(B)/(A)*100(%)	年度	総数(A)(人)	老衰(B)(人)	(B)/(A)*100(%)
1886	14,659	2,819	19.2	1914	7,997	2,565	32.1
1887	15,203	2,836	18.7	1915	7,254	2,599	35.8
1888	14,721	2,710	18.4	1916	7,235	2,580	35.7
1889	14,240	2,690	18.9	1917	7,355	2,608	35.5
1890	17,487	3,495	20.0	1918	7,556	2,629	34.8
1891	18,282	3,728	20.4	1919	7,880	2,644	33.6
1902	14,096	3,840	27.2	1920	7,565	2,743	36.3
1903	15,097	4,112	27.2	1921	7,908	2,864	36.2
1904	15,285	4,197	27.5	1923	7,574	2,905	38.4
1905	14,183	3,929	27.7	1924	8,111	2,997	36.9
1906	13,885	3,880	27.9	1925	8,557	3,131	36.6
1907	13,106	3,586	27.4	1926	9,627	3,620	37.6
1908	9,335	2,681	28.7	1927	10,460	3,882	37.1
1909	3,753	1,021	27.2	1928	12,332	4,566	37.0
1910	2,877	771	26.8	1929	14,321	5,382	37.6
1911	2,718	653	24.0	1930	17,403	6,063	34.8
1912	2,502	541	21.6	1931	18,118	6,207	34.3
1913	7,629	2,719	35.6				

注：各年の被救済人総数には，各年度中の死亡，廃停者数は含まれていない。
資料：仲村優一他編『講座社会福祉8 高齢化社会と社会福祉』有斐閣，1983年，49頁。

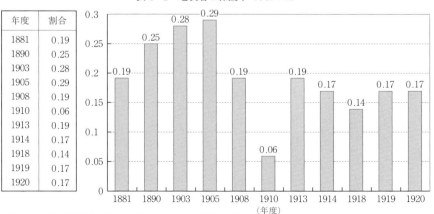

表4-2 老衰者の保護率（単位：%）

年度	割合
1881	0.19
1890	0.25
1903	0.28
1905	0.29
1908	0.19
1910	0.06
1913	0.19
1914	0.17
1918	0.14
1919	0.17
1920	0.17

資料：前出『講座社会福祉8 高齢化社会と社会福祉』50頁。

表4-3 戦前における養老施設の状況 (単位:人)

年度	養護施設 (ヶ所)	入所者数
1926	48	1,674
28	60	2,259
29	61	2,525
30	66	2,753
31	72	2,861
32	79	3,190
34	89	3,657
35	90	3,920
37	99	4,090

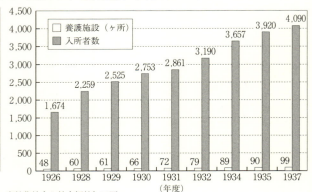

資料:前出『講座社会福祉8 高齢化社会と社会福祉』52頁。

あったため，公的な救済対策というよりは，むしろ，慈善的な性格を帯びたものであり，名目上の制度に過ぎなかった。それにもかかわらず，高齢者の福祉に対する国家責任と関心を最初に体系化した法であるということに意味が見いだされるのである。

しかし，第二次大戦前とあって，富国強兵，殖産興業という国策のもとで，その最前線に立つ軍人や官使，警察官などに限り，1875年から1884年にかけ，老後の所得保障などとしての恩給制度が導入されたものの，一般の国民に対する保障はこれより約半世紀も遅れる始末であった。

やがて，従来の家族による「親族相扶」や地域におけるコミュニティとして「隣保相扶」，さらには「恤救規則」による救済対策によっても，老人の扶養などの問題は対処しえなかったため，1929年に制定されたのが救護法である。しかし，この救護法は当時の世界的な経済不況のあおりを受け，物価の急騰や工場における賃金不払いの続出，多数の失業者の発生などに伴い，高齢者に対する救護はいまだ不充分なままであった。この法律の特徴は，イギリスの救貧制度や救貧院の運営方式なども参考に，救護の実施主体を市町村長とし，国家及び県に補助義務を規定する行政組織体の役割を明記するなど，近代的な救貧対策としての性格が強められた。そして，その適用の対象者については，65歳以上で「自存」の不可能な老衰者であり，かつ，扶養義務者がいないか，もしくは，扶養義務者がいても，扶養能力がない場合に限り，入所できるというように要件を緩和，いわゆる社会的な施設入所制度を確立した点では評価できる。ところが，親族扶養を前提

とする「旧民法」下で，家族制度が社会構造の基盤を形成していた時期において，救護法はあくまで補完的な措置にすぎなかったのである。

ちなみに，表4-3は救護法による戦前の養護施設の設置状況及びその保護下での入所老人の総数を示しているが，施設数，入所者数ともにきわめて少数であり，実質的には恤救規則と同様，ごく限定された救貧対策の域を出なかったことを示している。このように戦前において日本は，基本的には富国強兵及び貧しい老人などの福祉対策は旧民法のもとでの伝統的な家族制度をよりどころに，家族や地域における共同体による私的な相互扶助に委ねられていたのである。

（2）戦後日本の社会・経済と高齢者福祉対策

敗戦後，GHQの占領政策下で，国民の救済に関する最初の国家施策として，「生活困窮者緊急生活援護要綱」が1945年12月に閣議決定された。さらに翌年の2月に，GHQはSCAPIN 775を発し，国家責任，差別的優先的取り扱いの禁止，地方の実状に応じた救済の実施を明らかにし，これらを基本原則とした公的救済制度の実施を要請した。これを受けて1946年9月9日に生活保護法（旧生活保護法）が公布され，10月から施行されることになった。

この当時の社会問題は，基本的には貧困問題であった。敗戦による影響は，働いても食べられないという国民全体の問題の他に，浮浪児，負傷軍人，未亡人，失業者などの問題として主に現れてきた。また，人口の面からみると，戦後から1949年までの期間には，急速な出生率の上昇がみられた。たとえば，1947年の合計特殊出生率は4.5％であったし，高齢者人口の比率は5.3％であった。この時期の高齢者問題は，貧困問題全般における一部分として扱われていたに過ぎない。

一方，1946年11月，大日本帝国憲法の「改正」により，「家」制度は，崩壊することになった。憲法第24条における「家族生活における個人の尊重と両性の平等」との規定によって，明治以来，長期にわたって日本国民の生活を縛ってきた「家」は，法的に廃止されることになった。憲法24条の規定では，「家」制度の廃止はどこにも触れられていないが，明治民法上の家族制度は戸主権と家督相続権を中心とするものであるから，結果として民法の改正を要求するものであった。

したがって，1948年に施行された改正民法では，財産相続が均等相続になるとともに，親権は未成年者に対してのものとなり，扶養関係においては親子関係よりは夫婦関係を優先させた条文となった。このことが，当時すでに高齢者となっ

108 第Ⅱ部 高度経済成長期における高齢者福祉政策

ていた人々に生活不安をもたらす原因になったのである。なぜならば、「家」制度のなかで高齢者は比較的優遇された位置を占めていた。たとえば、「家」制度は親子関係を基本としているため、子供がいる限り、制度的には老後の心配はないことになる。しかし、「家」制度のもとで嫁として家に仕えてきた女性の多くは、高齢者になると、次は家に仕えてもらえると期待していたが、民法の改正により、その期待が打ち砕かれたのである。このように「家」制度は高齢者にとっては、老後生活の保障につながるものであったのである。

さらに、1945年12月16日の厚生大臣の閣議要望事項によると、「女子、高年者、年少者ハ可及的二男子青壮年者ヲ以テ代替スルコト」とされているように、政府はまず青年及び中年男子の職の確保に力を注いだ。その結果、女子と高齢者は、戦時中に従事していた職を追われることになったのである。このように、職を追われ親族扶養に頼れない高齢者は、失業対策事業で当座をしのぎ、公的救済を受けることはなかった。

この高齢者の就業困難、親族による高齢者扶養の困難、住宅事情の悪さ、高齢者自殺の多さ、などに対応するものとして、1950年頃から各地で自然発生的に老人クラブの活動が行われるようになった。その結果1954年に、老人クラブの数は、全国で112団体まであったが、このような老人クラブの増加は、「としよりの日」の制定に大きな影響を及ぼしている。

「としよりの日」は、兵庫県が敬老思想の普及と老人福祉増進を目的として、1950年に9月15日を「としよりの日」と定めたことに始まる。翌年から、中央社会福祉協議会が全国に呼びかけ、この日を起点として「としよりの福祉週間」の行事を実施することによって、全国に広がったのである。その後、「としよりの日」は、1963年の老人福祉法で正式に定められ、国民の祝日として9月15日が「敬老の日」となった。

この当時の社会保障制度として、年金保険は恩給が中心であったが、その対象者は限定的であった。また、医療保険としては国民健康保険があったが、それも充分に機能していない状態であった。経済的に自立できず、扶養してくれる親族もいない高齢者の場合は、養老施設を利用することができたが、1948年時点で養老施設数は全国で146施設、定員は約7000人に過ぎなかった。この程度の施設数や定員では、とても保護を必要とする高齢者すべてを収容することは無理であった。しかしその後、養老施設数は、徐々に増加し、1951年には250、1955年には

471で，定員数 2 万6706人へと増加したが，これも当時の需要からみるとかなり不足している状況であった。

このように，老後生活に対する何らかの公的保障がない状況で，「家」制度が廃止され，高齢者の不安を一層増大させたのである。経済的基盤がなく，子供だけが将来の頼りであった高齢者は，戦後改革の逆コースが行われたとき，「家」制度の復活を望む集団のひとつとなったのである。

さらに高齢者の不安に拍車をかけたのは，経済復興を中心とする経済中心主義，若者文化であるアメリカ文化の影響下での便利さ，速さ，新しさ，などに価値を置く風潮である。高度経済成長以後，日本の農村は崩壊し，人口の高齢化とともに過疎化が大きな社会問題となっていったのである。都市部では，経済的基盤の弱い高齢者は失業者となり，そして困窮した彼らは生活保護法の対象者となった。

1954年 4 月に実施された「厚生行政基礎調査」によると，全世帯1734万世帯のうち生活保護を受給している被保護世帯は45万世帯で全世帯の2.6％，高齢者世帯は40万世帯で全世帯の2.3％であった。高齢者世帯は，母子世帯の52万世帯よりは少ないが，多くの生活問題を抱えていると考えられる世帯であることが明かされた。そこで月額の支出階層別にみると，高齢者世帯は 5 千円未満が63.4％であったことに対して，一般世帯では，月額の支出が 5 千円未満の世帯は，7.5％にととまった。世帯人数を考慮して単独世帯を考慮しても，高齢者世帯は 5 千円未満が80.4％，一般世帯は34.7％であり，高齢者世帯の経済的困窮は明らかであった。[14]

しかし，この時期から老人福祉法制定へ向けての活動は始まっていたのである。そして，時期を同じくして起こった神奈川県にある「聖母の園[15]」という養老施設での火災は，行政を始め一般の人々に養老施設の実態と高齢者問題を考えさせるきっかけを与えた。この惨事を原因として，厚生省は養老施設に対し，防火設備の調査や整備に関する指示を行っている。この火災はマスコミによって大きく取り上げられたことによって，人々により身近な出来事として認識されたが，結果として高齢者対策が急速に進展するには至らなかったのである。

（3）高度成長期の政治・経済と高齢者福祉対策

日本経済が，1955年から急速に成長しはじめた結果，全体的に国民生活も大きく改善されていった。ところが，1957年に生活保護を受給しながら，岡山県の療

養所で入院生活を続けていた朝日茂が，現行の生活保護法では憲法に規定された最低限度の生活は保障されていないとして，国を相手に訴訟を起こし，いわゆる朝日訴訟が始まったのである。その後，短期間の経済不況を経ながらも，再び景気が回復することによって，完全雇用が達成された。この時期に日本は，国民皆年金・皆保険制を整備し，福祉国家としての基本要件を一応達成したことになる。1960年代，都市部の白黒テレビの普及率は54.5％を占め，国民の意識はアメリカ的生活様式の影響を受け，合理的で便利な生活への転換を求めるようになった。こうした国民意識の変化は，テレビを中心としたマスメデイアによる大規模な広告・宣伝活動が効果を発揮した結果であったともいえる。[16]

　ところが，経済成長が続いているこの時代にあっても，高齢者の生活はあまり改善されることはなかった。岩戸景気を迎え，完全雇用による労働力不足の現象がみられたことにしても，それは特に若年労働者の不足であった。このようななかで，1956年の参議院選挙では，自民党と社会党が年金制度に関して具体的な政策を提示し，社会保障が選挙のスローガンとなった。厚生省も，「社会保障5カ年計画」を発表し，医療保障制度の完成をめざすとともに，老齢年金など高齢者対策の検討の必要性を強調した。

　そして，1957年には岸首相から社会保障審議会に対して国民年金制度に関する基本方針についての諮問が行われ，本格的な検討に入り，1958年の審議会の答申とともに，同年の衆議員選挙に際し，自民党は国民年金制度を1959年から逐次実施することを公約として掲げた。さらに，衆議員選挙の後に，岸首相は，施政方針演説のなかで，「国民年金の創設を万難を排して逐次実施する」と述べ，結局，1959年に国民年金法が公布された。一方，医療保険も，制度改革が実施され，1958年法律第192号として新しい国民健康保険法が公布された。そして，1961年4月1日までに，市町村が国民健康保険業務を開始することによって，皆保険制が達成されたのである。この結果，1961年4月1日をもって，日本は国民皆保険・皆年金制の国家となったのである。[17]

第4節　老人福祉法制定の背景

　それでは，なぜ，1963年に老人福祉法が制定されるに至ったのか。ここでは政策環境として大きく2つの要因からみることができる。その要因として老人福祉

第4章　1960年代の高齢者福祉と老人福祉法　111

対策の強化を要請する社会的条件と，それに対応するためには既存の制度の限界などからくる法制定上の問題点の2つが指摘できる。

（1）社会的条件

戦後しばらくの間，社会的混乱と経済的貧困は日本において大きな社会問題であった。ところが，1950年代を経て，その問題はようやく落ち着くことになったが，老人問題までは解決できず，むしろ，この問題は深刻にすらなっていた。すなわち，急速な社会構造の変化は，老人の生活を不安定にするともに，老人の扶養者の負担を過重にさせ，さらには一般国民の老後への関心を高めることになり，これに対処する必要があることが認められるに至った。こうした社会的条件として，高齢者人口の増加，私的扶養の減少，社会的環境の変化による老人軽視の社会的現象の台頭，高齢者の経済的貧困などを取り上げられる。

①　高齢者人口の増加

高齢者人口は，戦後の急速な出生率の低下及び公衆衛生の向上等に基づく死亡率の減少によって，絶対数においても，総人口に占める割合においても増加傾向にあった。たとえば，1930年には，全人口のなか60歳以上の人口は500万人であり，60歳以上の人口の総人口に対する割合は7.4％であった。それが1963年には900万を超え，高齢者人口の割合も9.4％にまで達していた。[18]また，当時，日本の平均寿命の推移をみると表4-4のとおりである。同表からわかるように戦後日本人の平均寿命は急伸して，1961年には男66.0歳，女70.8歳になっている。戦前においては，ついに50歳を超えることがなかったのと比べるとこれは大きな伸びであるといえよう。[19]

次の図4-1は人口高齢化の速度を国際比較したものである。ここで重要なのは，高齢者人口の増加が他の国と比較して早い速度で進行していることである。このような高齢者人口の絶対的，相対的増加の傾向は，それ自体直接的には老人の生活に影響を与えないにせよ，非生産人口の増加による生産人口にかかる扶養負担の加重などさまざまな現象をもたらし，これらが産業，国民生活，政治，行政等の各方面に困難な問題を発生させる要因となっている。すなわち，こうした人口老齢化の事実は，個人的に解決できる余地が狭まってきている老後の生活問題の緊切度を，その後，急テンポで高めるものであるから，はなはだ貧弱という

表 4-4　平均寿命の推移（単位：歳）

	男	女
明治24～31年	42.8	44.3
32～36	44	44.9
41～大正2	44.3	44.7
大正10～14	42.1	43.2
15～昭和5	44.8	46.5
昭和10～11	46.9	49.6
20	23.9	37.5
25	58	61.5
30	63.9	68.4
31	63.6	67.5
32	63.2	67.6
33	65	69.6
34	65.2	69.9
35	65.4	70.3
36	66	70.8

資料：『厚生白書』昭和37年度版、38頁。

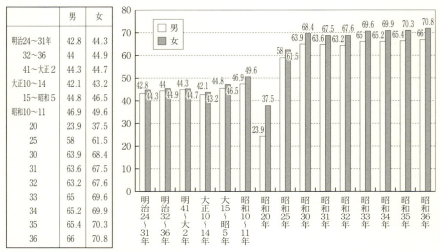

図 4-1　人口老齢化速度の国際比較

資料：「Demographic Year Book, U. N. 1961」、「The Aging of Population and its Economic and Social Implications, U. N. 1956」、「Theorie Generale de la populations Vol. II, 1954 Par A Sauvy」、及び1970年以降の日本は、厚生省人口問題研究所「将来推計人工」による。
出典：『厚生白書』昭和37年版、37頁。

ほかない老齢保障諸制度の現状についての早急で飛躍的な改革に対する要望に有力な根拠を与えるものである。

② 就業構造の変化

　1960年に実施された高齢者調査の結果によると，高齢者の有業率は33％であった。また，就業者の属している産業部門別の状況をみると，日本の高齢者は農林業，その他の第一次産業の業主としてのみ比較的多く就業の機会が与えられ，第二次または第三次産業部門においては少なかった。しかも，常用勤労者としての就業はきわめて困難であった。このことは，その後，産業構造の近代化に伴い，第一次産業の労働力の需要が減少し，高齢者の就業が困難となることを予想させた。なお，雇用されている高齢者についても，いわゆる技術革新の進行，労働力人口の増加などにより，旧来の終身雇用，年功序列型賃金体系はくずれ，老人の立場を不安定なものとすることが予測された。

③ 私的扶養の減退

　戦前の家族制度は「家」の観念に基づく家長を中心としたもので，家長制度ともいえるものであった。したがって，一家の主人は主たる所得者としての地位を去った老後においても，家長としての地位から，家族の扶養を受けることが当然であるとみられてきた。しかるに，戦後になって，アメリカの間接統治下における民法の改正により，このような旧来の家族制度は法律上も崩壊し，夫婦を中心とする新しい家族制度へ移行することになったため，家庭内における老人の座はきわめて不安定なものとなった。このことは，また，戦後における住宅事情の悪化，一般思潮の変化などとも相俟って，高齢者に対する扶養意識をますます減退させる原因になってきた。

　当時，人口問題研究所が行った世論調査の結果は，高齢者に対する扶養について意識が変化した様子を如実に示している。たとえば，50歳未満の夫婦を対象として世論調査を実施した結果，1950年度には，子供に頼りたいと考えた夫婦は55％で，子供に頼りたくない者が21％であったのに対し，1959年の調査においては，前者が39％に減少し，後者は逆に28％と増えているのである[20]。このように，高齢者に対する私的扶養は家族生活の形態の上でも，また一般国民の意識の上でも逐次減退をみせる傾向にあった。それゆえ，こうした私的扶養の崩壊に伴い新しい社会的扶養制度が要求されることになり，これに対応する必要から老人福祉法の立法が要求されたのである。

（2）法・制度上の問題

　老人福祉法の制定当時，老人福祉に関する施策としては，大別すると社会保険，公的扶助，施設保護などがあった。社会保険としては1959年に国民年金法が制定され，いわゆる国民皆年金への体制は一応整ったが，その内容と水準は不充分なものであった。すなわち，1961年に208万人の70歳以上の高齢者が無拠出老齢福祉年金の対象者であったが，その年金額はわずか，1カ月に1200円であり，所得保障とまでには至らなかった。のみならず，支給時期が10年後となっていたので，当時としてはその制度だけでは高齢者の所得保障には限界があったのである。

　生活保護事業も，適用対象者の数や保護基準からみて，老後生活の困難が解消されるまでの水準には至らなかった。1959年7月，在宅保護を受けていた高齢者世帯数は11万5376世帯であり，保護世帯の総数の約20％に該当する。また在宅保護を受けている高齢者数は24万9673人であり，60歳以上の高齢者人口の3％に過ぎない。そして，施設保護の場合，1961年4月，607カ所の施設で3万8000人が収容されていたが，この数は施設収容を希望する数の半分に過ぎなかったのである。

　このように年金と生活保護事業以外の分野においても，老人福祉対策はきわめて不充分であり，わずかに行われはじめた対策もその根拠となる法制が多岐にわたるため円滑な進展が望めないとのジレンマにおちいっていた。たとえば，老人ホームと生活保護法による養護施設のほかに，1962年から新しく国庫補助制度として創設された「軽費老人ホーム[21]」，あるいは，自然発生的に存在した有料老人ホームが存在し，さらに，要介護者を収容する特別老人ホーム（現在の特別養護老人ホームと同一）を新設する必要も生じるに及んで，これらの各種の老人ホームに対する法的規制を一元化し，それら相互間の関係を合理的に処理する必要が認められるに至ったのである。

　また，新しく登場した老人福祉センター，老人家庭奉仕員，老人クラブ，有料老人ホーム等の事業については，政府や地方公共団体はいかなる態度で対処すべきか，仮に政府，地方公共団体がこれらの事業に関与するとして，その関与の程度及び方法がいかにあるべきかについて方針を明確にする必要があった[22]。このような要請に対して，老人福祉施策を総合的に体系化するための単独の法律を制定することがきわめて効果的であり，それによって将来の老人福祉施策の円滑な発展を促進することが期待されたのである。

第4章 1960年代の高齢者福祉と老人福祉法 115

表4-5 国の予算における社会保障関係費等の年次推移

| 年 次 | 一般会計規模 | | 社会保障関係費 | | | 厚 生 省 予 算 | | |
	予算額 (A)	伸率 (%)	予算額 (B)	伸率 (%)	B/A	予算額 (C)	伸 率 (%)	C/A
昭和20年度	29,157	33.5				639	23.9	2.2
21	1,191	308.4				72	1,034.9	6.1
22	2,143	79.9				112	54.1	5.2
23	4,731	120.8				230	105.6	4.9
24	7,047	49				275	19.6	3.9
25	6,614	△6.1				329	19.6	5.0
26	6,574	△0.6				443	34.7	6.7
27	8,528	29.7				710	60.3	8.3
28	9,655	13.2				714	0.6	7.4
29	9,996	3.5				778	9.0	7.8
30	9,915	△0.8	(1,012)	(―)	(10)	846	8.7	8.5
31	10,349	4.4	(1,134)	(12)	(11)	903	6.7	8.7
32	11,375	9.9	(1,226)	(8)	(11)	1,015	12.4	8.9
33	13,121	15.4	(1,248)	(3)	(10)	1,073	5.7	8.2
34	14,192	8.2	(1,479)	(18)	(10)	1,305	21.6	9.2
35	15,697	10.6	(1,817)	(23)	(12)	1,647	26.2	10.5
36	19,528	24.4	(2,467)	(36)	(13)	2,276	38.2	11.7
37	24,268	24.3	(2,926)	(19)	(12)	2,723	19.6	11.2
38	28,500	17.4	3,616	24	13	3,313	21.7	11.6

出典：厚生省五十年史編集委員会『厚生省五十年史・資料篇』中央法規出版，1988年，977頁。

（3）財政をめぐる問題

　老人福祉法の政策決定過程を分析するために，前述した要因とともに重要なのは，国家予算の状況を含めた日本の経済状況を検討することである。日本経済は1955年を転機としてもちろん1956～57年に一時的な停滞もあったが，1958年以降順調に成長，高度成長期へと突入していく。自民党が老人福祉法要綱を始め，法案制定に本格的に動き出した1961年は，日本経済の好況が引き続き安定していた時期でもあった。

　老人福祉法制定前後の財政状況を国家予算額と厚生省予算額の推移でみることにする。表4-5は，1947年度から1965年度までの国家予算額と厚生省予算額及び各予算の伸び率，国家予算に占める厚生省予算の割合を示している。[23] 1947年度の国家予算は2143億円で対前年度伸び率は79.9％であり，厚生省予算は112億円で同伸び率は54.1％であった。また，国家予算の内で厚生省予算の占める割合は5.2％であった。その後，1950年度，1951年度及び1955年度の国家予算の伸び率

116　第Ⅱ部　高度経済成長期における高齢者福祉政策

はマイナスであったが，厚生省予算はこの3年に関しても大幅なプラスの伸び率を示している。

　国家予算と厚生省予算との伸び率を比較すると，1947年度から1949年度までの3年と1953年度，1958年度，1962年度においては国家予算の伸び率が厚生省のそれを上回っているが，それ以外の年度では厚生省予算の伸び率の方が国家予算額の伸び率を上回っている。また，厚生省の予算額が国家予算に占める割合は，1959年度以降年々増加し，1960年度には10.5％となり国家予算の一割を厚生省予算が占めるようになった。さらに，老人福祉法が施行された1963年度の厚生省予算は3213億で伸び率は21.7％，国家予算に占める割合は11.6％にまで増加したのである。

第5節　政策形成への動き

（1）社会問題としての老人問題

　老人福祉法の制定にあたっては，その前提条件として老人問題の存在を認識することから出発する。単に，老人問題が社会に存在すること自体も重要な要件であるが，老人問題を社会問題として規定し認識することが，老人福祉法の制定の大切な要件になる。すでに高齢者問題が社会問題として台頭した一般的な背景については検討したが，ここではそうした諸問題とともに，より具体的な観点からどのような問題が存在し，なぜ，政府側が一元的な政策案の作成を構想しなければならなかったのかということについて述べることにする。

　老人福祉法という単独法の立法について具体的な動きをみせたのは，1947年の児童福祉法の制定後，全国社会事業大会で老人福祉法制定の決議が行われて以来のことである。1949年には身体障害者福祉法が制定される機運のなかで，同年11月，戦後第2回目の全国養老事業大会が開催された。その大会では，「老人福祉に関する法律制定の要請の件」が提出されている。提案の主旨は「終戦後，社会情勢の激変に従い老人の生活は苦しく困難に陥っている。児童については既に児童福祉法の制定を見込み，近く傷病者に対する福祉法も制定せらるやに聞いている。ついては老人に対してもこれに準じた福祉に関する法律を制定せられるよう要望する[24]」というものである。

　この大会の中心的な議題は養老施設の経費不足による収容者の処遇低下や，今

後の養老事業の動向，施設処遇などに関するものであった。大会終了後，関係各機関に対して大会で提出された議題に関する請願，陳情を行うための委員が選出された。そして，老人福祉法の制定に関して，選出された委員は11月18日に衆議院および参議院へ赴き，請願を行っている。「老人の福祉に関する法律を急速に制定すること」というテーマの請願書には，高齢者の生活安定のための年金制度の制定と，児童福祉法に準じた老人福祉法の制定の必要性が述べられている。

　養老事業大会には，協会設立当初からの関係もあって，厚生省関係者が常に参加し，大会の場で参加者と厚生省担当官との間での質疑応答が行われていた。この大会には，葛西嘉資厚生次官と木村忠二郎社会局局長を始め，複数の事務官が出席し，それぞれの質問に対しての答弁を行った。

　また，1949年9月に開催された関東北地区養老事業懇談会には，厚生省から保護課長代理として瀬戸新太郎が出席した。この懇談会では，次に開催される全国養老事業大会において，大会議題として提出する内容のひとつに，老人福祉法制定の件を挙げている。

　このように全国養老事業協会の活動は，大会においてのみならず，懇談会という形式においても厚生省とのつながりを深めていったのである。

　一方，老人福祉法の制定要求は老齢年金制度の創設とともに論じられてきた。全国養老事業協議会では，毎年，養老年金の制定と老人福祉法の制定を重要な議題として取り上げ，厚生省や衆・参両院への要請や陳情が繰り返しなされていた。しかし，老人福祉法については具体的なモデルとなるようなものがなかったために，「児童福祉法のような法律」という表現になるか，単に「老人福祉法を制定せよ」という要望になることが多かったのである。

　ところが，1953年になって熊本県の当時，熊本慈愛園園長の湖谷総一郎と当時，九州社会福祉協議会連合会老人福祉会長の杉村春三によって最初の「老人福祉法案」が作成された。

　これを契機として，老人福祉関係者の間での法制定への要求は一層の高まりをみせた。同時に，東京都養育院福祉課長の伊藤日出夫が，『養老事業だより』第9号で，「現行の生活保護法による老人保護，あるいは養老施設も，最低生活の基準は冷厳にして福祉にはほど遠く，同法の老人も老衰が条件で真の老人保護とは言いがたい。……福祉の万全が一応樹立せられた今日，速やかに老人福祉のために老人の社会的地位，処遇，生活保障を内容とした老人福祉法というべき単

118　第Ⅱ部　高度経済成長期における高齢者福祉政策

独法を制定して老人福祉のためにその万全を期すべきである」と，老人福祉法の制定の必要性を主張したのである。

　さらに，1954年度の全国養老事業協議会として兵庫県養老事業連盟・広島県社会福祉協議会が「老人福祉法の制定について」というテーマでの報告書をまとめたが，そこで老人福祉法の制定については，今後も毎年決議するものとし，その実現に向けて邁進したいと述べると同時に，老人福祉法に盛り込むべき内容について言及している。この全国養老事業協議会には，厚生省から安田巌社会局長，鶴田寛社会局施設課長を始め，保護課施設課から担当官が参加した。この協議会終了後，全国社会福祉協議会に対して，全国養老事業協議会の決議事項のひとつとして，「老人福祉法制定のための研究機関を設け，その実現をはかられたい」との要望書を提出した。

　しかし，老人福祉法がいまだ具体化されていなかったこともあり，全国養老事業協議会以外の社会福祉関係者の理解を得ることは，依然，困難な状況にあった。もちろん，養老事業関係者に限っていれば，高齢者を取り巻く各種の生活問題を社会問題として位置づけていたのであるが，関係者の範囲を社会福祉関係者にまで広げた場合，この時期にそれらの関係者が高齢者の生活問題を社会問題として位置づけ状況にまでは至っていなかったともいえる。ところが，養老事業関係者および一部の厚生省の担当者は，すでに高齢者問題を解決すべき社会問題としてとらえており，この時期すでに，養老施設や一般高齢者のかかえる問題の解決策として，老人福祉法という単独法の作定が必要であると感じていたのであろう。しかし，政策を立案する過程の問題として，政治家や政党を動かすまでには至っていなかったのである。

　厚生省としても生活保護法の対象者のうち，常に2割前後を高齢者世帯が占めている状況や，養老施設での高齢者の生活も決して恵まれたものではないということは理解していた。しかし，社会情勢一般から考えると，高齢者のみを対象とした施策を行う以前に，他の急を要する課題が山積しているとの判断から，まず一般の生活困窮者の状況を改善することが，ひいては高齢者の問題の改善にもつながるとの認識に至ったのである。つまり，経済的な援助だけでは解決できない問題があることには気づいていても，国家の施策としてまでは対応できない状況にあったのである。

　これは，大蔵省との予算折衝の過程で大蔵省を納得させるだけの資料が不足し

ていたこと，政治情勢が流動的であったこと，また社会的にも合意が得られていないなどの理由によるものと考えられる。つまり，この時代における高齢者問題というのは，社会的に注目を浴びる問題ではなかった。そのようななか，養老施設と関連して新しい事件が発生した。1955年，神奈川県にある養老施設「聖母の園」の火災は97名の死者を出す大惨事となり，行政を始め一般の人々に養老施設の実態と高齢者問題を考えさせる契機を与えた。

また，マスコミもこの事件を大きく取り上げたため，この問題が人々により身近な出来事として認識されるようになった。金久保雅は『厚生』10巻4号でNHKラジオが聖母の園の火災を積極的に取り上げて，厚生省最高幹部から「養老事業対策に対するわれわれの態度には甘いものがあったことをいなめない，結核患者などと違って養老院入院者は発言する機会がなかったため，看過されていた傾向がある，声なきためにしいたげられていたことも認めざるを得ない[27]」との発言を引き出したことを評価している。このようなキャンペーンによって，施設側の責任を追及する声にも増して，国家の施策の遅れを指摘する声が多くなった。

この火災が発生した翌1956年，全国養老事業協議会は協議議題として香川県の「老人福祉法」を取り上げながら，「老人問題は今日，社会問題として重大な部門である。かつて，児童福祉法が，児童福祉に大きく貢献したように，老人福祉法を立法化し，老人福祉に万全を期すべきである。政府は速やかに，養老年金，養老施設，低額老人ホーム，老人クラブなど，老人福祉諸施策を内容とする老人福祉法を制定して，早期に実施することを要望する[28]」という決議を採択した。当時，厚生省の担当者も，養老施設が生活保護上の保護施設である以上は，生活保護法による保護を受けるのは当然であると考えていたのである。

しかし，高齢者に対しての他の被保護者とは異なる特別な配慮は何らなされていなかった。したがって，これを解決するためのひとつの方法が，「老人福祉法」の制定であると考えていたのであるが，その法律の制定が国民年金法の制定のため頓挫していたのである。そして，1957年に開催された全国養老事業者関係者会議では，厚生省の関係者が「老人福祉法」については触れるまでには至らなかったが，協議会の第一議題には「老人福祉法の制定について」とのテーマが取り上げられている[29]。

なお，協議議題で強調された内容は，以下のとおりである。すなわち，「日本では，60歳以上の老齢人口は760万人を超え，総人口の8.4％にあたり，老人問題

は国家の施策上重要な問題となっている。しかるに，老人の経済生活の保障，他の家族員との関係などの問題も発生し，ややもすれば社会的にも締め出されようとしている。しかも，養老施設に収容する必要があると思われる老人が多いにもかかわらず，収容率はわずかに2割5分にもみたない状況である。そこで，児童には児童福祉法があるように，老人にも老人福祉法があってしかるべきであり，老人福祉法の早期実現を望む」との内容である。

　1958年5月には，初の全国老人クラブ大会が開かれ，老人年金とともに，老人福祉法の制定が決議されたのに続いて，10月には東京都社会福祉協議会老人福祉部で「老人憲章」と老人福祉法の制定が決議されている。次いで全国養老事業関係者会議において「老人福祉法の内容には，どのようなものが含まれるべきか，またその制定促進のためにはどうすれば最も効果的であるか」という議題が取り上げられた。この会議の結果，国民年金を1959年度から実施すべきことのほか，老人登録制度，老人手帳，定期検診，軽費診察，老人相談所などを創設すべきことが決議され，これについて厚生大臣及びその他，関係各位に陳情がなされた。

　この陳情書には「老人福祉に関する各般の施策は，これを総合的に立法化し，もっとも老人の福祉増進を図ることが緊要であるので，老人福祉法を早急に制定されたい」と述べられている。その後，毎年，同会議はもとより全国社会福祉大会や全国老人大会，その他の老人福祉関係の会議においては，ほとんどの場合，老人福祉法の早期制定が決議された。そして地方公共団体の会議などにおいても，法制定への要望が高まっていたのである。

　いずれにしても，1950年代中盤に入り，老人福祉法制定要求は一定の高まりをみせてくる。このことは前にも触れたように，人口の都市集中化，産業化に代表される「新しい貧困」といった背景に加え，老齢人口の増加，私的扶養の減退といった状況のもと，老人問題が新たな段階を迎えたことを反映するものといえよう。しかしながら，その要求の内容となると，1953年の「老人福祉法案」のような具体的な提起があったとはいえ，「ただ，老人福祉法を制定せよと要求するだけで，何をどのように要求して法律案をつくるか考えていなかった」というのが，一般的な傾向であったといえる。

（2）社会問題から政策問題への転換

　1950年代を通じての政治，経済，社会，文化などの全般にわたっての急激な変

第4章　1960年代の高齢者福祉と老人福祉法　121

化に伴い，老人問題も深刻な社会問題として認識されるようになるにつれ，社会の一部では国家によるその解決を求める意味での老人福祉法の立法化を目指す多様な動きが生じていたことはすでに検討したとおりである。ここでは，こうした社会問題がどのような過程を経て政府内問題として認識され，その上で解決に向けて自民党・政府がどのように対応したかについてみることにする。

　老人福祉法制定に関しては，厚生省社会局内の施設課が担当してきた。この施設課は，生活保護法に基づく保護施設に関する業務を担当する目的で1950年に設置されたものである。1956年，厚生省は初めての『厚生白書』を刊行した。これに先立って刊行された『経済白書』が「もはや戦後ではない」と，経済復興についての確信を表明しているのに対し，一方の『厚生白書』はそれに疑問を呈する立場で執筆されていた。同白書の序章「わが国の人口問題と社会保障」では3つの問題点が指摘されている。第一は「過剰人口の重圧が低所得層を沈殿させつつあること」，第二は「人口の高齢化がもたらすいわゆる老人問題」，第三は「母子世帯の生活問題」である。これは，このときすでに厚生官僚の内部では，老人問題が重要な課題として認識されていたことを示している。

　一方，この時期，生活保護を受給しながら岡山県の療養所で入院生活を続けていた朝日茂が，現行の生活保護法では憲法に規定された最低限度の生活は保障されえないとして，国を相手に訴訟を提起したとの事件がマスコミにより報道されたことなどもあり，福祉に対する国民の関心も高まっていた。そして1958年の『厚生白書』においては，老人扶養の公私の責任のあり方についての検討がなされ，次のような見解が表明されている。すなわち，「老齢者扶養の方策として今後に期待できるのは，社会的扶養のみち，すなわち，老齢者扶養の責任を社会の手に移し替え，その負担の社会的衡平を確保することが残されるのである」と述べている。これは，厚生省の官僚たちが私的扶養の限界を認識し，公的扶養を含む社会的扶養に活路を見いだしたことの表れと考えられる。

　1960年には厚生省が「高齢者調査」を，総理府が「老人福祉に関する世論調査」を行い，老人問題への行政の関心の強さを示した。12月には岩手県沢内村で全国最初の，65歳以上の高齢者を対象とした医療費の無料化が行われるようになった。この制度については次の章で詳細に検討するが，これは地方自治レベルでの老人問題への対応として画期的なものであったといえる。

　このような動きのなか，瀬戸新太郎が1958年から施設課長となると，老人福祉

122 第Ⅱ部 高度経済成長期における高齢者福祉政策

は具体化への道を歩みはじめることになる。彼は1964年6月16日に厚生省を去るまで，社会局施設課長として老人福祉法の制定および老人福祉課の設置に力を尽くした人物である。瀬戸は，救護法時代から厚生行政に携わり，旧生活保護法，現行生活保護法と社会局での生活が長く，施設課長となる前には，初代の生活保護監査参事官として生活保護法行政と直接関わってきた。また，瀬戸は，施設課長になる以前から，生活保護法上の養老施設の実態や高齢被保護者の生活について，かなりの知識を有していたといわれる。

さらに，施設課長就任以降も，養老施設のみではなく救護施設など生活保護上の保護施設をよく訪問するなど，高齢者福祉について深い関心を有する人物でもあったのである。また，瀬戸は老人福祉法制定が政府外で主張されていたこの機会を利用して，施設課の存在を厚生省内に宣伝することも考えていた。そして，瀬戸を中心とした施設課は，老人問題に関する外国の文献の調査のため，1959年には外務省の大使館担当局を通じて10ヵ国から老人福祉に関する資料を集めるなど，それに基づいて施設課の存在をアピールした。さらに，1959年から60年までの間に，「老人福祉資料集」を3号まで出し，その後厚生省担任事業として1961年度予算で軽費老人ホームの設備費に対する国庫補助金の予算化に成功した。これによって，初めて老人福祉関係予算が，「社会福祉諸費」という項のなかに，「項目」のひとつとして登場したのである。[34]

同時に，1961年6月に，厚生省組織令が改正され，厚生省社会局施設課の所掌事務に「老人福祉事業の指導および助成に関すること」が加えられることになった。この年，日本で最初の視覚障害者専用の老人ホーム，寝たきり老人のための養護施設である「慈母園」と「十字の園」が誕生した。[35]

なお，社会局施設課が老人福祉法の制定へと具体的に動きはじめたのは，1961年7月以降であることが次の発言からわかる。瀬戸は，1973年に老人福祉法制定十周年の座談会で，「老人福祉法が制定されて十年，また法律に手をつけた時期からみますと，足掛け十二年くらいになります」と述べている。また，「老人福祉法制定に関しては，省を問わずきわめて消極的であったが，そのなかでも当時庶務課長であった小池さんは積極的に支援あるいは協力してくれました。老人福祉法を手掛ける前に小池さんに老人福祉法の制定について相談したところ，『それはぜひやるべきです。日本の老人問題というものは，今後非常に大きな問題になります。早すぎることは毛頭ないんで，むしろ，遅きに逸するかもしれません。

第4章　1960年代の高齢者福祉と老人福祉法　123

人手の問題などでも積極的に協力しますから，ぜひやってください』という激励
を受けたが，それが当時施設課として老人福祉法をやろうと決意をした直接の動
機となった」と回顧している。

　一方，1961年7月に，厚生大臣として灘尾弘吉が就任した。岡本は，瀬戸が老
人福祉法制定を決意した背景に，灘尾の大臣就任を挙げている。なぜなら，灘尾
は瀬戸の大先輩に当たり，瀬戸は内務省で灘尾の部下として働いていた経験を
もっていたために，その後も両者の交流は続いていたからであると指摘している。

　他方，国民年金法制定をきっかけに，老人福祉法制定が「いっそうの盛り上が
り」をみせたことは，政党方面においても老人福祉法の制定が具体的問題として
認識されるようになることを助長した。つまり，1961年2月，自由民主党，社会
保障調査会に老齢部会が設けられ，老人問題が具体的に検討されはじめたのであ
る。ところで，この老齢部会が属する社会保障調査会（当時会長は賀屋興宣）は
1960年7月，成立当初の池田内閣が新政策の柱として社会保障の拡大を打ち出し
たことを受け，具体的な社会保障に関する新政策の構想を設ける目的で，従来の
政務調査会と並んで，新たに設置された組織であった。池田首相の就任当初の社
会保障構想は，この自民党社会保障調査会の賀屋構想に引き継がれているとされ
る。

　この賀屋構想は，自民党政府の賃金政策としての社会保障政策に対する意識的
抵抗をなんとかしてそらせることを目的としながらも，同時に資本のための所得
倍増の賃金確保のために敷設してある社会保障基本政策を成功させ，あわせてそ
のなかから新たなる利潤を資本に提供しようとするものであったといわれる。具
体的には，厚生年金，国民年金の各省自主運用という形で，文部省の育英事業，
労働省の失業対策事業，そして，建設省の低所得者住宅対策といった，厚生省管
轄に限らない社会保障施策が対象とされていた。

　しかし，1961年2月の老齢部会が年金，医療，生活などの他の11の専門部会と
同様に，具体的に個々の問題をとらえることによって，所得倍増計画に対応した
社会保障長期計画に着手することを目的として，設置されたものであることを踏
まえ，なおかつ1961年1月時点においても，1960年8月当初の社会保障調査会の
社会保障政策，すなわち，賀屋構想の路線が追求されたわけではなかったものと
仮定すれば，その専門部分である老齢部会での老齢保障の内容についても，年金
の各省自主運用による厚生省内の老人福祉施策に限定されない老人福祉施策が検

124　第Ⅱ部　高度経済成長期における高齢者福祉政策

討されたのであろうことの推測が可能である。しかも，その推測が正しいとすれ
ば，現行老人福祉法が厚生省社会局施設課段階での老人福祉施策にとどまってい
ることからしても，その推移が注目される[38]。

　いずれにしても，この老齢部会は，1961年11月に，老人福祉法要綱を発表する
ことになるが，ここで注目すべきことは，初代老齢部会長に紅露みつが就任し，
老人福祉法制定のために自民党内で大きな役割を果たしたことである。紅露は，
自由民主党社会保障調査会の部会長で，参議院では社会労働委員会に所属してい
たし，また，当時すでに60歳を超えていたのである。老人福祉法が成立した後の
ある座談会で[39]，紅露は「私は60歳でこれを作ったんです。……こよみの上の年
齢で片づけるべきではないということね。……私自分から割り出してもそう思
うのです。」と発言し，自分自身に照らし合わせて老人福祉法の内容を考えてい
る面もみられる。

　さらに，彼女は当時のことを次のように話した。「自民党内に社会保障調査会
という組織を昨年設けました。……そして，老人問題を研究してくれるという
のが要望でした。その時，本気で手をつけたわけではないのですが，今，厚生省
からのお話では関係者の間ではこれを制定したいという要望が強くて長い間，研
究を重ねてこられたというのですが，私が手を染める時分にはまだそんなに普及
していないんです。一般に普及していなかった問題ですのでどうかと思いました
が，非常に不安定になってきた老人をこのままにして良いのか，老人にならない
人はいないわけですから，これを本気でやらなければいけないと思って，まず，
施設を見て回ったわけです」ということからわかるように彼女は，老人福祉に対
する強い関心をもっていたのである。

　この当時，紅露に施設見学を勧めた人物は，瀬戸であった。その後，紅露は
1961年11月に老人福祉法要綱（紅露試案）を発表した。この案は，老人福祉に関
するいわば，基本的な規定，すなわち，老人に関する所得，医療，雇用，公租公
課，住宅等の個々に関する訓示的規定を含むものであったため，与党である自民
党の社会部会において，厚生省を始め，大蔵，運輸，郵政，労働，建設，自治等
の各省から意見を求めることとなった。これに対する大方の意見は法制定そのも
のには異論はないが，個々の問題に関しては各省とも多少の意見の相違があった
のである[40]。

　このような自民党の案が発表される直前，民間における当時唯一の具体的提案

として，九州社会福祉協議会連合会試案が発表されている。この試案は全5章で構成されていたが，国，国民，扶養義務者に対し，要保護老人の通告，扶養者の老人虐待等の場合の措置，老人の一時保護，老人にこじきをさせる行為の禁止等を義務づけている。しかし，いずれの場合でも「罪をおかした老人についてはこの限りではない」とする規定や老人援助事業がもっぱら老人の精神的生きがいの視点から取り上げられるなど，生存権保障としての老齢保障の観点からみると問題も多い。[41]

　さらに，同年10月には，民主社会党が「老人福祉要綱」および，「老人憲章（案）」を発表したが，これはともに後の自民党案と直接・間接に影響しあっていたとみることができる。つまり，この案は，時期的には，11月の自民党案に先立って発表されたが，その作成の契機は，逆に1961年2月の社会保障調査会の老齢部会の発足に刺激されたものである。しかも，1961年10月，11月時点で民社党と自民党が要綱の形で発表を試みた背景に，1962年7月の参議院選挙対策の意味があったことは否定できないのである。

　ところで，民社党の老人福祉要綱の立案には全国社会福祉協議会が関係していたといわれる。この全国社会福祉協議会に対しては，当時，要綱を作成中であった，自民党社会保障調査会老齢部会からその内容について度々の参与意見が求められ，自民党案の一部は，主に，全国社会福祉協議会を通じて，民社党の要綱にも，積極的に影響を及ぼすことになったと考えられる。そのことは，具体的には民社党案が11月の自民党案と同様，「老人福祉法と憲法の関係について規定していること」あるいは，「所得保障，医療保障について訓示規定をおいていること」などに反映されているとみることができる。

　このように，1961年は，老人福祉法がにわかに注目を集めだした年であった。では，なぜ1961年にこのように老人問題が注目を浴び，老人福祉法の制定がとりざたされたのであろうか。これに対し，国民年金制度から続く「老人ブーム」の影響があったという指摘は事実であろう。この年の国民皆保険・皆年金制の確立は，日本の社会保障制度においては，画期的なことであった。しかしながら，それと老人福祉法制定の機運が直接結びつくとは思われない。老人問題に対する関心は高まっていたが，老人福祉法の制定には厚生省の内外とも消極的であったという瀬戸の発言もある。

　では，全国養老事業協会および養老事業関係者の政党や行政への粘り強い働き

126 第Ⅱ部 高度経済成長期における高齢者福祉政策

かけの結果であろうか。この点に関して，その頃，これらの団体が特に強力な働きかけをしたようには考えられない。そうであれば，次に考えられるのは，国外からの影響である。1961年アメリカでは，第1回白亜館会議が開催され，そこで老人憲章の制定がなされた。その当時，日本の民社党は，老人憲章を発表しているが，その案は，アメリカ合衆国老人憲章をもとに，法案と同様，全国養老事業協会などを中心にまとめられたものといわれているだけに，内容的にもアメリカ合衆国老人憲章と多くの共通点をもっていたのである。

　しかし，老人福祉法の制定は，行政から政治にもちかけた話であったと解釈するのが正しい，と岡本は指摘している。その理由は，瀬戸が施設課長として老人福祉法制定へ本格的に取り組もうとした時点で，すでに自民党・社会保障調査会老齢部会が設置されていたからである。ところが，当時の厚生省の実務担当者によると，老人福祉法の制定の要望を自民党の議員にもっていくと，よい法律だといってくれるが，誰も本気になって法の制定には動いてくれなかった。紅露みつだけが本気になってくれて，自民党内に老人福祉法の話を持ち込む約束してくれた，という。この事実からすると，自民党老齢部会では，当初は老人福祉法の制定を当時の重大事として考えていなかったといえる。

（3）政策案の作成過程

　政策案の作成は，社会問題のなかから政策議題が発見されることから始まる。そして取り組むべき課題として政府が認知すると，本格的な立案作業が開始され，行政部門としての政策案が作成される。日本では，各省が独自にアジェンダ設定を行う場合が多い。つまり，行政機関は常日頃から社会の動きに目を配り，政策課題を発掘し，積極的に政策案の作成に当たる。そこには，「公僕」としての職業意識もあるが，同時に省庁間の競争意識や組織拡大本能も作用している。日本の政策決定過程において官僚が果たしている役割をめぐって，さまざまな議論があるが，いずれにしても官僚が政策決定過程において重要なアクターとしての位置を占めていることは否定できない。

　老人福祉法の制定においても厚生省，自民党，全国社会福祉協議会，全国養老事業協会などの関係組織が相互に関わり合いながら，複雑な人的ネットワークを形成していったが，そのなかでも厚生省の役割は他のアクターより多くの影響を及ぼしているのである。前述したように，老人福祉法制定への機運が高まってい

くなかで厚生省も1962年に入って老人福祉法の制定に本格的に動き出した。もちろん，1961年に自民党から老人福祉法案について意見が求められた際には，当面，予算的裏付措置がなされていなかったことや，内容においてもなお，未解決の問題を含むものがあったため，政府提出案としては時期尚早というものであって，基本的に老人福祉法の立法に反対するものではなかった。

　すなわち，厚生省においては1962年度において軽費老人ホームの設置費に対する国庫補助金を初めて予算化したのを契機として，厚生省組織令を改定し，社会局施設課の所掌事務に「老人福祉事業の指導及び助成に関すること」を加えた。次いで1963年度予算において，軽費老人ホーム設備国庫補助金をさらに増額するともに，新たに老人福祉センター設備費補助金及び老人家庭奉仕員設備補助金を予算化するなど，老人福祉施策の拡充に努めるなどした。これらの措置は老人福祉法制定へのいわば，土台作りとなったといえるのである[43]。

　当時の厚生省実務担当者によると，徐々に予算化して実績を作ることが，新規事業を実施する上では重要であったのであるとした。また，当時の厚生省の担当事務官によると，1962年度予算で老人家庭奉仕員設置費補助金を大蔵省に認めさせるときに，次のように大蔵省の関係官僚を説得したという。つまり，老人の家庭奉仕員として生活保護を受けている母子家庭の母親を充てれば，第一に，母子家庭に収入が入ることで生活保護費の削減につながり，第二に，家庭奉仕員が来ることで高齢者は養老施設に入所せずに，在宅での生活が可能になる，という点を強調したところ，大蔵省はこれを認めたというものである。

　かつて，老人家庭奉仕員として働く女性には寡婦が多いという傾向がみられたが，その背景には大蔵省との予算上の駆け引きによるこのような事情があったのである。老人福祉法上の施設とされる老人福祉センターが，すでに「自民党案」や「民社党案」の施策にとりいられていたことからも，厚生省の社会局施設課が主導権をとったこの老人福祉法制定は，一面で自民党老人福祉法案を受け続く側面をもっていたといえよう。

　1962年5月には，老人福祉法に関する具体的施策の範囲について，「公的老齢年金については，国民年金，厚生年金，船員保険など各種老齢年金を老人福祉法のなかに一体化するかどうかは今後さらに検討することになっている」として，暗に社会局施設課に限定されない老人福祉法案の作成を表明しさえしている。

　それでは，なぜすでに条文化までされていた自民党の老人福祉法案を改定する

128 第Ⅱ部 高度経済成長期における高齢者福祉政策

のではなく，厚生省は新たに老人福祉法案が作成されなければならなかったので
あろうか。これは，政党が作成した法案は，非現実的であったとともに，精密な
予算見積もりをともなっていなかった一方で，新たに施設課で作成された法案の
内容は，現実性をもっていたからである。また，厚生省政策全体の，より広い視
点からみた老人福祉法の必要性もあわせて要請されてきたとみることができる。
その理由は，1962年1月の厚生行政の基礎調査に示されているように，低所得層
対策の一環としての老齢対策を必要としてきたことであろう。しかも，その低所
得層対策は1961年6月頃から表面化してくる高度経済成長政策のひずみ是正の手
段として，この時期に積極的な関心がもたれるようになる。このようななか，厚
生省全体の意向としても，老人福祉法制定の必要性が出てきたのである。

　一方，自民党は，1962年3月に第40回通常国会への老人福祉法案提出を見送る
ことになり，政府提出法案として次期国会への提出がほぼ決定的となった。そし
て，民社党は1962年3月27日に「老人憲章と老人福祉法についての民社党案」を
国会に提出する準備をした。こうした状況のもとで，厚生省が老人福祉法の具体
的な策定作業に入った時期を橋本は次のように区分している。すなわち，社会局
施設課が1962年5月から6月，社会局が7月から8月，厚生省段階が9月から11
月の間としている。

　さらに，大山によると，1962年7月頃から厚生省社会局において，1963年の施
行を目途に老人福祉法制定の予算措置を準備するとともに，法案の具体的な検討
を始めたとなっている。また，これとほぼ時を同じくして，厚生大臣の諮問機関
である社会福祉審議会に設けられていた小委員会は「老人福祉施策の推進に関す
る意見」を同審議会に中間報告したが，そのなかで老人福祉法の早期制定の必要
性が強調されたのである。そして，この中間報告と自民党の老人福祉法案を骨子
として，1963年度予算請求との関係を調整して，1962年8月末に社会局内で討議
の上で1963年度予算要求書を大蔵省に送付した。さらに，1962年7月に参議院選
挙において自民党は途中から選挙公約として老人福祉法制定を挙げた。

　これによって，国民年金のときと同様に選挙公約を履行するという形式で，老
人福祉法の制定は確実なことになったのである。1962年としよりの日には，国が
老人福祉に本腰を入れ出したというテーマで『毎日新聞』は，老人福祉問題に対
して次のように記述している。老人問題に対する関心は高まってきたが，老人に
対する福祉はまだまだ不充分であると言及しながら，厚生省人口問題研究所の調

べによると1961年末，60歳以上の老人は約855万人に達し，総人口に対する割合は9％である。また，全世帯2217万世帯のうち，老人世帯は50万世帯に及び，その60％までが一人住まいであるが，二人世帯と一人世帯の合計が95％を占めている。しかも，老人の自殺率は世界一で，欧米諸国の約3倍にのぼっている。一方，老人ホームに入所している老人は4万人であるが，入所施設の不足で，さらに約4万人の老人が入所を希望しているが，この状況は，老人人口の増加で，今後深刻な社会問題に発展するであろう。このため，厚生省はまず老人福祉を法律で支えようと老人福祉法案を検討中であると報じている。

　このような動きのなか，厚生省内での細部にわたる検討，審議の後，自民党との利害調整を経て，厚生省は1962年11月24日に「老人福祉法大綱」を発表する。11月25日付『毎日新聞』によると24日にまとめられた「老人福祉法大綱」は，次の通常国会に提出し，1963年4月1日から施行を予定していると書かれている。[48]

　この法案作成の流れのなかで重要な点は，1962年8月から12月までの大蔵省との予算折衝と，その後に老人福祉法関係予算が成立して以後の各省庁との折衝である。まず，大蔵省との予算折衝について瀬戸は主計局から「老人福祉法などという法律は世界に例がないそうですね。信ずべきある人の老人福祉法のごときは笑いものであるといっておりますよ」[49]といわれたという。

　しかし，その後，いろいろ議論をした結果，法律を作ることについては，一応，了承してくれたが，生活保護法にある養老施設を老人福祉法に取り入れることについては，絶対反対だといわれた。厚生省社会局の保護課長も同意するはずがないといわれ，大蔵省の担当主計官が直接保護課長に確認をした。このとき保護課長は瀬戸が老人福祉法制定を本格的に始めるにあたって相談をした小池一であった。小池保護課長は主計官に対し「それはもう調整の経ていることで厚生省としてはぜひとも老人福祉法を制定したいんだ」と回答した。この回答を得て，大蔵省も老人福祉法を認めることにしたのである。[50]

　大蔵省としては，新しい予算を必要とする法案について簡単に認めたくなかったのであろう。特に当時は岩戸景気が終わり，一時的な落ち込みの時期であって，大蔵省の反対があったとしても理解できる。しかし，厚生省社会局内部で調整が順調であったこと，そして，老人福祉法の推進者の一人であった小池が保護課長となっていたこと，さらに，施設課長の瀬戸が大蔵省とのやり取りを強く持続させ納得させたことなどにより，大蔵省からの予算獲得に成功したといえる。

130　第Ⅱ部　高度経済成長期における高齢者福祉政策

　一方，老人福祉法案の作成過程で問題となったのは，各省庁と老人福祉法との関係である。老人家庭奉仕員の設置，福祉事務所に老人福祉司を設置することという当初案には，自治省が強く反対した。つまり，自治省は「地方自治体に義務を課したり，財政負担を課したりすることには原則的に反対」という考え方があったからである。結局，老人福祉司は老人福祉指導主事に，老人福祉審議会は社会福祉審議会とし，その分科会として必要に応じて老人福祉専門分科会を置くことにして合意を得た。老人家庭奉仕員については，「自治省は家庭奉仕員という新しい職種の公務員の設置を義務づけることに強く反対し，どうしても原案の条文に同意しないのであった」という状況のなかで瀬戸が内閣法制局に出向き，「今後の足がかりにするために，とにかく何とか法律の条文に書いてもらいたい」ということでかなり無理をして条文化がなされたのである。[51]

　1960年代に入って，自民党も老人福祉問題への関心から，老人福祉法の制定のため，政務調査会会社公部に従属する機関として社会保障調査会を設置し，さらに社会保障調査会に老齢部会を設けた。その後，1961年11月に「自由民主党老人福祉法案要綱試案」（紅露試案ともいわれる）を発表したが，さまざまな理由から政府案として提出するのは時期が早いということで見送られたことについては前述した。しかし，紅露は「この前の通常国会に提出を済まして，選挙に臨みたいと思ったんですが，まだ，そこまでいかなかった。あのときはまだ党がその気になってくれませんでした[52]」と述べていることからも，紅露は当初1961年12月中旬に召集される第40回通常国会に老人福祉法案を議員立法で提出しようと考えていたことがわかる。[53]

　紅露試案の発表以来，自民党では，11月30日の「政務調査会社会部会」における老人福祉要綱審議を始めとして，度々政務調査会社会部会が開かれた。にもかかわらず，1962年2月26日には，自民党政務調査会政策審議会により老人福祉法試案が出されていることからすれば，老人福祉法要綱について，あるいは老人福祉法案の提出そのものの是非について，自民党内の調整が難航したことが推定される。なぜならば，一般的に下部組織内での意見が不一致となるような場合には，調整的な役割により政策審議会を通じて案が提出される傾向があるからである。

　橋本は自民党内での調整が難航した理由として，公共投資をめぐる政務調査会社会部と社会保障調査会の対立と，1962年7月の参議院選挙をめざして数人の自民党議員が出した「老人福祉法私案」との調整が手間取ったためとしている。[54] 自

民党は結局，政府提出が困難となったために，もう一度議員提案の方法が考慮され，1962年2月頃から参議院法制局に命じて，法案の立案の作業が進められることになった。議員提出法案は，参議院にあっては予算措置を伴う法律を提出する場合，議員20人以上の賛成を必要とする。これに加えて，政府与党の場合は，党三役と国会対策委員長の承認を得ることが慣例となっている。[55]

　こうしたことを考えると，たとえ議員立法として提出したとしても実質的意味があるかどうか疑問となる。大山によると，1962年3月下旬に自民党の政策審議会において，老人福祉法案の提出について審議され，その結果，この種の法案は，そもそも政府提案として提出しても政府と党の間の調整がかならずしもうまくいかない可能性が高いなどの理由で，当面は議員提案を見送る旨の決定がなされたもののようであるとしている。[56]

　1962年4月5日には，老人福祉法の早期実現に対する一層の圧力として，「全国老人クラブ連合会」が結成され，続いて自民党議員との間で老人福祉法制定について合意している。こうしたことから自民党老人福祉法制定への動きは，1962年3月の自民党政策審議会において，その提出を見送る意見が大勢となり，特に，対外的には第40回通常国会会期末まで自民党老人福祉法案提出のための働きかけが続いた。

第6節　老人福祉法の決定過程

　アメリカでは，多くの場合，政策の専門家が中心になって政策を作成する。しかし，それが政策議題として採用されるかどうかは各省の上層部やホワイトハウスの判断に委ねられている。そして，それがうまく「決定アジェンダ」に載ったとしても，その決定は議会での審議を経て行われるのが一般的な傾向である。

　それに対して日本では，政策案の作成と決定過程は重複している場合が多い。なぜなら，与党は政策案の作成を官僚に任せているので，官僚は政策立案の段階から，政策の合理性と実現可能性の双方を同時に追求するよう求められる。だからこそ官僚は，政策立案の早い時期から，関係団体，各省，与党あるいは野党と政治的な交渉を行うのである。しかし，政策案の作成において官僚は受け身に立ったり，あるいは政治家に支援を求めながら，その案を作成している場合もある。[57]

132　第Ⅱ部　高度経済成長期における高齢者福祉政策

　老人福祉法の制定においても政策案の作成過程と決定過程を明瞭に区分することは容易ではないが，ここでは政府が老人福祉法案を作成し，それをひとつの法律として通過させるため努力する時期から始め，国会で法案が確定される時期までを政策決定過程と区分し，その過程を検討する。ところが，この過程は特に自民党一党支配体制下では形式的な過程である場合が多いのである。

（1）法案の国会提出以前の状況

　政府内外での老人福祉法の制定要請と政党及び地方公共団体の老人福祉立法化への圧力や要求によって，1962年8月，厚生省社会局で老人福祉法案が作成された。この法案は1962年7月に発表された社会福祉審議会の小委員会の「老人福祉施策の推進に関する意見」の中間報告書及び与党の自民党の老人福祉法案を骨子として作成されたものである。その後，1962年11月に「大綱」の形で具体化されてきた老人福祉施策は，1963年度予算によって，その予算上の裏付けがなされ，予算第一次査定で，老人福祉法関係予算が削除されるという憂目をみながらも，結局，1963年1月には「老人福祉法を前提とする予算」が認められた。しかし，ここでいう「老人福祉法を前提とする予算」は，あくまで厚生省社会局施設課関係の福祉措置のみであって，他省に関連する施策については，予算確定後のこの段階まで話し合いはなされていなかった。

　1963年1月29日になって，厚生省は1962年11月の「大綱」をもとに，「老人福祉法案の要綱」をまとめる。しかし，同法案は自治省の反対もあって，地方公共団体の負担になるといわれた老人福祉審議会の設置，老人福祉司等の専門委員の常置などの条項が削除される。ともかく，1月29日に成立した「要綱」は，内閣法制局において条文化されることになる。そして，条文化と同時に西村英一厚生大臣は，社会保障制度審議会に対して老人福祉法の制定についての諮問を求めた。

　これに対し，同審議会は2月8日「本案は現下喫緊の要務である老人福祉の分野に重要点をおく意欲を示したものとして了承するが，老人福祉対策の方向づけとなる点からみて，その総合的対策としては，積極的，具体的施策に乏しいうらみがある[58]」として，いくつかの留意点を示しつつ，老人福祉施策の充実，発展とその運営を期すべきとする趣旨の答申を行った。かつて，同審議会の答申を得た老人福祉法案は，政府部内及び与党との間において完全に調整がなされたので，同日，厚生大臣及び大蔵大臣から閣議召集が要請され，閣議の決定をみるに至っ

第４章　1960年代の高齢者福祉と老人福祉法　133

た。こうして成立した老人福祉法案は，1963年２月14日，第43回通常国会に提出されたのである。

（２）国会提出後の審議過程

　1963年２月８日，閣議決定をみた老人福祉法案は，２月14日，第43回通常国会に提出され，まず衆議院社会労働委員会に付託された。この老人福祉法案は同年４月の統一地方選挙のために，２月末から４月まで国会が休会になったこともあって，５月以前には事実上審議されてない。その結果，老人福祉法は通常国会の最終日である７月６日に至りようやく成立するが，当初は1963年４月１日からの施行が予定されていたのである。老人福祉法の施行は，当然，遅れることになった。しかも，社会労働委員会では内容的な修正がまったくなされていないことも注目される。第43回通常国会では「日・韓会談の早期妥結」「米原子力潜水艦寄港」など，国の運命を左右するほどの重大問題が提出されていたのである。こうしたことを前提としながら，その審議過程を検討してみると次のような経過をたどって，会期末日にようやく成立する運びとなった。

　なお，ここでは衆議院社会労働委員会を中心にその具体的な審議内容について整理してみる。審議に入る前に衆参両院の社会労働委員会において行われた審理において，厚生大臣は，老人福祉法案提案理由について，「最近におけるわが国の老人の生活実態を考察いたしますと，老齢人口の著しい増加傾向，私的扶養の減退，老人をとりまく環境の急激な変動等により，その生活は極めて不安定なものとなっており，一般国民の老後の生活に対する関心もまた著しく高まっている現状であります。政府といたしましては，このような現下の老人問題の重要性にかんがみまして，この際，老人福祉に関する諸施策を体系的に整備拡充し，他の関係者施設と相俟って老人福祉施策を幅広く，しかも，強力に推進して参りたいと考え，この法律案を提案した次第であります」と述べると同時に，法案の内容についてその概略を説明した。

　提案説明後，審議では「老人福祉対策をどのようなものと考えているか」との観点から質疑が開始された。その質疑の方向は，生存権に基づく社会保障であるはずの老人福祉法が，実は根本的な施策を欠いており，しかも，その多くが具体的な裏付けの希薄なものであることが実証されていく過程ともいえる。これに対し，西村厚相は，当初「この老人福祉法では無理に老人福祉対策の範囲をせばめ

たということでなく，生存権保障としての老人対策が考えられた結果，必然的に具体的措置としてのこの範囲が決定された」とする逆の論理を展開した。しかし，その答弁に無理があることは，具体的な質疑が繰り返されるなかで明らかになっていかざるをえなかった。

また，衆議院社会労働委員会では，老人福祉法案に含まれている具体的措置と，その財政的な裏付けに対する論議もなされた。当時の同法案をめぐる主な質疑内容は，第一に，老人ホーム建設予算及び老人ホームの質的な改善計画，第二に，健康診査の実施程度，第三に，健康診査とその治療対策，第四に，老人病のリハビリテーション対策，第五に，老人家庭奉仕員，第六に，養護委託などが取り上げられていた。

また，以上のことと関連し，老人の離職年金や定年制，年金などについても若干の質疑があったが，これらの質疑について政府は，「それ以上は，国の財政と共に地方公共団体の財政も要るので，今後努力していきたい。しかし，新しい制度を開いたということに，格段の意義があるということで了承願いたい」と答弁したのである。

一方，衆院の委員会での審議は，可能な範囲内で具体的で内容の充実した法案を作り出したが，当時，国家全般の政策を実行していく立場から政府と与党の立場を収容し，段階的な措置を期待しながら，それぞれ「附帯決議[64]」を出したことで終了したのである。このような過程を経て，老人福祉法は最終的に第43回通常国会の最終日の7月6日に可決成立し，7月11日，法律第133号として公布されることになったのである。

　注
(1)　大山正は，老人福祉法が制定された当時，厚生省社会局長であった。法制定以後に，彼が書いた『老人福祉法の解説』は，行政側の公式見解ともいえる老人福祉法制定に関する重要な参考資料のひとつである。
(2)　大山正『老人福祉法の解説』全国社会福祉協議会，1964年，20-29頁。
(3)　湯沢雍彦「老人問題と老親扶養の動向」福島政夫編『家族 政策と法3』東京大学出版会，1977年，178頁。
(4)　橋本宏子『老齢保障の研究』総合労働研究所，1981年，143-146頁。
(5)　三浦文夫「わが国老人対策の展開に関する覚書き」社会保障研究所『季刊社会保障研究』第1巻第4号，1977年。

(6) 岡本多喜子『老人福祉法の制定』誠信書房，1993年，23-31頁。

(7) 紅露みつは，1955年3月から同年11月まで，厚生政務次官を務めた参議院議員であり，老人福祉法制定における重要なアクターの一人であった。

(8) 瀬戸新太郎は，1932年には，社会局保護課に勤務し，1949年9月16日に開催された「関東北陸地区養老事業懇談会」には厚生省保護課長の代理として出席した。この懇談会では，「老人福祉法の制定の件」が論議された。その後，瀬戸は1955年8月から1956年7月までの期間，厚生省引揚援護局引揚課長として社会局から離れたが，1956年7月16日，初代の生活保護監査参事官として社会局に戻ってきた。生活保護監査参事官から社会局施設課長になった1958年8月から，老人福祉法が制定された後の1964年6月まで施設課長の任を果たし，厚生省を退職し，日本赤十字に移った。全国社会福祉協議会『生活と福祉』第100号，1964年。

(9) 岡本多喜子，前掲書，13頁。

(10) 川村匡由『現代老人福祉論』ミネルヴァ書房，1992年，12-16頁。

(11) 憲法第24条では「①婚姻は両性の合意のみに基づいて成立し，夫婦が同等の権利を有することを基本として，相互の協力により，維持されなければならない。②配偶者の選択，財産権，相続，住民の選定，離婚並びに家族に関するその他の事項に関しては，法律は個人の尊敬と両性の本質的平等に立脚して制定されなければならない」としている。

(12) 岡本多喜子，前掲書，47-48頁。

(13) 全国社会協議会30年史刊行委員会『全国社会福祉協議会30年史』全国社会福祉協議会，1982年，225頁。

(14) 全国市長会『都市社会福祉に関する統計的資料ならびに文献目録』第17回全国都市問題会議，東京市政調査会，1955年，14頁。

(15) 1955年2月17日に発生したこの火災は，97名の死者を出した大きな事件であった。このような惨事を招いた原因として，建物が老朽化していたこと，身体的に不自由な高齢者が二階にも生活していたこと，利用者が高齢者であるために避難が遅れたこと，などが挙げられている。

(16) 高橋毅夫「大量消費時代」有沢広己監修『昭和経済史』日本経済新聞社，1976年，387-389頁。

(17) 岡本多喜子，前掲書，86-92頁。

(18) 現在は高齢者を65歳に規定しているが，当時においては60歳以上を高齢者と規定していた。

(19) 厚生省五十年史編集委員会編『厚生省五十年史（記述篇）』財団法人厚生問題研究会，1988年，1249頁。

(20) 厚生省社会局老人福祉課編『老人福祉法の解説』中央法規出版，1984年，5頁。

(21) 一応，社会福祉事業法に根拠を有するものとして取り扱われたが，法の条文上，必

136 第Ⅱ部 高度経済成長期における高齢者福祉政策

ずしも明確ではなかった。

⑿ 厚生省社会局老人福祉課編，前掲書，6頁。

⒀ 岡本多喜子，前掲書，197-199頁。

⒁ 全国養老事業協会『養老事業だより』第4号，全国養老事業協会，1950年，9頁。

⒂ 全国養老事業協会，前掲書，22-23頁。

⒃ 伊藤日出夫「老人の福祉問題」『養老事業だより』第9号，全国養老事業協会，1953年。

⒄ 岡本多喜子，前掲書，72-74頁。

⒅ 全国養老事業協会『老人福祉』第19号，1957年，19頁。全国養老事業協会の機関誌であった『養老事業だより』は第18号より『老人福祉』と名称を変更した。

⒆ 同『老人福祉』第21号，1958年，17-19頁。

⒇ 同『老人福祉』第23号，1958年，14頁。

㉛ 『日本老友新聞』1962年7月1日。

㉜ 『厚生白書』1956年版，9頁。

㉝ 『厚生白書』1958年版，53頁。

㉞ 森幹夫「養老事業から老人福祉事業へ」『老人福祉』第31号，全国養老事業協会，1963年，9頁。

㉟ 厚生省社会局老人福祉課「老人福祉十年の歩み」『老人福祉研究』第7号，財団法人老人福祉研究会，1974年，92頁。

㊱ 同上，3-4頁。

㊲ 岡本多喜子，前掲書，117-118頁。

㊳ 橋本宏子「老人福祉法の成立とその意義」福島正夫編『家族 政策と法2』東京大学出版会，1976年，236-237頁。

㊴ 全国社会福祉協議会「実現されるか老後の保障」『生活と福祉』第88号，全国社会福祉協議会，1963年，6頁。

㊵ 厚生省社会局老人福祉課，前掲書，9頁。

㊶ 橋本宏子，前掲論文，239頁。

㊷ 岡本多喜子，前掲書，119-120頁。

㊸ 厚生省五十年史編集委員会編，前掲書，1251頁。

㊹ 岡本多喜子，前掲書，122-123頁。

㊺ 選挙公約の内容は「国民健康保険，生活保護制度，各種公的年金制度をさらに改善充実する。児童保護及び児童福祉，身体障害者保護，精神薄弱者保護，母子福祉，低所得者対策を整備充実する。老人福祉法を制定して，老人福祉対策を総合的に増進するなど」というものであった。

㊻ 社会福祉審議会小委員会の中間報告（1963年7月31日）については，あらためて同年12月5日に同審議会会長から厚生省に報告された。この全文は厚生省社会局老人福

第4章　1960年代の高齢者福祉と老人福祉法　137

　　　祉課編，『老人福祉法の解説』中央法規出版，1984年，11-15頁を参照。

⑷　『毎日新聞』1962年9月15日。

⑷　『毎日新聞』1962年11月25日。

⑷　厚生省社会局老人福祉課「老人福祉の十年の歩み」『老人福祉研究』第7号，財団
　　法人老人福祉研究会，1974年，4頁。

⑸　厚生省社会局老人福祉課，前掲書，5頁。

⑸　同上，6-7頁。

⑸　全国社会福祉協議会，前掲書，6-7頁。

⑸　その根拠として岡本は，「自民党の『老人福祉法案』を発表したのがこの時期であ
　　り，また民社党が国会提出をもくろんだ『老人憲章と老人福祉法についての民社党
　　案』は1962年3月27日付であった。その上で，紅露は参議院選挙に臨めると考えてい
　　た」と述べている（岡本多喜子，前掲書，129頁）。また，橋本も「同法案は当初の議
　　員提案から政府提出へときりかえることが勝木された」と述べている（橋本宏子，前
　　掲書，242頁）。

⑸　橋本宏子，前掲論文，242頁。

⑸　行政制度研究会『現代行政全集の政府』ぎょうせい，1983年，449頁。

⑸　大山正，前掲書，33頁。

⑸　小池治「政策形成と行政官」『政策形成と行政官の役割』財団法人行政管理研究セ
　　ンター，1990年，36頁。

⑸　厚生省五十年史編集委員会編，前掲書，1252-1253頁。

⑸　大山正，前掲書，46頁。

⑹　橋本宏子，前掲論文，261頁。

⑹　厚生省社会局老人福祉課，前掲書，21頁。

⑹　ここでは，主に橋本宏子，前掲論文，262-265頁を参考にした。

⑹　厚生省社会局社会福祉課，前掲書，22-24頁を参照。

⑹　老人福祉法案に対する附帯決議（衆議院38年7月6日）「本法律案は時宜に適した
　　ものであるが，なお今後その内容を改善すべき面もあるので，政府は下記の事項につ
　　き検討の上，その実現に努力すべきである。

　　　記

　一，老人人口の増加のすう勢並び家族居住分離の傾向にかんがみ，養老老人ホーム，
　　　軽費老人ホーム及び公営住宅等の建設を促進し，老人福祉施設における諸施設の充
　　　実に努めること。

　二，老人福祉施設の職員等の処遇の改善につとめ，要員確保に特段の配慮をすること。

　三，老人の健康診断については，開始年齢の引き下げ及び回数の増加につき検討し，
　　　その徹底を図るとともに発見された疾病については適切な措置を講じ，老人医療の
　　　万全を期すべきである。」

第5章

1970年代の高齢者福祉と老人医療費無料化制度

第1節　問題の提起

　日本における高齢者に対する本格的な政策の展開は，1970年代に入ってから急激に拡張したといえる。家族や共同体に依存して生活している日本の高齢者のイメージはもちろん戦後から少しずつ変化したが，1960年代後半の時点でも，そのようなイメージは老後生活の現実からそんなに離れたものではなかった。しかし，高度経済成長の「ひずみ」によって公害問題を含む高齢者福祉の問題が徐々に社会問題化したこともあって，高齢者に対する公共政策は短期間に急増することになった。

　たとえば，厚生年金と国民年金に対する支出をみると，1969年の1770億円から1975年には2兆3310億円になり，6年間に15倍以上増加したのである。また，厚生省関係の高齢者向けのサービス事業の費用は，1969年の210億円から1976年には4290億円に増加した。このような支出の増加とともに，1970年から1976年の間に始められた新規事業は，国によるものが43，都道府県によるものが650，東京都23区によるものが約300であったし，さらに市町村によるものはこれをはるかに上回っていた。[1]

　もちろん，これらの事業の大部分は小規模なものであったが，それぞれの事業によって高齢者に対する公的な責任領域は少しずつでも拡大することになり，全体としてみると，驚異的な速さでの政策の拡張といえるのである。そのなかでも特に注目された政策として1973年から実施された「老人医療費支給制度」[2]を挙げることができるが，これは日本の高齢者福祉政策に大きな変化をもたらしたのであった。

　本章では，なぜ，1970年代に入って高齢者のための公共政策が急激に拡大され

140 第Ⅱ部　高度経済成長期における高齢者福祉政策

たか，あるいはこのような政策転換をもたらした要因は何であったのかという疑問から当時行われた多くの公的福祉政策のうち，1972年に法律第96号として公布された老人医療費支給制度（以下，老人医療費無料化制度という）をめぐる政策過程を検討する。特に，老人医療費無料化制度の創設において，官僚と政治家を中心とする関連の諸アクターがいかなる政治的手続や媒介を通じて，さらにどのような影響力関係のなかで政策決定を行ったかを明らかにする。

第2節　制度成立の経緯

　政策の方向性ないし内容は，それと関連しているさまざまのアクターの相互作用の結果によって規定されているにせよ，政策は環境が生み出す問題への対処であるため，環境の変化は当然政策の変化を促すことになる。日本における高齢者福祉政策の場合も1970年代の急激な環境の変化とともに，新たな政策が生み出された。そのなかで，老人医療費無料化制度は，70歳以上の高齢者及び65歳以上の寝たきり老人を対象に医療費全額を無料化する医療保障プログラムの一環をなすものであった。その制度の成立背景には多くの要因が存在するが，次の諸点を挙げておこう。

（1）医療制度をめぐる問題

　福祉国家における社会保障のあり方を端的に示しているのは，社会保障における老人の位置づけ，特に医療保障における老人の位置づけであろうといっても過言ではないだろう。1961年度に国民皆保険制が達成されたころから，老人もすべて医療保険の対象に加えられることになり，国民健康保険の加入者，被用者保険の家族については，5割の自己負担が必要とされた。人間だけのことではないが，老人は加齢とともに健康状態が低下して医療へのニーズが加速的に高まる。しかも，疾病は一般に慢性化し，多くの病気を併発して合併症になる可能性が高い，という特徴をもっている。次の表5-1は年齢階級別にみた有病率の年次推移を示したものである。

　ここで有病率とは，ある時点の傷病の発生件数を人口1000人当たりで表したものである。表5-1の①によると，国民皆保険制が確立してから急上昇し，1955年より1981年までの26年間に約3.4倍増にもなっている。これは人口高齢化，人

第5章　1970年代の高齢者福祉と老人医療費無料化制度　141

表5-1　年齢階級別にみた有病率，受療率の年次推移

① 有病率（1000人当たり）

	1955年	1965年	1970年	1972年	1973年	1976年	1979年	1981年
平　均	37.9	63.6	93.6	130.2	127.7	116.4	109.4	130.5
1歳未満	28.6	56.7	87.9	185.5	123.9	110.8	79.1	66.6
1〜4歳	28.7	36.2	75.2	156.6	125.4	111.6	96.5	101
5〜14歳	17.4	30.2	50.5	79.6	78.3	69.3	53.9	63.1
15〜24歳	25	28.1	33.2	52.4	50.3	41.6	30.7	38.3
25〜34歳	38.5	43.7	56.8	80.0	77.9	60.8	49.1	53.6
35〜44歳	45.5	72.5	86.2	109.9	106.8	86.4	74	81.6
45〜54歳	61.3	95.7	126	163.9	160	136.4	122.8	152.8
55〜64歳	77.5	143.1	200.8	236.1	241.2	218	217.3	256
65〜74歳	86.3	177.8	257	340.7	335.6	352.1	345.4	437
75歳以上	70.8	177.5	249.5	325.1	358.4	407.7	403.4	498.5

② 受療率／有病率（％）

	1955年	1965年	1970年	1972年	1973年	1976年	1979年	1981年
平　均	87.07	92.92	74.57	47.77	56.22	61.77	65.17	55.71
1歳未満	126.92	129.8	101.93	40.38	78.53	74.28	94.31	110.66
1〜4歳	89.19	158.56	107.71	43.81	66.83	68.73	73.16	70.99
5〜14歳	108.62	141.72	100.4	61.56	76.37	77.92	107.79	89.38
15〜24歳	143.6	171.89	118.98	75.57	87.87	99.04	118.24	97.65
25〜34歳	93.25	110.53	69.54	49.5	56.74	87.01	101.43	90.3
35〜44歳	90.77	89.66	82.71	55.51	60.67	71.3	76.08	68.63
45〜54歳	61.5	73.25	67.7	44.66	50.19	60.29	63.93	52.29
55〜64歳	45.16	55.49	51.44	38.54	41.46	47.94	48.04	41.21
65〜74歳	37.66	46.74	45.45	33.17	42.76	44.22	46.9	37.53
75歳以上	34.18	37.01	39.8	37.03	44.98	47.27	49.95	43.15

出典：厚生省統計情報部『患者調査』『国民健康調査』。

口の都市集中化，ライフスタイルや健康意識の変化，人的・物的医療源の増加，医療保険の充実による医療へのアクセシビリティの改善など，多くの要因が作用している。

　しかし，特に，注目されるのは高齢者層の有病率が高く，かつ，その上昇率が他の年齢層に比べて高いことである。たとえば，1955年から，老人医療費無料化制度が実施される前の1972年までの17年の間，25歳〜34歳の有病率は38.5から80.0へと約2倍にとどまっているのに対して，65歳〜74歳までの有病率は86.3から340.7へと約4倍も増加している。ここで問題になるのは医学の発達によって死亡率は低下するが，有病率は増大するというパラドックスの点である。有病

142　第Ⅱ部　高度経済成長期における高齢者福祉政策

表5-2　70歳以上高齢者受診率の推移——制度間，本人・家族間格差の推移

区分\年度	政　策（被保険者）			政　策（被扶養者）			国　保（被保険者）		
	A 総数	B 入院	C 外来	A′ 総数	B′ 入院	C′ 外来	D 総数	E 入院	F 外来
1970	0.8835	0.0370	0.7746	0.4427	0.0138	0.3951	0.5711	0.0164	0.5138
1972	0.9462	0.0386	0.8290	0.5803	0.0218	0.5229	0.7288	0.0256	0.6491
1974	1.0707	0.0450	0.9415	0.9609	0.0413	0.8575	0.9386	0.0401	0.8388
1976	1.0974	0.0412	0.9727	0.9477	0.0433	0.8497	0.9037	0.0418	0.8020
1978	1.2316	0.0463	1.1156	0.7518	0.0447	0.6560	0.9337	0.0431	0.8221
1980	1.3173	0.0515	1.1606	0.8268	0.0539	0.7303	1.0454	0.0533	0.9218

資料：厚生省社会局『国民健康保険医療給付実態調査報告』。
出典：地主重美「高齢化社会と医療保障」東京大学社会科学研究所編『福祉国家5　日本と経済と福祉』東京大学出版会，1988年，303頁。

者には適切な治療が必要である。有病率が治療の必要水準を示すとすれば，受療率はその実現水準を示しているとみることができる。したがって，受療率の比はその充足率を表わすことになる。

　表5-1の②によると，その充足率は若年齢層・中年齢層において高く，年齢が高まるとともに次第に低下している。この傾向は，70年代初めに特に顕著になっていた。また，高齢者層の医療へのアクセサビリティ（接近容易）格差が制度間，制度内に存在し，それが1970年代初頭までに拡大しているのである。この格差は給付率の違いに起因するものであり，これが受診率に反映している。70歳以上の政管健保被保険者，被扶養者，ならびに国民健康被保険者を取り上げ，その受診率を比較してみると，三者間に大きな格差がみられる。

　すなわち，政管健保被保険者の受診率を 100 とすれば，表5-2のように1970年，1971年，1972年には被扶養者，国保被保険者のそれは 50 ないし 70 に過ぎず，特に入院受診率の格差が著しい。一方，70歳以上の高齢者の有病率をみると，この順序はまったく逆転し，被扶養者，国保被保険者，被保険者順で続き，なかでも政管被保険者のそれは群を抜いて低い。これは70歳以上の高齢者の間に，あるいは制度の違いにより，あるいは制度内での保険対象資格の違いによって医療へのアクセサビリテイに著しい差が存在しているだけではなく，これが有病率の高さ，すなわち，医療へのニーズの順位と反比例しているということに深刻な問題が存在することを物語っている。

　このような医療保険制度の非効率性，給付水準の不平等，種々の欠陥の増大に対する不満が政府内外の社会保険の専門家の間で高まっていた。すでに，1962年

第5章　1970年代の高齢者福祉と老人医療費無料化制度　143

時点で，日本医師会は新しいシステムのなかで高齢者への特別な配慮を行う必要があると指摘している。高齢者は受診率が高く，かつ低所得者なので，既存のフレームワークのなかで取り扱うことは，運営上の困難があると考えられたからである。医療に関するその後の議論では，ほとんどの場合，やはりこの問題が取り上げられていた。

（2）政治を取り巻く状況

　1955年に誕生した自民党保守政権は，経済成長を国家の第一目標に置き，社会政策よりは経済政策を優先してきた結果，1960年代を通じて高度経済成長は達成されたが，反面，公害・福祉をめぐるさまざまな問題が台頭することになった。特に，1960年代後半から革新自治体の誕生とともに地方分権の思想が強まり，地域の特性に応じて住民の要求を地方行政に生かそうという気運が急速に高まった。そのなかでも老人医療に関する問題は，住民から強い要望の出された問題のひとつであった。たとえば，1969年の「老後の生活に関する世論調査」によれば，表5 - 3のように老後の生活上の悩みとして50歳台の者が経済的なことを第一に挙げているのに対し，60歳以上の者は健康上のことを第一に挙げている。

　老齢による身体的，精神的老衰現象は人間にとって不可避のものであり，健康の問題は老人にとって最大の問題であることはいうまでもない。1970年の「国民実態調査」によれば，65歳以上の者の19％が病気がち，あるいは寝たきりであり，あまり元気ではない者を加えると40％以上になるとの結果が明らかになった。このように高齢者の医療問題が深刻していくなかで早くも1960年，岩手県の沢内村で60歳以上の老人を対象に高齢村民の医療費の全額負担を内容とする医療費無料化制度が初めて実施されることになり，1964年には同県の西根町が70歳以上の高齢者にこの制度を適用した。その後，数年間のうちに，いくつかの小さな市や町がこの政策を採用することになったのである。その後，1969年 4 月には秋田県が80歳以上の老人への医療費無料化を実施した。

　こうして都道府県レベルでの老人医療費無料化対策の口火が切られたのに続いて，同年12月になると，東京都が70歳以上の老人に対する老人医療費無料化制度を発足させた。東京都がこの制度を実施したことは全国に広く知れ渡り，老人医療費無料化の構想は驚くべき速度で他の自治体に波及した。1970年に 4 つの県が同様の事業を開始しており，1972年 1 月までにはさらに28県がこれに加わり，4

144　第Ⅱ部　高度経済成長期における高齢者福祉政策

表5-3　老後の生活上の悩み　　　　（単位：%）

年　齢 項　目	総　　数	60歳以上	50 歳 代
総　　　数	100.0	100.0	100.0
健 康 上 の こ と	38.3	45.5	18.2
経 済 的 な こ と	24.2	21.2	27.3
家 族 の こ と	18.2	18.2	18.2
住 宅 問 題 で	9.1	9.1	12.1
職業・仕事のこと	9.1	6.1	15.1
そ 　 の 　 他	6.1	6.1	6.1
あるけれど言えない	12.1	9.1	15.1

資料：総理庁「老後の生活にかんする世論調査（44年）」。
出典：『厚生白書』1971年度版，463頁。

　月になって47都道府県のうち3県を除くすべてが老人医療に対する何らかの援助を行うようになったのである。[5]

　このようになった原因としては，高度経済成長の過程で取り残されていた老人問題に対する社会的関心が高まったことと，これを先取りし老人医療費対策を実施した革新自治体の全国的な拡大化傾向とともに，「社会福祉運動」の展開が挙げられる。老人に関していえば，最も重要な集団としては公立・私立の老人ホームの労働者組合，急進的な医師とソーシャルワーカーの諸団体，全国自治体労働者組合などがあった。自治労は日本労働組合総評会議とつながりがあり，また，社会党・共産党とも関係をもっている。これらの集団は，1960年代初頭以来，施設の改善や社会福祉の全般的な充実とともに，老人医療費無料化を要求しており，1964年に共産党がこの要求を取り上げていた。このようなことが保守派に対し，強い危機意識を引き起こし，老人医療費無料化を促進させることになった理由のひとつである。

（3）高齢者の経済的状況をめぐる問題

　表5-4で示すように高度経済成長過程で一般世帯の経済状態が急速に向上したのに対し，高齢者世帯では社会保障制度及び公的年金制度の未成熟等の理由もあって，その経済的地位は平均所得の相対比でみる限り，一般世帯の40%前後の水準にとどまり，大きな改善を示していなかった。

　1962年から1972年の10年の間に，高齢者世帯の80%以上が常に所得水準の最も

第5章　1970年代の高齢者福祉と老人医療費無料化制度　145

表5-4　高齢者世帯平均所得の推移　　(単位：万円)

年度	全 世 帯 A	高齢者世帯 B	一 般 世 帯 C	B/C(%)
1969	112	46.3	115.6	40.1
1970	130.8	53.7	135.3	39.7
1971	143.3	60.8	148	41.1
1972	168.5	77.5	174.4	44.4
1973	203.2	74.1	211.2	35.1
1974	235.2	90	244.4	36.8
1975	264.7	114.7	276.2	41.5
1976	309.1	134.9	322.1	41.9
1977	336	153.4	350.6	43.8
1978	358.5	168.6	375.3	44.9
1979	377.6	182.4	394	46.3
1980	401.8	198.1	421.9	47
1981	429.7	217.4	451.6	48.1
1982	444.4	218.4	466.5	46.8

出典：厚生省統計情報部『国民生活実態調査報告』各年度版。

低い階層に属していた。もちろん，経済成長によって低所得層の所得は上昇していたが，その格差は依然として縮小の傾向をみせず，高齢者世帯の大部分がこの低所得層に偏り，生活保護の状況からみて，高齢の傷病障害者世帯も大部分がこの階層に含まれている。さらに，この時期に核家族化が急速に進行し，人口の高齢化も進んで高齢者のなかで将来に対する不安も募っていた。医療費負担能力の低下が高齢者ないし高齢者世帯にとって最も深刻な不安要因のひとつであった。

(4) 国家財政に関わる問題

　社会保障の水準を引き上げていく際の最大の問題はいうまでもなく，いかにして財源を調達していくかということであるが，日本の経済は1954年12月から高度成長の波に乗った。これ以降，日本経済は5回の景気循環を経験しながら石油危機以後の1973年11月まで高度成長を続け，1955年から1973年までの19年間の実質国民総生産の対前年増加率の平均値は9.6％であった。[6]

　H. L. ウィレンスキーは，国民総生産（GNP）と GNP のうち社会保障に向けられる部分の割合との間の関連に注目し，「国が豊かになればなるほど困窮状態にある者により多くの資源が振り向けられる傾向がある」[7]ことを明らかにした。これは一般に社会保障支出の増加率が経済成長率よりも高いことを意味している。またこのことから，例外的な高度成長の時期には新しい目的のために利用できる

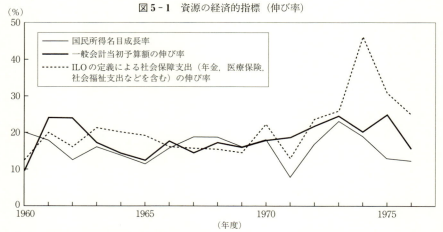

図5-1 資源の経済的指標（伸び率）

資料：『国民所得統計年報』各年版；『財政統計』各年版；『厚生白書』昭和53年版，460頁。

多くの余剰が存在するので，社会的諸施策のための支出が特に急速に増大することも予想される。

図5-1をみると，日本における社会保障支出の伸びが1970年においてはGNPの伸びを上回っていることがわかる。また，最も予算の伸びが多かった1972年と1973年には高齢者のための支出も増加している。特に，政管健保の累積赤字の棚上げ，政管健保に対する給付費の10％という定率国庫負担の導入に合わせて，一挙に被用者健保の被扶養者および国民健保被保険者の一部負担を公費で肩代わりし，患者負担を事実上，ゼロにしようという老人医療費無料化制度を断行できたのも，結局のところ高度経済成長によって財源確保の可能性が展望できたからである。

第3節　制度創設への動き

1970年代に入ってから日本の福祉政策に大きな変化が現れた。社会支出が急激に拡大されるにしたがい，今までの残滓的福祉国家から制度的福祉国家への移行を示唆する政策的変化がみられたのである。これを「福祉資本主義」内における単純な支出増とみなすことはできない。なぜなら，高齢者人口が増加したとはいえ，その変化は漸増的なものであったし，また失業者の急増があったわけでも

ない。では，なぜ1970年代の初め頃福祉政策に急激な政策変化が起こったのか。これに対する答えが以下である。

　自民党保守政権は，経済的繁栄を実現させたが，一方では，公害を含む新たな社会問題を発生させた。これに対して，反公害・反開発を標榜する市民運動や，大企業よりの政府を批判する革新自治体の台頭とともに，これらに好意的なマスメディアの反生産主義的論調は，保守支配体制の危機と映った。1970年代の社会保障政策の急成長はこうした生産第一主義の批判者・反対者を懐柔し，保守支配体制の正当性を再確認する手段として展開された面もある。[8]

　こうした当時の政治的状況を踏まえて，老人医療費無料化制度の成立過程を，第一に，政策課題の形成過程（認識過程），第二に，政策案の作成過程，第三に，政策決定過程の３つの連続するステージに分類すると，政策ステージに応じて各アクター間の相互関係や影響力の行使も違ってくるのである。つまり，政策課題の形成においてはマスメディアを含め，革新自治団体などの政府外の圧力が大きな影響を及ぼしている。そして，政策原案の作成段階では審議会や私的諮問機関を活用しながら，政策立案を行う厚生省の官僚の役割が当然政策の方向性を左右している。さらに，国会に至る政策決定の段階にあっては野党や利益団体との利害調整の任に当たる政治家の役割が大きくなるとみられる。

　ところが，実際において事態はもっと複雑であり，アクターの役割はさらに混合化しているといえよう。ここでは政策課題の形成過程においては主にマスメディアの役割と革新地方自治団体の役割を中心に，そして政策案の作成過程段階においては厚生省の動きを，さらに決定段階においては自民党を主なアクターとしてとらえ検討する。

（1）マスメディアと高齢者福祉政策

　民主主義と情報化の進展によって，マスメディアが一般世論の形成を通じて政治に与える影響が増大傾向にあることは確かである。もちろん，マスメディアが権力の支配層の意向に沿った世論を形成する場合もあれば，逆に，マスメディアが対抗集団や弱小集団の選好をすくい上げ，それを政治システムに注入することによって結果的に権力の再分配に貢献する場合もありうる。

　日本においても第２次大戦後，特に，1960年代後半から1970年代にかけて，環境保護運動，消費者運動，住民運動など多くの運動が支配層に挑戦し，政策の転

148 第Ⅱ部 高度経済成長期における高齢者福祉政策

換に一定の影響力を及ぼすことになったのはマスメディアの役割が大きかったといえる(9)。つまり，高度経済成長をきっかけにして国民の消費活動は活発化し，大量消費時代に入った1950年代末，「皇太子殿下の御成婚」を契機にテレビが多くの家庭に普及することになった。それは情報化社会の先駆けとなると同時に，その後の日本人の生活をコマーシャリズムに浸ることになった。1960年に都市部の白黒テレビ普及率は54.5％となり，国民の意識の変化には，テレビを中心としたマスメディアによる大規模な広告・宣伝活動が効果を発揮することになったのである。

　このようなことから1970年代における「福祉ギャップ」が保守支配体制の危機へと転化するにあたっての媒介となったアクターとして，まず注目されるのがマスメディアである。1970年前後には多種の雑誌が公害問題をテーマとした特集号を企画し，経済優先主義への疑問を投げかけている(10)。こうしたマスメディアの活動は，経済成長が必然的に国民の福祉を向上させるという考えに異論を唱え，それが社会から富を収奪する危険で破壊的なものともなり得る点を指摘していた。これらのマスメディアの役割は当時の市民運動や革新自治体に多大な影響を及ぼしたのである。

　こうした見解とは違って一方では，マスメディアの影響力がエリートにそれほど大きく評価されていないという見方もある。すなわち，マスメディアには国家のように法や暴力に基づく強制力はないし，財界のように権力を左右しうる卓越した経済力もない。したがって，マスメディアは新聞，テレビ，ラジオ，雑誌を通じて国民に間接的な影響を及ぼすに過ぎないので，マスメディアが日本の政治社会において最も大きな影響力をもっているという結論は逆説的にみえるということである。村松岐夫の調査によると，政策決定過程そのものに対するマスメディアの影響力はそれほど高くないことを示唆している。その調査では，高級官僚と国会議員に対して「政策決定に影響のあるのは誰ですか」と質問しているが，マスメディアの影響力は予想より低く，ほんの数人がマスメディアを挙げるだけである。

　この疑問に対してマスコミに関係している人は次のように答えている。記者自身もどれだけ政策決定に影響を及ぼしたかという点については，実感がないが，ただ国民の側からいうと政治の動きはすべてマスメディアを通じて知りうるものである。したがって，アウトプットとしてのマスメディアの影響力は大きく，政

治エリートはそれに敏感にならざるをえない。

　また，政治エリートも政治社会情勢をマスメディアを通じて知るのが普通である。さらに，政策決定の主体であるエリート官僚自身も，マスメディアの意向が政策決定そのものに直接大きな影響を及ぼすことは少ないが，重要な政策決定になればなるほど多くのアクターがそれに関与しているので，政策をスムーズに行うためには世論の支持が必要になることから，その世論形成においてマスメディアは重要な役割を果たしているということができる。これらは，政策決定過程のアクターとしてのマスメディアの影響力は少ないが，報道されたアウトプット，それによって形成される世論，あるいは世論の代理者としてのマスメディアの影響力が大きいことを示している。[11]

　日本でもマスメディアは「第四の権力[12]」と呼ばれ，周知の三すくみ関係の政官財あるいは自民党，官僚，財界に並び称されているが，メディアには，なぜそんなに影響力があるのか。これについて J. C. キャンベルは，戦後日本の高齢者政策に焦点を絞り，政策転換プロセスにおけるメディアの関わりと位置づけを明らかにした。彼は日本で官僚や政治家がいかにして一般大衆の欲求や不満を知るのかという質問に，ほとんどの場合「新聞」だとの答えが返ってくる。加えて，政府に関わる人々が一日に３種類程度の新聞を読み，国家に直面するどのような問題が注目を集め，その問題にどのような対策が講じられるべきかについて新聞を通じて各々が独自の考えをもつようになっているとしている。[13]　それゆえ，新聞やテレビ番組は，1969年の「欠陥車回収問題[14]」や大平内閣の一般消費税導入に対する反対キャンペーンなどの例でわかるように，「政策転換のスポンサー[15]」としての役割を積極的に果たしているとしている。

　しかし，メディア組織は自ら政策転換の提案を推進するよりは，むしろ重要な社会集団の見解を表明するだけで，多くの場合は賛成にしろ，反対にしろ，他の政策転換スポンサーと手を結ぶことになる。つまり，メディアはアクターとしてよりは政策転換の提案を推進，あるいは反対しようとする他のスポンサーの戦略のひとつとしてとらえることができるのである。メディアの役割について京極純一は，「日本における現状の変更にはコンセンサスの形成が必要であり，官僚と政治家が「空気づくり（合意の形成）」のためにメディアを通じて事件の発生を人々に共有させる[16]」と述べている。日本の政治家や政府機関，その他の組織，団体は公式の記者クラブを通じてのみ情報を提供することにより，予測不可能な事

態を防ぎ，報道内容や方法を規制するために，限られた記者クラブとの関係を維持し，交渉機会，内部情報などを相互に交換している。

こうしたことからも，1970年代前半の「老人問題」はメディアにとって魅力的な存在であった。なぜなら，高齢者という問題は，誰もがいつかは老齢になる一般的な問題であるから，多くの人々がメディアの論調に同感しやすい面があったからである。反面，高齢者に関する政策を推進しようとする者は，直接的な戦略をもたない場合が多く，日本では高齢者を政治的に組織することは難しいのである。また，老人クラブは，加入者が多く，利益集団として重要であるといわれるが，実際にはわずかな政府補助金の維持を政治的に要求してきたに過ぎない。さらに，全国社会福祉協議会を含む福祉関係の団体の力は限定されている。利益集団があまり介在していないということは，一般に議員にとって票や献金の面で，それほど魅力的でないことを意味した。このような点からメディアは，高齢者対策の拡大をもたらす政策転換において重要な役割を果たしたと考えることができる。

J. C. キャンベルによると，「メディアは1960年代には高齢者対策においてそんなに重要な役割を果たさなかったが，1970年代に入ってから，異常な速さで広範にわたる政策の拡大に決定的な役割を果たした[17]」と述べている。図5-2は，1960年度から1970年代中盤までにおけるマスメディアと国民の関心を示したものである。

マスメディアの指標をみると，高齢化に関する新聞記事の数が1960年代後半にゆっくり増加する。その後1970年から急速に増加し，1972年にピークとなる。たとえば，NHK が集計した老人問題に関する新聞記事は，1965年には95件であったが，1972年には365件までになっている。図5-2で，実線は政府が毎年実施する調査であり，政府がどの分野に最も力を入れるべきかを尋ねた結果である。これによると，社会保障を優先順位2位までに選んだ人の割合は，1969年の19.5％から1975年の34.2％へと急増していることを示している。これは，この調査が取り上げた16項目を20年間にわたって調べたなかでも，最も急激な増加を記録している部分である。しかし，このあと数字はやや下がった後，1972年には42.5％までに達しているのである。

この推移からわかるように，もし，国レベルにおける政策立案活動が1971年と1972年に行われたとすれば，このマスメディアと国民の関心における老人ブーム

図 5-2　老人ブームとメディアの関係

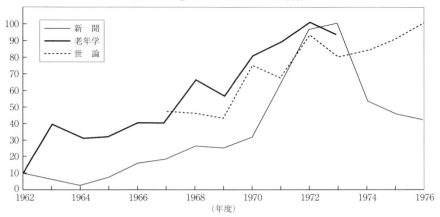

各統計系列は最大値が100になるように指数化している。
① 新聞の集計数の最大値は1973年の378であった。
② 老年学の集計数の最大値は1972年の230であった。
出典：J. C. Campbell, *How Policies Change : the Japanese Government and the Aging Society*, p. 141.

は，政策的意思決定を先行しており，これが事実上老人問題を国レベルでのアジェンダにまで押し上げたことは明らかであろう。また，図5-2で老年学は社会老年学の雑誌記事，または重要な福祉関係の時事通信における老人問題の報道に基づいているが，それは1967年以降，急速かつ着実な伸びを示している。これらの3つの指標が一方通行の原因と結果を示すものではない。特に，世論のうねりについては，新聞は記事の評判がよければますます報道する傾向があり，マスメディアの原因でもあり，結果でもあるといえる。同様にメディアの報道や世論が政策転換の唯一の原因となることはない。しかし，トップ・レベルの議論と意思決定の時期よりも，高齢者に対するメディアや国民の関心が実質的な助走として先行したことはきわめて示唆的であるともいえる。

ところが，担当官僚は問題の解決に関心をもつが，マスメディアの方は問題の方に興味をもつ傾向がある。老人福祉の政策コミュニティは解決策として多くの政策課題を取り上げ，それらの広報活動に励んだ。それに対して，マスメディアが強調したのはお年寄りに対する尊敬の念が忘れ去られていることや，高い自殺率によって裏打ちされる老人の絶望的な状態，あるいは社会政策における他の先進国との格差であった。こうした関心の高まりはすぐに政府に対する要求になっ

152　第Ⅱ部　高度経済成長期における高齢者福祉政策

て跳ね返ってきたが，それは政策推進者が考えていた解決策とかならずしも関係はなかったのである[18]。

　以上，みてきたように高齢人口の増加によるニーズの増大，高度経済成長による資源の増大，マスメディアの報道による一般国民の意識の変化などは，いずれも1970年代における高齢者に対する公的給付の大幅な拡大に関連する要因である。しかし，それらはどの要因が最も重要であるか，なぜ，この時期に政策の拡張が生じたのか，なぜ，特に高齢者が増大した援助の受け手となったのかという点が明らかにされていないのである。一般に新規の事業とか予算の増額を必要とする決定は，社会動向の自動的な産物ではない。実存する諸機関とアクター間において行われる意思決定の結果である。したがって，以上で取り上げてきた基底的な諸要因がどのように政策に影響を及ぼしているかを理解するためには，誰が政策決定に参加していたかを明らかにし，参加していたアクターらの動機と行動を分析しなければならない。

（2）革新自治体の誕生と福祉政策

　1963年老人福祉法の制定以降，高齢者の福祉のため数多くの政策が行われてきた。しかし，そのなかでも老人医療費無料化制度が成立する過程は，他の政策の場合と異なる特徴を示している。つまり，日本における多くの福祉政策は中央政府から推進されてきたが，老人医療費無料化制度の場合は地方自治体が実施した制度が中央政府まで影響を及ぼした結果，国家の政策として受け入れられることになったことを特徴として挙げることができる。

　J. C. キャンベルは，日本における老人福祉政策の形成過程を2つの要因から4つの形態に分類して説明している。すなわち，表5-5に示すように，2つの要因の第一は，意思決定がその費用とインパクトにおいて「大きい（Large）」か「小さい（Small）」かということであり，第二はそれが新しいアイディアを含んでいるか，それとも基本的には既存の政策の変更に過ぎないかというものである。そして，これらの組み合わせにより意思決定の4つのタイプが生まれると述べている[19]。

　日本における高齢者の福祉政策に関する事例研究の多くは，表5-5の分類にしたがえば，①に該当する。すなわち，新しいアイディアとともにそれを実施するのに多くの費用がかかる類型である。このような法律の制定は，国家において

第5章　1970年代の高齢者福祉と老人医療費無料化制度　153

表5-5　政策決定の類型

	New	Old
Large	① major program initiation	② large- scale changes in funding levels
Small	③ small program initiation	④ ordinary budgeting

出典：J. C. キャンベル／平岡公一訳「日本における老人福祉政策の形成過程」『社会保障研究』1983年 Spring, Vol. 18 No. 4, 401頁。

顕著な変化を引き起こすので，一般の人々にも広く知れ渡るようになり，さまざまな利害集団が意思決定過程への参加を求める傾向にある。ここで検討している老人医療費無料化制度も上記の4つのタイプに分類すると，新しくて大きな類型に属するといえる。

　ところが，新しくて大きい決定には，大きな政治的エネルギーと新しいアイディアを必要とするのが一般的であるが，老人医療費無料化制度はどのようなエネルギーとアイディアがあって制度成立が可能となったのか。また，自民党保守政権が続けて目標としてきた経済優先政策が，なぜ福祉拡大へと政策変化を起こしたのであろうか。こうした，疑問に答えるための重要な要因として革新自治体の台頭とそれに伴う市民運動の拡大が指摘できるだろう。

　1960年代末になって，日本における反経済成長，汎福祉の気運は市民運動の台頭に象徴された。つまり，公害・環境破壊は日常的な市民生活を脅かし，市民運動の台頭の引き金となったのである。たとえば，1970年代前半には地域住民を動員した数多くの市民運動があったが，そのなかでも三島・沼津の運動は地域開発に反対し，かつ成功した初めての運動として注目された[20]。この2つの運動の成功に刺激されて，市民運動は全国に広がっていくことになる。

　革新自治体も「福祉ギャップ」を政治的争点として明確にし，福祉政策の拡大に重要な役割を担った。1960年代後半まで，革新系とみなされる首長は47都道府県のうち2から4を数える程度であったが，1974年までには9つまで革新首長が増えることになった。さらに，重要なのは1970年を迎えるまでに，東京・大阪・京都という一都二府の知事が革新系であったことである。日本の政治・文化的中心とみなされるこれらの地方自治体が革新首長の指導下にあるという事態は，自民党保守政権に大きな脅威となった。大都市レベルでは，横浜市長の飛鳥田一雄（当時，全国革新市長会会長）が革新市長のリーダーとして活躍し，1970年代前半までには9大主要都市のうち，6つまでが革新市政となったのである。また，

154　第Ⅱ部　高度経済成長期における高齢者福祉政策

より小さな市レベルでは，643のうち，138が革新系に数えられ，このなかには16の県庁所在地が含まれていた。

　革新自治体の最低限の条件として首長が社会党を始めとした野党勢力を基盤として選出された自治体とすれば，これらの革新自治体は，その伸張において中央の政党勢力に反比例するほどの増勢をみせていたので日本の政治に無視しえない地位を築きつつあったといえよう。そして，革新自治体行政の特質として挙げられるのは，環境を保全し，社会福祉を充実させることを主張したという点で，革新自治体の急速な台頭は自民党保守政権の高度経済成長政策の暗部に根ざしている。

　こうした背景のもとで，誕生した革新自治体は保守系の首長をもつ自治体とは次のような面から異なる行政姿勢をみせた。第一に，保守系が通常「中央集結」を主張したことに対して，革新系は「住民直結」を訴え，生産第一主義を国民無視・企業本位の政策であると批判した。

　第二に，福祉施策の分野においては政府の行政への先導性を求める点が挙げられる。国の福祉行政といえば，福祉六法に定められたものに限られ，その基本的姿勢は救貧対策にとどまっている。しかし，革新自治体は社会的弱者の権利回復に乗り出した。老人医療費の無料化や敬老福祉年金，それに児童手当は，革新自治体から全国の自治体へと輪を広げ，最終的に政府に国としての制度化を踏み切らせるところまで追い込んだものであった。さらに，東京都が光化学スモッグ被害者の治療費を都の負担でみるなど，革新自治体が環境破壊，生活破壊という国の高度成長のしわ寄せ部分に，広く福祉の手を伸ばしたことが注目される。

　第三に，自治体の自主財源が限られているだけに，革新首長は知恵を絞ってアイディア行政を行ったのである。たとえば，東京，武蔵野市では市独自の老人実態調査を行って『老人白書』を作るなど，老人問題に積極的であった。

　第四に，1960年代の高度成長期まで，各地の自治体は国の総合開発計画をそのまま引き写していた。ところが，1970年代の革新自治体は住民福祉の立場に立った各都市ごとのシビル・ミニマムによる町づくりを主張し，展開したのである。

　革新首長による社会福祉の拡充を代表するアクターとして，飛鳥田一雄横浜市長と美濃部亮吉東京都知事が大きな役割を果たした。飛鳥田一雄市長は1970年3月の市議会での施政方針演説で，「市民福祉の充実は自治体の基本的な任務であります。自治体の仕事はなんといっても子供と老人を都市生活の危険や社会的ハ

ンディから保護していくことが優先されねばなりません。私は子供から老人まで，さらにいっさいの社会的弱者を含めて，人間尊重の立場から福祉の充実に努めてまいりました」と述べると同時に，その場で老人医療費無料化制度の導入を提案したのである。

さかのぼると，同制度は1960年に岩手県の沢内村が60歳以上の村民の医療費全額負担を始めたのが最初のことである。その制度の施行によってこの村の有病率は急激に減少したという結果もあって，その後何年かの間にいくつかの小さな市や町が沢内村にならってこの制度を採用した。そして1968年には横浜市が，1969年には秋田県が老人医療費無料化制度を施行したが，これらの自治体の場合には，沢内村と違って，たいていは実際の出費のうちのごく一部をカバーしただけであり，給付の対象もかなり高齢（80歳以上の場合が多い）で，かつ比較的貧しい者に限定された施策であった。

このようななかで東京都が1969年に，70歳以上の老人の医療費を無料とする計画案を出した。これに対し，厚生省は「健康保険の自己負担分を都が立替えて払うのは法律違反の疑いがある」という立場を表明し，事実上東京都が推進している老人医療費無料化制度に反対した。そこで美濃部都知事は「国がやらないなら都が単独でやろう」と発言した。そして，同年3月の都議会では超党派で10月実施を決め，そのための予算10億円を計画した。この制度は70歳以上の高齢者のうち国民年金の老齢福祉年金を受けている老人，つまり，経済的にあまり恵まれない人々を対象に，国保，健保の患者負担分を都が支払うことを内容としたものである。

東京都が老人医療費無料化制度を導入した当時，美濃部は日本最大の都市の最初の革新知事として第一期目の任期を務めているところであり，一般国民に受けがよく彼の市民志向的な行政と保守的な中央政府との違いを際立たせることができるような政策上の争点を探していた。老人医療費無料化制度が国の制度として受け入れられた後，美濃部と『恍惚の人』の作者，有吉佐和子が老人問題をテーマに対談した。その対談のなかで美濃部は，「私は知事になって一番初めに考えましたことは，都政のなかで一番遅れている部分は何かということでした。そして，その答えは社会福祉の問題であると感じました。さらに，社会福祉のなかで何が一番遅れているかといえば，老人の対策であると考えました。老人問題では，病気が大きな問題です。年をとれば誰だって自分の体に不安をもつものです。と

156　第Ⅱ部　高度経済成長期における高齢者福祉政策

ころが経済的に貧しいから治療費を払えない現在の医療体系のなかでは一番弱い
わけです。これには私がずいぶん力を入れてきました」と述べたのである。[24]

　このように美濃部は，老人医療の対策に関する構想をもっていたし，また，そ
れを実現できるパワーももっていたのである。結局，こうした東京都の政策は，
その後，圧倒的世論の支持のもとで早いスピードで全国に波及した。県レベルだ
けをみても，1970年の間に4県が同様な事業を開始したが，1972年1月までには
28県がこれに加わり，3カ月後の4月には，47都道府県のうち3県を除いてすべ
ての県が老人医療に対する何らかの水準の援助を行うようになったのである。

　ところが，こうした給付拡大への制度の導入によって，地方自治体の財政上の
負担は当然増加し，1972年に老人福祉に対する自治体の支出は制度実施前と比べ
て，ほぼ2倍になった。このような財政の支出の増大と平行して老人医療費無料[25]
化制度を国の制度とすることを求める全国的な運動が発生したのである。こうし
た主要な圧力は重い負担を転嫁することを望んでいた地方自治体自身から，また，
元組合員の退職者クラブを通して，あるいは直接的に労働組合から，そして，2
年間でトラック1台分もの請願書を集めた全国老人クラブ連合会から，さらには
野党からも生じていた。この時期，ちょうど国民が高齢化について関心をもち始
めた時期でもあった。したがって，世論における「老人ブーム」はけっしてこの
問題に限定されていたわけではないが，老人医療費無料化制度は具体的で理解が
容易なひとつの政策上の焦点を提供したのである。

第4節　制度成立をめぐるアクターの動向

（1）厚生省の動き

　戦後，日本における高齢者対策の展開は4つの段階にとらえることができる。
その第一段階は，老後問題といわれた現役労働者の退職後保障の問題に対する時
期であるが，それは1950，1960年代の年金制度の発展につながる。第二段階は，
老人問題である。これは，すでに老齢である人々の窮状に関心が高まり，1960年
代に始まり1970年代前半をピークにして，高齢者に対するさまざまな政策が急速
に成立した時期である。第三段階は，高齢化社会問題である。この時期は石油危
機以後，財政状態の悪化にもかかわらず，増加する高齢者によって，財政上の負
担が懸念され，福祉抑制のためさまざまな対策が行われた時期であった。そして

第四段階は，超高齢化社会の問題である。この時期は地域福祉や介護問題に対してその対策が行われた時期である。

　このように老人問題は1960年代半ば以降社会問題になり，老人福祉法が制定されるなど，その施策の充実が図られた。1960年代半ばの時期は，老人福祉法に定められた諸施策の具体化のために条件を整備し，施策の定着化を図ろうとした数年であった。その動きを端的に示すものに，当時の社会福祉審議会の意見具申，答申等がある。1965年7月31日，中央社会福祉審議会老人福祉専門分科会が，老人福祉対策の推進に関する意見具申を行い，老人福祉法に規定されている施策及び関連する施策を具体的に挙げ，それらの推進を強く求めている。中央社会福祉審議会の意見具申の背景には，人口構造の老齢化による要収容者の増加等に伴い，老人福祉施設の整備拡充と，その運営の近代化などが各方面から強く要請されていたという情勢があったのである。

　これを受けて，老人福祉施設の設備と運営の基準を確立することが厚生省にとって，緊急な要務となった。特に，養護老人ホームと特別養護老人ホームについては，老人福祉法第17条の規定により，厚生大臣がその設備及び運営の基準を定めることになっているが，その基準が決められていなかったのである。このため，これらの老人ホームの急速な増加にもかかわらず，各施設の構造設備，その運営などが充分に整備されない傾向がみられた。したがって，同審議会は1965年5月以来，老人福祉専門分科会において，養護老人ホーム，特別養護老人ホームの設置運営基準の検討を行い，1966年1月に，意見具申を行った。この意見具申を受けて，厚生省は「養護老人ホーム及び特別養護老人ホームの設備及び運営に関する基準」を制定することになる。このように，この時期は老人福祉推進の条件や基盤づくりに重点が置かれたのである。

　ところが，1960年代後半になると社会構造や国民生活の面でさまざまな問題が露呈し，福祉の立ち遅れが指摘されるようになった。政府が高度経済成長の問題点を指摘した最初の報告のひとつとして1965年度版『国民生活白書』が挙げられる。同白書は「高度経済成長が産業発展・技術革新・人口の都市集中化によって達成されたことを踏まえた上で，それらの要因が公害・通勤問題・住宅問題という弊害を引き起こしている」と指摘している。さらに，「こうした諸問題がそのまま放置されれば，労働者の労働意欲，資本効率の減退，消費者物価の上昇，消費の停滞を引き起こし，結局は経済成長を阻止してしまう」と警告している。

158　第Ⅱ部　高度経済成長期における高齢者福祉政策

「それゆえ，高度成長のもたらした諸問題を解決するためには，後進産業の援助・育成や生活条件・環境を整備した，バランスのとれた成長を達成する必要がある」と述べている。こうした認識を政府の方針として発展させたのが，経済審議会の「経済社会発展計画」であった。

　さらに，1970年の「新経済社会発展計画」では，公的年金・公的扶助の拡充がとりわけ前面に押し出されている。それ以後のほとんどの政府報告書・白書は西欧諸国と比べて日本の社会保障政策が立ち遅れているという認識を示し，これに追いつく必要があると説いた。1968年9月に国民生活審議会が「深刻化するこれからの老人問題」を報告し，老齢人口の増加や社会経済的変動がこれからの老人問題を量的・質的に重大化させることを指摘した。また，9月には，全国社会福祉協議会が厚生省の援助を受け，「在宅寝たきり老人実態調査」を実行したが，これがきっかけで全国で約20万人と推定される要介護老人をめぐる問題とともに高齢化社会という問題が注目を集めだすことになったのである。

　この全国社会福祉協議会の在宅寝たきり老人実態調査は直接厚生省によって指導されたものではなかったが，厚生官僚の示唆に基づいたものであるといわれる。このような動きを背景に，厚生省も1968年5月中央社会福祉審議会に対し，老人問題に関する総合的施策について老人保健，医療費，住宅，税制など10項目について諮問を行った。これに先立ち厚生省は，1969年度予算の概算要求に際し，老人医療問題に関して老人医療費負担軽減対策を盛り込んだ予算要求を行った。これは，当時の厚相の名を冠して「園田構想」と呼ばれるもので，その内容は　第一に，70歳以上の者を対象とし，第二に，一定の所得制限の下に，第三に，医療保険の自己負担分が一定額（外来，月1000円，入院，月2000円）を超える場合，その超過額を国8割，地方公共団体2割で金銭給付により，負担しようとするものであった。

　しかし，この問題については1967年に2年間の時限立法として公布された「健康保険法及び船員保険法の臨時特例に関する法律」の後を受けて，当時議論を呼んでいた医療保険の抜本改正の一環として検討すべきであるという考えが強く，この提案は実現に至らなかった。そこで厚生省は1969年8月，医療保険の抜本改正について社会保障制度審議会及び社会保険審議会に諮問する際，試案として70歳以上の国民（ただし，被用者保険の被保険者を除く）を対象に社会保険方式により医療給付を行う「老齢保険制度」の構想を発表した。

第5章　1970年代の高齢者福祉と老人医療費無料化制度　159

　一方，1968年，通常国会において，野党の国会議員が老人の医療費無料化の問題を取り上げた際にも，厚生省の官僚らは費用面から消極的な態度で答弁を行った。しかし，当時の厚生大臣である園田直はこの問題により積極的な姿勢を示した。そして，園田は1969年12月の総選挙のための地方での選挙演説において自分からこの話題を取り上げた。続いて，東京で開かれた老人福祉会議においても，彼は「老人医療無料化制度の実現のため政治生命を賭けたい」と表明したのである(30)。

　そこで，当時厚生省の官僚はこの問題について積極的ではなかったが，上からの命令を受けて，社会局長と保険局長が協議し，公費によって高齢の患者に対して医療費の一部分を償還する制度を急拠作り上げ，遅ればせながらも1969年度の予算要求のなかに初年度分4億4400万円の予算を盛り込むこととなった。しかし，充分なコンセンサスを作り出す時間はなく，実際のところ多くの行政官がこの構想に反対であった。さらに，自民党の大部分の委員たちも老人医療費無料化制度についてはかなり冷淡であった(31)。そのため，主計局との交渉においてもこの提案は大した後押しを得ることができなかった。最後には福田赳夫大蔵大臣が園田厚相を説得し，これを断念させることにしたのである。

　一方，厚生省は1969年に，東京都が老人医療費無料化を実施しようとすると，これを「現行の保険制度をはみ出す」という理由で阻止しようとした。しかし，地方レベルではこの政策が拡張され，加えて地方政府から中央政府の負担を求める声が高くなると，厚生省としても対応策を検討する必要に迫られ，厚生省は9月20日「豊かな老後のための国民会議」を開催するなど(32)，老人医療問題に積極的に対応することになった。1970年1月，中央社会福祉審議会は1969年の厚相の諮問に対し，「緊急に実施すべき老人対策について」と題する中間答申を行い，そのなかで老人の白内障手術の無料化などを提言した。さらに，同審議会は11月にも，「老人問題に関する総合的施策について」の答申を提出した。この答申では「老齢により常に健康上に不安を有する老人層一般に対して，健康保持増進のための方策，予防，医療，リハビリテーションを含めた包括的かつ体系的な対策が早急に確立されなければならない」としつつ，「老人医療費の軽減は緊急な問題である」として早急に必要な措置を講じるよう述べられていた(33)。

　このような状況と平行して，すでに検討したように地方公共団体のなかには独自の老人医療費対策を実施に移すところが出てきた。厚生省は東京都の計画案に

対し，公費と健康保険の給付を混合することになるからといって反対したが，間もなく官僚たちは国自身が何らかの対策を講ずることを余儀なくされるだろうということに気づいた。問題は，どのような対策を準備するかということであった。

この点について厚生省のなかでは誰もが違う意見をもっていた。社会局，保険局，公衆衛生局，医務局間の，そしてときには年金局も加わっての対立は激しく，かつ錯綜していた。たとえば，当時，社会局では病院における老人リハビリテーション・サービスを確立するために，1971年度厚生省予算要求に20億円を盛り込もうとしたが，この案は保険局からの反対を受けた。その理由は，保険局がなお高まる圧力を梃子として長年の懸案である抜本改革を達成しようとしていたからであり，厚生省が高齢者のための個別施策にこれ以上，関わってしまうと，そうした改革が一層困難になると考えたからであった。

しかし，時間の経過に伴い，1971年までにこの両局の対立は変化するに至った。保険局は改革を断念し，高齢者と関わりあいになることによって財政問題が悪化しないことだけを望むようになった。他方，社会局はサービス中心の戦略では増大する国民の需要を充足できないことに気づき，この問題を何らかの保険の枠組みを通して処理することをめざすようになった。結局，1971年に至り厚生省は老人対策の充実を翌年度の最重点施策のひとつとして掲げ，その具体的なあり方を検討するため，同年3月，「老齢者対策プロジェクトチーム」を発足させたが，こうした取り組みが厚生省内で行われたのは初めてのことであった。この表向きの目的は1970年の「総合政策」報告書に盛り込まれた多くの案を実施に移すための具体的な計画を作成することであったが，本来の目的は医療費無料化問題に省レベルの合意を作り上げることであった。

しかし，こうした厚生省の目的は達成できず，同年5月14日に「中間報告」が提出される。そのなかでは統一されてない次のような4つの選択肢が示されたのである。第一案は，医療費の患者負担分の一部を一般財源でカバーし，いろいろな健康保険制度はこれまでどおりとするものは東京都が実施している老人医療費無料化制度と本質的には同じであるが，費用の100％をカバーするものではない。第二案は，中央政府は地方自治体がどのような事業を展開する場合でもそれに対して単に，一定の補助金を支払うとするもの。第三案は，高齢者を通常の健康保険から切り離し，特別制度を作ることによって，その医療費のすべてを一般財源で負担するというものである。これは結果的には当時の生活保護受給者および原

第５章　1970年代の高齢者福祉と老人医療費無料化制度　161

爆被災者のための制度を拡大したものになる。第四案は，通常の健康保険制度の高齢者に対する負担率を100％とし，財政当局の補助金によって賄うとするものであった。

　このような内容であった中間報告は提出当時からまとめられていた報告ではなかったので当然，各項別に重大な意味合いをもっていた。つまり，社会局は新しい制度のなかで専門的な医療サービスが可能であるということから第三案を選択した。しかし，医療局は第二案が最も費用がかからず，厚生省の政策として最もまぎらわしくないとして選択した。また，公衆衛生局は退職前健康診断を40歳から始めるという案が退けられた後で，社会局案を不承不承支持した。そして，最終的な妥協点として，社会局と公衆衛生局は第四案も支持した。これは健康保険の抜本改革のスピードを早め，当時非常に望ましいと考えられたサービス戦略を展開する重要なチャンスになると考えたからである。しかし，第三案も第四案も保険局の強い抵抗を受けた。保険局はこのときまでに抜本改革という構想を放棄し，健康保険が正面する財政問題により大きな関心を示したのである。保険局の主な狙いは費用のかかる老人問題に巻き込まれるのを避けることであった。(37)

　このように局の間に対立があった場合，官僚制の特性のひとつとして事務次官の強力な指導力が発揮されれば，事態は変えることもできる。しかし，当時，事務次官である梅本純正は保険局のOB（1967年9月〜1970年6月まで）であり，第一案が高まる政治的圧力に対処する最も簡単な方法であるという見解に傾いていたとされ，結局は積極的な役割を果たさなかったのである。こうした分裂と混乱は秋まで続いたのである。

　一方で，厚生省は1972年度予算の概算要求にあたって，70歳以上の者の医療保険の自己負担分を公費で負担するという案で予算要求を行った。自民党も1972年度の最重要政策として老人対策に取り組むこととし，1971年9月には老人対策特別委員会が老人医療特別措置制度の創設を含む老人対策要望を発表した。さらに，同年9月と10月には，社会保障制度審議会及び社会保険審議会から，厚生省が諮問していた老齢保険制度の創設を含む医療保険の抜本改正に関する答申がなされた。これらの答申は，老人医療費対策については，早急に解決を図るべきだとしながらも，厚生省試案の老齢保険制度構想には消極的であった。

　このような状況下で1972年度予算要求は1971年8月31日が締め切りであるとされ，厚生省は何らかの案を提出しなければならない状況に至り，結局は以前1968

162　第Ⅱ部　高度経済成長期における高齢者福祉政策

表 5 - 6　老人医療費制度をめぐる厚生省の動き

年　月	内　　　　容
68年 7 月	園田厚相「老人医療公費負担を検討中」と語る
68年11月	厚生省「当面は，老人福祉法を拡大する方法で，出来れば65歳以上の老人を対象にしたい」
69年 1 月	園田構想見送り
69年 8 月	厚生省「老齢保険制度要綱試案」を作成
70年 8 月	厚生省来年度実施をあきらめる
70年11月	厚生省公費負担を加えた老人医療保険制度を検討
71年 2 月	厚相「健康保険に公費負担うわのせ」を示唆
71年 5 月	三案のうち医療保険の自己負担を国と地方自治体が半額負担する方法が有力化
71年 8 月	老人医療費無料化，厚生省予算要求←国庫負担，入院時の食事代について折衝
72年 1 月	老人医療費無料化制度，予算化決定
72年 2 月	厚生省，老人福祉法改正案要綱を社会保障制度審議会に諮問
	社会保障制度審議会「老人医療対策の実施は世論となっており，今回の改正案は一応の前進である」と答申，老人福祉法改正案，衆院へ提出

出典：橋本宏子『老齢者保障の研究』総合労働研究所，1981年，191頁。

年に提出した「園田構想」を再提出するくらいのことしかできなかったのである。[38]この結果，1972年 1 月に老人医療費無料化制度に関する政府原案が決定されることになった。こうした老人医療費無料化制度成立をめぐる厚生省の動向を整理してみると表 5 - 6 のように要約できる。

　しかし，法律案の策定にあたっては，当初この制度を老人医療費特別措置法として単独立法とするという案も考えられたが，老人の福祉に関する法律として老人福祉法がすでに制定されており，かならずしもこれと別に法律を制定する必要はないこと，老人福祉法に規定されている老人健康診査や老人家庭奉仕員制度等の福祉の措置と一体として実施する方が適当であること等の理由により，老人福祉法の一部を改正し，同法の福祉措置の一環として定めることとされたのである。[39]

　以上，みてきたように老人医療費無料化をめぐる官僚政治には通常の政策過程とは異なるものがある。というのは，厚生省が内部的に合意が形成されないまま，具体案作りを急いだのはなぜか。大蔵省の社会支出増大への強い反対を考慮すると，その感は一層強まる。大蔵省が予算編成権をもち他の省庁を牽制し，ときには「スーパー官庁」と呼ばれたことはよく知られている。大蔵省が財政保守主義の立場から，新規予算については厳しく査定していたからこそ，日本は1960年代を通じて経済政策を優先し，社会保障に対しては「小さな政府」の方針を維持してきた。大蔵省の諮問機関・財政制度審議会は，社会保障制度拡充への声が国家

内において高まるなかでも，社会保障サービスの改善は国民負担の増加によって賄われるべきであると主張し，財政サイドから安易な福祉膨張を戒めていたのである。[40]

　こうした大蔵省の反対を厚生省が克服しえたとしたら，それは日常的政策決定パターンから明らかな逸脱を意味する。実は老人医療費無料化にしろ，年金改正にしろ，官僚内部の動きだけみていたのでは充分に理解できない。厚生省が老人医療費無料化を急いだのは，そこには自民党政権の強い意向があったからである。大蔵省の抵抗を押し切って「５万円年金」を実現しえたのも，自民党政権，とりわけ首相の政治的決断によるところが大きかったといえる。

（２）自由民主党の動き

　戦後日本の政治体制を基本的に特徴づけてきたのは，自民党による一党優位体制である。1955年から1993年にわたるほぼ40年の間，この政治構造は存続し，このもとで日本の福祉国家の形成は営まれた。すなわち，自民党は長期統治政党として日本の公共政策過程に深く関与してきたのである。長期政権であればあるほど社会的ニーズに対応する公共政策の探知，形成，実行という機能が拡大される傾向は当然である。しかし，このことは自民党自体が公共政策遂行に全面的にのめり込むことを意味しているのではない。むしろ，官僚制をどのように使うか，あるいはどのような協力関係を構築するかという問題である。[41]

　ここで自民党が福祉政策に対してどのような関心をもっているのかを村松岐夫と伊藤光利の調査結果にしたがって検討してみる。[42]彼らは国家活動の拡大がどのようにして生じるのか，また，国家活動はどのような評価を市民やエリートによって与えられているかについて福祉政策に焦点を当てながらエリート（国会議員），サブエリート（地方議員），市民の間の関心の違いを分析した。この３つのグループの間の比較を行ってみた結果，一般市民においては「秩序維持」，地方議員においては「公共サービス，公共施設」，国会議員にとっては「福祉」と「外交・国防」の問題がそれぞれのグループにおいて最重要視すべき，国家活動として挙げられた（表５-７）。このなかでの国会議員間の福祉政策に対する関心度を比較したものが図５-３である。

　図５-３は国会議員の国家活動に対する評価を各評点の分布にしたがって図示したものであるが，他の４分野は「まあまあ」を頂点とする山なりものであるの

164　第Ⅱ部　高度経済成長期における高齢者福祉政策

表5-7　国の活動の重視点　　　　　　　　　　　(単位：％)

活　動	市　民 自民	市　民 野党	市　民 全体	地方議員 自民	地方議員 野党	地方議員 全体	国会議員 自民	国会議員 野党	国会議員 全体
福　祉	18.0	18.3	17.4	14.5	23.6	14.9	18.0	39.2	28.7
秩序維持	30.9	34.8	34.0	14.5	8.3	10.7	10.0	9.8	9.9
公共サービス・施設	9.9	13.0	12.0	13.2	22.3	23.3	4.0	17.6	10.9
経　済	24.7	23.8	21.7	19.7	20.4	28.1	20.0	15.7	17.8
外交・国防	8.8	6.6	6.9	28.9	13.4	16.0	46.0	15.7	30.7
わからない・ない	7.7	3.4	8.0	6.6	4.5	2.9	2.0	2.0	2.0
無効非該当	—	—	—	2.6	7.6	4.2	—	—	—
計	100.0	100.0	100.0	100.0	100.0	100.0	100.0	100.0	100.0

出典：村松岐夫・伊藤光利「国会議員と市民からみた国家活動に対する評価」『季刊行政管理研究』No.7, 1979年9月, 27頁。

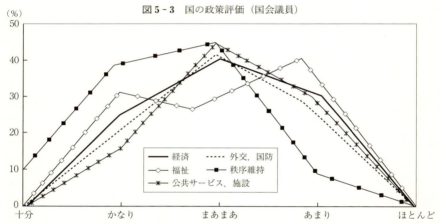

出典：村松岐夫・伊藤光利「国会議員と市民からみた国家活動に対する評価」『季刊行政管理研究』No.7, 1979年9月, 29頁。

に対して，福祉は2つの山をもち「まあまあ」という中間点が少し下がるという特徴を示す。与野党の対立が鮮やかに出ているといえよう。図5-3で右の山を担うのが野党，左の山を担うのが与党（自民党）である。

　また，図5-4は議論の分かれる福祉への評価を市民と国会議員に関して示している。図5-4から明らかなように福祉政策に対し自民党議員は，「かなり進んでいる」と評価した反面，自民党の支持者の場合は，「まあまあ」と評価している。他方，野党議員の場合は同一質問に対し，「あまり進んでない」と評価したが，野党の支持者の場合は「まあまあ」から「あまり」の間を示している。この

図5-4 国の活動評価（福祉）

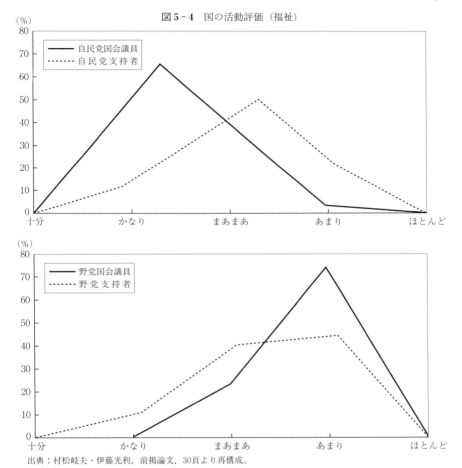

出典：村松岐夫・伊藤光利，前掲論文，30頁より再構成。

ことは，自民党議員は自民党支持者よりも福祉の現状を高く，あるいは肯定的に評価する方向に傾き，野党議員は野党支持者よりも否定的に評価を下す傾向があることを意味している。こうした分析結果から，福祉政策に関する国会議員の関心ないし支持は，自民党議員と比べて野党議員の方がより積極的なものであることがわかる。[43]

河中二講は福祉の増大を促進させる要因として3つの要因を挙げている。[44] 第一は，「国際比較で外圧を感じ立ち遅れが目立った場合，急に海外のモデルを導入する」というケースである。たとえば，老人福祉で老齢者数の割に日本での施設

166 第Ⅱ部 高度経済成長期における高齢者福祉政策

が欧米からみてずっと遅れ，3分の1程度であることが問題として指摘されたとき，そこに新規の予算を見込むというような右へならえ式がみられる。この場合もせめて欧米並みとはいかなくとも現状より少し増えるという傾向が多い。このケースにおける主たる政治的アクターは行政当局である。行政当局は審議会に問題を提出し，立法化の運びとなる。

　第二は，地方自治体が推進する場合である。老人医療費無料化制度のように自治体が自主的に福祉政策を推進する結果，中央政府も無視できなくなって導入するケースである。これは与野党間の政治的競争の一側面もある。そして第三は，福祉サービスの従事者が促進者となる場合である。

　さて，日本において福祉政策はどのように進行するのであろうか。問題によって多少差異はあるが，次のようなパターンが典型的であるといえよう。予算編成は例年5月頃に始められ，その作業は与党である自民党，主管行政官庁，厚生省関係団体の三者の密接な意見の交換によって進められている。厚生省主管の福祉政策の場合，主管局として主に社会局が，福祉関係団体としては全国社会福祉協議会が，そして自民党の政調会社会部会と接触を密接にしながら作業開始から終了まで推進者の役割を演じるのである。野党はこの予算過程からは直接的にはほとんど排除されている。このように福祉予算の拡大は，与党と官僚制と関係団体とが決めているのである。

　しかし，先にみたように，与党（自民党）の国会議員は福祉活動をすでに充分に行っているとみている。では，自民党がなぜ予算拡大に手を貸すのか。これはひとつの逆説である。そして，この逆説を説明する鍵として選挙が挙げられる。多くの政治学者が主張してきたように，政治家が政策を採用するのは選挙に勝つためであり，福祉予算の規模を決めるのは，予算の余裕と「選挙の票田への効果」である。前の表5-7で示しているように，今まで自民党は福祉よりは経済，あるいは外交・国防に最も関心を傾けて政策を推進してきた。つまり，1969年園田厚相が自民党内で老人医療費無料化の意向を示した際にも，自民党首脳部はほとんどこれに興味を示さなかった。しかし，革新知事美濃部が，東京都に対して老人医療費無料化制度を導入したのをきっかけに，ほぼ全国の地方自治体が同様の制度を採用するのに及んで，自民党も無視することができなくなったのである。

　一方，老人医療費を軽減しようとする地方自治体の動きは全国的に活発になりつつあったが，表5-8のようにそれらの地方の事情，特に地方公共団体の財政

第5章　1970年代の高齢者福祉と老人医療費無料化制度　167

表5-8　医療費公費負担実施県の状況

県　名	実施主体	対　象　者	対象医療費	負　担　割　合		実　施　時　期
秋田県	市町村	75歳以上の老人で各種医療保険に加入している者	自己負担額で入院 2,000円 外来1,000円を超える額	市町村 県	1/2 1/2	44・4・1 (45・4・1 80→75歳) (46・4・1 所得制限撤廃)
埼玉県	市町村	老令福祉年金受給程度の所得以下 70歳以上	自己負担額全額	市町村 県	1/2 1/2	46・4・1
千葉県	市町村	国保保険者（市町村）が給付率を引き上げたとき 70歳以上	引き上げによる所要額	市町村 県	1/2 1/2	46・4・1
東京都	都	老令福祉年金受給程度の所得以下 70歳以上	自己負担額全額	都	10/10	44・12・1
神奈川県	市町村	国保保険者（市町村）が給付率を引き上げたとき 70歳以上	給付率引き上げによる所要額	市町村 県	1/2 1/2	44・4・1 (45・10・1 80→70歳)
横浜市	市	国保被保険者 75歳以上	自己負担額全額	市 県	1/2 1/2	43・1・1 (45・4・1 80歳以上9割給付→ 75歳以上10割給付)
大阪市	市	65歳以上ねたきり老人 所得税非課税世帯	外来の自己負担額全額	市	10/10	45・10・1
神戸市	市	75歳以上ねたきり老人	自己負担額全額	市	10/10	45・9・1 (46・4・1 所得制限撤廃)
山梨県	市町村	75歳以上の者	自己負担額全額	市町村 県	1/2 1/2	46・4・1
長野県	市町村	75歳以上の者	入院外の自己負担額	市町村 県	1/2 1/2	46・4・1

資料：『政策月報』1972年1月号，66-69頁より再構成。

事情を反映して，その適用を受ける老人の範囲についても，対象医療費についても，基準がまちまちなのはやむをえないことである。また，財政状態が貧弱な市町村では医療費軽減に対する地域老人の希望がいかに切実であろうとも，その制度化になかなか踏み切れないのが実情である。これを克服して，全国の一定年齢以上の老人に制度の恵みをあまねく配分するためには，国の制度として何らかの

168　第Ⅱ部　高度経済成長期における高齢者福祉政策

形で老人医療費の軽減を実現するより他はない。このように国の制度としての老人医療費の無料化を要望する声は，ようやく全国的に高まりつつあったのであるが，参議院選挙において，自民党が老人医療費無料化を選挙公約として掲げたことで実現への保障が得られることになった[48]。

　1970年「敬老の日」を迎えるにあたって社会，公明，民社，共産の4野党は，それぞれ老人問題に関連した政策を発表した。社会，民社両党は幸せな老後を保障する「老人憲章」の制定を提唱するとともに，次の国会で年齢による雇用差別禁止法案「老人対策基本法案」などを，また，公明，共産両党は老人福祉年金の大幅引き上げや医療の無料化などを要求した。

　9月14日には，総評主催の「安心できる老後を要求する中央集会」が東京の日比谷で開かれ，全国の高齢者約2000人が集まった。この集会で市川総評議長が「人手不足の時代とはいえ定年後の人達の生活はけわしい。各種年金制度や医療，住宅などにも恵まれていない。力を合わせ，老後保障の要求をかちとろう」と挨拶した。この後，高齢者の年金，医療費無料，無料住宅などを要求するアピールを採択したのである[49]。

　このように地方自治体の有権者からの圧力を受け，また，マスメディアの関心や世論の高まる状況のなかで自民党も否定的な態度をとるわけにはいかなくなった。自民党はこの時点で革新側の反対と政府の無策ぶりに対する非難に対して，強い脅威を感じ，何らかの形でも老人医療問題の対策を考えていたのである。しかし，自民党の国会議員の大多数が実際に費用のかかる東京都方式を支持したわけではない。東京都方式を熱心に支持した保守党政治家はほとんどなく，多くは強い疑念を抱いていた。いずれにせよ，自民党は1971年6月政務調査会に老人対策特別調査会を設け，老人医療の具体策について検討することになった。当時，座長は園田直で，指導的な委員には田中正巳，橋本龍太郎がおり，彼らは老人問題および福祉政策全般に対して強い関心をもっていた。この3人はまた常設の政策調査社会部会にも属しており，この部会は厚生省の政策全般に責任をもつ党機関であっため，医療費無料化問題を取り扱う権限をもっていた。

　J. C. キャンベルは1977年に，この3人の国会議員のうち2人にインタビューを行ったが，それによると，「自民党内の福祉専門家たちはこの分野での新しい政策が必要であると信じてはいたが，高齢者に医療費の完全無料化が認められるとは考えていなかった。むしろ，高齢者による医療施設の過剰利用の可能性に対

第**5**章　1970年代の高齢者福祉と老人医療費無料化制度　169

して懸念を抱いていた。ある議員は通常の医療に対してよりも，脳卒中のような高齢者にとって最も深刻な病気に重点をおいてはどうかという意見もいた。しかし，小委員会と社会部会には医療制度の抜本改革のような複雑な問題を本当に扱えるような技術的専門家やスタッフが存在せず，結局は主として官僚の進言するところに頼らざるを得なかったのである[50]」と述べている。

　自民党の小委員会と社会部会では，ほぼ７月中に厚生省のプロジェクトチームの代表者数人から数回の意見聴取を行い，1972年11月実施を目標として老人対策要綱をまとめ，敬老の日である９月15日に発表した[51]。この要綱は，次年度（1972年）に，予算編成との関連から特に緊急に対策を要する施策を掲げたものであった。同要綱では，第一に，老人医療費無料化の対象年齢は70歳以上とし，その費用の３分の２を国が，残りを都道府県と市町村が負担する。第二に，70歳以上の老人に支給されている老齢福祉年金は1973年度からは月額5000円とする。第三に，早急に老人福祉施設整備５カ年計画を策定するなどを骨子としていた。

　ここで老人医療費無料化の対象年齢を70歳以上とすることはすでに，厚生省の1972年度予算の概算要求のなかで決まっていた項目であるが，費用負担については，国と地方自治体が半々で負担するというのが厚生省の考えだったのである。ところが，自民党では「地方自治体に半分の費用を負担させるのはとても無理だ」とする意見が強く，結局，国の負担割合を３分の２とすることに落ち着いたのである。この要綱は厚生省の老齢者対策プロジェクトチームが固めた基本構想を一部修正した形でまとめられたものであった。

　自民党の老後対策要綱の発表と同時に，首相の諮問機関である社会保障制度審議会が「健康保険の抜本改正に関する答申」を発表した[52]。それによると，老人に対する医療費無料化施策は，少なからぬ数の地方公共団体によって先行的に実施されている。また，各政党ともここでその早期実施を公約している。さらに，世論も強くそれを望んでいるように見受けられると述べているように，老人医療の対策の必要があることを認めた。しかし，同答申は当時，検討されていたいくつかの解決策に対しては批判的であった。特に，東京都の方式は現在の施設に無理を強いさまざまな不公平や利害の衝突をもたらすものであり，国民健康保険制度を財政困難に陥らせるであろうと指摘した。

　このように，社会保障制度審議会の指摘があったにもかかわらず，自民党の老後対策要綱は，同年12月の最終予算交渉では園田試案を少し修正した形で提案さ

170　第Ⅱ部　高度経済成長期における高齢者福祉政策

れた。だが，厚生省はこれをあまり強く推さなかった。したがって，結局は東京
都の方式が承認されることになった。もちろん，予算の増大を伴う制度というこ
とから，大蔵省官僚はより費用がかからない方式を希望したが，事実上，自民党
の強い要求にほとんど抵抗を示さなかった。このようなプロセスを経て法案は厚
生省によって作成された。これは1972年2月18日に閣議決定され，同日政府提出
予算関連法案として，第68回国会に提出されたが，その後，同案に対する国会で
の審議過程は表5-9のようである。

（3）国会での審議過程

　自民党は1972年の予算編成の際，社会福祉を最大の旗印として，予算を編成す
るという方針を定め，これに沿って政府との話し合いを行い，あるいは種々の申
し入れを行うなど，この方針の実現のために最大限の努力を払った。この結果，
厚生行政全般にわたる新規施策の実施あるいは，その充実，改善等のための所要
経費が計上され，社会福祉の著しい向上が図れることになったのである。

　日本において社会政策が経済政策に優先したといえるのは，これが最初のこと
であった。それでは，なぜ自民党がこのように急に経済より福祉優先という大き
な政策の転換を行ったのか。こうした政府の方針転換は1972年7月に新たに首相
となった田中角栄の指導力に負うことが大きかったのである。田中首相は同年9
月11日に開かれた全国知事会に出席し，1973年を「年金の年」とする意向を示し，
その直後，自民党社会保障調査会が5万円老齢年金実現の方針を示した。これに
対して当然，大蔵省の抵抗があったが，結局首相自ら大蔵省に5万円年金具体案
の作成を指示するという形で決着が着いた。田中はまた資本・経営側に対して，
政府の方針は「経済成長第一主義から福祉優先」[53]に変わったので，この転換に伴
うコストを企業も負担するようにと要請している。

　こうした田中の方針を反映して，1973年「経済社会基本計画」が発表される。
このなかでは，「活力ある福祉社会」の建設が主唱されていた。しかしながら，
高度経済成長の熱心な擁護者として知られる田中が「福祉優先」を唱えたのはな
ぜなのか。それは『日本列島改造論』に明らかなように，これはかならずしも彼
が従来の信念を改めたためではなかった。こうした政策の変化は，自発的という
よりは状況に強いられたものであったといえる。[54]

　つまり，市民運動，革新知事，革新市長の誕生を媒介とした保守支配体制の危

第5章　1970年代の高齢者福祉と老人医療費無料化制度　171

表5-9　同法律に対する国会での審議過程

年 月 日	内　　　　　容
1972年2月18日	「老人福祉法一部を改正する法律案」閣議決定，第68回国会に提出。
3月3日	衆議院社会労働委員会に付託。
4月13日	同委員会において厚生大臣提案理由説明。
4月26日	同委員会において審査。
4月27日	審査のうえ議決（全会一致）。附帯決議なされる。
4月28日	衆議院本会議において可決。参議院へ送付。参議院社会労働委員会に付託。
5月9日	同委員会において厚生大臣提案理由説明。
5月30日	同委員会において審査。
6月12日	同委員会において議決。附帯決議なされる。
6月16日	参議院本会議において可決，成立。
6月23日	公布。

機の顕在化の結果が，田中内閣の政策を変化に向かせることになったと考えられる。自民党保守体制が危機を意識していたことは，自民党支持の低落傾向からも窺える。1960年の総選挙で自民党の得票率は58％であったが，1972年には47％まで低下していたのである。

　このことは高度経済成長政策の推進の結果，急激な産業化は都市の過密化，都市環境の悪化を招き，都市を自民党批判勢力の温床と化す一方，自民党の強固な支持基盤であった農村部を衰退させたのである。[59]

　1972年の総選挙において田中角栄の高い人気にもかかわらず，自民党は低落現象に歯止めをかけることができなかった。この結果，自民党は来る1974年の参議院選挙に対する危機感を一層強めることになった。参議院では与野党勢力が伯仲し，より苦しい選挙戦が予想され，自民党としては「大企業寄り」という批判をかわし，国民に広く訴える政策を展開する必要に迫られていた。もとより経済的自由主義の立場からすれば，かならずしも望ましいものではない公的福祉の拡充がスムーズに行われたのは，すでにみたように資本家サイドもまた，当時の社会状況を自由企業体制の危機として深刻にとらえ，公的福祉の積極的な展開を支持していたためである。1970年代前半にみられた「福祉優先」の時代は，日本政治史のなかにおいて特異な一時期として記録されようが，その政治過程はこうした概念枠組みから理解できるのである。

第5節 小 括

　以上，1973年から実施された老人医療費無料化制度の制定をめぐる政策形成及びその決定過程について述べたが，簡単にまとめてみると次のように要約することができる。老人医療費無料化制度の成立過程は通常の福祉政策過程とは異なる疑問点がある。というのは同制度の成立における厚生省が内部的に合意が形成されないまま，具体案作りを急いだのはなぜか。さらに，一般的に社会支出費の増大に対しては強い反対立場を固守してきた大蔵省を考慮すると，その疑問は一層強まる。

　なぜなら，大蔵省が予算編成権限をもち他の省庁を牽制し，「スーパー官庁」と呼ばれていることはよく知られている。大蔵省が財政保守主義の立場から，新規予算については厳しく査定していたからこそ，日本は1960年代を通じて経済政策を優先し，社会保障には「小さな政府」を維持してきた。大蔵省の諮問機関・財政制度審議会は，社会保障制度拡充への声が国家内において高まるなかでも，社会保障サービスの改善は国民負担の増加によって賄われるべきであると主張し，財政サイドから安易な福祉膨張を戒めていたのである。

　こうした大蔵省の反対を厚生省が克服しえたとしたら，それは日常的政策決定パターンから明らかな逸脱を意味する。実は老人医療費無料化にしろ，年金改正にしろ，官僚内部の動きだけみていたのでは充分に理解できない。厚生省が老人医療費無料化を急いだのは，そこには自民党政権の強い意向があったからである。

　それでは，福祉に対してあまり関心がなかった自民党保守政権がなぜ多くの予算を必要とする老人医療費無料化制度の成立に動き出したのか。そこには多様な要因があるが，検討したように革新自治団体の誕生とその役割が大きな影響を及ぼしたといえる。つまり，自民党政権は高度経済成長を重視してきた結果，環境・福祉などさまざまな社会問題が放置・蓄積され，1960年末頃には自民党保守支配体制の危機が生じた。この危機は市民運動，革新勢力，さらに左派労働運動の台頭によって顕在化する。市民運動，美濃部のような革新知事・市長は自民党政権の経済至上主義と大企業重視の国家政策を批判し，反自民，反企業の立場を鮮明にした。これに加えて，マスメディアにも反生産第一主義的論調が目立ち，またキャンペーンを通じて国民の間での自民党批判を煽り，反対派勢力を後押し

第5章 1970年代の高齢者福祉と老人医療費無料化制度　173

た。革新自治団体はこのような状況を利用し，福祉政策の充実などの制度要求に
よって大衆的支持を獲得し，自民党との対決の姿勢を強めたのである。

　自民党政権がこうした動きに機敏に対応した背景には1960年後半にすでに高度
成長の弊害を是正する必要を説く国民の声が生まれていたことがある。こうした
声は自民党政権の基本方針として受け入れられ，「経済から福祉へ」の方向転換
が行われるようになったのである。考察した老人医療費無料化制度はこうした流
れのなかで生まれた制度の一つである。

注

(1)　John C. Campbell, "The Old People Boom and Japanese Policy Making," *Journal
　　 of Japanese Studies*, Vol. 5 No. 2, Summer 1979.

(2)　老人医療費支給制度は，老人（70歳以上，寝たきり老人は65歳以上）が自己の加入
　　 する医療保険で受診受療したとき，自己が負担しなければならない医療費（3割）を
　　 所得制限について公費（国，都道府県，市町村）が肩替わりするものである。公費の
　　 肩替わりの結果，医療保険が保障する7割と合わせて10割給付が実現したことになる。
　　 したがって，受診受療時に3割の自己負担の支払いをしなくてすむため，一見無料に
　　 思えるのである。しかし，この制度は，有料の医療費を前提とし医療費の7割を医療
　　 保険が支払い，自己負担となっている残り3割を患者が支払わず，公費が患者にか
　　 わって支払うに過ぎないものである。
　　 　医療の無料化とは医療供給側の社会化＝公営化をおこなった結果，無償となった医
　　 療を保障する場合にのみ認められるものである。したがって，老人医療費支給制度の
　　 発足をもって「（老人）医療の無料化」と表現するのは誤りである。ところで，厚生
　　 省は用心してか，老人医療費支給制度実施中は『厚生白書』などの公式文書では「老
　　 人医療費支給制度」という表現をかならず用い，誤称であった「老人医療の無料化」
　　 を用いなかった。
　　 　しかし，1983年2月老人保健にとって代わられた後は「老人医療の無料化」という
　　 誤称を用いている。ここでも以下は老人医療の無料化と表記する（横山和彦「福祉元
　　 年以後の社会保障」東京大学社会科学研究所編，『転換期の福祉国家（下）』東京大学
　　 出版会，1988年，32頁）。

(3)　地主重美「高齢化社会の医療保障」東京大学社会科学研究所編『福祉国家5　日本
　　 の経済と福祉』東京大学出版会，1985年，301-305頁。

(4)　1970年の国民実態調査の結果は『厚生白書』1971年度版，363頁を参照。

(5)　J. C. Campbell, op. cit, p. 402.

(6)　横山和彦「戦後日本の社会保障の展開」東京大学研究所編『福祉国家5　日本の経

174 第Ⅱ部 高度経済成長期における高齢者福祉政策

済と福祉』東京大学出版会，1985年，14頁。

(7) Harold L. Wilensky, *The Welfare State and Equality: Structural and Ideological Roots of Public Expendifures*, Berkley, Cal.: University of California, 1975.

(8) 高橋毅夫「大量消費時代」有沢広己監修『昭和経済史』日本経済新聞社，1976年，380頁。

(9) 蒲島郁夫「マスメディアと政治」『レヴァイアサン』木鐸社，1990年7月，7-8頁。

(10) たとえば，『朝日ジャーナル』1969年9月7日，1970年9月6日，1971年6月4日。『エコノミスト』1969年4月20日，1970年3月24日，7月28日，9月1日。『中央公論』1970年7月号。また，『朝日新聞』は1970年5月から9月にかけて，日曜版に特集記事を連載した。

(11) 蒲島郁夫，前書論文，11-12頁。

(12) 日本のマスメディアの影響力に関しては，三宅一郎他『平等をめぐるエリートと対抗エリート』（創文社，1985年）を参照，その実証調査によるとマスメディアは官僚，政党，財界にかなりの差をつけて第1位であり，回答者の類型別でもジャーナリストを除くすべての集団から第1位に選ばれている。

(13) J.C.キャンベル／増山幹高訳「メディアと政策転換――日本の高齢者対象――」『レヴァイアサン』木鐸社，1990年7月，49-50頁。

(14) 日本の日産自動車会社が生産工程上の不備により，事故の発生危険が多い欠陥車を生産したが，それを隠密に回収・処理した事実を『朝日新聞』が報道して，大きく社会問題化させた事件である。この事例については，大嶽秀夫『現代日本の政治権力・経済権力』（三一書房，1981年）を参照されたい。

(15) 「政策転換のスポンサー」とは意図的に政策を変更しようとする個人や集団，組織を示しているが，こうしたスポンサーには政治的リーダー，政党，一般議員，利益集団，政府機関，官僚個人，学者，専門家，外国，新聞などの政府内外のアクターが含まれる。

(16) 京極純一『日本の政治』東京大学出版会，1983年。

(17) John Creighton Campbell, *How Polices Change: The Japanese Government and the Aging Society*, Princeton University Press, 1993, pp. 140-142.

(18) J.C.キャンベル／増山幹高訳，前掲論文，64頁。

(19) J.C.キャンベル／平岡公一訳「日本における老人福祉政策の形成過程」『社会保障研究』1983年 Spring, Vol. 18 No. 4，401頁。

(20) 新川敏光『日本型福祉の政治経済学』三一書房，1993年，95-96頁。

(21) 革新市長会が出している革新市長の連合会報誌『地方自治通信』は，毎月，市の新しい施策や情報をまとめた「革新都政の動き」を載せているが，そのなかでも福祉関係での「アイディア行政」が一番多かったのである。

(22) 高田浩一他「革新自治体と社会福祉」『世界』1972年10月，第323号，116頁。

第5章　1970年代の高齢者福祉と老人医療費無料化制度　175

⑳　『朝日新聞』1969年8月27日。

⑳　J.C.キャンベル，前掲論文，403-404頁。

⑳　『朝日新聞』1972年9月14日。

㉖　三浦文夫「老人福祉法30年」『社会福祉研究』第58号，1993年，14頁。

㉗　経済企画庁『国民生活白書』1965年度版，45頁。

㉘　新川敏光，前掲書，105頁。

㉙　厚生省五十年史編集委員会編，前掲書，1261-1262頁。

㉚　厚生省社会局編集老人福祉課，「老人福祉法の解説」中央法規出版，1985年，36頁。

㉛　J.C.キャンベルによると，園田厚相は野心的な政治家として，当時，自民党の小さな派閥のリーダーであったという。そして老人医療費無料化制度に対し，自民党が非協調的であった理由として園田のライバルたちは園田がこのように人気を集めそうな問題に取り組むようになることを恐れていたとした（J.C.キャンベル，前掲書，403頁）。

㉜　この会議は10年ほど前，アメリカで催された「老年問題に関するホワイトハウス会議」にならい，政府のきもいりで3日間開かれた会議である。全国の社会福祉協議会など各種団体から選ばれて出席した老人と老人問題関係者約350人が参加し，所得，健康，仕事，社会参加など7つの分科会に分けて会議が進行されたのである。

㉝　厚生省五十年史編集委員会編，前掲書，1262頁。

㉞　通常，局あって省なし，または課あって局なしという官僚の一般的な属性からもわかるように，各局，各課は独自の利害とそれぞれの顧客の願望を代表しているので，各局の利害と関連した法案を作成する場合には対立が生じる。

㉟　J.C.キャンベル，前掲論文，404頁。

㊱　厚生省社会局老人福祉課編『要説老人福祉法』中央法規出版，1974年，45-47頁。

㊲　J.C.キャンベル／三浦文夫・坂田周一監訳『日本政府と高齢化社会——政策転換の理論と検証——』中央法規出版，1995年，210頁。

㊳　J.C.キャンベル，前掲書，211頁。

㊴　厚生省社会局老人福祉課『老人福祉法の解説』中央法規出版，1984年，40頁。

㊵　和田八束「社会保障財政の思想と構造」『社会保障講座』総合労働研究所，1980年，200-201頁。

㊶　佐藤誠三郎・松崎哲人『自民党政権』中央公論社，1986年，79-80頁。

㊷　ここで，データというのは1975年の京都大学法学部法意識調査と1977〜78年実施の国会議員調査，及び1979年の地方議員調査という3つの社会調査の結果に基づいて作成したものである。詳細は村松岐夫・伊藤光利「国会議員と市民からみた国家活動に対する評価」『季刊行政管理研究』第7号，1979年9月，26-36頁を参照。

㊸　村松岐夫・伊藤光利，前掲論文，27頁。

㊹　河中二講「福祉政策の決定過程」『ジュリスト』No. 537，1973年6月25日号，

176 第Ⅱ部 高度経済成長期における高齢者福祉政策

　　68-72頁。

⑷5 村松岐夫・伊藤光利，前掲論文，32-33頁。

⑷6 ある野党関係者によれば，党は厚生省原案ができあがる8月に大臣以下，関係局長
　　が出席する会合に国会議員を送り，党の厚生担当部門の検討した要望を伝える機会を
　　与えられている。しかし，その要望は政府予算にはほとんど組み入れられることはな
　　いという。

⑷7 たとえば，自民党機関誌である政策月報（1973年からは自由民主と改称）をみても
　　1971年8月以前までは福祉に関する記事が掲載されていない。

⑷8 小倉要「老人対策の視点」『政策月報』自由民主党政務調査会，1972年1月号，69
　　頁。

⑷9 『朝日新聞』1970年9月15日。

⑸0 J. C. キャンベル／三浦文夫・坂田周一監訳『日本政府と高齢化社会——政策転換
　　の理論と検証——』中央法規出版，1995年，212頁。

⑸1 『毎日新聞』1971年9月15日。

⑸2 厚生省社会局老人福祉課『老人福祉法の解説』中央法規出版，1984年，36-39頁。

⑸3 『毎日新聞』1972年11月30日。

⑸4 新川敏光，前掲書，109-110頁。

⑸5 山口定「戦後日本の政治体制と政治過程」三宅一郎・山口定・村松岐夫・進藤榮一
　　著『日本政治の座標』有斐閣，1984年，109-110頁。

第Ⅲ部

安定成長期における高齢者福祉政策

第6章
新保守主義と福祉政策改革の政治過程

第1節　問題の提起

　1960年代末から自民党保守政権は「福祉優先政策」を打ち出し，西欧福祉国家への「キャッチ・アップ」の宣言とともに老人医療費無料化制度の実施を含めて福祉分野において大きな政策転換をもたらした。しかし，1973年の石油ショックを契機とする国際環境の激変は，日本国内の政治・経済状況を大きく変化させた。

　石油ショックから始まった経済の低成長と，さらに公的福祉の拡大による財政支出の増大により，新保守主義的論議が自民党保守政権内で支配的となり，「福祉見直し」論が登場することになった。このような動きのなかで1981年に第二次臨時行政調査会（以下第2臨調と略称）による行財政改革の推進は，新保守主義や経済界による小さな政府論の主張の流れも合流させ，日本の新たな方向づけ，あるいは政策の基本的枠組みを提示することになった。

　それは「活力ある福祉社会の実現」と「国際社会に対する積極的貢献」を2つの改革理念としつつ，今までの平等主義に基づく保護政策を市場競争的・自由主義的に再編・縮小していく過程であった。とりわけ，福祉に関しては従来の増分主義政策や「バラまき福祉」を批判しつつ，国民負担率を可能な限り抑え，個人，家庭，企業等の機能を中心に据え，国家の福祉機能をそれらの補完的位置におく「日本型福祉社会」をめざすものであった。

　特に，1982年度制定された老人保健法はそれまでの福祉拡充，給付拡大一本やりから削減の方向に方針を転換したというにとどまらず，福祉に経済性，効率性の観点を導入したという意味で画期的なものであった。老人保健法の制定によって，約10年間続いた老人医療費無料化制度は終了し，患者自己負担が導入された。また，赤字が累積した国民健康保険に対し，他の医療保険から補助が行われるこ

とになったほか，老年期の健康保持のための一連の保健サービスが開始された。その後，1984年の健康保険法の改正，1986年の年金制度の改革など新保守主義下で政策転換がなされてきたのである。

　すなわち，1980年代中盤までの一連の社会保障制度の改革は，従来の理念，財源，サービス水準，行政主体などがバラバラであった医療保険・年金制度を，「日本型福祉社会」のイデオロギーのもとに新保守主義の理念によって，再編・統合する試みであったといえよう。これを単純化すれば，新保守主義の日本型福祉社会論→　第2臨調→　一連の社会保障政策の改革という図式を描くことができよう。したがって，ここではこうした福祉再編の問題が提起された制度的，理念的背景を検討した上，医療制度の改革の政治過程を追跡しながら，それが成功可能になった要因を分析する。

第2節　福祉国家危機論の台頭

（1）「福祉見直し」と英国病

　1973年田中政権になり，「福祉元年」の宣言と同時に『経済社会基本計画』が発表される。この計画の理念にしたがって厚生省は，同年5月「社会保障長期計画懇談会」を発足させる。この時点では，日本政府の方針は制度的福祉国家の実現に向けられており，同懇談会は長期的に社会福祉政策を改善，発展させる方針を検討するものと期待された。ところが，このとき，国際環境においては大きな変化が生じていた。1973年石油ショックは，国際経済の予測不可能性を一層高めることになり，石油消費の99％を輸入に依存している日本にとって最も深刻な問題であった。いわゆる「狂乱物価」と呼ばれるインフレーションを引き起こし，1974年の消費者物価平均上昇率は24.3％に達した。また，日本経済は1974年度には，戦後始まって以来のマイナス成長を記録した。加えて，老人医療費無料化制度の実施，年金制度の改革などによる福祉予算の増大は，財政をさらに圧迫させたのである。

　ところが，1975年になっても景気回復の楽観的なムードはみえず，長期的な景気後退を憂慮する声が強くなり，また福祉先進国のなかでも福祉国家の危機論が拡大され，日本でも福祉国家の見直しが本格的に議論されることになる。こうした状況のなかで，自民党政務調査会は1975年『生涯福祉計画』を発表し，そのな

かで自助努力に則った福祉を強調し，福祉予算の膨張を批判した。こうした自民党の変化は政府に影響を及ぼし，政府は翌年『昭和五十年代前期経済政策』を発表する。それは社会保障の充実を図るとしながらも他方で，国民の福祉向上は政府の手によってすべてなされるわけではなく，個人，家族，企業の役割や社会的，地域的連帯に基づく相互扶助が必要である点が強調されている。

　このように政府・自民党に福祉国家の危機に加えて福祉見直しの動きに理論的根拠を与えたのが，「政策構想フォーラム」のメンバーであった保守系知識人や学者たちであった。彼らは1976年3月に「新しい経済社会の建設をめざして」という提言を行い，そこで「福祉はあくまで「ナショナル・ミニマム」を保障するものであって，国家に依存する脆弱な人間を作り出すイギリス型，西欧型福祉であってはいけない」と，明快にヨーロッパ型福祉国家との決別を宣言したのである。

　このように，日本型福祉社会建設の提唱は，西欧福祉国家を否定することによって正当化される。つまり，西欧福祉国家の問題点を指摘し，これを否定するイデオロギーとして保守系知識人が提起したのが，いわゆる，英国病もしくは先進国病たる議論であった。日本における福祉国家に対する初めての批判は，1976年に『中央公論』に掲載された「日本の自殺」であろう。この論文のなかで著者は，ひとつの文明が没落するのは外部からの要因よりはむしろ，内部崩壊によることをローマ帝国の例を挙げながら説明し，現代日本にもそのような要因がみられることを警告した。

　すなわち，福祉が拡大すると，経済はインフレーションからスタグフレーションへと進み，生産性が低下する要因になる。大衆社会が出現し，市民が自制なき権利を要求しはじめ，活力なき「福祉国家」への道をたどるとき，やがて社会は衰退し没落していく運命になるというのである。このような論理のもとで，ローマ帝国の崩壊の原因を主張しながら，著者は石油ショック以降の景気の低下要因は，日本人が自律性と「自己決定能力」を維持すれば克服できると主張し，日本にとって問題なのは，むしろ福祉の拡大によって日本人の自己決定能力を喪失することにあると指摘している。そして，現代日本もこうした「内部の敵」が増大しつつあるとして，伝統的家族，共同体の崩壊，利己主義と悪平等主義社会が日本社会から活力を奪い，公共福祉の増大などに特徴づけられる大衆社会の出現が，日本人の自律性を喪失させ，堕落させているとしたのである。

182　第Ⅲ部　安定成長期における高齢者福祉政策

　こうした「グループ1984年」の議論に対して新川敏光は次のように批判している。「ローマ帝国の崩壊が果たして彼らの言うようなものなのか，現代先進資本主義の文脈で生まれた大衆社会や福祉国家という概念がローマ帝国に適用できるのか，そしてそれと直接関連するのだが，そもそもローマ帝国と現代日本との比較という歴史的文脈を全く無視した大胆な試みは，表層的な現象の疑似性を指摘するにとどまっているのではないかなどの疑問がある。しかし，こうした疑問を提起すること自体「グループ1984年」の意図を解さぬ的外れなものであろう。というのも，この論文は学問的考証・分析を意図したものではなく，危機に瀕した保守の自己確認宣言であったし，1980年代前半の臨調行革の中で確認されることになる，新保守主義原則がすでにここに見られる(6)」と，述べている。

　また，先の論文を主導し，自民党の中曽根首相当時のブレーンの一人であった香山健一は，1987年に『英国病の教訓』という著書のなかで「英国病の根源を医療，年金，教育，住宅など公共サービスの量的拡大に求め，それが，再び公共財の依存を生み，自由競争原理の後退や自立・自助の努力の低下を招いた」と指摘する。そして「大衆民主主義のもとで政治がもしも目先だけの有権者の人気取りに終始すると，こうした悪循環のメカニズムが急速に形成されてくる(7)」と主張している。彼によれば，豊かさと福祉を拡大していこうという意思こそが，逆に自由経済や自由社会を崩壊させていることになるのであるとした。また，「日本病」の特質を「甘えの病理」とみなした。敗戦によって以前の人間関係やそれに結びついたモラルが全否定され，他方，家族の機能は分業化され，ついに今や核家族化の進行のなかで父権が喪失し，しつけや教育という機能をもたない消費の単位としての家族が増大している。以上のような過保護という現象が「甘えの病理」となって日本社会を蝕んでいる。このような香山の議論の特徴は，大衆民主主義批判に立脚しながら個人の自由と自己責任を強調する一方で，日本の伝統価値へ高い評価を与えている点にある。

　香山を始め，日本の新保守主義に共通するのは，こうした日本的特徴を国際的に比較して積極的に長所として位置づける傾向であった。大嶽秀夫は「香山の持つ二面性，つまり社会的自由主義とある種のナショナリズムは，実は脱工業化社会，豊かな社会に対応した都市中間層の価値意識の変化の反映でもある。都市の新中間層は自由主義的諸価値を志向しつつも，経済大国となった日本への国際的評価の高まりを背景に「排他的」ナショナリズムへも共鳴するのである(8)」と指摘

第6章　新保守主義と福祉政策改革の政治過程　183

している。

　こうした新保守主義的学者や官僚などが政治的に最初に結集したのは，大平内閣時代の首相の諮問機関として作られた「政策研究グループ」においてであった。これらのグループは1980年にそれぞれの報告書を提出するが，そこに共通してみられるのは戦後のケインズ的拡大政策や福祉政策を支えてきたのは，大衆民主主義であり，混合経済体制であった。しかし，これらは政府を肥大化させ，公的部門の拡大は結局民間の活力ある経済活動を抑制してしまっている。それゆえ，福祉政策は「バラまき福祉」ではなく，「社会的弱者に対する最低生活の保証を中心に行う」べきであり，極力民間の活力，地域，企業などを含めたさまざまな集団における自助を通じて実現されるべきであるという考えである。こうした考えは，すでに1979年に出された「新経済社会7ヶ年計画」の中に「日本型福祉社会」として反映されているのである。

　そこでは「日本型福祉社会を個人の自助努力と家族，社会の連帯の基礎の上に適正な公的福祉を形成する新しい福祉社会(9)」と特徴づけている。こうした日本の新保守主義イデオロギーはこの大平内閣時代の政策研究会に始まって，その後も政府内のさまざまな審議会や私的諮問機関，政策研究グループへ深く浸透していた。そして従来の権力構造に対し，高齢化社会に対応した新しい政策を打ち出そうとする諸勢力がさまざまな政策コミュニティを通じて政治的ネットワークを形成していく際，新保守主義イデオロギーは彼らの共有理念となり，政策形成の方向づけに決定的役割を果たしていったのである。

（2）「日本型福祉社会」論の論理

　日本における社会保障論は，古くは「福祉国家論」から「ライフサイクル論」，「総合的福祉政策論」，「家庭基盤充実論」などさまざまな装いのもとで展開されてきた。また，日本の文化や社会の特異性について論及し，日本の社会福祉の特徴を家庭福祉，地域福祉，企業福祉にあるとする主張は，相当以前から存在した。(10)だが，これを「日本型」と名づけたのは1975年に発行された「生涯設計計画──日本型福祉社会のビジョン──」においてである。

　さて，「日本型福祉社会」というものは一体どういうものであるか。大平首相は，かねてからの考えである家庭基盤の充実や田園都市構想などを具体的政策として実現すべく，多くの学者，知識人などで構成される9つの政策研究グループ

を1979年1月以降次々に発足させている。大平首相は，同年1月の施政方針演説において「文化の重視，人間性の回復をあらゆる施策の基本理念に据え，家庭基盤の充実，田園都市の推進などを通じて公正で品格のある日本型福祉社会の建設が必要である」と語っている。田園都市とは，都市のもつ生産者と田園の豊かな自然的潤いのある人間関係とを結びつけたゆとりある都市を意味する。この田園都市構想は，日本型福祉社会の実現へと向けたものとして位置づけられる。ここで大平首相がいう日本型福祉社会とは「日本人のもつ自助・自立の精神，思いやりのある人間関係，相互扶助の仕組みを守りながら，これに適正な公的福祉を組み合わせる[11]」というものであった。

　このような大平首相の演説は，政府・自民党の政治路線へと発展していった。1979年5月，家庭基盤充実研究グループが「家庭基盤充実」という報告書をまとめている。そこで公的福祉は私的福祉機能を補完するものであるという残滓的社会福祉観が明確に示されている。福祉機能として重要なのは，個人の自立・自助，家庭の自立・自助と，家庭，職場，地域社会の相互扶助，そして公的扶助である。そこで福祉機能として中心になったのは「自立自助と相互扶助」であり，公的扶助はこれを助け，補完するものとして位置づけられている[12]。

　一方，自民党は1980年8月に，1980年代を展望した新政策を発表する。そこで日本型福祉社会の建設を政治の中心課題に置き，その柱として「環境豊かで活力ある田園都市構想の推進，ゆとりと潤いのある家庭の実現」を挙げた。また，政府も「新経済社会7ヶ年計画」を閣議決定した。さらに自民党は「日本型福祉社会」と題する研究叢書を発刊し，その普及実現に向けて努力したのである。このように，日本型福祉社会の実現をめざす主張及び議論を自民党の研究叢書8の「日本型福祉社会」を中心に抜き出してみると，以下のとおりとなっている[13]。

　第一に，日本が過去において規範とし，追いつき追い越すべき目標としてきた西欧的福祉国家観を否定する。第二に，日本は自助，相互扶助といった日本の伝統的価値を重視する日本人の特徴として自発心や自立心の強さを挙げ，これによる活力を期待する。第三には，家庭による福祉の重視につながるもので，老人と子供の同居を日本での「福祉における含み資産」と積極的に評価している。さらに，三世代世帯の同居は別居の場合に比べて大きな利点をもっていると主張している[14]。

　このように国民の福祉を考える上で家庭による福祉はきわめて重要であり，そ

の家庭による福祉の充実を狙いとした「家庭基盤充実」という考えが，日本型福祉社会論の中核的な思想となっている。第四に，日本における近代化の結果，地域社会の連帯意識が崩壊し，その回復のための「田園都市国家の構想」が挙げられる。これは，都市と田園の両者の活発で安定した交流を促すものとして地域社会における親密な人間関係に基づく相互扶助やボランティア活動によって，国民の福祉を図ろうとするものである。

　第五には，日本における企業は，退職金，企業年金により老後の所得保障や企業内福利厚生策によるさまざまな便益を労働者にもたらしている。さらに，終身雇用制による生活への安定と年功序列賃金によるライフサイクルに合った生活保障がなされていることを強調しながら，このような日本的労使関係や企業内福利による福祉を，公的福祉以上に重視すべきであるとしている。第六に，日本型福祉社会の推進論は，国家による資源配分は人間を堕落させ，資源の非効率的な配分につながりやすいと主張し，したがって，できるだけ公的な介入を避け，企業と競争的市場に任せることが賢明であると書かれているのである。[15]

　以上のように，日本型福祉社会推進論は社会保障施策の役割を自助努力，近隣の相互扶助，家庭福祉などが機能しない場合に，初めて行われるべきであるとし，「ナショナル・ミニマム」の立場に立っている。このように日本型福祉社会論というものは西欧福祉先進国と同じような，資本蓄積を阻害する福祉大国化を避けることが肝要とされている。

　ところが，この論理は矛盾する前提に立っている。なぜなら，こうした議論は他方では，日本がすでに西欧福祉国家への道をたどるべきではないとしているからである。この2つの主張は明らかに矛盾するのである。すでに日本が西欧福祉先進国に追いついているのであるならば，日本型福祉社会論の前提からすれば，日本も西欧と同じように先進国病に悩んでいなければならない。しかし，後者の主張は日本がまだ先進国病に罹っておらず，これを避けうるということであるから，日本の社会福祉発展のレベルはまだ西欧に追いついていないことを暗に認めていることになる。

　ここで新川敏光は2つの問題，すなわち，はたして英国病といわれるものが，本当に福祉国家の発展によって引き起こされたのかということと，1970年代後半に日本は本当に西欧並の社会福祉をもつに至ったのかということについて，次のように述べている。[16]まず，前者について，イギリスは1970年代頃は福祉大国に比

186 第Ⅲ部 安定成長期における高齢者福祉政策

べると中進国程度に過ぎない。そもそもベヴァリッジ・プランとして知られるものは，普遍主義の採用といってもナショナル・ミニマムの保障であり，北欧のめざす中流階層の生活水準を保障する普遍主義原則とは異なる。

　エスピン‐アンデルセンは，単に社会保障の GNP への支出割合といったものを基準とするのではなく，年金，疾病，失業保険の給付水準，資格要件などを考慮して「脱商品化」指標を構成しているが，それによると，イギリスは「社会民主型福祉国家」の範疇に属するスウェーデン，ノルウェーからみると，はるかにポイントが低く，アメリカ，カナダ，ニュージーランドといった国々とともに「自由主義型福祉国家」に分類した。[17]

　要するに，北欧，英米，ヨーロッパ大陸の国々を一括して「西欧」福祉国家ということには明らかな誤解があるし，福祉国家として高水準にあるとはいえないイギリスの経済停滞から福祉国家は経済成長を阻害するという議論を一般化することには無理がある。

　なお，日本がすでに「欧米」諸国に追いついたとする議論は，1975年前後にはすでにみられた。たとえば，大蔵省は日本が「欧米」並みの社会保障制度を実現したので，さらなる社会保障の発展は国民の負担によるべきであるという高福祉高負担論を早くから展開していた。しかし，「欧米」をひとつの福祉国家のカテゴリーとみなすことが不可能な以上，こうした「追いつき」論は無意味である。もし，日本の福祉水準が福祉大国の水準に追いついたというのであれば，その主張は明らかに妥当性を欠いたものである。

　また，日本が欧米並みの社会保障を実現したといわれる根拠として公的年金が取り上げられているが，当時の年金給付水準を検討してみよう。国民年金をみれば，制度的には当時40年間の拠出期間を前提とし，1カ月4万5000円の給付を受け取ることができた。これは，金額だけを比較すれば確かにスウェーデンの基礎年金額に匹敵する。しかし，当時には実際この額を受け取っている者は誰もいない。非拠出の福祉年金の他には，5年年金，10年年金の受給者があったのみであり，これらの給付は上記額のせいぜい3分の1，もしくはそれ以下であった。さらにスウェーデンの基礎年金が普遍主義原則を採用していたのに対して，日本では社会保険方式がとられていたこと，スウェーデンの基礎年金は報酬比例部分をもつ「二階建て」であるのに対して，日本の国民年金はこうした「上乗せ」部分をもたなかった点に注意する必要がある。[18]

（3）「日本型福祉社会」論の批判及び評価

① 「日本型福祉社会」論に対する批判

　西欧諸国における福祉国家の諸相が深まるなかで，日本は1980年代に入ってから日本型福祉ミックス，すなわち，公共部門の抑制，民間とインフォーマルな部門（家族，企業，地域など）を重視した方向への道を歩むことになった。前述したように，日本型福祉社会論は公的福祉の機能よりは日本の伝統的な美徳を強調しながら，私的福祉機能を重視したものである。つまり，日本の社会は西欧とは異なる価値，道徳をもつゆえに「日本型」のユニークな福祉社会を実現しうるというのである。しかし，これらの主張について厳しい批判が相次いでなされるようになった。これはさまざまな立場あるいは視点からなされてきたが，その主要な論点をまとめてみると次のように要約できる。

　日本型福祉社会論に対する批判の第一は，国または公共団体が福祉施策遂行の責任を免れようとして自己責任を強調し，家庭の近隣，企業に福祉を肩代わりさせようとしているのではないかという主張である。すなわち，福祉政策が自助や家族福祉などが機能しない場合の補完であるべきだという論議に対して，B. ロル・アンデルセン（デンマーク，元社会大臣）は，「福祉政策は自助，家庭福祉などの補完ではなく，本来権利として国民が有するものである」と主張し，家族に頼った高齢者福祉の非現実性，危惧性については次のように構造的問題を指摘している。

　「スペイン，イタリアなどのカトリック系の国の場合には，倫理的ないし習慣的に子が親の面倒をみているが，そういう国では，世代の間に緊張が起り，したがって，家族の崩壊が起っている。そういう緊張を和らげる方法として選ばれるのが民間ナーシングに親を入れてしまうことである。子にとってはできれば安くしようとするが，安くするためにはサービスの質を落とすことになる。そういうような民間の施設では精神安定剤や睡眠薬でこの問題を解決しようとする」としている。

　批判の第二は，いわゆる福祉見直し論から発した福祉切り捨てへの危惧であり，その論点の中心は，福祉財源への切り込みに対する警戒であるとの主張である。たとえば，大熊一夫は「"社会的な死"の大量生産を支える日本人の無知とケチ」という論文のなかで，経済大国，日本における福祉の貧困を鋭く論じた。彼は「弱者は北欧などにおけるほど手厚く扱うのはもったいないし，アメリカほど派

手に切り捨てるのも気が引けるから，ほどほどにやろうという日本型福祉は，公的な責任において社会の弱者を支えることをしていない」と述べ，精神障害者や認知症老人の多くを民間の精神病院に隔離収容させている事実を指摘した。

　第三に，日本型福祉社会論が主張する自助努力の強調は，国民に過重な負担をかけるための口実に使われている，という批判である。この自助，自立の強調が受益者負担の強化の理由とされたのは，保険，金融，住宅資金の営利基盤の拡大のためのものであるとする批判もある。また，自助努力の現れだとされる個人貯蓄が日本で高いのは，社会保障など公共サービスの立ち遅れの結果であるという批判もなされている。

　第四は，家庭福祉機能を重視することに対する批判である。寝たきり老人の介護についていえば，現在の核家族にはその機能もないし，また，住宅のスペースも狭いとする家庭の実態からみたものである。山井和則は日本を含め，いくつかの国々の福祉の現状を体験に基づいてまとめ，「"敬老の国"と信じていた日本が実は"軽老の国"であることを知ってしまった。国家が貧しくて，そのため高齢者福祉が遅れているというのなら，仕方がないかも知れないが，金持ち国家でありながら，これほどお年寄りを冷遇している国も世界中で例をみないのではないか」と述べている。そして，彼は日本が「寝たきり大国」から脱するために，高齢者福祉の充実，家庭内介護から社会的介護への転換，公的福祉制度の充実などを提言している。

　第五に，企業福祉重視に関する批判として，企業に福利厚生事業における終身雇用制度あるいは年功序列による賃金，企業年金など企業内のさまざまな福利厚生施策は，一般的に大企業だけでみられるものという批判がある。仲村達也は「経済大国」日本の豊かさぶりの一方で，苛酷な長期間労働と労働条件がもたらす悲惨な過労死の問題，そして企業戦士という会社での「戦役」を終えた人たちが直面するもうひとつの「社会的な死」の問題を指摘している。彼は，昭和63年(1988)は過労死がマスコミで報道され，社会問題としてようやく注目されはじめられてから「過労死元年」と名づけられた経緯を示した。また，仲村はこのような社会問題について，結局週休二日制の導入が進み，労働基準法が改正されて，所定内の労働時間は減ることになった。しかし，意外なことに時間外労働時間が急増し，また24時間労働体制が進んでおり，都心のホテルに沈没する「討ち死に族」，残った仕事を家に抱えて仕上げる「ふろしき残業」，こうした表現こそが過

労死問題を解くキーワードであると主張している。[26]

② 「日本型福祉社会論」に対する評価

さて，こうした批判とともに「日本型福祉社会」論というものは，どのように評価されているのだろうか。いかなる国家もユニークな存在である。アメリカ人は誰でもアメリカ合衆国が他の国々とは異なっていると考える傾向がある。同様にヨーロッパ諸国の人々は歴史的にみてアメリカを含む他の国家とは自国が異なっていると考えてきた。それゆえ，アメリカ人とヨーロッパ人が互いに異なっていると感じているように，日本人も自分たちがアメリカ人やヨーロッパ人とは異なったものであることを自覚している。

日本型福祉社会論というものはこうした他国と比べて異なる日本の伝統ないし社会の長所に重点を置いて議論されてきた。つまり，日本は西欧とは異なる価値，道徳をもつゆえに「日本型」のユニークな福祉社会を実現しうるというのである。日本型福祉社会論者のいうところの日本の伝統，価値はそれほど日本に特殊なものであり，西欧と区別しうるほどのものであろうか，日本人にとってこうした「日本型福祉国家」なるものが存在しているのかは疑問である。

J. C. キャンベルは，日本の公共政策は急速な経済成長の追求によって占められており，これが社会福祉に対する大規模な政府支出を妨げていると考えている。しかしながら，社会福祉に対する政府支出は，欧米と同程度になされているわけではない。なぜなら，福祉の機能は，社会それ自身によって担われうるからである。通常福祉国家と結びつけられる公的年金，健康保険やその他のプログラムをたとえ日本が備えているにしても，それは欧米と同じものではなく，まさに「日本型福祉国家」なのである。しかし，彼はこうした見方が誤っていると指摘している。すなわち，あらゆる国家と同様，日本の社会政策も独自の特徴をもっているが，最も適切な見方は，それをかなり一般的なものとみなすことである。特に，日本型福祉国家の特徴として挙げられている家族機能を重視した点は前近代社会の特質であり，コミュニティーボランティア活動は明らかに日本よりアメリカの方がかなり顕著である。[27]

堀勝洋も日本型福祉社会論を積極的に評価しながらも，これを特殊な日本的なものと考えることには疑問を呈しながら，日本型福祉社会論がどのような意義・役割を有し，どのような評価を与えられるべきかについて以下のように述べてい

る。

第一に，日本型福祉社会論は当初は日本の福祉社会の特徴を分析し，あるべき姿を描く経済哲学的な用語として用いられたが，それが体制側のイデオロギーを表すキャッチフレーズとして，装いを新たに登場したといえる。政治には，国民の支持を得るため，国家として望ましい経済社会像を描く必要があるが，日本型福祉社会論はこの意味で日本国民の心情に訴える政治的シンボルとして用いられた。また，政治的スローガンは国民の統合を図る手段としても用いられるが，この面でもこの論理は国民が一致協力して築くべき未来像を示すものとして国民統合の手段として用いられたというべきである。この反面，体制側のイデオロギーとなったがゆえに，反体制側の反発もまた激しいものとならざるをえなかった。

第二に，日本型福祉社会論は日本の経済社会の変化に対応するものとして生まれてきた。すなわち，日本の産業化が進むにつれ，従来の大家族が核家族に，ムラ的共同体が崩壊し都市的アノミー状態に変わることにより，集団主義から個人主義へと人間の行動や意識が変化した。これらの変化に対するリアクションとして，過去の生活・行動様式の有するメリットを再評価し，それを生かしながら新しい状況に対応した社会の建設をめざそうとするものであると考えられる。

第三に，産業技術の近代化はある意味で普遍的であり，世界共通のものをもっているといえる。ところが，社会保障はその国民がよって立つ社会の生活習慣や行動様式を前提にする必要があることはいうまでもない。したがって，日本型福祉社会論が日本の特質を生かした福祉社会づくりをめざすのは，充分理解することができる。しかし，日本型福祉社会論が主張する自助，相互扶助，家庭福祉，地域福祉などは，かならずしも日本社会の特質といえるものではない。それは，西欧諸国にも当てはまる。自助努力という面では個人主義が発達した西欧諸国の方がむしろ国家責任論が強い日本よりも発達しているといえる。また，地域社会における福祉，相互扶助の面でも，西欧諸国の方が日本より実際に行われているという感が強い。家庭福祉については，老親との同居率は日本の方が高いが，別居の場合の老親との交流は表6-1と表6-2で示すように西欧の方が頻繁だという統計もある。

したがって，日本型福祉社会論が主張する，めざすべき対象としての福祉社会を果たして「日本型」といえるか，疑問点がある。むしろ，西欧諸国においても福祉国家から福祉社会という思想の流れがあると考えられ，家庭福祉というのは

第 6 章　新保守主義と福祉政策改革の政治過程　191

表6-1　諸外国の子と別居している一人暮らし老人等の親子の交流状況　（65歳以上）

	デンマーク		イギリス		アメリカ	
	単独世帯	夫婦のみの世帯	単独世帯	夫婦のみの世帯	単独世帯	夫婦のみの世帯
総　　　数	100	100	100	100	100	100
昨日または今日	58	53	53	47	53	53
2日以上―7日	27	27	27	30	26	26
8日以上―30日	8	14	9	13	10	9
31日以上―1年	5	5	7	7	8	9
366日以上	2	1	4	1	3	3

資料：国際社会福祉協議会日本国委員会「1972年版工業化三国の老人福祉」。

表6-2　子と別居している一人暮らし老人等の親子の交流状況　（65歳以上）

	総　　数	単　独　世　帯	夫婦のみの世帯
総　　　数	100	100	100
昨日または今日	31.1	22.2	33.6
2日以上―7日	21.3	16.9	23.7
8日以上―1ヶ月未満	29.5	41.5	25.3
1ヶ月以上―1年未満	14.1	14.9	13.8
1年以上会っていない	3.2	4.5	3.3

資料：厚生省社会局「昭和48年老人実態調査」。

日本型福祉社会論の一変形というべきではなかろう。

　第四に，日本型福祉社会論が主張する日本的特質を日本的な遅れとみるか，日本社会の利点とみるかにあたっては，その特質が個々人にとってプラスに働いているか，マイナスに働いているかについて個別にみる必要がある。たとえば，老親との同居にしても，さまざまなメリットがある半面，嫁姑の間に争いがある場合は決して福祉が確保されているとはいいがたい。むしろ，精神的な面で福祉が阻害されているといえ，さらには家庭の崩壊にまで至った例も無数に報じられている。したがって，結論としては，たとえば，老親との同居について，在宅施策や所得保障施策の充実などにより，同居，非同居の選択ができるようにするなど，日本型か西欧型か，福祉社会の住民に選択ができるような施策を講じていくのが最適であると考えられる。

192　第Ⅲ部　安定成長期における高齢者福祉政策

第3節　財政危機と行政改革

（1）財政危機の現状

　戦後，日本の財政は次の表6-3で示すように，一般政府支出でみた場合に他の先進諸国に比して対 GNP 比が小さいことがわかる。石油危機以前では他国が30〜40％なのに対し，日本は20％であった。1980年代後半に至っても，他の国が40〜50％にまで上昇しているのに対して，日本は32％と相対的に軽い状態で財政が推移している点が特徴である。それは戦後，日本の防衛を米・日安保体制に依存してきた結果，防衛費の支出を低い水準に抑えることができたことに起因する。また，社会保障移転支出が低いのは日本の公共福祉水準が他の先進国と比べ低いことを意味する。これは，日本の福祉サービスの多くの部分が私的領域で企業福祉などの方法で供給されていることを間接的に示唆するものでもある。

　一方，一般政府支出の総資本形成の比率が他の先進国に比べ高いことは，日本政府が企業の資本蓄積活動の支援のため産業基盤の整備に，より多くの財源を投入していることを示している。一方，国民負担率の推移を国際比較してみても，表6-4のように1970年以降，日本の国民負担率には増加傾向がみられるが，それでもヨーロッパの福祉先進国と比べて1980年中盤までの時点では，はるかに低い方であることがわかる。

　このように，日本の国民負担率が低いのは，日本政府の政策運営が北欧の福祉国家のように政府支出の増大を公共部門の拡大による完全雇用の維持，及び総需要の拡大を通ずるケインズ的な方式ではなく，外国依存型成長戦略と産業の国際競争力を増大化させるための供給の側面からの介入を中心に行ってきたからである。このように，低福祉・低負担の構造下で，日本国民は在宅，子供の教育，自身の老後及び疾病などに準備するための資金を預金しなければならなかった。このように集められた預金は企業に低金利に貸し出され，企業拡張に利用されたのである。

　以上のような特徴をもつ日本政府がどのような原因から財政赤字になったのか。高度成長期における財政は公共事業費と社会保障関係費を中心に増大した。だが，その財源は高度成長による税収の自然増加によって充当された。しかし，1965年の不況とともに日本政府は財政法施行以来初めて長期国債を発行することになる。

第6章　新保守主義と福祉政策改革の政治過程　193

表6-3　国民経済に占める財政の役割（国際比較）

	年度	一般政府 最終消費支出	一般政府 総資本形成	社会保障移転	そ の 他	合計一般政府 総支出
アメリカ	1970	19.1	2.5	7.7	8.4	32.6
	1983	19.5	1.5	11.9	5.4	37.8
イギリス	1970	17.5	4.8	8.6	8.8	39.7
	1984	21.7	2	13.9	10.1	47.7
西ドイツ	1970	15.8	4.4	12.7	6.1	39
	1984	20	2.3	16.5	9.6	48.4
フランス	1970	13.4	3.8	17	5	39.1
	1984	16.5	3	26.4	7.4	53.2
日　本	1970	7.5	4.6	4.7	2.7	19.5
	1984	9.8	5	11.1	7.1	33
	1985	9.7	4.8	11.1	7	32.7

注：1. 日本は年度，諸外国は暦年ベース。
　　2. 一般政府とは，国・地方及び社会保障基金といった政府あるいは政府の代行的性格の強いものの総体（大蔵省）。
出典：『日本ゆたさきデータブック』（『世界』臨時増刊，第510号）11頁。

表6-4　主要先進国の国民負担率比較

	年度	租税負担率（A）	社会保障負担率（B）	国民負担率（A＋B）
日　　本	1975	18.3	7.5	25.8
	1980	22.2	9.1	31.3
	1985	24.5	10.6	35.1
アメリカ	1975	26.4	8	34.4
	1980	26.9	8.7	35.6
	1985	25.8	10	35.8
イギリス	1975	37.4	9.8	47.2
	1980	39.7	10	49.7
	1985	41.5	11.2	52.7
西ドイツ	1975	30.1	20.8	50.9
	1980	31.8	21.6	53.4
	1985	30.7	22.5	53.2
フランス	1975	28.9	22.1	51
	1980	32	26.5	58.5
	1985	34.4	29.1	63.5

出典：本間正明『ゼミナール現代財政入門』日本経済新聞社，1990年，33頁。

図 6-1 国債依存度の国際比較

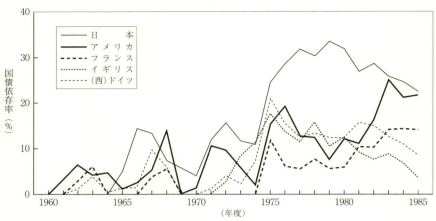

出典：真渕勝『大蔵省統制の政治経済学』中央公論社，1994年，5頁．

　それ以降，1975年度当初予算まで，一般会計予算の財源の約12％を国債によって調達している．特に，1973年の石油ショックを契機としたいわゆる「狂乱物価」は総需要抑制政策，個別物価対策によって収束したが，同時に景気が急速に冷え込み，1975年度は，3兆8790億円の税収不足を生む結果となり，特例公債2兆2900億円を含む総額3兆4800億円の国債が増発された．その結果，補正予算後の国債依存度は，当初予算9.6％から一挙に26.3％までに増加された．赤字国債の発行によって，国債依存体質への歯止めがなくなり，さらにその後，多少の変動を示しながらも依存率は高まりをみせ，最高時には39.6％（1979年度当初予算）に達することとなった．

　上記の図6-1にみられるように，1970年代はすべての先進工業国が財政運営において国債に依存した時代でもある．しかし，日本の残した記録は他の先進工業国のなかでも高い水準である．日本の場合，1960年代半ばまでの国債依存率は他の諸国と比較して，振幅においても波型においても，同じ傾向を示している．ところが，1977年度以降，事情は変わってくる．他の諸国での依存率は1975年度，1976年度をピークにして下降するのに対して，日本だけがより一層，国債への依存を強めていくのである．大蔵省はこのように財政事情が悪化することを懸念し，国債依存率を一般会計予算の30％という上限枠を設定した．しかしながら，こうした大蔵省の努力にもかかわらず，1977年度には上限枠の30％を超え，さらに，

第6章　新保守主義と福祉政策改革の政治過程　195

1978年には当初予算ですでに国債依存度が32％となったのである。

　一方，1970年代に入って革新自治体が全国的に拡大し，保革伯仲の状況のなか
で危機に直面した自民党・政府は，公害規制政策の強化とさまざまな福祉政策を
導入した。こうした福祉政策の拡充は社会保障関係費用を増加させた結果，それ
によって1970年代の財政危機を招来したと大蔵省は主張した。

　たとえば，大蔵省の長岡実は，財政危機の原因について次のように指摘してい
る。「1971年度の児童手当制度の創設，1972年度の老人医療無料化制度が実施さ
れ，一定所得水準未満の70歳以上の高齢者を対象に医療費の自己負担分を政府が
代りに支払うことになった。また，同年，年金法の改正によって給付額が引き上
げられ，物価スライド制の導入等によって社会保障関係費が膨らんだ。しかし，
これらの制度は，ひとたび整備されると財政の都合によって伸縮される自由が失
われる……不況によって税収が落ち込み，景気回復過程で税収が伸び悩んでも
社会保障関係費の予算は大幅に伸び続け，これが大きな赤字要因となったことは
否定できない。さらに，不況のときこそ社会的に恵まれない人達への配慮を手厚
くすべきであるという声も強く，社会保障関係費の予算は増大せざるをえなかっ
た」と述べながら，また，次のように続けている。すなわち，「石油ショック後
の1974年度から景気対策がほぼ終わりを告げる1979年度までの間，各年度の予算
の平均伸び率は公共事業関係費の17.6％に対して，社会保障関係費は19.6％で，
むしろ，社会保障関係費の伸び率のほうが上回っている[32]」ことを指摘している。

　野口悠紀雄も「現在の財政赤字の主たる原因を1977年度および1978年度に企図
された拡張的財政政策に求める」見解は正しくないと断じている。なぜならば，
「1977年度はたしかに国債依存率は上昇したが，増加分は国債依存率そのものの
大きさからみれば，非常にマージナルだからである。したがって，赤字の拡大は
ケインズ的な拡張政策を開始した政策的配慮に基づく決定の結果ではない[33]」と
語っている。

　ところが，表6-5にみられるように，1970年代に入って対前年度当初予算比
でみた社会保障関係費の増加は，1971年に17.9％，1972年に22.1％，1973年に
28.9％と拡大傾向にあった上，1973年の「福祉元年」をきっかけに，1974年には
36.7％にまで達している。これを反映して，この年の社会保障関係費の一般会計
予算比は，14％台から17％にまで伸び，1970年代後半には20％近い数字で推移し
ている。社会保障プログラムは一度制度化すると，その経費は人口的要因，制度

196　第Ⅲ部　安定成長期における高齢者福祉政策

表6-5　社会保障関係費

年度	当初予算構成比率	伸び率（対前年比）
1971	14.3%	17.9%
1972	14.3	22.1
1973	14.8	28.9
1974	16.9	36.7
1975	18.4	35.8
1976	19.8	22.4
1977	20	18.4
1978	19.8	19.1
1979	19.8	12.5
1980	19.3	7.7

出典：新川敏光『日本型福祉の政治経済学』三一書房，1993年，147頁。

的成熟などによって，自然に増加する傾向がある。こうした自然増加は，財政事情が悪化したからといって直ちに消滅できる性質のものではなく，財政政策の柔軟性を損なうものといえる。

　したがって，大蔵省は社会保障プログラムを財政硬直化の原因として攻撃し，その見直しを主張したのである。こうした大蔵省の社会保障制度見直しの要求は，1970年代後半には制度としては実現しなかったが，社会保障関係費の伸びは着実に抑制されていた。たとえば，1971年度から1974年度までの社会保障関係費の平均伸び率をみると26.2％に達しているが，1975年度から1979年までの平均では21.4％となっている。このように社会保障関係費の伸びは確実に小さくなっており，1979年度においては12.5％，さらに1980年度には7.7％まで低下したのである。

　確かに，社会保障関係費は一般会計のなかで大きなウェイトを占めるが，財政事情の悪化の原因をすべてこれに求めることはできない。

　表6-6を参考にして，1970年代後半の財政をみていくと，社会保障関係とともに伸びが目立つのが公共事業関係費である。政府は国内需要喚起のため公共事業の拡大をはかり，1976年度から1979年度までの公共事業関係費の対前年度比の平均伸び率は22％を超えている。また，1976年には1500億円，1978年，1979年には2000億円の公共事業費に対し，予備費が計上されている。このように1970年代後半に限ってみれば，公共事業もまた財政膨張の一要因であることは間違いない。ちなみに，社会保障関係費の対 GNP 比は確かに1975年2.59％から1979年には3.43％まで増加したが，一方の公共事業費の割合も1.92％から2.95％に伸びてい

表6-6 公共事業関係費

年度	当初予算構成比率	伸び率（対前年比）
1971	17.7%	18.2%
1972	18.7	28.9
1973	19.9	32.2
1974	16.6	0
1975	13.7	2.4
1976	14.5	21.2
1977	15	27.3
1978	15.9	27.3
1979	16.9	20
1980	15.6	1.8

出典：新川敏光『日本型福祉の政治経済学』三一書房, 1993年, 147頁。

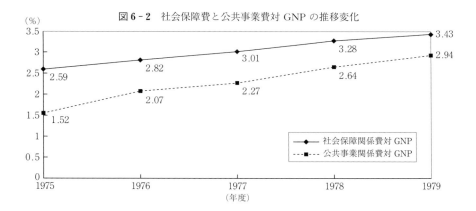

図6-2 社会保障費と公共事業費対GNPの推移変化

る（図6-2参照）。

にもかかわらず，社会保障関係費の伸びだけが財政危機の原因として槍玉に挙げられていたわけであり，それは1970年代後半の保守連合の最優先課題が，内需拡大による資本蓄積体制の強化にあり，公共事業費の伸びは，その手段として正当化されていたのに対して，公的福祉の拡充は日本型福祉社会論によって否定的にとらえ直されるに至っていたためである。

このように1970年代の財政赤字の原因について対立する２つの主張について，真渕勝はいずれが正しいのについての検討を行った。その結果によると，国債の増額分の約46％は社会保障関係費の増額分に充てられ，国債の増額分の約41％は公共事業関係費の増額分に充てられる。したがって，1965年度以降の財政赤字の

拡大はトータルにみれば，社会保障関係費と公共事業関係費の拡大の双方によってもたらされているということが明らかになった。

　このように，1970年代に入って財政赤字が急速に拡大された理由は2つの要因から求められる。つまり，財政面でいえば，1973年の石油ショックに伴う大幅な物価及び賃金の上昇のもとで，当時ようやく制度的整備が進められつつあった社会保障関係費が大きな支出要因となった。また，1976年度以降は沈滞した民間経済活動を補い日本経済を安定成長軌道に移行させるため，公共事業の大幅な増加が図られた。成長率が低下し，税収の伸びが鈍化するなかで，これらの支出拡大が公債，特に赤字公債の増発を伴って行われたため，それはまた，公債費の増加に伴って，その後の財政危機を招くことになったのである[35]。しかし，不況にもかかわらず，公共事業の拡大は自民党の伝統的な顧客集団に対して，事業および雇用の機会を提供したし，社会福祉への依存は，他方，自治体水準で進行されていた革新勢力の伸張が中央政治の水準まで拡大されることに歯止めをかけることを可能にしたと評価されるのである。

（2）大蔵省と行政改革

　1970年代半ば以降，大蔵省は財政赤字増大への危機感を背景に財政の自律性を守るべく，自らが主体的に政策評価へコミットしていこうとした。大蔵省が財政赤字の弊害として挙げたのは，次の4つである。第一に，国債の増加は今の世代の負担を将来の世代に転嫁することになり，世代間の負担の不公平を生じる。第二に，財政赤字はインフレーション，あるいはクラウディング・アウトをもたらし，民間資本の形成を阻害する。第三に，国債残高の増大によって，国債利払い及び元本償還のための国債費が増大して，それが歳出の増大あるいは，政策的経費を圧迫することになり，財政硬直化をもたらす。第四に，財政規律の弛緩によって，財政支出の膨張をもたらし，公私間の資源配分に非効率をもたらす，と主張した[37]。

　もともと大蔵省にとっては1973年の「福祉元年」は自ら望んだものではなく，いやいや押しつけられたものである。したがって，財政赤字への危機感は1970年代後半より福祉国家への疑問としてとりわけ主計局内に存在していた。そして社会保障関係費は財政硬直化の最大要因とみなされ，早くも1975年には制度の改革を求める発言が現れはじめている。その後，大蔵官僚による大衆民主主義の批判

第6章　新保守主義と福祉政策改革の政治過程　199

や「バラまき福祉」批判ないし増分主義的政治への批判が，財政危機とリンクして年々強力に展開されるようになったのである[38]。

　ここで大蔵省が財政再建の方法として初めて考慮したのが，消費税の導入であった。これには当時の歳入の悪化を税収の増大によって充当するという側面もあったが，より根本的には戦後日本の税制が直接税中心に構成されているため，景気変動にしたがって税収の増減が激しく変動することにつながった点を考慮し，この問題を景気変動に左右されず，税収の幅が広い間接税中心の体系に転換することにより解消しよう側面もあったのである。したがって，大蔵省は自民党に一般消費税の導入を提案し，大平首相の就任後，一般消費税の導入を積極的に推進したが，結局は失敗することになる。一般消費税の導入が挫折した後，大蔵省は今や現状の税制の枠内において，新たな財政政策への転換に必要な理論的裏づけを求めていかざるをえなかった。

　1980年7月，大蔵省は81年度予算編成に際して，大蔵省自身の考えをまとめた『歳出百科』を作成し，関係各方面に配付した。ここで大蔵省は「今後の財政運営に当っては，経済の短期的変動に機動的に対処し，その安定に資することに焦点がおかれるべきであり，経済の絶えざる支えをするべきではありません」と述べて，財政の限界を強調している[39]。そして，社会保障に関しては，次のように主張する。「増大する社会保障給付の財源を安易に国庫に求めることも困難です……最も大きな問題は増大する医療費を国民がどのようにして負担していくか……どの程度を月々に納める保険料で負担し，どの程度の医療を受ける際，自分で負担するかという問題です」と述べている[40]。しかし，この時点では社会保障制度の改革を求めつつ，その具体的な給付・負担については，まだ，言及されていなかった。

　一方，財界は1977年に大蔵省が消費税導入の方向を打ち出したときに，すでに，諸経費の洗い直し，政策合理化等により行財政改革を推進し，財政再建を図るべきであるという態度を示していた。さらに，1980年度予算編成において法人税の引き上げが問題になると，経済団体連合会（経団連）は法人税関係諸税反対の意見書を提出し，国家の肥大は企業活動の活力を奪うので，行財政改革によって行政機構・政策の合理化・効率化を図るべきであると主張した。総選挙に敗北した大平首相は，結局1980年予算編成で，ほぼ経団連の要望に沿う予算方針を示した。しかし，1981年予算編成では，自民党の総選挙圧勝を受けて，財政当局が強気に

転じていたために，財界はこれらとの対抗上，一層行政改革の重要性を強調することになった。1980年10月，経団連は『財政再建と今後の財政運営に関する意見』を公表し，財政危機の原因は税収不足ではなく，歳出規模が過大となり，それが硬直した状態で伸び続ける構造になっているためであり，財政運営の適正化，予算削減，合理化を前提として，まず行政改革を断行すべきであると主張した。[41]

　こうした動きのなか，1980年6月における総選挙中の大平首相の突然の死去によって7月17日に鈴木善幸が新首相に就任したが，内閣発足当時，すでにいくつかの課題が浮上していた。[42]そのなかでも，鈴木内閣は政権の最大課題として"増税なき財政再建"と"行財政改革の推進"を目標とした。7月29日，鈴木首相は経団連の稲山嘉寛会長との会談において，「当分の間は増税なき財政再建，すなわち行政改革を推進する」との決意を表明し，その後，公式席上でも同様の発言を行ったのである。1970年代に累積した財政赤字を考えれば，財政再建が最重要課題になったことは何ら不思議ではないだろう。

　さかのぼると，行政改革は大平時代，宇野宗佑を行政管理庁長官として，特殊法人の整理統合を中心にすでに進められており，1980年行革として，実施を待つ段階にあった。その後，鈴木内閣で行政管理庁長官に任命された中曽根康弘は行政改革推進のための機構として，第2次臨時行政調査会の設置に積極的であった。[43]第2臨調は鈴木内閣発足後，1980年8月に行政管理庁に準備班が設けられ検討が進められた。そして，9月8日に同庁の行政管理委員会の委員意見「行政改革の推進に関する新たな措置について」という意見書を提出した。その意見書では「1980年以降を展望した行政改革の中長期構想樹立の緊要性と，そのための臨時的な検討立案機構の設置の必要性」が強く指摘された。また，行政改革の実行には各省庁を含め利益集団などから抵抗が予想されるが，それに準備するためには首相および諸大臣らの強力なリーダシップが不可欠であると提言したのである。[44]

　これを踏まえて，9月12日の閣議で中曽根長官が当面の行政改革方針とともに，新たな臨時行政調査会の設置を提起して了承され，具体的段階に入ることになった。第93回臨時国会で，鈴木首相は臨時行政調査会の設置を表明し，政府は同法案を閣議決定して国会に提出した。同法案は11月28日に国会で可決成立し，1981年3月には第2臨調が発足することになった。

　ここで重要なのは第2臨調の所掌事務及び権限である。日本では「国家行政組織法第8条」[45]を根拠として現在でも数多くの審議会が設置されている。これらの

審議会はほとんど独立した決定権をもたないし，主な機能として政府が諮問を要する意見に対して，ただ，助言をする程度の機能しかもっていなかった。しかし，第2臨調の場合は既存の審議会とは異なり，首相の諮問に答えるだけではなく，自らの発意で調査審議を行い，首相に意見を述べることができることとされていた。なお，当然のことながら，調査審議の結果として出される答申や意見については，首相はこれを尊重しなければならないとされた。また，答申や意見を国会に報告するように首相に申し出る機能が与えられた。このような機能は現存の調査審議機関には類例のないものであった[46]。

1981年1月21日，第2臨調の会長として前経団連会長であった土光敏夫が指名された。土光は会長に就くにあたって，「行政の合理化を図って"小さな政府"を目指し，増税することなく，財政再建をすることが臨調の使命」との申し入れを鈴木首相に行った。そして，27日には各界を代表し行政の改善問題に関して秀れた識見を有する8人の委員も内定されたのである[47]。第1回の会合で鈴木首相は「とりわけ，財政再建という見地から，行財政の建て直しを図ることは現下の急務」であるから，このためには「歳出の削減，政府機構の簡素化，行政の減量化に重点を置いた改革を早急に進め」なければならないと要望した[48]。また，3月18日，日本商工会議所の総会で「行政改革の達成に政治生命を賭ける」という表現を使って，第2臨調に対する全面的な支持を強調したのである[49]。

ところで，財政再建のためには増税は不可避と考える大蔵省としては，第2臨調の掲げる「増税なき財政再建」には当然懐疑的であった。しかしながら，第2臨調が首相の全面的な支持を受けていたことや，土光の人気によって第2臨調が国民に圧倒的な支持を得ていたこともあって，大蔵省は，当面第2臨調路線に沿っての戦略をとった。第2臨調の発足に際して，渡辺美智雄蔵相は，1982年度には大型新税を導入しないと明言，第2臨調への協力姿勢を示した。しかし，また，鈴木首相の要請によって第2臨調がついには第一次答申において予算削減への具体的な案を示すことが決定すると，大蔵省は前年よりもゼロ・シーリングを1カ月早め7月の答申前に予算の大枠を定めることによって，予算査定権が第2臨調によって侵害されないように先手を打ったのである[50]。

第2臨調としても実現可能性を重視すれば，大蔵省の力を借りることが手っとり早いという判断から，その方針に乗ったのである。かくて，第2臨調の第1特別部会は，事務局が財政制度審議会による1978～80年の「予算編成に関する建

議」などをもとに作成した歳出削減項目のリストにしたがいつつ, 各省庁のヒアリングを行っていた。これに基づいて1981年7月10日に第2臨調は第一次答申を提出した。予算編成のノウハウをもたない臨調としては, 大蔵省が提示する枠組みや前提に依拠して, 答申を作成せざるをえなかった。この答申にも社会保障費の抑制の内容が含まれていたが, 医療制度の改革が行財政改革に組み込まれたのは第三次基本答申からである。

　1981年7月10日に第2臨調が提出した第一次答申では, 大きく「活力ある福祉社会の実現」と「国際社会に対する貢献の増大」という2つの理念が提示された。答申によれば,「活力ある福祉社会」を実現するためには, 自由経済社会のもつ民間の創造的活力を生かし, 適正な経済成長を確保することが大前提となる。答申において, 主にめざしているのは「増税なき財政再建」のため, 社会保障制度の改革が挙げられていた。そのなかでも, 老人医療有料化への強い意欲を示し, また各種年金制度については, その制度間の均衡を図りつつ, 老齢年金の支給開始年齢の段階的引き上げなど給付の内容と水準を基本的に見直し, 保険料を段階的に引き上げるなど, 年金制度の改正を検討し, 早急な実施を図っていた[51]。

　これらの理念は, ごく一部の委員を除いて第2臨調全体のコンセンサスとなった[52]のみならず, マスコミや世論の合意も獲得した。このうち,「活力ある福祉社会実現」において「福祉」が理念に入ったのは「福祉切り捨て」との世論の批判への配慮からではあるが,「福祉国家」ではなく,「福祉社会」の概念が使われた。そして, その「実現」よりは「活力ある」にアクセントがあると第2臨調内では了解されていた。また,「国際社会に対する貢献の増大」は防衛費, 海外援助費の増額を正当化する機能を果たしたことはいうまでもない。そして, この2つの理念が長期的な国家目標の設定という役割を担う事となったのである[53]。

　第一次答申提出後, 第2臨調は直ちに組織を再編成する。そして7月27日には既存の8つの部会を4つの部会に再編し, 各部会別に答申で提示した方向にしたがい, より具体的な提言を作成するための審議に入った。政府は第一次答申を受けてから, 同答申を「最大限尊重」するとの閣議決定を行い, 行革一括法案として臨時国会に提出した。この法案は10月末に衆議院を通過し, 11月末には参議院も通過した。

　ところが, 9月に入ると中間報告的なものとして, 許認可事項を中心とした第二次答申を求める声が急浮上した。それを受けて第3部会第1分科会で審議が開

始され，1982年 2 月 8 日，「許認可等の整理合理化に関する答申」を提出した。1
万件以上あるといわれる許認可事項のうちから24項目が選ばれ，その整理統合案
が第二次答申に基づき作成され，4 月23日衆議院本会議で可決された。5 月17日
に第 4 部会が 3 公社及び特殊法人のあり方に対する部会報告を，5 月24日には第
3 部会が中央・地方の機能分担の存在方式に対する部会報告書を提出している。
そして，5 月29日には第 1 部会が行政改革理念に対する報告を，5 月31日には第
2 部会が統合調整機能に関する報告を提出した。以上の部会報告に基づいて第 2
臨調は第三次基本答申を鈴木首相に提出した。

　その答申には，「活力ある福祉社会の建設」といった目標のもとに財政再建の
ため，肥大化した行政の見直し，歳出の徹底削減により「増税なき財政再建」，
「国民負担の抑制」などが行財政のあり方として提言された。そのなかの第 2 部
で「行政改革の基本的方策として，第一に，医療保険のあり方として，高額医療
については適切に保障する一方，低額医療については収益負担を求めるという方
向で制度改善を図る。また，本人，家族間の格差の問題を含め給付率の見直しを
行う。第二に，国民医療保険制度については，地域医療保険としての性格を踏ま
え，広域化など保険制度として安定化を図る方向で改革を行う。また，国庫補助
制度の改善，合理化を検討する。第三に，被用者保険制度の中には，（……中略
……）その制度のあり方を含め早急に検討を加え，合理化を図る」といった内容
が示されているものであった。すなわち，社会保障部門において，医療保険制度
の合理化が求められているのである。

　こうした基本答申を受け取った政府は，1982年 8 月10日，これを最大限尊重す
るとの閣議決定を行い，9 月24日には答申の内容を盛り込んだ「行政改革大綱」
を決定した。その 2 カ月後の11月27日，中曽根内閣が成立したが，中曽根首相は
12月 3 日，就任演説で「第 2 臨調の答申を最大限尊重し，その具体化のため措置
を早速に実施する」と述べながら行財政改革路線の継承を公言したのである。

　一方，基本答申を出したあと，第 2 臨調は積み残した問題を中心にさらに，審
議を続け，最終答申の検討に入った。たとえば，基本答申で 3 公社の改革につい
て提言をまとめた第 4 部会は，特殊法人についてのヒアリングと検討を本格的に
開始した。この間，10月には思いがけない事態の展開で鈴木首相が辞意を表明し，
翌日中曽根が首相となった。第 2 臨調は1983年 2 月末，最終答申に先だって第四
次答申として行革推進体制についての提言を行い，行革推進委員会の設置を提言

した。そして，3月14日にはいままでの論議と提言を総括した第五次答申，つまり最終答申を行った第2臨調は1983年3月15日に2年間の任期を終え，解散したのである。

　ところで，こうした第2臨調による改革とは何だったろうか。これについて大嶽秀夫は次のように評価している。[58]「行政改革は，財政危機の克服を最大の狙いとし，そのために3K赤字のうち，[59]国民健康保険と国鉄の二つを抜本的に解決したいという面をもつ。さらに，福祉国家の見直しという意味で，ケインズ型福祉国家への反動であったともいえる。また，民営化を通じて左翼労働運動の中核を解体し，労使協調体制を拡大しようという面を持っている[60]」と述べている。

　以上のように，臨調の活動に焦点をおいて行財政の改革過程を検討してみた。この過程で重要な点は，1980年代の財政危機の状況下で進められた行財政改革は，自民党や大蔵省の官僚によって提起されたものというよりは，社会側の要求と圧力によって政治議題に載せられることになった点である。すなわち，自民党は変化する環境に対応するため，能動的に行財政改革を提起し，推進したのではなく，増税に反対しながらその代案として行財政改革の推進を政治課題として掲げることになったのである。

　また，行財政改革に対し，国民的合意を形成していく過程においても自民党は積極的な主体として登場することができなかった。なぜなら，第2臨調路線である「増税なき財政再建」を推進するためには，政府の支出を削減する方法しかなかった。しかし，これはそれまで政府支出を通じて利益を受け取った利益集団と漸増主義的（incrementalism）予算編成方式を追求してきた官僚たちの抵抗をもた[61]らすことになった。これは自民党にとっても増税と同様にあまりメリットがない政策である。自民党はこうした政策を推進することに伴う目前の政治的損失を避けるため，第2臨調の権威を借り受けて，財政赤字の問題を解決しようとしたのである。

注

(1) 早川純貴「福祉国家をめぐる政治過程（1）——84年健康保険法改正過程の事例研究——」駒澤大学法学部『法学論集』第43号，1991年，114頁。

(2) 「政策構想フォーラム」のメンバーには村上泰亮，佐藤誠三郎，公文俊平など21名の学者と西武百貨店の堤清二会長，京セラ稲盛和夫社長など15名の企業人によって構

成されている。

⑶ 新川敏光「日本型福祉と保守支配体制の再編，強化（一）」『法政理論』第25巻第1号，1993年，13-15頁。

⑷ たとえば，第一に，巨大な富の集中と繁栄がその代償としてローマ市民の放縦と堕落を生んだこと，第二に，ローマ市民が「パンとサーカス」という「シビル・ミニマム」を要求したこと，第三に，ローマ帝国が適正規模を超えて膨張したことなどが挙げられている。

⑸ グループ1984年「日本の自殺」『世界』1976年2月号，またグループ1984年『日本の自殺』PHP研究所，1977年を参照。

⑹ 新川敏光，前掲論文，117-119頁。

⑺ 香山健一『英国病の教訓』PHP研究所，1978年，3-5頁。

⑻ 大嶽秀夫「中曽根政治のイデオロギーとその国内政治的背景」『レヴァイアサン』1号，1987年秋，89-90頁。

⑼ 早川純貴，前掲論文，130-132頁。

⑽ 過去のこれらに関する主張は，西村豁通「福祉社会論と総合福祉政策の展開」『月刊労働問題』1980年8月号を参照。

⑾ 川内一誠『大平政権・五五四日』行政問題研究所，1982年，98頁。

⑿ 家庭基盤充実研究グループ『家庭基盤の充実』大蔵省印刷局，1985年。

⒀ 自由民主党研修叢書編集委員会『日本型福祉社会』自由民主党広報委員会出版局，1978年，4章参照。

⒁ 厚生省『昭和53年度厚生白書』58頁。

⒂ 堀勝洋「日本型福祉社会論」『季刊社会保障研究』第17巻，1号，38-40頁。

⒃ 新川敏光『日本型福祉政治経済学』三一書房，1993年，124-127頁。

⒄ Esping Andersen, *The Three Worlds of Welfare Capitalism*, Princeton : Princeton University Press, 1990, p. 50.

⒅ 川口弘「減速経済下でも福祉優先を」『エコノミスト』1975年9月16日，22-23頁。

⒆ 小沢修司「福祉切り捨ての論理と再編の方向」『経済』1980年11月号，31頁。

⒇ 大熊由紀子「破綻続く『日本型福祉』」『社会福祉研究』第51号，1991年，91頁。

(21) 大熊一夫「『社会的な死』の大量生産を支える日本人の無知とケチ」『世界』1990年11月号。

(22) 小沢修司，前掲論文，9頁。

(23) 京極高宣「日本型福祉社会論を批判する」『経済』1980年12月号。

(24) 山井和則『体験ルポ 世界の高齢者福祉』岩波新書，1993年，206-218頁。

(25) 京極高宣，前掲論文，74頁。

(26) 仲村達也「国は富み，そして日本人は貧しくなった」『週刊エコノミスト』1992年6月2日号，100-101頁。

206　第Ⅲ部　安定成長期における高齢者福祉政策

(27)　日本公共政策学会が1998年6月13日，14日に東京で開催された。その際，参加した
　　J. C. キャンベルと話した内容に基づいて記述した。

(28)　堀勝洋，前掲論文，48-49頁。

(29)　林健久『福祉国家の財政学』有斐閣，1992年，133頁。

(30)　金世杰『財政危機と自民党支配構造の均裂――1980年代日本の財政再建の政治過
　　程――』西江大学校博士学位論文，1997年，53-56頁。

(31)　真渕勝『大蔵省統制の政治経済学』中央公論社，1994年，6頁。

(32)　長岡実『素顔の日本財政』金融財政事政研究会，1981年，86頁。

(33)　Yukio Noguchi, "Public Finance," *The Political Economy of Japan*, Vol. 1, 1992, p.
　　193.

(34)　真渕勝は，補正後予算を対象にして，主要経費別分類における社会保障関係費及び
　　公共事業関係費と国債発行額について，年度ごとの増額分の関係を調べて，社会保障
　　関係費の増額はどの程度，国債増額に寄与したか，そして同じく公共事業関係費の増
　　額はどの程度，国債増額に寄与したのかを検討した。これについて詳細は真渕勝，前
　　掲書，295-297頁を参照。

(35)　臨調・行革審 OB 会監修『臨調・行革審――行政改革2000日の記録――』行政管
　　理研究センター，1987年，132頁。

(36)　政府が国債を大量に発行して金融市場から資金を調達すると，金融市場が逼迫し金
　　利が上昇する結果，民間部門の資金調達が阻害されるような場合に生じる現象をいう。
　　たとえ，国債発行に基づいて，公共投資を増加させたとしても，この効果によって民
　　間投資が減少するならば，全体として有効需要は増加しない。そのため，公共投資よ
　　る景気対策を主張するケインズ主義者はその根拠を失うことになることを意味してい
　　る（『Imidas』1995年，83頁より）。

(37)　真渕勝，前掲書，8頁。

(38)　辻敬一「曲り角の福祉」『ファイナンス』1975年8月，4-5頁。

(39)　大蔵省『歳出百科』大蔵省印刷局，1980年，4頁。

(40)　同上，92頁。

(41)　新川敏光，前掲書，156頁。

(42)　鈴木首相は就任後，記者団に新政権の政策課題として，次のように7項目を挙げた。
　　すなわち，財政再建，物価問題を中心とした経済運営，行政改革，外交，防衛，エ
　　ネルギー問題などの産業政策，高齢化に対応した年金問題などがそれである（宇治敏
　　彦『鈴木政権・八六三日』行政問題研究所，1983年，39頁）。

(43)　臨時行政調査会という名称を付された行政改革に関する臨時的な調査審議機関は，
　　かつて，1961年11月から1964年9月までの間，総理府の付属機関として設けられてい
　　たことがあり，行政全般にわたるその改革意見は高い評価を受けてきた。1980年代の
　　臨時行政調査会も，その設置の仕方，所掌事務，組織などほぼ前回と同様に規定され

ており，このため，「第2臨調」と略称されることがあるが，時代的背景が大きく異なることから違う点がある。

　なかでも，臨時行政調査会の設置目的に大きな違いがある。すなわち，1961年に設された同調査会は，当時高度経済成長への移行など，日本の社会経済の発展近代化に対する行政の立ち遅れが強く指摘されていた。しかし，第2臨調は，日本の社会経済が高度成長から安定成長へ移行するという時代の大きな変化に対応して，高度成長期に膨張した行政の洗い直しや，新たな時代に即応するために行政制度や行政体制の改善が図られねばならないという要請のもとに生まれたのである（臨調・行革審OB会『臨調行革審──行政改革2000日の記録──』行政管理研究センター1987年，3-4頁）。

⑷　神原勝「転換期の政治過程──臨調の軌跡とその構造──」総合労働研究所，1986年，4頁。

⑸　国家行政組織法 第8条1項に，「法律の定める所掌事務の範囲内で，特に必要がある場合においては，法律が定めるところにより，審議会また，協議会を置くことができる」と定められている。

⑹　臨調・行革審OB会監修，前掲書，7頁。

⑺　第2臨調は9人の委員以外に，21人の専門委員と参与，顧問など，総58人で構成されていたが，そのうち財界の代表が32人を占めていた。これは，行政改革において，財界の主導性を示唆することである。

⑻　臨調・行革審OB会監修，前掲書，11頁。

⑼　『読売新聞』1981年3月19日。

⑽　新川敏光，前掲書，160頁。

⑾　臨調・行革審OB会編『日本を変えた10年──臨調と行革審──』行政管理研究センター，1991年，19-22頁。

⑿　臨時行政調査会編『臨調と行革──2年間の記録──』文真舎，1983年，11頁。

⒀　大嶽秀夫『自由主義的改革の時代──1980年代前期の日本政治──』中央公論社，1994年，84頁。

⒁　臨時行政調査会OB会編，前掲書，42-46頁。

⒂　土光敏夫監修『これが行革だ』サンケイ出版，1982年，99頁。

⒃　『読売新聞』1982年12月4日。

⒄　増税なき財政再建の臨調路線をめぐって，大蔵省と臨調間に緊張が続いているなか，鈴木首相は9月16日，①福祉水準の見直しと受益者負担の増加，②人事院勧告の凍結（公務員賃金の凍結），③赤字国債の発行などを中心とする「財政非常事態を宣言し，1984年度までは赤字国債から脱け出すという財政再建の公約が達成できない」ということを公式に明らかにした。そして，10月12日には自民党総裁選挙への不出馬を表明した。その理由は「財政再建に政治生命を賭ける」とした公約にもかかわらず，それ

が達成されないことに責任を感じ，辞任したといわれている（金世杰，前掲論文，70頁）。

(58) 大嶽秀夫，前掲書，87-90頁。

(59) 3Kとは米，国民健康保険，国鉄の日本語発音の英文略字であり，3K赤字とは，政府財政から多くの補助金を受けていたこれら3つの部門の赤字を示すものである。

(60) 大嶽秀夫，前掲書，87頁。

(61) 漸増主義的（incrementalism）予算編成方式とは，Zero Base 予算編成方式とは異なり，特別な理由がない限り（各行政機関への予算配分の原則として），前年度予算額に一定限度分を増額して予算を編成する方式をいう。こうした予算編成方式下では結局，歳出総額は増大することになる。これは，予算編成の能率化という行政的合理性と，予算編成の参加者らの理解調整という予算配分における政治的合理性の面があると，A.ウィルダフスキー（Aaron Wildavsky）は指摘した。これに基本的に依拠しつつ，日本の予算政治を分析した J.C.キャンベル／小島昭・佐藤和義訳『予算ぶんどり――日本型予算政治の研究――』（1984年）は，大蔵官僚主導による漸増主義予算を例証したものである。

第7章
高齢化社会と老人保健法

第1節　問題の提起

　老人保健法は，1981年5月に国会に提出され，その年の秋の行革国会といわれる臨調国会で衆議院を通過し，1982年の通常国会で参議院を通って8月10日に成立したのである。この老人保健法の成立以後，1980年代中盤には，老人医療費の抑制を目的とした各種の政策転換が制度化された。すでに検討したように第2臨調の第一次答申に基づいて制定された老人保健法によって，約10年間実施された老人医療費無料化制度が事実上廃止され，患者負担が導入されたのである。また，赤字が累積してきた国民健康保険に対し，被用者保険の本人負担の導入という改正が行われたのである。

　1961年の国民皆保険成立後の過去の主な健康保険法の改正（1973年，1977年，1980年度）のいずれをとってみても，審議未了，廃案，再提出，あるいは継続審議などを経て，数年越しで成立に至っている。このように健保改正が難航する理由は，医療保険制度においては，保険者と被保険者の間に仲介者として医師，薬剤師が存在し，彼らの組織する利益集団が強力な反対勢力として存在し，与党議員にも影響力を行使するからであった。

　一般的に，既存の制度は複雑な利害関係をめぐって当事者間の長い紛争と妥協の産物として生成，定着されたものであるので，それを改正することは容易ではない。その上に，老人保健法のように医療の無料化から有料化へと既得権の削減をもたらす制度の改正の場合は，受益者集団の抵抗があるので非日常的なきっかけがない限り，追求されない傾向がある。

　1982年8月に成立した老人保健法の制定は老人医療費無料化制度を始めとする福祉拡大，給付拡大一本やりの方向から，削減，抑制の方向に方針を大きく転換

させたことから，「福祉切り捨て」という国民からの厳しい批判があったにもかかわらず法案提出後1回の通常国会で成立した。老人保健法案の目的にも書かれているように，この制度は本格的な高齢化社会の到来を控え，疾病の予防，治療，機能訓練等の保健事業を総合的に実施し，老後における健康の保持を図るためとしているが，厚生省がめざしているのはそれよりも増え続ける老人医療費の増加にいかに対応すべきかというところに趣旨があったと思われる。したがって，本章ではこうした厚生省の趣旨がいかにして制度成立可能な状態にまで至ったかを中心にして検討する。

第2節　制度成立の狙いと背景

1980年代，各種の医療制度において改革が行われたが，それを促進した要因として大きく2つの要因がある。その一つは，社会・経済的要因として 第一に，高齢化社会の到来に備えてそれに対応できる制度の創設，第二に，高齢者人口の増加に伴う医療費の急増に対する対策，第三に，分立された制度間の格差是正，などが挙げられる。そしてもう一つは，政治をめぐる要因であり，マクロレベルでは第2臨調による行政改革の実施とミクロレベルでは医療政策をめぐっての厚生省と日本医師会との争い，を挙げることができる。

（1）老人保健医療の歩み

1961年に，国民皆保険制の実施によって，国民は誰でも原則として何らかの公的医療保険に加入することになった。その後，医療費の支払いに占める自己負担の割合も徐々に引き上げられてきた。皆保険となった当初は，国民健康保険の世帯主も家族もともに5割の負担であったし，被雇用者保険の本人は無料だったが，その家族は5割負担であった。これが1963年には国民健康保険の世帯主が3割，1968年には国民健康保険の家族も3割となり，1973年には被用者保険家族も3割負担になる。

一方，経済が高度成長するなか高齢化が本格的に進みはじめ，老人の医療に関しては，医療保険制度における受診時の一部負担を地方公共団体の単独事業として軽減したり，無料にするという動きが全国的に広がった。結局，政府も1973年には老人福祉法を改正し，70歳以上の老人の医療費に関しては医療保険制度にお

ける受診時の一部負担金を国と地方自治体の負担により無料とする制度を導入したのである。

ところが，老人医療費無料化制度の導入後，間もなくいろいろな問題が出てきた。すなわち，医療ないし医療費の保障ということに偏り，予防からリハビリテーションまでのいわゆる一貫した保健サービスに欠けていること，各保険制度間の負担の著しい不均衡やアンバランスがあるということ，病院が老人のサロンのようになったり同じ病気でいくつもの医療機関を渡り歩くといった行き過ぎた受診がみられるなど，そして医療資源の合理的，効率的な利用が妨げられていることなどの問題点が指摘されるようになってきたのである。

なお，日本の疾病構造は慢性疾患が増えているが，これは人口の高齢化による影響であるので，高齢化社会における保健医療対策は成人病対策が重要な問題になってきた。成人病は日常の生活習慣の影響が大きく，予防や健康増進対策が重要となる。しかし，これまでの保健医療対策は，病気にかかってからの対策に重点が置かれがちで，治療のために大きな費用が充てられてきた。1980年度の国民医療費は，約12兆円に達するが，そのうち総人口の約5％を占める老人（老人医療費無料化制度の対象者）に国民医療費の全体の約18％が占められている[2]。

また，人生80年時代を迎え，中高年期が長くなり，老後生活に対する不安として健康を一番重要なことと考える人が非常に多くなった。したがって，国民の老後の健康を確保するためには，この関心を疾病の予防や健康増進に結びつけていくことが重要なことであり，このためには適切な保健サービスの機会を確保することが不可欠であった。

老人保健制度はこうした問題点を解決し，来るべき高齢化社会において健康な老人づくりをめざしたものとして2つの役割を担っている。第一は，老人の医療費を保障していくことを軸とする役割であり，老人医療制度としての枠組みのもとで，治療から在宅ケアに至るまでのサービスのあり方とそのための費用負担の方法を規定している。第二は，老人及びその前段階にある40歳以上の者を対象として保健サービスの供給を確保するための役割であり，保健事業として，市町村で行われる医療以外の保健事業と，その財政負担について規定している。つまり，市町村を実施主体として40歳以上の人を対象に健康手帳の交付，健康教育，健康相談，健康診査，医療機能訓練，保健指導などの各種の保健事業を総合的に進めることが狙いであった。

212　第Ⅲ部　安定成長期における高齢者福祉政策

表7-1　老人医療費と国民医療費の推移

年度	老 人 医 療 費		国 民 医 療 費		老人医療費の国民医療費に対する割合 (%)	国民所得に対する割合	
	実 数 (億円)	伸び率 (%)	実 数 (億円)	伸び率 (%)		老人医療費 (億円)	国民医療費 (%)
1973	4,289	—	39,496	—	10.9	0.45	4.12
1974	6,652	55.1	53,786	36.2	12.4	0.59	4.78
1975	8,666	30.3	64,779	20.4	13.4	0.7	5.22
1976	10,780	24.4	76,684	18.4	14.1	0.77	5.46
1977	12,872	19.4	85,686	11.7	15	0.83	5.5
1978	15,948	23.9	100,042	16.8	15.9	0.93	5.82
1979	18,503	16	109,510	9.5	16.9	1.02	6.01
1980	21,269	14.9	119,805	9.4	17.8	1.07	6
1981	24,281	14.2	128,709	7.4	18.9	1.16	6.14
1982	27,487	-13.2	138,659	7.7	19.8	1.25	6.32

出典：三浦文夫編『図税高齢者白書1997』全国社会福祉協議会，1997年，111頁。

（2）医療費の増加の問題

　先に，老人医療費無料化制度実施後あらわれた諸問題について指摘したが，そのなかでも医療費増加の問題は最も重要な問題のひとつであった。これについて，当時厚生省の老人保健部長であった吉原健二は「同制度が発足の際，予想されたことであった。しかし，当時は健康保険の家族の給付率はまだ5割であったし，年金制度も福祉年金の受給者が大部分で，その額も月5000円にもなっていなかったので，大きな問題とまではならなかった。ところが，制度が発足して，すぐに予想した問題も予想以上に大きな形で出てきたし，予想もしなかった問題も起ってきた[3]」と述べている。そのひとつが老人医療費の急増問題である。

　日本の国民医療費総額は，表7-1のとおり，1973年の老人医療費無料化制度実施後急増することになり，1982年には約14兆円に達している。このうち老人医療費は1973年当時4289億円に過ぎなかったが，1974年には30％増加の8666億円になった。その後，年平均20％近い伸びを示し，1982年には2兆6903億円に達している[4]。

　これは1973年と比較すると6倍に近い伸びである。その間，国民医療費は1973年当時，約4兆円であったのに対し，1982年には約14兆円になり，約3倍程度の増加をみせている。そして，国民医療費に占める老人医療費の割合も1973年には10％であったものが1982年には20％になっている。さらに，70歳以上の高齢者の総人口に占める割合は1981年当時，約6％であるから，6％の人口で医療費全体

の20％を占めていることになる。

　こうした統計的数字は老人医療費の急激な増加や高齢者人口の増加にも原因があるが，それよりは1973年の老人医療費無料化制度の実施以後，高齢者の受診の増加にその主な原因があるといわれた。したがって，医療費増加を抑制するためには健康教育や予防的保健サービスを強化して受診率を減少させるか，医療費に対し自己負担を導入し，コスト意識をもつことにより過剰検診を自制させる方法がありえる。だが，日本における1980年代の医療改革は，後者に焦点が置かれ展開されたといえる。

（3）制度間の格差の問題

　老人医療の急増に大きな影響を与えたのが国民健康保険（国保）の財政である。なぜならば，老人医療費は全体の8割を保険でもち，約2割を国と地方自治体の公費でもっている。そして保険が負担する8割の約60％を国保でもち，約40％を健保や共済などの被用者保険でもっているからである。各保険制度ごとに老人医療費の医療費全体に占める割合は国保が一番高く平均して30％であるが，北海道などの老人が多い小さな町村では50％を超えているところもある。そして政管健保や組合健保はまだ11％程度に過ぎない。

　こうした各保険制度の差は，保険制度ごとの老人加入率の差からきている。保険の加入者全体に対する老人の割合は平均して10％であるが，町村によって20％を超えるところもある。しかし，政管健保はまた3％台，組合健保は2％台に過ぎない。国保と被用者保険間の老人加入率の差は就業構造の変化による被用者人口の増加や若い人を中心とした人口の都市への流入と，大企業の組合保険に入っていた人が定年退職すると中小企業に移って政管保険に移り，そこも退職すると国保に入るという定年退職者の国保への逆流現象からきている。これを主要医療保険制度における加入者の年齢構成でみると，加入者年齢構成に著しい制度間格差があることがわかる。たとえば，国民健保加入者の高齢化が他の被用者健保に比べて特に著しく，60歳以上人口の構成比は組合健保の約4倍，政管健保の約2，3倍であり，全人口の1.7倍という高率であった。

　このようなことから老人医療費の負担に各保険制度間で大きな不均衡，不公平があるといわれるようになり，国保関係者から今のままでは老人医療はとてもやっていけないので，老人を国保から切り離してほしいという声が年々強くなっ

てきたのである。[5]

　このように，老人医療費については制度間で何らかの定型的な方式で財源を
プールし，一種の財政調整を行うべきであるという主張が広がってきたのである。

（4）国家財政上の問題

　老人医療費の増加は国保財政だけではなく国の財政へも影響を及ぼした。とこ
ろで，財政危機と行政改革に関してはすでに詳細に述べたので，ここでは老人保
健法に直接関わる部分だけ検討することにする。石油危機以後，1974年にはマイ
ナス成長になり，1980年度予算では歳出総額42兆円のうち33％くらいが公債に依
存することとなる。このような状況下で，1984年までは赤字公債からの脱却をめ
ざす国の財政再建が大きな政治課題になってきた。そこで第2臨調が発足し，
「活力ある福祉社会の実現」というスローガンのもとに行財政改革が行われる。
当時，社会保障関係費は国の一般会計の20％近くに達し，省庁別には厚生省の予
算が最大であった。

　したがって，財政再建，歳出削減ということになると社会保障費，厚生省予算
に目がつけられることになる。その厚生省予算の約半分近くが国保に対する補助
金を始めとする医療費であった。こうして医療費抑制と医療費に対する国庫負担
の削減が国の財政再建，行政改革の厚生行政の上で最大の課題になったのである。

（5）医療政策における主導権の問題

　日本の医療政策は当初から医療制度の統制をめざす厚生省と，医師の裁量の自
由を確保したいとする日本医師会（日医）との対立で特徴づけられる。両者はそ
れぞれ基本的に異なる考えや目標をもっており，お互いに相手に対して決してよ
いイメージを抱いておらず対立してきた。つまり，「厚生省は日本医師会を欲張
り亡者の開業医を代表する団体として，また，日医は厚生省官僚を傲慢な権力亡
者」[6]としてみてきた。しかしながら，重要なのは両者のトップはともにそれぞれ
相手がなくてはならない存在であることは充分承認してきた点である。

　1960年代から1970年代中盤にかけて，農協とともに利益団体の横綱として知ら
れてきた日医は医療政策に大きな影響を及ぼしてきた。その理由として次のよう
な点が挙げられる。まず第一に，日医はその組織内に各分野内の学識経験者を擁
した専門委員会をもち，医療問題全般にわたって高度の政策立案能力を持ってい

るということである。第二に，医師，特に開業医師は自分たちの生活に政府の政策が大きな影響を与えることをよく知っており，また経済的にも豊かである。こうした条件が重なるので，会費収入は潤沢であり，その結果政治家への公式・非公式の献金が可能になっている。なお，選挙のとき，政治献金はできるだけ「勝ち馬」になりそうな候補に渡すように配慮されるので，政策面での効果も大きい。第三に，より重要なのは医師を代表する他の有力団体がないので，各種の政府委員会ないし，審議会にはかならず日医推薦委員がメンバーとして加わっており，これらの委員の賛成ないし黙認なくては日常の医療政策が遂行できない点などがあった。

　特に，1957年から1982年まで日医の会長を歴任した武見太郎は，金，コネ，選挙，人格などの点においても優れ，日医の政治的影響力は強大化したのである。ところが，日医と厚生省との紛争で最も頻繁だったのは治療，処置や入院，投薬（日本では医師によって処方され売られている）に対する医師や病院への診療報酬の支払基準や医療保険の管理運営に関する点についてであった。こうした争いが頻発した背景には，厚生省と日医との間の医療の支配権をめぐる長年の闘争があったのである。

　一方，両者が闘争するなかでそれぞれを応援する支援者として厚生省の方には大蔵省と健康保険組合連合会（健保連）が，日医側には自民党がある。大蔵省は毎年，予算配分をめぐって各省庁と対立するのが通例である。だが，大蔵省は医療費改正を常に低く抑えようとする厚生省の動きを応援してきた。また，健保連も健康保険・医療制度のあり方をめぐって，日医と久しく対立していた。支払い側の健保連は常に過剰診療に批判的であり，現行の出来高払い制が過剰診療による医療費の浪費と不正請求の弊害をもたらしたと主張した。こうした健保連の立場は医療行政の合理化を追求している厚生省官僚らの立場と一致するものでもあった。

　日医側と健保連，厚生省間の利害対立になっている出来高払い方式とは，診療報酬点数制であり，つまり，一つひとつの診療行為について点数が決められており，医師は合計点数を診療費として保険者に請求する制度である。したがって，医師が患者の数を増やすほど，すなわちサロン化を促進するほど，また，報酬点数の高い投薬・注射を増やすほど，医師の収入は増えることになるのである。ところが，このような制度が医師の過剰診療を促進させる要因になるというのが健

216 第Ⅲ部 安定成長期における高齢者福祉政策

保連の主張であった。[10]

　こうした事情は厚生省も充分承知していたため，老人保健制度の柱は，自己負担制の導入とともに支払方式の見直しという2点からなった。しかしながら，日医は現行の出来高払い方式の変更には一貫して強く反対した。というのは，武見の長期支配を支えたのは，1980年2月当時，日医会員の73％を占める開業医の支持であったからである。出来高払い制は，こうした開業医にとって医師優遇税制と並んで最重要関心事であったため，日医は診療報酬制度の見直しには徹底抗戦の構えであった。

　1980年代の医療制度の改革には，以上のような問題の根本的解決という課題が含まれていた。すなわち，患者の過剰診療の抑制によって，増加する医療費に歯止めをかけること，医療保険制度間の財政上の不均衡を解消する一方，制度に伴う給付格差を是正すること，そして，診療報酬支払制度の方式を改善し，医師による過剰診療と不定請求をなくすのが医療改革の目標であった。こうした改革は第2臨調と大蔵省の支援下で厚生省官僚を中心に推進されてきたのである。[11]

第3節　老人医療費無料化制度の見直しをめぐる動向

（1）厚生省の動き

　老人医療費無料化制度の実施により，老人医療費が急増し，さらに，高額療養費支給制度が実施されるなかで，老人医療費の比重の大きい国民健康保険の財政は大きな影響を受けることになった。たとえば，国民健康保険の総医療費のうち老人分の割合は，1972年の17.6％から1975年には24.2％まで上昇した。そこで，厚生省は急激な保険料の増加を緩和するため，1973年から老人医療対策臨時調整補助金などを導入したが，国，地方財政状況の悪化に伴い，充分な措置を講ずることが難しくなり，1970年代半ばに入ると老人医療費無料化制度を含む老人保健医療対策全体を見直すべきであるとの気運が次第に盛り上がってきたのである。[12]

　1974年12月，田中正己厚相はこのような状況を踏まえて，老人保健制度の発足を提唱した。田中厚相が意図したのは異保険間の負担の均衡を図り，国保の老人医療コスト負担を緩和するような統一的老人保健システムを確立することにあった。統一的保健制度の確立は厚生省の長年の悲願であったため，厚相の支持を受けた厚生省は1975年2月に，老人保健医療問題懇談会を発足させ，老人保健医療

のあり方を検討することを決定したのである。

4月に大平正芳蔵相が国会において，国債依存率の増加は財政危機を引き起こすと警告し，その主な原因が社会保障費用にあることを示唆した。これを受けて，財政制度審議会（財政審）は同年7月に，安定成長期の財政運営に関する中間報告を提出し，福祉見直しを訴えた。そのなかでも老齢年金と老人医療が財政を圧迫する主要因として攻撃された。[13]

なお，財政審の中間報告と同時に国民健康保険中央会は，国保基本問題研究会の報告として「老齢者保健特別制度構想」を打ち出し，また，8月には社会保障[14]長期懇談会も総合的な老人保健制度のあり方についての答申を行った。その答申で，自身の健康に対する責任感を促す立場から一部負担導入の検討を提言した。さらに12月，財政審は1976年度予算編成の過程において福祉見直しを主張しながら，そこで老人医療に一部負担制度の導入を提言した。

このような状況のなかで大蔵省より内示された老人医療への一部負担の導入は三木首相の判断で見送られたが，これを機に厚生省は制度の基本的見直しについての本格的な検討を開始することになったのである。1976年2月には厚相の諮問[15]機関として老人保健医療問題懇談会（医療懇）が設置された。厚生省はこの医療懇の性格と目標について「期限をつけることなく，腰を落ち着け，将来に向かっての総合的な老人保健医療対策のあり方を検討してもらう。1978年度予算に反映できるように意見をまとめてほしい」との意向を示していた。

この頃，厚生省にとって，最大の関心事のひとつは，1976年10月14日の衆議院社会労働委員会で早川厚相が「いま厚生省で検討課題にのぼっているのは，老人医療に関する負担増が国保財政を圧迫しているという点だ。なんらかの形で，老人保険というような独自の制度が出来ないか検討している」と述べたことに示さ[16]れるように，老人医療費の増大が及ぼす国保財政への圧迫とこれに伴う国庫負担額の急増であり，急ピッチの人口高齢化に対応していくための新しい施策の確立であった。

医療懇は，この件に関し1976年10月初めに報告書を提出することを目標に検討を進めた。この検討の過程で論議の焦点となったうちの第一点は，老人医療保健制度を別建てにすべきかどうかの問題であり，第二点は，老人医療費無料化制度のあり方であった。こうした検討を続けるなか，医療懇は報告書をとりまとめるにあたって，健保連，国保中央会，全国老人クラブ連合会などの関係団体から意

見を聴取した上，1977年10月26日に22回の会合をもって審議した結論をまとめ，「今後の老人保健対策のあり方について」と題する報告書を厚相に提出した。そこで，老人保健医療対策は総合的，包括的な制度として確立されるべきことや現行制度に改善を加えずに一部負担を課すことは現実的ではないが，適正な費用負担については考慮されるべきことなどが提言された。この報告書では，財政上の不均衡の問題に焦点が当てられ，将来の老人医療の膨大な負担をどうするかについて，いくつかの代案を示していた。また，医療保険を重視しすぎることを批判し，保健サービスを推奨していた。[17]

　この報告書を受け，渡辺厚相は同年11月22日の参議院社会労働委員会で，医療保険の抜本改革等についての計画を明らかにするなかで，老人保健医療問題についても，1979年以降に立法化する考えを示したのである。このように医療懇の報告書は，厚生省の方針が老人医療費無料化制度の廃止に向かっていることを示唆していたのである。さらに，厚生省は無料化制度に代わる新制度を検討するため12月15日，社会局に老人保健医療制度準備室を設けている。

（2）自民党の動き

　1975年5月，小沢辰男厚相は，1979年秋までには別建て老人保健医療制度を実現したいという意向を表明した。しかし，この時点では，実は厚生省内部においても「医療費増大への歯止めとして一部負担は当然」とする意見に対して，「受診抑制や福祉後退につながる」という反対意見もあり，合意が形成されていなかった。また，自民党は，1979年の統一地方選挙への影響を考え，老人医療有料化を示唆する新制度に関しての積極的動きを控えていた。なお，日医は別建て案に対して，保健医療制度は老人に限らず40歳以上の者を対象とする総合的な予防制度でなければならないと主張していた。さらに，日経連も別建て制度はかえって費用がかさみ，雇用者側の負担が増加するのではないかという懸念を抱いていた。

　結局，小沢発言への政策関係団体内での積極的な支持はなかったが，1978年12月退任を控えた小沢はあえて老人保健制度構想，いわゆる「小沢構想」を発表した。別建て制度を提案したこの小沢構想に対しては，市町村等国民健康保険においては積極的に評価した反面，日医等診療団体は老人に対する低医療政策につながるとして反対した。大蔵省も市町村の経営能力を促す制度的要素を欠き，医療[18]

第 7 章　高齢化社会と老人保健法　219

費膨張に対する歯止めがなくなるおそれがあるとの理由で同意できないとの意見
を示した。[19]

　厚生省は，このような状況を踏まえ，小沢構想に代わる案の検討を行った。
1980年度予算に向けての歳出見直し作業の結果として1979年8月，大蔵省は老人
保健制度を別建てにするのであれば，診療報酬支払方式を見直すべきことや，現
行の医療保険制度及び診療報酬支払方式のままで老人保健制度を行うのであれば，
加入者数に応じた制度間の財政調整を行うべきであると提案した。[20]

　このような動きを受けて，小沢の後継者となった橋本龍太郎厚相もまた，退任
前の1979年10月，私案の形で中高年保健事業と老人医療費財政調整を組み合わせ
たいわゆる，橋本構想を発表した。この橋本構想は70歳以上の老人医療費の一部
について各制度間で財政調整を行うことや，日医の要求に応じたものとして40歳
から予防給付を行うことが提唱されていた点から注目された。橋本構想発表直後
の11月，厚生省は，国保における毎月の受診の内7割は60歳以上の者であり，年
間医療費の45％がこれに充てられていると公表し，制度見直しの必要性を訴えて
いたのである。[21]

　また，財政審の第2特別部会は同年12月10日，国庫予算の圧縮を内容とした
「歳出節減合理化に関する報告」[22]の社会保障に関する部分で第一に，70歳以上の
老人に実施している老人医療費無料化制度の一部有料化，すなわち，適正な受益
者負担の導入に関する検討の必要性と，第二に，医療保険制度間での老人医療費
負担の不均衡を是正するためには，各制度間の財政調整を実現すべきであること
を求めた。

　ところが，1979年11月，厚生大臣に野呂恭一が就任するが，野呂厚相は財政審
の老人医療制度見直し要請に対して，社会保険審議会の席で老人保健医療制度の
創設につき，1980年度実施は見送るとの意向を明らかにし，老人医療費無料化制
度の廃止に消極的な態度を示した。[23]　12月22日，大蔵省は1980年度政府予算案の内
示にあたって，老人本人または扶養義務者の所得により，老人医療費の患者一部
負担の実施を盛り込んだ厳しい案を示した。しかし，この案は翌年に予定される
参院選挙への配慮から，自民党内にも難色を示す向きがあって，結局，見送られ
ることになった。だが，厚生省予算に関する大蔵省と厚生省の最終的な予算折衝
の段階で，竹下蔵相と野呂厚相との間に異例ともいうべき覚書が取り交わされた。
このなかには，老人保健医療制度について「財政調整，受益者負担の導入，保健

220　第Ⅲ部　安定成長期における高齢者福祉政策

表 7 - 2　老人医療費無料化制度の見直しをめぐる主な動き

1974年12月	田中正己厚相が老人保健制度の発足を提唱
1975年 2 月	老人保健医療，医療問題懇談会発足を決定
7 月	財政制度審議会が「安定成長期の財政運営に関する中間報告」を提出
	国民健康保険中央会が「老齢者保健特別制度構想」を発表
8 月	社会保障長期懇談会が「総合的な老人保健制度のあり方について」の検討を提言
12月	財政制度審議会が医療に一部負担制度の導入を提言
1976年 2 月	医療問題懇談会の発足
10月	医療問題懇談会が「今後の老人保健対策のあり方について」厚相に意見書を提出
1977年11月	渡辺厚相が1979年以後に立法化を表明
12月	老人保健医療制度準備案を社会局内に設置し，具体案作成に着手
1978年12月	小沢構想発表
1979年12月	橋本構想発表
12月10日	財政制度審議会が「歳出の節減合理化に関する報告」を要求，大蔵省も1980年度予算編成に当って，老人医療費無料化制度への患者負担の導入を要求
12月12日	野呂厚相が老人保健制度の創設につき，1980年度実施は見送ると表明
12月22日	大蔵省は1980年度予算案に当って，老人医療費の患者一部負担の実施を盛り込んだ予算案を提示→竹下歳相と野呂厚相と覚書交換
12月28日	竹下と野呂との1981年度には医療制度の見直しに合意

事業の拡充等を含め，早い機会に関係審議会に諮問する」[24]ことが挙げられていた。その後，同月28日には，自民党三役立会のもと，竹下と野呂は「無料化制度は1980年度については現状通りとするが，1981年度については見直す」との合意を交わすこととなった。これによって，老人医療費無料化制度をめぐる官僚政治過程に関しては決着がつけられたのであるが，ここまでの医療費無料化制度の見直しをめぐる主な動きを審議会を中心に整理すると表 7 - 2 のように要約できる。

第 4 節　法案の作成過程における厚生省の役割

（ 1 ）老人保健対策本部の役割

　1979年12月，自民党三役及び関係大臣間の合意を踏まえ，厚生省は1980年 3 月31日，老人保健制度の見直しについて，社会保障制度審議会への諮問を行った。[25]野呂厚相は諮問にあたって「当審議会が検討を進めるなかで，できるだけ早い機会に厚生省案が示せるよう最大限の努力をしたい」と述べ，「1981年度予算編成に間に合うよう答申をまとめてほしい」と要請した。社会保障制度審議会の審議と同時に，厚生省でも事務局レベルでの具体案の詰めが急がれていた。このため

６月18日に老人保健対策準備室を対策本部に転換し，新しい官僚機構を作り出した。

　こうした変化について J. C. キャンベルは次のように記述している。厚生省が老人医療費無料化の費用削減のための計画作りを大蔵省に初めて約束したのは，1977年の予算折衝以降であり，このために老人保健対策準備室を備えることを取り決めた。同準備室は，医療費無料化事業を管轄していた社会局からの職員がパートタイムの形でスタッフとなっていたが，他の局も関わりをもっていたので管理上大臣官房に置かれていた。しかし，日本の省庁における組織図とは普通当てにならないものだし，他局はその準備室を単に社会局の管理下にあるものとして扱い，あまり関心を払わなかった。

　確かに，老人医療費の問題が緊要な課題であるとしている厚生省首脳からの指示は実際のところほとんどなかったという。だが，新しい対策本部は対策準備室[26]と違っていた。老人保健医療対策本部は，公式には事務次官が統轄し，審議官が実質的に運営し，保険局から出向した課長級の職員がそれを補佐した。また，関係するすべての局と大臣官房からの９人の課長補佐または係長級の職員がスタッフとなった。重要なのは，こうした職員が，フルタイムで同じ部屋にこもり短期間に実現可能な原案を作るようにとの，厚生省首脳からの猛烈な催促のもとで働いたということである。

　同対策本部では，小沢構想と橋本構想の利害得失を比較検討し，両構想のいずれでもなく，しかも両方の要素をとり入れた別建て保険者拠出方式という第三の途を探すこととした。発足後，たった３カ月で老人保健制度第一次試案が取りまとめられ，９月４日，第一次試案を発表した。同試案は，40歳以上の全国民を対象に，毎年健康診断を実施することをその主旨としており，これは日医の要請に応えたものといえる。老人医療費無料化制度については，その原則は維持し，一定程度以上の所得がある者には一部負担を求めるとの所得制限の方向を含める形で示されていた。厚生省は，70歳以上の７，８割程度が無料医療を受けられるとの所得基準を設定することによって，無料化原則を推進し，「福祉後退」の批判を避ける構えであった。[27]

（2）老人保健法試案と関係団体の反応

　厚生省は，この第一次試案をもとに，自民党や大蔵省を始めとして健保連や医

師会，労使団体など関係各方面とも意見調整を行った上，厚生省としての最終案をまとめて社会保障審議会に正式に諮問し，答申を得て次の通常国会に新制度創設のための法案を提出，1982年から発足させたいとの意向であった。

　しかし，この試案は，政策関係団体の利害もからんで多くの問題点が指摘されることになった。たとえば，日医は1980年9月9日，第一次試案に対し，全面的に反対する旨の決議文を厚生省など関係方面に送った。また，9月16日に武見会長は，同試案を「健保改正法案の瀬踏みとして出されたものだ[28]」と批判，これらの考え方を都道府県医師会に徹底させるよう指示した。

　9月30日には，国保中央会，全国知事会，全国市長会など9団体が「老齢者保健医療制度確立促進国保全国大会」を開き，「第1次試案の内容そのものは重要な諸点において，なお，今後の検討に委ねられているが，この動きが改革を実現の軌道にのせる重要な過程であると認識し，この段階において重ねて老齢者保健医療制度の改革の要を確認し，その早期実現を促進すべく大会を開く」旨の宣言と，「政府ならび国会においては，現行の老齢者医療保障に関する制度的不合理性を是正するともに，高齢化社会に対応する老齢者の保健医療の総合的対策を確立するよう，早急に決断を下し，その実現を果すよう強く要望する」といった趣旨の決議を行い，厚生省や各政党に陳情した[29]。

　また，大蔵省は原則として有料となる所得制限をめざしていたのに対して，厚生省の試案は「原則無料」を維持しようとした点から，大蔵省も不満があった。さらに，1981年度予算編成に向けて，鈴木首相が「歳出削減に聖域なし」という方針を発表したこともあり，大蔵省は厚生省に所得制限を強化するよう強く求めた[30]。

　このような状況下で，老人保健制度試案はその主な構想を示したにとどまり，新制度の骨格となる財源の負担方法，保健サービスの実施，特に老人医療の給付体制，担当する医療機関の問題，老人医療費の支払い方式，一部負担金の制度などについての具体的な提案は一向になかった。ただ，明らかになったのは，政府が高齢化社会の到来を目前にして，2つの課題の早急な解決に迫られていたということである。その第一は，急増する高齢者のための根本的な福祉対策を確立しておくべきことであり，老人保健医療対策はその足がかりである。第二は，低成長経済下にあって，限られた財源の有効な活用により，国や国民の負担の増大を極力抑えていかなければならないことであった。この問題について各方面からの

第7章　高齢化社会と老人保健法　223

提案や問題点の指摘が続いたのもこのためであり，政府はとりあえず問題を提示してみせることで結論を見いだすことを期待していたが，政府内においてでさえ（厚生省と大蔵省，行政側と自民党），その立場によってなかなか一致した結論が得られなかったのである。

　このように老人保健医療問題は大きく揺れながら法案の国会提出に向けて次第に具体的な形を整えていくことになる。1980年11月10日，対策本部は最大の焦点となっている財源の負担方法について，2つの案を提示した。第一案では国が40％，地方公共団体が10％，各保険制度が保険者拠出金として50％を拠出し，つまりは国が国民の健康保険費用の一部を負担するとの内容であった。そして第二案では各制度が半分は老人医療費で，残り半分は加入者数でそれぞれ按分した費用を拠出し，国は現行制度による負担ほか，一定の負担をし，地方公共団体は国保に新たな負担を行うことになっていた。厚生省では第一次試案及び費用負担の考え方について社会保障制度審議会に説明し，12月同審議会は，第一次試案の基本的な考え方を大筋で是認する内容の中間報告を園田厚相に提出した。

　この一次試案をもとに，1980年末から1981年3月にかけて厚生省は大蔵省関係団体と具体的な諮問を行った。しかし，同試案における一部負担の問題をめぐって，関係者それぞれの立場が異なっていた。総評は一部負担の導入が国民に対する医療福祉の後退をもたらすという理由から，一部負担自体に反対した。これに対し同盟は，医療財政の悪化という現実的状況を考慮し，原則としては一部負担を支持しながらも，超診療のみの有料化を主張した。自民党も，老人クラブなどの陳情もあって，一部負担の額を引き下げることを要求した。次に争点になったのは，診療報酬支払方式をめぐっての健保連の要求である。健保連は，現行の支払方式は医師側の過剰診療の原因になり，それによって，医療費の浪費をもたらすので強くその改善を求めたが，厚生省官僚たちも医療行政の合理化と医療費の抑制のため健保連の立場に同調した。

　一方，財政審は1981年度予算編成に関連し，渡辺蔵相に建議書を12月19日提出した。このなかで，厚生省が示した試案に対し，「有病率の高い老人だけを対象とする別建ての制度は，医療費適正化のための有効な施策が同時に織りこまれなければ，増大する給付を保険者拠出と公費で賄っていくことが早晩困難となり，構造的な赤字要因を内包する制度となりかねない」として支払い方式の改善に関する検討の必要を指摘した。その後，老人医療制度に関して，園田厚相と渡辺蔵

相との間に 7 項目について合意が行われ，1981年 1 月 8 日，園田厚相は「保健サービスの徹底による医療費支払の減少に重点をおきたい」旨を強調した後，「現行の出来高払い制をこのままにしてやっていけるかどうかは疑問に思っている。老人保健制度の創設を契機に，新しい支払方法を考え，将来の健保制度の足場にしたい。新しく創設する老人保健制度をすべての制度のスタートとする考えで，現在新しい支払体系を練っている」と述べ，行政側に支払方式検討の意図があることで注目を浴びた。

　ところが，このような出来高払い見直しの動きについて日医の武見会長は「同じ医療を受けながら，若いときと老人ということで値段が違うという不可解な制度は世界中にない。政府・自民党の考えは，老人医療に金がかかるから安くあげようという低劣な考えから出ている」と批判とともに国会に働きかけるよう指示したのである。これを受けて，日医は 1 月16日，武見会長名で「当面の医療問題について国会議員に訴える」と題する文書を全国国会議員に送り，新しい老人保健制度でも現行の支払い制度を存続させるよう求めたのである。

（3）老人保健法案要綱

　こうしたなか，2 月26日，厚生省は「老人保健法案要綱」をまとめ，自民党の社会部会に提出した。社会部会は，国会日程の関係から同試案を関係審議会に諮問することについては了承したが，その内容については「党内にも多くの議論があり，審議会の検討過程をみた上で国会提出の際，検討する」ことにしていた。その後，園田厚相は参院予算委員会で，「出来高払い制は定着しているが，否定も出ている。このまま放置すると医療が崩壊する心配もある……私としては老人医療について，新しい支払方式を考えたいと思っている」と述べて，新しい支払い方式導入を再び明らかにした。

　いずれにせよ，結局のところ厚生省は費用負担割合について，国が20％，地方公共団体が10％，保険者が70％とし，問題の一部負担については，所得に応じた負担から，老人に無理がない範囲での一律負担を求めることに改められた老人保健法要綱を，社会保険審議会及び社会保障制度審議会に各々諮問した。社会保険審議会は現行の出来高払い制を改善すべきであると明記したが，社会保障制度審議会の検討では日医の推薦委員が強い反対意見を表明した。これに対して社会党委員が反論するなど，審議は難航の様相を示し，そのため支払い方式に対しては

第 7 章　高齢化社会と老人保健法　225

表 7 - 3　厚生省の法案作成過程における主な動き

1980年 3 月31日	社会保障制度審議会に，「老人保健制度の見直しについて」諮問要請
6 月18日	老人保健医療準備室を老人保健医療対策本部に機構改編
9 月 4 日	同対策本部が，老人保健制度第一次試案を発表
9 月 9 日	日医は一次試案に全面反対の意向を表明
9 月30日	国保中央会，全国知事会，全国市長会など 9 団体が高齢者の保健医療政策の総合的対策の早期確立を促求
12月	社会保障制度審議会は対策本部の一次試案を諮問し，中間報告を提出
12月21日	園田厚相と渡辺蔵相間で，7 項目について合意
1981年 1 月 8 日	園田厚相が新しい支払方式を示唆
1 月16日	日本医師会が現行支払方式を主張する文書を全国会議員に送付
3 月10日	社会保障制度審議会に老人保健法案要綱を諮問
4 月15日	社会保障制度審議会と社会保険審議会が，厚生省案をほぼ了承する答申提出

言及を避けることとなった。しかし，両審議会は諮問案に若干の注文をつけながらも，原案をほぼ了承する旨の答申を 4 月25日に厚相に提出した。

　このように，両審議会が厚生省の要綱を検討している間，武見会長は自民党の医政研究会の席で，厚生省の老人保健法案要綱について「全面的に反対だ。古い時代の老人とは異なり，工業化社会を経た老人を画一的に扱おうとするものだ」としながら，政府の姿勢を批判した。また，日医はこれに先立ち同制度の対応策としての老人保健医療機関の指定を辞退し，老人保健法に非協力の態度をとる70歳以上の老人は自由診療し，その医療費は患者自身が保険者に請求するよう内容を都道府県医師会に通知した。

　以上のように厚生省の老人保健法案要綱の作成までの動きを検討してみたが，関係諸団体から寄せられた提案や意見は，日医を別にして，その多くが現行医療制度と別建てで新制度創設することを支持したのである。厚生省が法案作成のため行った諸活動の動向を表で整理してみると表 7 - 3 のようである。

第 5 節　法案の決定過程をめぐる動き

（1）第 2 臨調と老人保健法案

　社会保険審議会と社会保障制度審議会の答申を得た厚生省は，各省との調整を行い，法律案の作成を進めた。こうして「老人保健法案」は1981年 5 月15日閣議決定されると同時に，第94回国会に提出された。しかし，法案の提出時期が同国会の会期末であったため同年 6 月 6 日継続審議となった。国会に提出された同要

綱の内容は，厚生省が関係審議会に諮問した要綱案と基本的にはほぼ同じで，「国民は自助と連帯の精神に基づき，自ら加齢に伴って生じる心身の変化を自覚して常に健康の保持増進に努めるとともに，老人の医療に要する費用を公平に負担する」ことを基本理念として示していた。これは行革臨調の理念と同様なものである。

　一方，1981年3月に発足した第2臨調は，7月には鈴木首相の要請に応じて，82年度予算に向けての当面の歳出削減案を提言する「行政改革に関する一次答申」を行った。その答申では，2つの理念が示されるとともにさまざまな目標が掲げられていたが，その中心的課題は「増税なき財政再建」である。そして緊急に取り組むべき改革としては，当然社会保障制度の改革が指摘されていた。老人保健医療については「老人保健法案の早期成立を図り，組合健康保険，国民健康保険等，保険者間の負担の公平化，患者一部負担の導入等を内容とする老人保健制度を早急に実施する」と，老人医療費有料化制度に強い意欲を示した。[35]

（2）日本医師会と自民党の利害調整過程

　同法案は，行革国会と呼ばれた第95回臨時国会が9月20日召集され，本格的な国会審議に入ることになった。その直前9月16日，武見会長が，「老人医療費支払い方式は，現行の出来高払い方式を断続する。老人保健医の指定は改めて行わない」との2点についてすでに自民党や厚生省との間で合意している旨を表明した。これに対して村山厚相は記者会見で「支払い方式を変更しないことで日医と了解したわけではない」と釈明し，武見会長も後に「法案修正について自民党と密約はなかった」ことを強調した。[36]だが，これ以後，第95回国会の老人保健法案の審議における政府・自民党の態度は，明らかに武見発言の方向に沿って法案修正に傾いていったのである。

　たとえば，出来高払い制の改善問題と関連して，これに全面反対している日医に大きく譲歩する修正案が10月29日発表された。[37]すなわち，診療報酬に対しては中央社会保険医療協議会（中医協）の意見を聴いて厚生大臣が定めることにしたのである。[38]しかし，中医協では診療担当者の日医と支払者側の健保連がいつも対立してきたので，ここで改善案が出される期待は事実上不可能からである。第一次修正案に対し，野党側は「一部負担の軽減は評価するが，老人保健審議会を設置しないということは，自民党首脳と武見会長との合意をもとに日医の希望だけ

に傾いた修正であり，出来高払い制を続けようとするものだ」と強く反発し，
「老人保健審議会による支払い方式の見直しを実施すべきだ」と主張した。そこ
で，自民党と日医は再調整を行い，「老人保健審議会は設けるが，支払い方式は
一般健保と同じ」という妥協案が作成されることになった。

　このように日医の意向を受けた自民党の動きによって，老人保健法案のうち，
支払い方式の見直しや老人保健取扱機関，老人保健医，老人保健審議会に関する
部分が修正されようとしていることが次第に明らかになった。11月5日，健保連
は11月12日に健保連全国大会を老人保健法案問題に先がけて開催することとし，
そのスローガンを「支払方式改善の道を閉ざす老人保健法案には絶対反対する」
という健保連の主張を明確にした上，労使団体との連携を強化する動きを示した。
さらに，健保連は，新制度による拠出金は1人当たり年間7744円の保険料引き上
げとなると公表し，支払い方式を含めた医療費の見直しを重ねて訴えている。い
ずれにせよ，11月13日，同法案は衆議院本会議で可決された後，参議院に送付さ
れた。参議院では1982年4月から本格的な審議が行われることになった。主な審
議は経済団体などの動きに対し，拠出金の歯止め問題を中心に展開された。「財
界4団体」は，診療報酬の審議を老人保健審議会に戻すか，負担増に歯止めをか
けるのでなければ法案は廃案にするよう申し入れを行った。財界4団体が反対し
た理由は増税なき財政再建が政治課題となっているとともに，拠出金の増加は実
質的な企業増税であるということになるからであった。

　財界4団体の申し入れを踏まえて関係者間で調整が行われた結果，第一に，次
年度以降の拠出金の負担増を老人人口の増加率の範囲内にとどめるために，加入
者接分率を2分の1以下の範囲内で政令で定めること，第二に，政令を定めるに
あたっては老人保健審議会の意見を聞くこと，第三に，拠出金の算定方式につい
ては法施行の3年以内を目途に見直すこと，などで合意が得られ，1982年8月4
日参議院で修正された上，可決された。

　このような過程を経て老人保健法案は，国会提出以降1年3カ月を経て8月17
日，法律として公布され，翌年2月1日から施行されることになったのである。
なお，厚生省が老人保健法案を国会に提出した後，国会でなされた主要な審議の
過程は表7-4の通りである。

228　第Ⅲ部　安定成長期における高齢者福祉政策

表7-4　老人保健法案の国会審議の経過

1981年5月15日	老人保健法案第94回国会に提出
6月6日	第94回国会閉会，老人保健法案継続審査
9月24日	第95回臨時国会召集，老人保健法案衆議院社会労働委員会に付
10月15日	衆議院本会議にて，老人保健法案趣旨説明
11月12日	衆議院社会労働委員会，老人保健法案を修正の上可決
11月13日	衆議院本会議，老人保健法案を可決
11月20日	衆議院本会議にて，老人保健法案趣旨説明
11月28日	第95回国会閉会，老人保健法案継続審査
12月21日	第96回通常国会召集
1982年3月25日	経済四団体党三役に申し入れ
4月6日	老人保健法案，審議再開
8月3日	参議院社会労働委員会，老人保健法案を修正の上可決
8月4日	参議院本会議，老人保健法案を可決
8月9日	衆議院社会労働委員会，老人保健法案を可決
8月10日	参議院本会議，老人保健法案を可決，老人保健法成立
8月17日	老人保健法公布

出典：岡光序治『老人保健制度解説』ぎょうせい，1994年，63頁。

第6節　老人保健法の問題点

　以上のような過程を経て成立した老人保健法は，衆議院，参議院で小幅の修正がなされたが，厚生省が当初目標とした，第一に，患者の一部負担の導入の問題，第二に，保険制度間の財政調整の問題，第三に，総合的な保健福祉事業の推進という政策目標を達成することになった（具体的な内容については表7-5参照）。第三の政策目標と関連して，厚生省は本格的な高齢化社会の到来に備えて健康な老人づくりをめざすということで，40歳以上の全国民を対象に健康手帳の交付，保健教育，健康相談，健康診査，医療機能訓練，保健指導などの各種の保健事業を強化する方針の下に，これらの事業を大規模に拡充する「5ヶ年改革」を樹立した。しかし，当時は第2臨調下で大部分の新規事業は抑制されている状況であったので，新しい予算を必要とする事業計画に財政当局の同意を得たことは，高齢社会において，治療より予防中心の医療政策が医療費抑制を可能にするとの厚生省官僚の主張が，大蔵省を納得させることに成功したことを意味する。

　ところで，この法律については，「老人医療の有料化である」，「国保の救済あるいは財政調整である」，「国庫負担の削減による財政政策にすぎない」などの批

第 7 章　高齢化社会と老人保健法　　229

表 7 - 5　政府原案と衆・参議院修正部分比較

	政 府 原 案	衆 議 院 修 正	参 議 院 修 正
一部負担金 外来 → 入院 →	1 ヶ月　500円 1 日300円（4 ヶ月限度）	1 ヶ月　400円 1 日300円（2 ヶ月限度）	1 ヶ月　400円 1 日300円（2 ヶ月限度）
診 療 報 酬	老人保健審議会に諮問	中央社会保険医療協議会が審議	中央社会保険医療協議会が審議
診 療 対 象 者	医療は70歳以上	65歳以上70歳未満	70歳以上
医療に要する費用	国が20％，都道府県 5 ％，市町村 5 ％，保険者の拠出金70％	国が20％，都道府県 5 ％，市町村 5 ％，保険者の拠出金70％	国が20％，都道府県 5 ％，市町村 5 ％，保険者の拠出金70％
保健事業の対象者及び種類	40歳以上の全国民，健康手帳の交付，健康診査など総合的な保健サービス	健康手帳の交付は65歳以上，70歳未満の寝たきり老人	交付対象を法律上
医療費拠出金の加入者按分率	実質按分率は1/2 以下の範囲内で制令で定める	按分率を1/2 と法定すること	1/2 範囲で政令で定める。政令を定めるのに当っては，老人保健審議会の意見を聴取すること

資料：岡光序治『老人保健制度解説』　ぎょうせい，1994年，49-66頁。

判が多かったが，確かにそういう面をもっていることは事実である。

　しかし，高齢化社会のなかで老人の健康をどう保っていくか，医療はどうあるべきか，医療費は誰がどう負担するか，そういったことに正面から取り組み，いろいろな条件や制約のなかで妥協を繰り返しながら，実現性のある最善の案として生まれ，「老人だけを対象に保健と医療を一体的に捉えた総合的なユニークな制度である」と高く評価している見方もある。J. C. キャンベルも老人保健法が保健サービスの総合的発展を唱えていることを肯定的に評価すれば，一部負担というものはその額がわずかであり，医療サービス利用の障害とはいえないと主張し，同制度を高く評価した。

　だが，こうしたキャンベルの主張は，厚生省の公式見解をそのまま受け入れたものといえる。厚生省は一部自己負担制導入に際して，福祉後退のイメージを与えることを最も恐れ，保健事業 5 カ年整備計画を発表した。しかし，この計画には第一に，既存の保健衛生関係機構をそのまま拡大しただけで，プライマリー・ケアを確立する姿勢がみられない，第二に，保健婦など保健事業を行うマンパワーの拡充が不充分である，第三に，従来の検診万能主義で効果があるのか，などの問題点が指摘され，従来の公衆衛生への反省が充分生かされていないという批判もある。

230　第Ⅲ部　安定成長期における高齢者福祉政策

　1982年11月24日，中医協の全員懇談会で厚生省が示した検討メモをもとに意見交換が行われた。だが，そのメモは第一に，保健サービスと医療の連携，第二に，健康に対する自己責任意識の高揚，第三に，老人医療費の抑制などが老人保健法の狙いだとした。これに沿った老人診療報酬の設定の方向として，医療費の適正化や，入院医療から在宅医療への転換などを挙げていた。しかし，保健事業を担当する人員を充分確保することなく，在宅医療が推進されることになれば，それは結局，家族の負担が増えることになる。すなわち，保健事業の下部構造が整備されないまま，保健事業と医療との連携を安易に進めるのであれば，厚生省のいう3つの目標とは，実は「保健サービスと医療の連携」によって在宅医療を奨励し，老人に自己管理意識を植えつけ，老人医療費を抑制することを目的とするということになろう。

　1984年版『社会保障年鑑』は，保健事業が一部の市町村を除いてほとんど実施されていないとして，「厚生省は老人保健法の意義を，むしろ保健事業の実施においただけに，関係方面から，単なる財政調整だけの制度と批判されないためにも，今後同事業の強力な推進が望まれるところであろう」とその問題点を指摘した。

　確かに，厚生省はそれまでほとんど増加していなかった保健婦を老人保健法の施行に際して5カ年計画で拡充する方針を示し，その結果，保健婦は1981年の1万5868人から，1986年の1万8659人へと2791人が増えている。しかし，この増加分のすべてが保健事業の実施主体である市町村に回ったとしても，全国市町村3276に平均1人配置することもできない数である。したがって，老人保健法施行3年が経過した1986年当時でも，保健婦がいない市町村は169に達してした。こうした状況を鑑みれば，老人保健法にいう保健事業は一部自己負担を導入するために提案されたものであるともいえよう。

　また，一部自己負担制度のもつ意味をキャンベルのように軽視することはできない。「無料原則」から「有料原則」への転換は，福祉はただではないと老人に自覚させるという意識革命をめざしたものである。厚生省はこうした一部負担について，老人に医療サービスがただではないことを教え，医療サービスの過剰利用を防ぐ効果があると繰り返し強調したのである。こうした厚生省の政策によって，1982年7月から1983年8月までの医療費の増加をみると，医療保険全体の伸びが毎月3.0％から4.3％の伸びを示しているのに対して，老人に関しては有料化

第7章　高齢化社会と老人保健法　231

が導入された1983年2月から5月までマイナス，6月からも0.2%から0.7%の伸びにとどまってる。[48] このように収入源の乏しい高齢者にとって，たとえ小額であっても有料化の心理的負担は，かなり大きなものであったと考えられる。

次に，重要なのは1983年当初は負担額が外来は1カ月400円，入院は1日300円というわずかな額であっても，一度自己負担制が導入されれば，その原則下で負担率だけを引き上げていくことは比較的容易である点である。すでに，1986年，1991年の二度にわたって引き上げられている。たとえば，1991年の老人保健法の改正によって，一部負担金の額は1992年1月から1993年3月までは，外来は1カ月900円，入院は1日600円で，1993年4月から1994年3月までは，外来は1カ月1000円，入院が1日700円となっている。さらに，重要なことに1995年以降については，スライド方式の導入が決定されたのである。

以上のようなことから，厚生省は老人保健法の制定によって，政策的合理性を追求したのは事実であるが，それは高齢者に対する福祉優先というよりも医療費増大の抑制に主眼を置くものであったのである。

注

(1)　老人保健法第1条には，同法の目的として次のように規定している。「国民の自助と連帯の精神に基づき，国民の老後における健康の保持と適切な医療の確保を図るため，予防，治療，機能訓練に至る各種保健事業を総合的に行なうともに，それに必要な費用は国民が公平に負担することを目的とする」と記述している。

(2)　『厚生白書』1982年版，13頁。

(3)　吉原健二「老人保健法の成立とその内容①」『社会保険』1983年5月，24頁。
　　　この記事は老人保健法制定当時，老人保健部長であった著者が社会保険大学において，特別講義したものに加筆したものである。

(4)　三浦文夫編『図税高齢者白書1997』全国社会福祉協議会，1997年，111頁。

(5)　吉原健二，前掲論文，25頁。

(6)　池上直己・J.C.キャンベル『日本の医療――統制とバランス感覚――』中公新書，1997年，4頁。

(7)　高橋秀行「日本医師会の政治行動と意思決定」中野実編『日本型政策決定の変容』東洋経済新報社，1986年，238頁。

(8)　池上直己・J.C.キャンベル，前掲書，8-9頁。

(9)　J.C.キャンベル著／三浦文夫・坂田周一監訳『日本政府と高齢化社会――政策転換の理論と検証――』中央法規出版，1995年，416頁。

232　第Ⅲ部　安定成長期における高齢者福祉政策

⑽　新川敏光，『日本型福祉の政治経済学』，三一書房，166-168頁。

⑾　金世杰，前掲論文，93頁。

⑿　岡光序治『老人保健制度解説——第1次，第2次改正と制度の全容——』ぎょうせい，1994年，46頁。

⒀　新川敏光，前掲書，131頁。

⒁　「老齢者保健特別制度構想」には，次のような内容が提示された。第一に，健康診断，保健指導，70歳以上の者に対する医療給付リハビリテーションを一貫して行うこと，第二に，この制度は国，都道府県，市町村の共同事業とし，市町村が実施すること，というものであった。

⒂　厚生省五十年史編集委員会編『厚生省五十年史（記述編）』中央法規出版，1988年，167頁。

⒃　健康保険組合連合会編『健保連四十年の歩み』健康保険組合連合会，1983年，338頁。

⒄　報告書の全文については，全国社会福祉協議会編『高齢化社会と老人福祉施策』全国社会福祉協議会，1983年，55-62頁を参照。

⒅　小沢構想の概要は次のとおりである。第一に，現行制度とは別に，保健事業を総合的に実施する新しい制度を創設すること，第二に，市町村を実施主体として，一元的に医療と健康診査，健康教育等の保健事業を実施すること，第三に，給付については，70歳以上の者及び65歳以上70歳未満の寝たきり老人を対象とすること，第四に，費用負担については国が45％，地方が10％，事業主が15％，住民が30％を負担すること，第五に，定額の一部負担制度を導入するという内容であった（厚生省五十年史編集委員会編，前掲書，1673頁）。

⒆　岡光序治，前掲書，48頁。

⒇　厚生省五十年史編集委員会編，前掲書，1673頁。

㉑　『朝日新聞』1979年11月26日。

㉒　歳出の節減合理化に関する報告のなか，社会保障に関する部分は健康保険組合連合会編，前掲書，396-397頁に詳細に掲載されてある。

㉓　『朝日新聞』1979年12月13日。

㉔　健康保険組合連合会編，前掲書，392-393頁。

㉕　合意内容として第一に，老人保健医療制度については，財政調整，受益者負担の導入，保健事業の拡充を含め基本的見直しを進め，1981年度は制度改正を行うこと，第二に，これを実現するため，早い機会に関係審議会に諮問することが合意されたのである。

㉖　J.C.キャンベル著／三浦文夫・坂田周一監訳，前掲書，418-419頁。

㉗　同一次試案は現行の医療保険制度から切り離した別建ての「老人保健制度」を創設する。そして，40歳以上の国民に対し疾病の予防から治療，リハビリテーション保健

指導等を必要に応じて給付的かつ，一元的に行うというものであった。その主な内容は第一に，一定水準以上の所得のある人には，一部負担を求める，第二に，40歳以上の国民を対象に保健サービスを行なう，第三に，この制度による事業は市町村が実施する，第四に，財源は国，都道府県，市町村，医療保険の各保険者が共同拠出するなど，が主要な内容となっていた。

(28) 『毎日新聞』1980年9月19日。

(29) 健康保険組合連合会編『健保連四十年の歩み』健保保険組合連合会，1983年，401頁。

(30) 『朝日新聞』1980年10月16日。

(31) 岡光序治『老人保健制度の解説』ぎょうせい，1994年，50頁。

(32) 『朝日新聞』1981年1月9日。

(33) 健康保険連合会編，前掲書，406頁。

(34) 『毎日新聞』1981年3月14日。

(35) 臨調行革審OB会監修『臨調・行革審──行政改革2000日の記録──』行政管理研究センター，1987年，246頁。

(36) 健康保険連合会編，前掲書，438頁。

(37) 10月29日，自民党は老人保健法案の修正案（第一次案）を野党側に提示した。その内容は，①老人保健審議会は，行革簡素化の主旨から設置しない。診療報酬については，中医協の意見を聴いて厚生大臣が定める，②新しい老人保健取扱機関を設けず医療給付は保健医療機関で行なう，③一部負担のうち，入院4カ月は3カ月とする。④一部負担の支払いが困難なものについては，減免措置を講ずる，⑤現在，予算措置で行っている65歳以上の寝たきり老人をこの法律の対象とする，というものであった。

(38) 『朝日新聞』1981年10月30日。

(39) 同上，1981年12月15日。

(40) 財界四団体とは，経団連，商工会議所，経済同友会，日経連などを示しているが，この財界四団体は1982年1月17日，自民党三役との定例懇談会の場で，医療費への歯止めがなければ，「いわれのない企業負担が底知れず増える」として支払い方式の変更を自民党に要請したのである。

(41) 厚生者五十年史編集委員会編，前掲書，1675頁。

(42) 中尾信一「老人保健制度について」『健康保険』1993年，47巻，9号，68頁。

(43) J. C. Campbell, "Problems, Solutions, Nonsolusions, and Free Medical Care for the Elderly in Japan," *Pacific Affairs 57*, p. 62, 1984.

(44) 江見康一「老人保健法の課題」『社会保障年鑑』1983年，17頁。

(45) 健康保険組合連合会編，前掲書，475頁。

(46) 健康保険組合連合会編『社会保障年鑑1984年版』東洋経済新報社，1984年，50頁。

(47) 岩下清子・奥村元子「保健医療サービス供給構造の変革と看護マンパワーの動向」

234 第Ⅲ部 安定成長期における高齢者福祉政策

『季刊社会保障研究』Vol. 24 No. 2, 1988年，157-185頁。

(48) 健康保険組合連合会編『社会保障年鑑1984年版』50頁。

第8章
1980年代の高齢者福祉と健康保険法の改正

第1節　問題の提起

　1980年代の第2臨調による行政改革という政治的背景のもとで医療政策においても老人保健法の制定を始め健康保険法の改正などが相次ぎ行われてきた。ところが，そのなかでも1984年成立した健康保険法（以下，健保法）の改正は，第101回国会の最重要法案となり，かつ与野党の最大の対決法案となった。つまり，福祉サービスにおいては給付水準の引き下げ，患者の費用負担面では自己負担額の増加といった点から，予想されていたような関係利益団体の圧力や野党からの反対だけでなく，自民党の派閥政治にも巻き込まれ，法改正に対する国会通過の問題は，当時中曽根首相にとっての試金石となった法案である。それにもかかわらず，この改正法案は既存の改正事例とは異なり，ほぼ厚生省案に近い形で，しかも国会提出から6カ月もかからず，1回の国会会期で成立してしまったのである。

　こうしたことから，この法案の改正をめぐる政策決定過程は他の法案と比較し，特別な事例として取り上げられる。したがって，ここではどうしてそのような政策決定が可能であったのかを政策環境と政治アクターに区分して検討する。特に，政治アクターとしてはアイディアをもち，それを第2臨調という政治的エネルギーを利用して同制度改正に大きな役割を果してきた厚生省の官僚に焦点を当てて検討する。

第2節　健保法改正をめぐる政策環境

　1984年健保法の改正の背景には，大きく内的要因と外的要因が取り上げられる。その内部的要因としては，人口の高齢化による国民負担率の増加，国家財政状況

236　第Ⅲ部　安定成長期における高齢者福祉政策

の悪化や保険制度間の格差などの問題が挙げられる。そして，外部的要因として
は，当時，福祉国家の見直し，「小さな政府」を要請した第2臨調や自民党の強
い後押し，そして健保法改正の成立のため徹底に準備してきた厚生省があったの
である。

（1）内的要因

　1984年の健保法の改正を促進させた原因として第一に挙げられるのが国民医療
費の増加である。厚生省によれば，1982年度の国民医療費は13兆8000億円で，そ
の国民所得に対する割合は6.5%を占めているが，このまま増加すれば，1983年
度は14兆5000億円と増加し，さらに，1984年度には14兆9000億円となると推計し
た。[2]国民医療費は，国民皆保険制度の施行前の1960年度には4000億円であったが，
1960年代中頃から毎年20%程度も増加し，1979以後は国民所得の伸びを超え，
毎年1兆円程度増加し，20年ほどの間に，約34倍に急増したのである。こうした
国民医療費の増加に比べて国民所得の伸びは，同一期間に約16倍であるから医療
費の増加がいかに大きかったかがわかる。

　これは疾病構造の変化や高齢者数の増大に伴い，入院医療費の増加や，他の国
と比較して高い薬剤費などが主な要因となっている。厚生省は今後も医療費は増
大傾向にあるとし，その要因として人口の増加と診療報酬の引き上げは明らかに
医療費を増加させる要因となっているが，近年においては人生80年時代を迎えて，
成人病増加による疾病構造の変化，人口の高齢化，医療技術の進歩など医療費の
構造的変化等も，その要因であることを指摘している。[3]

　さらに，財源は国と地方公共団体の税金による負担，被保険者と事業主が負担
する保険料，医療機関窓口に支払う患者自己負担の3つだが，患者の負担が次第
に低下し，保険料や国庫負担等の公費負担を財源とする医療保険などの負担が増
加している。そして，このままでは医療費を賄うための国民の負担は，相当重い
ものになってしまうとの主張を展開した。

　内的要因として第二に，制度を取り巻く客観的な環境条件，とりわけ経済情勢
と国の財政事情の大きな変化である。周知のように，石油危機以降の財政状況の
悪化に伴い，国債依存度は1984年度25%と，先進国のなかでも極立って高かった。
財政再建は1979年度予算から課題となり，第2臨調による行財政改革路線で1982
年度から一般歳出の一律カットというシーリング方式が導入されることになった。

第8章　1980年代の高齢者福祉と健康保険法の改正　　237

この財政状況下で，社会保障関係費も大きな影響を受け，一般歳出に占めるその構成費は1976年度の19.9％をピークに低下し，伸び率も1979年度に13.8％の一般歳出の伸び率を下回る11.2％となったのである。さらに，1982年度からはゼロ・シーリングの例外項目でありながら2.5％と激減した。財政赤字のもとで社会保障制度改革が政策課題とされたのは，社会保障予算急増が政府の財政規模の増大，財政危機の重要な要因となったという認識に基づいている。確かに，数字のみに注目すれば，この認識は否定できない。

　1984年の健保法の改正を推進した背景となる財政的要因をもうひとつ挙げれば，社会保障制度の潜在的膨張力である。社会保障支出の増大には，制度の拡充のみならず，人口構造の変化が大きく影響する。人口の高齢化が進むと，当然社会保障費も増えていくが，日本の場合は諸外国で例をみないスピードで高齢化が進行していることが指摘されるようになった。[4]

　1980年当時，日本の社会保障費は24兆6000億円，国民所得に対する割合は12.7％であったが，21世紀初頭には20％程度に達すると予想されており，社会保障制度の改革は緊急の課題となっていた。これは後述する国民負担率の問題へとつながるのである。

　内部的要因として第三に，医療保険制度における社会的公平性の確保問題が挙げられる。医療保険制度は，過去の沿革により，いくつかの制度に分立しているため，各種の医療制度間に給付内容や負担の面でさまざまな格差が存在し，それが問題となってきた。それで厚生省は，高齢化時代にふさわしい医療保険を確立する必要に迫られた。制度の長期的な安定と生涯を通じた公平な給付と負担の確保といった課題に応じていくには，制度を見直し，本格化する高齢化社会においても十分に機能を果たすことができるようにしていく必要があるとしたのである。その観点は，まず給付内容の無駄を徹底的に見直し，医療費の適正化を図るとともに，制度自体も効果的なものに改めていき，そして医療保険の給付率の統一，全国医療保険制度間で負担の公平化を図り，公平な給付と負担を確保するという内容であった。[5]

　以上述べたような厚生省内部の事情から，医療保険についても年金制度にしても日本の社会保障制度は今のままでよいだろうか。あるいはこれからの人生80年時代に備えて医療保険制度を基本的に見直し，国民の負担を適正な範囲にとどめつつ，より効率的で安定した社会保障制度に編成，再構築すべきではないかとい

う認識が厚生省の内外関係者間に徐々に高まってきた。それが保険制度についても相反する利害を越えて新しい制度を生み出す大きな流れになっていたのである。[6]

　しかし，自己負担導入の拡大というこのような制度の改革が成立するためには，内部的にも外部的にも好条件に恵まれることが必要である。ここで，外部的な条件として第2臨調による行政改革という政策環境が，同制度の改正に好条件になったのである。

（2）外的要因

　制度改正に影響を及ぼした外部的要因として指摘されなければならないのは，第2臨調の誕生と行政改革の推進という大きな時代の流れがあったことである。第2臨調は3つの部会で構成されているが，第1部では「支出削減が主たる任務」であるとの立場からの社会保障制度の見直しに関して，年金とともに医療を最重点施策とみて検討を行った。その部会長であり，元厚生次官として臨調内部で厚生省の「改革派」の主張を代弁した梅本純正は，社会保障制度改革の必要を説く際に，国民の租税負担の限界について，国民負担率は50％以下にとどめるべきであり，それを越えると先進国病に陥ると国民負担率を強調してきた。

　これは国家財政の指標として政治的にクローズアップされる同時にその抑制方法が提案された。この点で第2臨調の活動答申にみられる政策提言は制度改革を促す大きな政治力として働いた。第2臨調は西欧諸国の経済活力の低下の原因のひとつとして重い社会保障・租税負担を挙げた。1980年度初期に西欧諸国はすでに国民負担率が50％を越えており，当時は1981年度33.7％として低水準であった日本の負担率も，既存制度下では西欧諸国と同水準になることは避けられないという認識のもとに，第2臨調は「徹底的な制度改革の推進により，現在のヨーロッパ諸国の水準よりかなり低位にとどめる」ことを提言したのである。[7]

　その結果，医療保険制度は，年金制度を維持する保険料負担を要件とし，医療費負担の効率化という名目のもとで抑制することが主眼とされた。すなわち，年金保険料負担は，制度改革によっても将来2倍程度に増え国民所得の12〜13％になると考えられ，当時の租税負担率約24％と，医療保険料が約6％が維持できたとしても，国民負担は42〜43％に達すると予測した。それゆえ，「第2臨調の答申……を踏まえると医療費の伸びは国民所得伸び率程度に止め，国民負担率が上昇しないようにする」ことが社会保障制度全体からみた健保改正の目的とされ

た。[8]

　政府は以上の背景的要因を解釈し，制度改革を政治争点化した。すなわち，歳出削減による財政危機回避の方針のもとで，急速な高齢化に対応し，国民負担の上昇を抑制するためには，社会保障給付抑制が不可避的帰結であることを示したのである。

第3節　改正案をめぐる政策形成過程

（1）問題の認識段階

「福祉元年」の時代に，できあがった医療保険体系及び「老人医療費支給制度」[9]は，成立当時からすでに問題を含んでおり，さらに，それらの制度の維持には多くの予算を必要とするため，高齢化と低成長による税収の伸び悩みのなか，いかに財源を確保していくかという問題は厚生官僚らが早くから認識していた。たとえば，1960年代半ばに保険局長に就任した小山進次郎が健保改正の提唱者の一人であるが，彼は当時，薬剤の2分の1の負担を主張した。また，吉村仁も第2臨[10]調以前から健保改正の必要性を痛感しており，厚生省内で勉強会をつくって，長期的な改革を模索していたが，彼が医療制度の抜本的改革の必要性を痛感したのは，制限医療が撤廃された1962年にさかのぼるといわれている。

　当時の医療保険制度の改革に対する，吉村の最初の働きかけは，小沢辰男厚相時代に薬剤費の償還制度を構想したが，これは医師会の反対で挫折し，その後，吉村は医療に経済性の観点を導入することを1970年代半ばから提唱していたのである。[11]

　また，厚生省の中野徹雄官房審議官は，1976年7月20日の都市国保課長協議会の席上，「高度成長下の社会保険財政の運営が期待できなくなった今，制度独自の負担率の引き上げ問題，適正負担，適正給付の限界点を税，保険料など，どう組み合わせていくかという問題などを考えていかなければならない。一般会計からの繰り入れ，借金でしのぐことができない状況に当面した時，初めて本音のところで医療保険負担の限界，誰にどう持たすことが社会的公正か，この問題を否が応でも考え直さざるをえない状況になっている。その意味での見直しは単に医療保険だけではなく，年金を含めた社会保障全般について優先順位の問題を含めて新たな適正負担のルールを模索せざるをえない状況である」と低成長下の社会[12]

保険制度改革の必要性を指摘したのである。

（2）改正案の準備段階

　このように厚生省では，社会保障政策において省の基本方針であった「高福祉・高負担」への路線が大きく転換しはじめた。すなわち，1977年，厚生省は医療費増大に対して，医療保険制度の抜本的改革に着手し，同年11月小沢厚相は「医療保険制度改革の基本的な考え方についての14項目」を発表した。そして，この時期における厚生省にとって最大の関心事のひとつは，老人医療費無料化制度の実施以後，老人医療費の増加が及ぼす国保財政への圧迫と，これに伴う国庫負担額の急増であり，急ピッチの人口高齢化に対応していくための新しい施策の確立であった。

　1978年2月，厚生省は「国民医療費将来推計」を発表し，このなかで5年後の1983年には国民医療費が20兆円を越えると予測しながら省としての危機感を表明したのである。その上に1978年，1979年においては病院経営の収支は全体的に黒字が続き，かつてないほどの安定をみせていたが，1981年半ばになって公的一般病院の医業収支率は100を切って赤字に陥ったことなどから，医療費改正の声は徐々に高まってきた。そこで，中央医療協議会では1980年3月から月1回の医療問題に関する諸問題について審議が行われてきた。そして，中医協は翌年2月頃から医療費改正に向けて動きはじめた。

　厚生省は，1981年4月，中医協に対して診療報酬改正についての包括的な諮問を行い，同年5月21日，具体的に医療費改正の諮問を行った。ただし，この諮問に対し，中医協は厳しい政治状況の折から引き上げ幅については診療側もやむなしと判断して，5月24日のスピード答申となった。

　この改正は基本的な考えとして第一に，技術料重視の診療報酬体制の確立，第二に，薬剤部門及び検査部門の見直し，第三に，プライマリ・ケアの充実と地域医療の確保，第四に，保険外負担の解消などをめざすものであった。

　こうした動きのなか，1982年8月，老人保健法の制定により，各医療保険制度間の老人医療費負担公平化が図られ，老人医療費により国民健康保険の負担はある程度緩和されることになったが，予算の削減と国保の財政悪化を緩和するほどの充分な改革までは行かなかったのである。老人保健法制定後，吉村仁が保険局長になり，これ以後厚生省は吉村を中心に医療費適正化・医療保険制度改革に重

第8章　1980年代の高齢者福祉と健康保険法の改正　241

点を移してくる。1982年7月に出された第2臨調の基本答申を受けて，厚生省は，11月1日に事務次官を長とする省を越えた「国民医療費適正化総合対策推進本部」を新たに新設した。同対策本部は当面，強力に推進すべき対策として診療の適正化対策を検討後，保険外負担を含む患者負担の見直しなどを掲げたプロジェクトが開始された。

　その直前，社会保険関係雑誌に厚生官僚を中心に構成される「医療保険政策研究会」が，「医療保険の今後のあり方」についての具体的な提言を行っている。この提言は，今後医療の費用負担の点では次のような3つの選択肢があるとした。第一は，国庫負担分の拡大という方法であるが，これは現在の財政状況では無理であり，もし，この選択肢のためには増税に向かわざるをえないとした。そして，第二は，保険料の引き上げであるが，これは国民の減税要求が強い現状では国民のコンセンサスは得られないであろう。第三は，医療保険制度による給付の引き下げという方法であった。同研究会は諸般の事項を考慮し，結局，医療にも市場原理を反映させ，患者にコスト意識を持たせるためにも，第三の選択肢を選ばざるをえなかったと結論づけている。(14)

　この論文は事実上，健保改正に向けての，厚生官僚の意向を提示したものであるといえる。低成長のもと，財政上の希望を失い，さらに高齢化社会の急速な進展が既存の制度の対応能力を脅かす変化が現れたことにより，厚生省は危機感をもって制度改正に向かわざるをえなくなった。すなわち，制度の安定的運営こそ官僚の存在意義であり，社会保険行政に関わる官僚の基本認識である。(15) そして，1980年の健保案のような内容を避け，厚生官僚の原案に近い形で法案を成立させるため，まず法案の内容と法案提出の仕方について，次に，提出の際に外部の力を利用するなどの戦略がとられていた。前者については，当該改正案が予算関連法として提出されたことが挙げられる。これによって，厚生省は大蔵省及び自民党の予算ないし，厚生関係議員の協力を取り付けていこうとした。かつ，法案内容においても，8割給付によって浮いた財源で退職者医療制度を創設し，国保への国庫補助を合理化する三脚構造は，その一部のみを崩すことが許されなかったのであり，つまり反対勢力の足並みを乱させることも意図されていた。

　こうしたことは当時，吉村局長の次のような発言から明らかである。「今回の改正案については，大体同意は得られないだろうし，各方面からそれぞれ反対されると思う。私どもが若干楽観的なのは，賛成を示す部分もあって，それを全部

足せば，全部賛成ということになる。給付率の引き下げは財界は賛成，退職者医療については財界が反対しているけれども，医師会が賛成ということで賛成のところを足せば全部賛成，反対のところを足せば全部反対となる。また，労働側も退職者医療制度を望んでいたし，給付率の8割統一を打つことで国保加入者の賛成も期待できたのである」と語った。これは厚生省が，行革ブームと臨調路線に沿って，この法案に財界が主張するコスト意識と市場原理を取り入れ，その上に，日医の要求である財政調整による退職者医療制度を巧みに組み合わせることで，法案自体にかなり高い説得力をもたせていったのである。

こうした戦略をもっていた厚生省内改革派の思考を代弁している吉村は，田中派の森義郎厚相に対して，医療保険制度改革を行うよう説得した。1983年1月には森厚相に伴われて田中角栄に医療保険改革の必要性を説き，田中もそれを了承するに至った。さらに，吉村は1983年に入って，医療費抑制と医療における質の向上を目標とする医療制度改革の理念を掲げて，「医療費亡国論」という用語を用いつつ，現行医療制度を批判する内容の論文投稿や講演などを通じて医療改革の必要性を積極的に展開したのである。

以上から，厚生省は吉村局長を中心として1983年初頭には医療制度改革の方針を固め，その実現の準備として，コンセンサスを得るための雰囲気づくりに専念していたといえよう。なぜなら，総理府も4月7日，「高福祉・高負担」には反対の声が強く，「利用者の一部負担」については賛成の意見が多いとの内容の「老後生活や社会福祉に関する世論調査」をまとめ，発表していたからである。

（3）政府議題形成の段階

このような厚生官僚の動きをさらに加速化させたのが，1984年度にゼロ・シーリング予算が導入されたことである。この枠内で予算を編成することを強いられた厚生省は，1982年度に行革特例法により厚生年金の国庫負担率の25％カットを3年間にわたって実施，1983年度からは国民年金の支払いを削減した。1984年度厚生省概算要求の際，約9000億円の当然増のうち，年金へのシーリング外の上積みを除く，6900億円の国庫負担削減分を健康保険法の改正による被用者保険本人の2割自己負担の導入と，退職者医療制度創設，高額療養費自己負担引き上げなどを通じて充当しようとしたのである。

というのは年金の削減は限界にきているとの判断から，厚生省は1984年度から

医療保険制度の削減を本格的に検討し，現行制度での削減としては「打つ手はほぼ出尽くしたため」，制度改革を導入することにしたのである。厚生省は，健保の抜本的改革に取り組まなければ，既存の制度を危機にさらすことになるばかりではなく，新規事業もまったく断念せざるをえなくなるという事態に追い込まれたのである。こうした事情から厚生省は健保改正のため，法案作成に本格的に動き出したのである。

一方，第2臨調は1981年7月に行った一次答申において，医療費適正化対策の強力な推進と2兆3000億円にものぼる膨大な国庫補助が行われている国保について，医療費適正化の観点から，給付費の一部を都道府県が負担することの検討を提言した。この提言を契機として，政府内でこの問題について協議が行われた結果，大蔵，厚生，自治の3大臣の間で国，地方の役割分担を含め，医療制度改革のなかにおける国保のあり方について検討するとの合意がなされた。その後3月，厚生省に「国保問題懇談会」が設けられ，7月には中間報告が，また，12月12日は最終報告が行われた。この最終報告では第一に，医療費適正化対策の推進，第二に，退職者医療制度の創設，第三に，国庫補助の機能と配分方法等の見直し，第四に，保険料確保対策の検討，を指摘するともに，当面の方策として高額医療費の共同事業の実施が提言された。

また，第2臨調は1982年7月の第三次答申で，負担のあり方について，高齢化の進展により国民負担率は現在（当時は35％）より上昇することとならざるをえないが，徹底的な制度改革の推進により，現在のヨーロッパ諸国の約50％前後の水準よりも低位にとどめることが必要であると主張した。医療保険についても少額の医療については受益者負担を求めるという方向で，制度的改善を図ることなどが提言された。さらに，第2臨調は「増税なき財政再建」を求めており，厚生省はこれ以上の健保改正については保険料を上げることによるのではなく，財政調整を導入し，患者本人の負担を増やす以外，もはや選択肢はありえないとの主張を繰り返し行うようになる。

一方，第2臨調の最終答申に先立って，1983年2月に吉村保険局長は，私見として「医療費をめぐる情勢と対応に関する私の考え」という論文を『週刊社会保障』に掲載する。これは制度改革のひとつの方向を示唆するものであり，そこでは現在の医療費問題を分析し，その処方策となる方向として「医療費亡国論」，「医療費効率逓減論」，「医療費需給過剰論」などを主張する同時に，国民負担率

244 第Ⅲ部 安定成長期における高齢者福祉政策

を45％とすることを唱えはじめる。まさに，厚生省はこれを国民のコンセンサスと位置づけ，本人自己負担を正当化していくのである。言い換えれば，厚生省は積極的に臨調を活用，自分たちの主導のもとで医療保険制度改革を行おうとしたのである。ここにおいて，吉村を含む改革派厚生官僚は自分たちの意向を臨調答申に反映させ，臨調や行革審の政治的リソースを利用して，とりわけ日医の反対を封じ込めようという意図のもと，その答申をキャンペーンに利用していた。

このように，吉村がマスコミを通じて行ったキャンペーンは大きな効果を挙げた。吉村はこうした世論形成のかたわら，積極的に自民党内での社会保障見直しへの理解を求め，それへの協力体制を党内につくろうと努力した。そのために彼は，まず当時の田中派に近づき田中角栄や田中派の幹部，あるいは中堅族議員に協力を要請したのである。(23)

このような状況のなかで，厚生省は来るべき医療保険制度の大改革を念頭に置いて，1982年10月25日，「退職者医療制度の創設」と「日雇労働者の健康保険制度のあり方」についてそれぞれ社会保険審議会に諮問を受け，厚生省は大蔵省と本格的な折衝に入るとともに，林厚相は中曽根首相に対して自然増の見込まれる厚生省予算の別枠化を求めた。そして，7月には竹下蔵相に対して，予算についての配慮を求めたのである。

こうした予算がらみのアプローチに対して，大蔵省は8月初め，医療保険制度の抜本的改正方針をまとめ，厚生省に申し入れた。それは国庫負担の段階的廃止の他，保険給付の見直しとして第一に，診療1日当たり2000円程度までの少額医療費は自己負担とする，第二に，入院時食費は全額自己負担とする，第三に，薬剤費は2分の1程度を自己負担するなどを内容とするものであった。被用者本人8割給付という，本改革案最大の焦点はこうしたやりとりを受けた形で表に出される。林厚相は私案として「今後の医療政策——視点と方向——」を公表，このなかで，まず視点として現代医療をめぐる「四大潮流」が指摘された。また，(24)21世紀の医療をめざす指針として，第一に，健康保持及び疾病予防の自己責任意識の明確化，第二に，適正かつ効率的な医療体制の整備，第三に，社会的公平に立脚する医療保険制度の実現などが挙げられた。(25)

医療保険制度の改正を促すもうひとつの流れとして，1984年度予算の概算要求以降設定されたマイナス・シーリングへの対応という課題があった。厚生省は，自民党の了承を得て予算概算要求を自民党へ提出したが，概算要求額は9兆2700

第8章　1980年代の高齢者福祉と健康保険法の改正　245

億円であった。編成方針は閣議了解の原則10％のマイナス・シーリングを受けて，増加額2088億円の枠内にいかに収めるかが大きな焦点になった。1984年度予算要求では，当然増経費が9000億円にもなり，このうち年度の増加分として2100億円が認められているので，差し引き6900億円を何らかの形で減額させなければならなかった。そこで厚生省は，福祉，医療保険，年金など厚生行政のすべての分野について歳出を見直し，合理化を図った結果，削減の対象として予算額の大きい医療保険に焦点を当て，医療費適正化の徹底化を図るとともに，給付と負担のあり方を見直し，その公平化を軸として制度の大改革を行うことにしたのである。

　概算要求と同時に，発表された厚生省の医療保険制度改革案の骨子は第一に，医療費適正化対策の推進，第二に，医療保険における給付の見直し，そして第三に，医療保険における負担の公平化，という三本柱によって構成された。第一については診療報酬の体系の合理化と薬価基準の改正を，第二については被用者保険本人の給付割合8割への改正を，第三については退職者医療制度の創設などが盛り込まれてあった。

（4）各団体との利害調整段階

　このような厚生省の医療保険制度改正の提案に対して，当然ながら野党・医師会を始め，各関係団体は強い反対の意向を示した。特に，日本医師会は「福祉政策を転換すれば，断固として対決も辞せず」という声明書を発表し，1983年8月23日「国民医療破壊阻止全国医師大会」を東京で開き，「国民医療を破壊する厚生省予算案絶対反対」の決議を採択した。また，患者自己負担については，1割負担が適当として条件付き賛成の態度を示した。健保連も退職者医療制度に対して，「職域の管理の下に段階的に実施すべき」として懸念を表明した。医療保険改正案についての日医からの強い反対を受けて，自民党の田中六助政調会長は，「案はあくまでも案である」として厚生省案に対する修正方針を示した。これは年内に解散・総選挙が行われるとの公算が大であり，そうなれば選挙は闘えないと判断したからである。

　日医の動きは12月の総選挙が近づくにつれ，一層活発となり，厚生省の健保改正案に反対する署名運動まで展開した。このような動きのなか，田中政調会長は日医の花岡会長に対して，「厚生省改正案を白紙にもどす」旨を言明した。さらに，日医は10％のマイナス・シーリングを医療予算に適用するとの兆候を察知し，

246　　第Ⅲ部　安定成長期における高齢者福祉政策

表 8 - 1　健保改正案において主要改正点の比較（厚生省対自民党）

項　　目	厚 生 省 改 革 案	自民党社会部案
被用者保険本人の給付率	10割 → 8 割（ 2 割負担）	10割 → 9 割（ 1 割負担）
入院時給食・感冒薬等	保険給付の対象除外（患者負担）	見送り
2000万円以上の高額所得者	保険給付の対象除外（患者負担）	見送り

厚生省予算概算要求案の組み替えを，中曽根自民党総裁と林厚相に対して要求した[28]。これを受け，自民党は健保制度改革について，「医療保険制度の改革については，厚生省原案にこだわらず，党は関係各方面の意見を聞きつつ，慎重に検討し，最善の方法を講ずる」という修正を前提とする自民党声明を発表することになった。

　その結果，1984年 1 月に入り，自民党社会部会が中心になって，厚生省案の修正作業が進められた。そこでは，表 8 - 1 のように被用者保険本人の 2 割負担を先送りし，当面は 1 割負担にとどめる他，高額所得者の保険適用除外を見送る方向が決まった。

　しかし，最後まで難航したのが「患者 1 割負担」という項目であった。厚生省は「患者にコスト意識を持たせるためにも，定率制の導入が必要」と主張し，これに対して日医側は，定率制は医療費のかかる患者ほど負担が重くなるとの理由から「定額制」を主張していた[29]。この日医側の主張を代弁していたのは，社労族の 4 ボスのなかで当時幹事長であった田中正己と斎藤邦吉らであったが，結局，この問題は社労族の間でも調整がつかず，自民党三役に一任することになった。ところが，党三役の調整も難航をきわめ自民党と政府の最終協議の結果，まず負担方法は定率制となり，給付率の改正は二段階実施として当面は 1 割の定率負担とするが，1986年度からは 2 割負担に引き上げることに落ち着いたのである。

　こうした経緯を経て1984年 1 月20日，大蔵省より概算要求に対する内示の形で，入院時一部導入を含め，自民党・政府首脳間でまとめられた案のとおりの当初内示が厚生省に示された。しかし，大蔵省の第一次内示に示されていた健康保険本人，家族及び国民健康保険の入院時，定額一部負担に関する問題は，24日大臣レベルの予算復活折衝の席上，自民党社会部会の意向を受けて，改正案から削除されることになった。これを受けて，厚生省は「健康保険制度等の改正案要綱[30]」をまとめ政府に提出，1 月25日に閣議決定され，同日，渡部恒三厚相は社保審，社

第8章 1980年代の高齢者福祉と健康保険法の改正 **247**

制審に健保法改正案に対する諮問を求めた。社保審は被保険者側，事業主側，公益側の三者の委員によって構成されているが，この三者の主張にはかなりの相違がみられた。したがって，社保審の答申は「今回の諮問について，賛否の分れるところが多く，審議会として意見を一本化することができなかったので，意見の分れるところはそれぞれの意見を併記する」とした。このように，審議会では相当反対意見があり，賛否両論の併記となった。また，社保審の答申は慎重論をとりながらも政府案を支持するものであった。[31]

　一方，こうした動きに対して，日医は「自民党の公約違反」であると強く反発し，1月26日，自民党の公約違反を追及する措置として自民党からの党員，党友引き揚げの準備態勢を全国の医師連盟に通告した。さらに，日医は健保法改正案の国会提出を目前に控えた2月21日，三師会共同で阻止大会を開催し，改正案の撤回を要求する決議を採択した。このような医師会の対抗にもかかわらず，両審議会の答申を受けた厚生省は2月24日，第101特別国会に健保改正案を提出することになった。

第4節　改正案をめぐる政策決定過程

　以上のような過程を経て提出された健保改正案は，第101回特別国会における首相の施政方針演説のなかでも再三にわたって言及され，同国会における最重要課題として位置づけられた。

（1）日本医師会の反応

　これに先立ち，日本医師会内部でも大きな変化がみられた。すなわち，武見会長の引退後，新しい会長に就任した花岡は，厚生省との関係における「対話と協調」の姿勢を打ち出した。ところが，医療費の改正が小幅に抑えられたにもかかわらず，1984年3月1日から実施された薬価基準の改正で医師の収入は実質的に2.3％のマイナスになった。しかも，1983年2月から実施された老人保健法の施行のもとで老人の受診率が下がったこともあいまって，医業経営にかげりがみえ，病院倒産が相次いだ。[32] こうした状況のなかで日医が反対している健保法改正案が国会に上程されたことは，花岡執行部の指導力不足，ことに自民党に対する影響力の低下を日医会員に印象づけることになった。その結果1984年4月，日医の会

248　第Ⅲ部　安定成長期における高齢者福祉政策

長選挙では厚生省との闘いをスローガンに揚げた羽田春免が当選した。

　ところで，4月3日改正法案は衆議院社会労働委員会に付託され，後半国会の最重要法案となったが，論議は意外に低調であった。被用者保険本人の負担導入を，将来，一律8割給付の一環と位置づけ，コスト意識喚起により，医療費の効率的抑制に貢献するとした政府に対し，野党は政府案の中長期ビジョンの不在，患者負担導入による受診抑制の可能性を中心に批判し，診療報酬支払いシステム改善による医療費抑制を主張した。

　これに呼応して日医は羽田執行部を中心に政府首脳や自民党幹部などと会談を行う一方で，自民党医系議員と密接に連係をとりながら，政府の健保改正法案に対し自民党内の反対気運を盛り上げる作戦に乗り出した。4月16日には全国の都道府県医師会に対して，地元推薦の全国国会議員に健保法改正反対の働きかけを行うよう要請した。また，4月24日，日医の支援を受けている自民党議員らが「21世紀の国民医療を考える会」を発足させ，同日，本人及び代理人を含め168人の自民党議員が参席した第1回会合で，健保法改正について，慎重な審議を行うよう決定した。⁽³³⁾

　さらに，5月に入って，「考える会」の第2回目の会合が予定されていたが，社労理事の今井勇は会合の中止を田中幹事長に申し入れた。田中は挙党体制確立の約束を踏まえ，「考える会」への出席を自粛するよう異例の通達を出し，「党議に反するがごとき誤解を招く一部会合が開かれることは誠に遺憾である」と伝えた。⁽³⁴⁾だが，日医は全国の医師会に，推薦議員に対し出席を要請するよう指示して対抗したが，結局は田中幹事長と羽田日医会長がこれを「勉強会」とすることで合意し，開催は黙認された。

　こうした日医の反対とともに，自民党内においても改正への賛否がますます予測し難くなった。しかし，健保法改正は中曽根内閣の政治公約である行政改革の一環であり，また，これが不成立になると，1984年度予算に4200億円の歳入不足が生じることになる。それゆえ，同法の成否は中曽根内閣の評価を決め，ひいては，同年秋の総選挙での中曽根再選を左右するきわめて政治性が高いものであったといえる。⁽³⁵⁾

　ところが，国会の会期末を控えた5月18日に，「考える会」の第3回目の会合が歯科医師会を中心に開かれ，221人の議員が出席した。そこで山崎歯医会長は，「私たちは自民党と対決して，健保を廃案に追い込むのが本意ではありません。

国民医療のあり方について自民党と協議し，改正案をめぐる基本的な問題についても話し合いたい」と挨拶し，修正に積極的に応じる姿勢を示した。[36]

一方，羽田日医会長は自民党との話し合いを重視する前花岡会長を批判して当選した経緯もあり，簡単に妥協を打ち出せない苦しい立場であった。羽田は少なくとも6月27日，臨時代議員大会が終了するまでは，自身が表明した改正への反対路線を撤回することはできなかった。しかし，羽田会長側はすでに，自民党執行部との折衝過程で，「臨時代議員会議が終るまで，できるだけトラブルがなければ，最後まで対立しない」との話し合いがあったのである。[37]したがって，6月末頃から日医の抵抗も弱化することになり，自民党との修正折衝が活発に進行することになった。

（2）国会での各政党の反応

一方，国会における審議は，5月23日，自民党が77日という大幅な会期延長を決議し，これに野党が一斉に反発したことから空転を続けた。6月2日になって，ようやく衆院社労委員会での審議が再開され，成立に向けての法案の修正をめぐる舞台裏の与野党・日医の攻防が焦点となった。そのなかで6月28日，自民党の橋本医療基本問題調査会会長は，野党に対して一次修正案を提示した。この一次修正案は2割負担実施を条件に，退職者医療制度を受け入れた財界を配慮し，それを原則堅持する一方，日医，野党の反対を弱めるために附則で1986年以後も9割給付を条件付きで定めている。また，日医には，小額医療費の定額制，高額療養費自己負担限度額の控え置きでさらに妥協している。[38]

これに対して，社会・公明党は「部分的に評価できるところはあるが，全体としては不満」として修正案を拒否する方針を示した。しかし，民社党は明確に拒否の態度を示さず，「まだ修正内容がよくわからない所がある」として，修正交渉に柔軟に対処していく構えをみせていた。自民党の修正案に対し，社会・公明両党が評価し，民社党も「前進」としているのは，高額療養費の自己負担限度額を現行の5万1000円（政府原案5万4000円）に据え置くとしている点であった。しかし，改正の柱であるサラリーマン本人の自己負担導入で，2割負担は原則として残すものの，当分の間は1割負担にするという自民党の修正案に対しては，社会党は「1割負担を撤回しない限り，修正とは言えないし，妥協できない」と強硬な態度を示した。また，公明党も「国民健保を含め，すべての健康保険制度

250　第Ⅲ部　安定成長期における高齢者福祉政策

を1割負担に統一すべきだ」と主張したのである。[39]

　そして，7月5日の衆院社労委員会における強硬採択がささやかれるなかで7月3日，自民党は，第一に，改正健保法の施行後，組合健保の外来家族の現行3割の自己負担率と国保の被保険者の3割負担率を，ともに2割に引き下げるよう必要な措置を講じる。そして第二に，政管健保についても，本人の自己負担分を企業が肩替わりする「付加給付」を行うことができるよう所定の手続きを講じる，の2点を新たに盛り込んだ第二次修正案を野党に提示した。しかし，修正案に対し，野党各党が揃って拒否したが，今後も橋本会長を交え，与野党の社労委理事の間で修正の話し合いを継続していくことでは一致した。[40]

　同日，三師会会長と二階堂自民党副総裁との会議が「考える会」幹部の立ち会いのもとに行われ，二階堂副総裁は法案成立に協力してほしいこと，反対意見は実務レベルで詰め，合意できない部分は党首脳が誠意をもって解決する旨の発言をした。

　これに対して，日医側は強行採決をしないこと，1割定率制の導入には反対であることを申し入れた。この話し合いを受けて翌日4日，小沢・橋本両議員と三師会担当理事との初会合が開かれた。しかし，ここでも日医は被用者保険本人の負担率を数パーセントに抑えるように求めたのに対し，小沢・橋本両議員は1割定率負担は崩せないとして話し合いは終わった。さらに，修正案をめぐる自民党と三師会との調整は7月5日に持ち越され，そこで日医は，第一に，現行の800円の初診料を引き上げる，第二に，月が変るごとに600円の一部負担金を払う，第三に，1ヵ月限りで払っている入院費の1日500円の負担金を1000円に改めるとともに徴収する，との修正案を提示した。[41]

　こうした情勢のなか，自民党の6項目の第二次修正案を野党側に提示し，7月5日に衆院社労委員会で採決する意向を示した。第二次修正案に対し，社会党・公明党は拒否，民社党も再検討を求め，与野党折衝も物別れに終わった。こうして5日採決の方針は微妙になり，自民党は14項目にわたる付帯決議を野党側に提示した。このなかで，健保本人と，国保及び健保家族の8割給付統一の時期について「医療保険制度の一元化を図るため，1990年度以降，できるだけ早い時期を目途に，給付水準の統一と負担の公平化の措置を実施すること」[42]とした。7月5日に衆院社労委員会で強行採決が回避され，13日採決が与野党間でほぼ合意されたことで日医も要求に乗り遅れることを恐れ，9日，二階堂副総裁・金丸総務会

長，羽田日医会長の間で，小額医療費の三段階定額負担で最終決着がついたのである。

　その結果，第101回特別国会における最大の重要法案とされた健保法改正案は7月12日，衆院社労委員会で一部修正されたのち，自民・新自由国民連合会の賛成多数で可決，13日の衆議院本会議での可決を経て参議院に送付された。それは高額療養費支給制度などの再修正の上，8月6日，参議院本会議で可決，8月7日衆議院で「健康保険等の一部を改正する法律案」は成立した。

　このように，医療保険の大改正が1回の国会で成立したことは例のないことである。さらに，通常の重要法案の審議時間が30時間程度といわれているが，今回の改正はその倍の60時間近く時間がかかったことを考えれば，異例に審議時間も長かったのである。それにもかかわらず，大幅とみえた修正も本人負担導入，退職者医療制度の創設，国保への国庫負担削減の根幹には触れず，日医の要求による代理受領制度（患者に代わって健保組合が後日1割負担分を医師に支払う制度），小額医療費定額制も事務手続きの煩雑さを考えれば，実行は難しく，医療費抑制を骨抜きにする譲歩ではなかった。

第5節　小　　括

　以上，考察したように1980年代半ばに第2臨調による行政改革という政治的背景のなかで，医療費の増加と国民負担のギャップに対応し，医療保険における給付と負担等に関する社会的公平を確保するとの目標下で成立した健保改正は日本医師会を含め野党，関係団体から強い反対があったにもかかわらず，単一国会会期内で，しかも，厚生省の原案に近い形で成立した。それでは1984年の健保改正は，J. C. キャンベルがいうどのようなアイディアとエネルギーによって可能となったのか。これに答えるため，1984年の健康保険法改正の政策決定過程におけるみられた特徴を簡単に整理しておきたい。

　1980年代の日本の政治過程における最も中心的なイッシューは第2臨調を軸とする行財政改革であったのは疑いえない。そこで，まず法案成立過程における主要なアクターとして第2臨調の役割ないし，影響力が挙げられる。第2臨調は1981年7月に緊急に取り組むべき行政改革事案として，支出削減等と財政再建の推進を提示し，そのなかに医療を第一に取り上げられた内容の一次答申を提出す

252 第Ⅲ部 安定成長期における高齢者福祉政策

る。そこで，医療費適正化と医療保険が指摘され，前者については，「総額を抑制し，医療資源の効率利用を図るため」として具体的な措置を提言した。そして，後者については，定額国庫補助金の廃止等により削減を図り，また，高額医療費自己負担率の引き上げ等を行うとされた。

そして，1982年 7 月の第三次答申でもまた，社会保障について医療費適正化と医療制度の合理化が指摘され，医療保険のあり方として，「高額な医療については適切に保障する一方，軽費な医療については受益者負担を求める方向で制度的改善を図る」とされた。この三次答申は1978年に厚生省が打ち出した健康保険法改正原案の考え方とほぼ同じであり，厚生省の考え方を再度答申した形であった。その第 2 臨調の答申が，1983年の厚生省の健保法改正原案に盛り込まれたのである。

さらに，土光会長は1983年12月，中曽根首相に提出した意見書で医療保険制度を個別的に取り上げ，被用者保険の本人への給付率を現行の10割から 8 割にするとした厚生省案を，「臨調答申の趣旨に沿うものであり，その実現を図るべきだ」とし，厚生省案を積極的に支持した。こうしたことから，厚生省の健保法改正の基本的な考え方が，第 2 臨調の路線と支持のもとに行われたことは明らかである。

このように，大前提となる政策の枠組みは，第 2 臨調による行政改革関連法案として推進されたのである。健保法改正の成立の成否は，財界と自民党の戦略的利害関係にかかっていた。なぜならば，財界は退職者医療制度の創設によって，経営者側の負担が増加する結果を招来するにもかかわらず，この法案に賛成し，自民党も自民党の支持団体であった日医の強硬な反対があったにもかかわらず，法案を通過させなければならなかった。これは第 2 臨調による強大なエネルギーが自民党内の医系議員らの政治的影響力を弱化させた結果であるといえる。

一方，第 2 臨調による基本方針の指示を受けて，改革の具体案を作成し，その実現に向けて推進したのは，医療保険を担当する厚生官僚であった。厚生省には早くから改革派と称するグループができ，彼らは日本医師会の影響下にある厚生行政に不満をもっていたが，そのリーダが吉村仁保険局長であった。もし，吉村のイニシアチブがなかったならば，厚生省の意向に沿った改正は不可能であったかもしれない。吉村という政策企業家のアイディアの展開及び活動は，今回の健保法改正の成立における重要な役割を演じたのである。

彼は自身のアイディアを臨調行革の力を利用して積極的に展開し，世論を形成

していくともに，中曽根首相を支えていた田中角栄に接近し，その支持を得て，さらに，田中派の社労族のリーダーたちへの説得にも全力を挙げた。その結果，従来の与党政治家を通じて医師会が官僚に影響を行使するパターンから，官僚が政治家に働きかけて，その支持を獲得し，それによって，医師会の反対を抑え込むパターンに変化したのである。したがって，1980年代の医療改革によって，医療政策における医師会の影響力が相対的に低下した反面，厚生省の権限が強化される傾向に変化したのである。これに対し，大嶽秀夫は1984年の健康保険法の改正は「医師会及びその利益を代弁する自民党族議員に対する厚生官僚の主導権回復の試み」であり，「鉄の三角形の解体が官僚の復権，官僚的合理性の回復であるという図式がこの改革に典型的に当てはまるのである」と指摘した。[45]

　第二の特徴として考えられるのは，自民党族議員の行動の変化である。一般的に族議員とは，特定の政策分野について，自民党政務調査会を主要な舞台として公式，非公式的にかかわらず，強力な影響力をもつ自民党議員を示している。だが，政調会は一方で，それぞれの官僚制の利益の実現と調整者の役割を果たし，議員に対しては個々の選挙区利益の実現と調整を行うこととなっているので，族議員の影響力のベクトルは，ある場合には利益集団の利益の立場に立ち，利益集団の利益の擁護にまわり，官庁の利益を調整する（抑える）場合もあるし，逆に，官庁の立場に立ち官庁の利益を擁護し，利益集団の利益を調整することもある。[46]

　このように族議員は「利益代表」と「利益調整」という相反する機能を背負っているが，今回，「社労族」は利益調整役として機能したといえる。[47]普通，社労族は自民党の族のなかでも官僚制に対する影響力が強い族といわれている。なぜならば，他の多くの族が官庁の協力のもとで形成されたのに対し，社労族は日本医師会という利益集団によって育成されてきた族であるからである。したがって，武見日医会長の時代においては，医師会の立場に立ち，医師会の利益を代弁して厚生行政に関与してきた。しかし，今回では特に小沢と橋本が厚生省の主張を代弁してきた。すなわち，健保法改正において，族議員の行動パターンをみると医師会という利益集団のための利益代表としてだけではなく，利益集団の利益を抑える行動パターンが注目されるのである。

　以上，検討したように，1984年の健康保険法改正をめぐる政策決定過程は，多くの関係団体の強い反対があったにもかかわらず，厚生省の原案に近い形で成立したことから政策決定過程で官僚が多大な影響力を行使した事例であったといえ

254 第Ⅲ部 安定成長期における高齢者福祉政策

る。

注
(1) 健康保険制度の改正には，健保連や労働団体，日本医師会，経営団体などの利益団体が関与しているが，このなかでも保険者と被保険者の間に仲介者として医師，薬剤師が存在し，彼らの組織する利益集団（三師会）が強力な反対勢力として，与党議員にも大きな影響力を行使していた。
(2) 厚生総計協会『保険と年金の動向』1984年，16頁。
(3) 『厚生白書』1984年版，92-99頁。
(4) 国連は，65歳以上の人口比率が7～14％までの社会を高齢化社会と呼んでいるが，日本が高齢社会に入ったのが1970年，フランスは1865年，スウェーデンは1890年，ドイツ，イギリスは1930年，アメリカは1945年である。また，日本が14％の水準に達したのは1994年であり，7％から14％へ達するまで要した時間24年と比べ，ドイツは45年，アメリカは70年，スウェーデンは85年，フランスは130年も要したのである。さらに，日本は2025年には高齢者人口が20％を越え，欧米諸国の経験しなかったレベルに至ると推計された（資料『図説高齢者白書1997』36頁）。
(5) 『厚生白書』1984年度版，103-104頁。
(6) 吉原健二「老人保健法の成立とその内容①」『社会保険』1983年5月，27頁。
　この記事は老人保健法制定当時，老人保健部長であった著者が社会保険大学において特別講義したものに加筆したものである。
(7) 梅本純正・小山豆男（対談）「行革答申作業を振り返る――答申と厚生行政を談ずる――」『総合社会保障』1983年，11-12頁。
(8) 厚生省保険局企画課監修『医療保険制度五九年大改正の軌跡と展望』年金研究所，1985年，36-37頁。
(9) 老人医療費支給制度は70歳以上の老人，65歳以上の寝たきり老人が自己の加する医療保険で受診受療したとき，本人が負担しなければならない医療費を所得制限によって公費が肩替わりするものをいう。
(10) 小山路男編『戦後医療保障の証言』総合労働研究所，1985年，301頁。
(11) 早川純貴「福祉国家をめぐる政治過程（1）――84年健康保険法改正過程の事例研究――」駒澤大学法学部『法学論集』第43号，1991年，32頁。
(12) 早川純貴，前掲論文，151-152頁。
(13) 厚生省では日本経済低成長下において財政的にみても，もはや経済成長率を上回る医療費の伸びが許されなくなってきており，さらに，日本社会が高齢化社会の入口にあり，近い将来，それが本格化するであろうことが厚生官僚の危機意識を強めていたのである。しかし，一方で吉村を中心とした改革派の官僚たちにとっては，別の危機

感もあった。それはこれまでの医療保険行政が日本医師会の意向を代弁する自民党族議員らの影響下にあり，厚生官僚の主導権が喪失していることからくる危機意識である。

⑭　医療保険制度 政策研究会「医療保険政策の構想（上）——低成長下における医療保障のあり方——」『健康保険』1983年，35-36頁。

⑮　『社会保険庁だより』第25巻第1号，1983年9月1日，17頁。

⑯　早川純貴・山口裕司・田村晃司「二一世紀の医療保険は展望できたか——健康保険法改正をめぐる政治過程——」『阪大法学』第140号，1986年，210-211頁。

⑰　1983年3月22日の全国総合健康協議会 第35回総会で，吉村局長は「このまま医療費が増大し，それを国家財政で賄うとすれば，税と社会保険料の負担の増大が日本から活力を奪い，国が滅びるという」旨の発言をし，「医療費亡国論」への対応として医療費総枠の抑制を主張した。さらに，そのような内容をまとめた論文を社会保障関係専門雑誌（『社会保険旬報』『週刊社会保障』）に掲載した。このような発言に対し，花岡堅而日医会長は林厚相と自民党三役に対して「官僚がこのような独善的行為をやらないように厳重に注意してもらいたい」と申し入れたのである（神原勝『転換期の政治過程』総合労働研究所，1986年を参照）。

⑱　福祉文化学会編『高齢者生活年表（1925～1993）』日本エディタースクール出版部，1995年，97頁。

⑲　大嶽秀夫「中曽根政治のイデオロギーとその国内政治的背景」『レヴァイアサン』1号，1987年秋，145頁。

⑳　臨調・行革審 OB 会監修『臨調，行革審——行政改革2000日の記録——』行政管理研究センター，1987年，137-138頁。

㉑　同上，177-179頁。

㉒　吉村仁「医療費をめぐる情勢と対応に関する私の考え」『週刊社会保障』No. 1217，1983年3月7日，20-21頁。

㉓　田原総一郎『新・日本の官僚』文春文庫，1988年，294-305頁。

㉔　厚生省が発表した現代医療をめぐる四大潮流とは，①疾病構造の変化と人口の高齢化，②国民の健康に関する意識の高まり，③国民所得の伸びを上回る医療コストの増大，④経済の低成長と医療負担能力の低下，などである。

㉕　厚生省五十年史編集委員会編，前掲書，1815頁。

㉖　同上，1816頁。

㉗　『日医ニュース』1983年8月20日。

㉘　同上，1983年12月5日。

㉙　有馬元治『健保国会波高し』春苑堂，1984年，68-69頁。

㉚　厚生省の改正案要綱について詳細は，厚生省五十年史編集委員会編，前掲書，1817-1818頁を参照。

256 第Ⅲ部　安定成長期における高齢者福祉政策

(31) 『社会保険旬報』1460号，社会保険研究所，1986年，8-10頁。

(32) 『読売年鑑』1985年度版，読売新聞社，1985年，190頁。

(33) 『朝日新聞』1984年4月25日。

(34) 有馬元治，前掲書，124-126頁。

(35) たとえば，1983年9月，厚生省案が提示された段階から非主流派で医系議員の多い福田派は，本人の一部負担導入に反対を決議し，その以後，改正反対運動の中心になった。これに対し，主流派の田中派は改正法案の通過が中曽根再選にもたらす影響を考慮し，中曽根を押す立場から法案の成立に焦点を置いた（『日本経済新聞』1984年6月21日）。

(36) 有馬元治，前掲書，165頁。

(37) 青木泰子「健康改正の政治過程」内田健三他編『税制改革をめぐる政治力学』中央公論社，1988年，236頁。

(38) 加藤淳子「政策決定過程の研究の理論と実証――公的年金制度の改革と医療保険制度改革のケースをめぐって――」『レヴァイアサン』第8号，1991年，179頁。

(39) 『日本経済新聞』1984年6月28日。

(40) 同上，1984年7月3日。

(41) 高橋秀行「医療保険政策変容と政治過程」『日本の公共政策――その基準と実際――』行政管理センター，1991年，254-255頁。

(42) 中村昭雄『日本政治の政策過程』芦書房，1996年，135-136頁。

(43) 臨時行政調査会OB編，前掲書，237-280頁。

(44) 『日本経済新聞』1983年12月30日。

(45) 大嶽秀夫，前掲書，157頁。

(46) 猪口孝・岩井奉信『族議員の研究』日本経済新聞社，1987年，29頁。

(47) 1984年健保法改正では，小沢辰男，橋本龍太郎，田中正己，斎藤邦吉など，社労族4ボスといわれる人が主なアクターとして登場した。ところが，今回の場合，小沢と橋本は厚生省の立場を代弁し，田中と斎藤は日本医師会の立場を主張したのである。特に，ここで社労族の機能については早川・山口・田村，前掲論文，204-207頁を参照されたい。

第Ⅳ部

低成長時代における高齢者福祉政策

第⑨章
高齢社会と介護保険法
—— 政策問題としての介護問題 ——

第1節　問題の提起

　日本において高齢者の介護が社会問題となったのは，1980年代以後である。しかし，政府はこれに対する根本的な政策対応をとらず，家族による介護を社会の含み資産と主張してきた結果，在宅ケアの確立を遅らせることになった。また，家族による介護が困難な場合にも福祉施設の整備をせず，その代替施設として病院が利用され，施設ケア体制の確立を遅らせることになった。

　ところが，こうした状況では，長寿化や少子化の進展に伴いますます深刻化する高齢者介護問題に対応できないと政府は判断し，消費税導入を踏まえて，1989年の高齢者保健福祉推進10カ年戦略（以下，ゴールドプラン）に基づき，在宅施設サービスの緊急整備を進めている。さらに，1994年には，ゴールドプランの内容を大幅に拡充させた，新ゴールドプランが策定されると同時に，1997年12月には介護保険法が成立した。

　1970年代，経済の低成長とともに財政危機が深まるなかで福祉分野においては，給付水準の引き下げ，家庭機能の重視，患者の自己負担などを強調してきた新保守主義の戦略が，なぜ1990年代に入って急に公的介護保険へと政策を転換したのか。一般的に法律の制定には，その時代，その時期の社会状況のもとでの政治的判断が反映されている。つまり，公的介護保険法案も当時の社会的・経済的・政治的な状況のもとで，ひとつの公共政策として，政治的な意思決定という手段を通じて制定されると考えられる。

　新しい法律の制定あるいは既存の法律を見直すためには，その政策がどのような時代に，どのようなニーズによっていかなる政治過程を経て成立したかを検討する必要がある。このとき，一番重要なのは，政府が社会のニーズをどの程度認

識し，いかに優れた政策を考察するかというアジェンダ・セッティング段階であるといわれている。なぜなら，この段階で主な政策の方向と内容がすでに決定されるからである。

　一般的に政策案を作成するのは，議員ないし官僚の役割であり，それを審議して決定を行うのは国会の役割である。しかし，日本では政策案の作成段階において，行政部門が関係団体との利害調整や政党への根回しを行いながら，実行可能な政策案を作成するというシステムがとられている。しかしながら，これまでの数多くの政策過程の研究はアジェンダ・セッティングの過程よりもむしろ決定過程に関心を集中させてきたといえる。たとえば，1980年代中盤に流行した「党高官低」論や多元主義をめぐる議論のほとんどは主に決定過程を対象にしており，族議員の影響力や政党の主導性に焦点を当てている。その結果，どのような内容の政策がどのような過程を通じて作り出されるのかという局面についての研究は少ない。

　それゆえ，ここでは，介護保険制度成立をめぐる政策形成及び決定に焦点を当て，J. W. キングダンの政策の窓理論⁽¹⁾を用いつつ，どのような状況で「合流」が可能になっていたかを考察したい。キングダンがいう政策の窓というのは，政策主唱者が彼らの関心対象である政策問題に注意を集中させ，彼らが選好する政策代案を成立させるために与えられる機会と定義できる。彼は政策決定過程を「問題認識（problem recognition）」「政策の流れ（political stream）」「政治（politics）」という 3 つの独立した流れ（stream）が決定的な時期に合流して政策が誕生すると理解する。すなわち，多くの社会問題のなかからある問題が政府議題として認識され，解決方法が有用であり，政治的雰囲気が変化に有利な時期をつくり，さらに，さまざまな制約が「政策実現」を妨げない状況になったとき，政策の窓を開けることを可能にするということである。

　したがって，本章では「問題認識」の段階においては，社会・経済的諸要因の変化とともに，厚生省が介護保険制度を構想することになった背景及び原因，そして，政策案の形成段階において，厚生省が実現可能な政策案を作成するため，私的諮問機関⁽²⁾を活用しながら，より具体的な政策案を作成する過程に触れる。そして「政治」の流れでは厚生省が意図する介護保険制度を成立させるため，連立政権との利害調整を行う政治過程について言及し，最後にいかにして決定がなされたかについて述べることにする。

第⑨章　高齢社会と介護保険法　261

第2節　介護保険制度成立への背景

（1）法制度上の問題

　老人福祉を直接目的とする法律は，1963年に制定された老人福祉法が最初である。なお，老人福祉法制定当時から福祉サービスのみならず健康検査といった保健分野も規定されており，1973年に老人医療費支給制度が創設され，医療に関する規定も備えるに至った。そして，1982年には，それまでの老人福祉対策が医療保障費に偏りがちであったという反省の上に立ち，疾病予防や健康づくりを含む総合的な老人保健対策を推進するとともに，老人医療費支給制度の実施後，急増する老人医療費を国民皆が公平に負担するという観点から一部の患者自己負担を求める老人保健法が制定された。[(3)]

　しかし，老人福祉法で在宅福祉サービスに関する規定は老人家庭奉仕員の派遣の委託のみであった。そこで，1975年代後半以降の一連の行政改革の動きのなかで制度全般にわたる見直しが進められた。1978年にショートステイの事業が，翌年には，デイサービス[(4)]の事業が創設されたが，特別養護老人ホームへの入所などの施設福祉と比較して立ち遅れがみられたし，また，法律上の根拠も乏しく，予算措置により実施されていたのが現実であった。しかし，介護問題の視点から論じるとき，より大きな課題は，表9-1のとおり医療，福祉，保健の各分野が個別・独立して展開されてきたことにある。

　高齢者が利用可能な施設として最も治療的要素の少ないものから順にみると，ケアハウス，養護老人ホーム，特別養護老人ホーム，老人保健施設，及び病院になる。さらに，病院のなかには一般病院，老人病院，老人病棟などに分類され，どの施設を利用するかによって，利用手続き，サービスの内容および費用負担に相違がある。特に，常時介護が必要で家庭での生活が困難な高齢者のための施設である「特別養護老人ホーム」の利用には，利用手続きが措置費体系であるため利用者本位の選択ができず，さらに，施設の不足のため申請後，長時間待たなければならないという状況であった。

　したがって，本来なら特別養護老人ホームを利用する状況にある者が，いきおい個人の自由意思において利用できる老人病院あるいは老人保健施設を利用しているというのが実態である。こうした状態は，老人保健法が施行された1980年代

262　第Ⅳ部　低成長時代における高齢者福祉政策

表9-1　老人保健福祉サービス体系

治療的要素

在宅					外来診療 公費　　　3割 保険者拠出金　7割
ホームヘルパー 訪問指導 給食サービス 入浴サービス 等			老人訪問看護658カ所 公費　　　5割 保険者拠出金　5割 公　　　9％ 民　　　91％		
［ホームヘルパーの場合］ 公費　　10割 公　　　23％ 民　　　77％	デイサービス 3,453カ所 公費　　10割 公　　　48％ 民　　　52％		老人保健施設デイ・ケア 785カ所 負担割合および公民の別は老人保健施設と同様		訪問診療 公費　　　3割 保険者拠出金　7割
	ショートステイ 22,054人分 公費　　10割 公民の別は特別養護老人ホームと同様		老人保健施設ショートステイ 751カ所 負担割合および公民の別は老人保健施設と同様		
ケアハウス 6,853人分 全額自己負担が原則 公　　9％ 民　　91％	養護老人ホーム 6.7万人分 公費　10割 公　　65％ 民　　35％	特別養護老人ホーム 20.7万人分 公費　10割 公　　16％ 民　　84％	老人保健施設 8.9万人分 公費　　5割 保険者拠出金　5割 公　　5％ 民　　95％	病　院 老人病棟，療養型病症群，老人性痴呆疾患療養病棟等 公費　　　3割 保険者拠出金　7割 公　　15％ 民　　85％	

注：公民の別は，設置主体による区別であり，「公」は国，地方公共団体を指す。
出典：西川克己編『公的介護保険制度の今日的視点』小林出版，1996年，88頁。

初頭においては現在よりさらに顕著であり，いわゆる一般病院への「社会的入院」が社会問題となるほどであった。こうした問題が社会的入院対策のひとつとして老人保健法が制定される契機になったといえる。

　さらに，介護問題は単なる利用施設が異なるために生じる制度間隔差の問題にとどまらず，在宅者と施設利用者間にも問題が発生しはじめた。1980年代前半までの要介護者に対する施設は，特別養護老人ホームのみであったので，特別養護老人ホームを利用するか，あるいは一般病院に社会的入院する以外は，在宅で家

族の介護に委ねられているのが実態であったのである。

一方，1970年代の市民運動と連動する形で展開した福祉に対する権利要求は在宅福祉を促す契機となった。こうした要請を受け，1989年の老人福祉法等，福祉関係八法の改正がなされ，地域福祉の推進をより積極的に推進し，基礎自治体である市町村に大幅な役割を委譲することになった。特に，1993年を目途とする老人保健福祉計画の実現は地域福祉政策を有効に推進するにあたって重要な鍵となったのである。[5]

（2）政策環境変化の問題

社会に存在する各種の問題を解決するために構想され，決定されたものが政策であるとするならば，社会構造の変化は政策転換と密接に関連している。H. L. ウィレンスキーは『福祉国家と平等』（*The Welfare State and Equality*）において，福祉国家の比較を試み，福祉政策の決定に影響を及ぼす要因として社会・経済的要因を重視した。そして，その要因のひとつとして「人口高齢化」を挙げている。すなわち，福祉政策は高齢者人口が全人口に占める割合と深く関連があるとしたのである。[6]こうした点から介護保険構想の重要な背景である社会構造の変化について検討する。

① 高齢者人口の増加

人口構造の変化は，最も典型的な形として長寿化・高齢化として現れた。1935年の日本の平均寿命は，男性47歳，女性が50歳であり，欧米諸国と比較して10年あまりも短かった。しかし，戦後，生活水準の急速な改善と医療の普及によって1980年代には世界最長寿国となった。その原因として1940年代から1960年代にかけては乳幼児死亡率の低下が大きく貢献したが，1960年代になると75歳以上の「後期高齢者」の死亡率の低下が日本人全体の平均寿命の伸びに貢献するようになる。それが同時に高齢障害者を急増させ，いわゆる「寝たきり老人」の介護問題として社会問題化していくことになる。[7]

ビルギッタ・オーデンは，「それぞれの時代の高齢者介護形態は，基本的には社会構造によって決められるが，その社会構造とは高齢化と工業化によって規定される」と語っている。また，ペル・グンナル・エデバルクも「文化や国民性よりも，その国の高齢者政策は高齢化率と経済力に左右される」と主張したのである。

264　第Ⅳ部　低成長時代における高齢者福祉政策

表 9 - 2　要介護高齢者の将来推計（寝たきり・痴呆性老人の将来推計）

凡例：
□ 虚弱老人　c
■ 要介護の痴呆症老人（寝たきりのものを除く）b
▨ 寝たきり老人（寝たきりでかつ痴呆の者を含む）a

	1993年	2000年	2010年	2025年
寝たきり老人（寝たきりでかつ痴呆の者を含む）　a	90	120	170	230
要介護の痴呆性老人（寝たきりのものを除く）　b	10	20	30	40
虚　弱　老　人　c	100	100	190	260
要　介　護　老　人　a＋b＋c	100	280	390	520

出典：厚生省高齢者介護対策本部事務局監修『新たな高齢者介護システムの確立について』ぎょうせい，
　　　1995年，82頁。

　このように，高齢者人口の増加は確かに高齢者福祉政策の重要な要因であることはいうまでもない。たとえば，高齢化率が低いとき，平均寿命が短いときには，医療の保障こそが高齢者への一番の対策であった。しかし，高齢化が進み，国が経済的に繁栄し平均寿命が伸びるにつけ，長生きと同時に「ベットの上での寝たきり長生きはご免だ」「最後まで，人間らしく生きたい」という要望が増えてくる。その結果，医療主導型から介護主導型へ，施設・病院中心から在宅中心へという政策の変化が起こる。したがって，日本でも1980年代後半に，高齢化率が10％に達した頃から寝たきり老人や認知症老人の介護が社会問題として台頭することになったのである。[8]

　1994年厚生省が集計した統計によると，表 9 - 2 のとおり，1994年の高齢者人口が1800万人から2025年になると3200万人に増加し，このうち寝たきり老人や介

護を必要とする認知症老人の数は1993年に約100万人いるが，2025年には2.6倍の約260万人になると予測している。他に病気や障害のため日常生活で手助けが必要な老人が，将来は約260万人に増え，合わせて約520万人になると推計した。さらに，65歳以上の死亡者の2人に1人が死亡6カ月前から寝たきり，または虚弱となっているし，また，寝たきり老人の2人に1人が3年以上，寝たきりとなっていると発表した[9]。

　このように，高齢者介護を考える上で，重要なことは平均寿命の伸長とともに疾病構造の変化が挙げられる。まだ，疾病構造が感染症の時代から慢性疾患へと変化しているということである。慢性疾患というのは，完治することのない疾病を称する。つまり，一定の疾患をもち，病気と同居しながら生きていくということである。感染症中心の時代は病気の治癒それ自体が医療の目的であったし，それが完結したサービスでありえた。感染症というものは，感染症を退治すれば基本的には患者は健康体に戻る。しかしながら，高齢者の場合には病気は治っても後遺症と高齢による身体虚弱を伴いながら生活を送ることになる。こういう人々が増大していくのが高齢社会の要介護者像なのである[10]。

　このように高齢者人口とともに要介護高齢者の増加は，個人ないし家族の問題ではなく，社会問題となっており重要な行政の課題として認識されることになったのである。

②　産業構造の変化

　産業構造の変化が意味するのは，「生活の場と生産の場の分離」すなわち，産業構造の変化によって大家族制度から核家族化へと進行していくことを意味する。1955年から1995年に至る40年間に平均世帯規模は4.97人から2.91人へと急に減少した。この変化はアメリカが産業革命後の5.3人から4.3人に至るまでに60年を費やしたことと比較しても世界に類のないドラスティックな変化である。こうした家族規模の縮小現象は，当然高齢者のみの世帯を急増させ，1965年から1995年に至る30年間で高齢者のみの世帯は7倍に増加した[11]。

　1990年の総務庁の「老人生活と意識に関する国際比較調査」によると，三世帯同居は韓国が38.1％と最も高く，次が31.9％として日本になっていることから，国際的にみれば，日本は三世帯同居の国といえよう。しかし，産業構造の変化による都市化の進展，サラリーマン化が進めば進むほど同居は減少傾向にあり，高

齢者の単独世帯，あるいは夫婦のみ世帯が増加することになる。

一方，産業構造の変化は，当然として女性の社会参加を増大させる。すでに日本は，生産年齢人口の女性の労働力率が50％を超えているが，今後も増加傾向にある。さらに，近年，結婚・出産を機に退職する女性も減少の一途をたどっており，女性特有の M 字型の労働力率カーブも大きく変化している。このように，少子化によって労働力人口が減少していく日本の現実を考えると，女性の社会進出現象の傾向は，ますます強まっていくのであろう。その結果，介護者の減少をもたらすということから介護問題が顕在化してきた。そして，こうした現実は介護問題をもはや個人あるいは家族内問題から社会問題としてとらえざるえなくなったのである。

③　価値観及びニーズの多様化

「措置制度」は1947年に制定された児童福祉法の中核をなす仕組みとして設けられて以来，その後の各社会保障法にも取り入れられ，日本の社会保障福祉制度の根幹をなす制度として維持されている制度である。しかし，この「措置」とは，その個人にニーズがあるのかどうか，どのようなサービスがどの程度必要なのかを，行政の側が決める仕組みとなっている。つまり，福祉サービスの提供において受け手の選択の権利がなく，一方的な行政側の決定にしたがうものと理解できる。

だが，この仕組みは基本的に経済的に貧乏な時代の手法であるといえる。たとえば，特別養護老人ホームの入所定員が50人しかないのに200人も300人も入所を希望していれば行政は個人的な事情よりは最もニーズの高い老人を入れることにするという考え方は当然であろう。そのようになるとサービスの受け手は行政に対して弱くなる。そこには，サービスの提供者と利用者の対等な関係とか消費者の選択の権利とかいった議論は成立しない。こうした状況下で，福祉サービスの提供者の関心はサービスの利用者ではなく，措置権者である自治体に向いてしまいがちになる。こういう形のサービスの提供が長い間続いてきたのである。

しかし，日本は飛躍的な生産力の増大を背景に，1人当たり国民所得も1960年の14万5000円から1990年には2783万6000円と著しく増大した。その結果，国民の物質生活もある程度豊かになり，福祉に対する国民のニーズもそれなりに多様化している。ここでいう豊かな社会の意味が，今までの措置制度のように「供給者

の倫理のみでサービスを提供することができなくなる社会」を示しているとすれば，今後は個々人のニーズに合わせた多様な福祉サービスを提供しなければならなくなるだろう。

（3）財政をめぐる問題

　貧困と不平等などの問題は，先進国より発展途上国の方が最も深刻な問題である。しかし，発展途上国においては貧困が一般的な状態であり，経済成長の問題が優先的な解決課題としてみなされ，福祉の問題は政治の場において大きな論争の対象にはならない。むしろ，先進国において福祉政策が相対的に国家政策のなかで大きなウェイトを占め，政治的論争になりやすいのである。

　一般的に，日本の社会保障制度の拡充も戦後の高度経済成長に支えられ，1970年代になって大きく拡大してきた。社会保障支出の GDP に対する比率は，1965年から1973年にかけて0.36％上昇したに過ぎないが，1973年から1981年にかけては6％を超えている。国民所得に対する社会保障給付費の比率をみても1960年には4.9％，1970年には5.8％，1978年には11.9％と1970年代に急激な伸びを示している。また，当初予算ベースでみた社会保障関係費の一般会計に占める割合は1960年には11.5％，1970年には14.4％であったが，1975年には18.5％へと急増し，1980年には19.3％までに達している。こうした国家予算に支えられた社会保障関係費の伸びは，基本的には高度経済成長による豊かな財源を背景に可能であったといえる。

　しかし，1973年秋の石油危機以降，低成長による財政の悪化は新たな経済構造と政策の転換，再編成を迫ることになった。すなわち，財政危機を引き起こした原因が国家予算に対する社会保障関係費の伸長にあると政府・自民党が主張した結果，「福祉見直し」論が登場することになった。福祉供給体制の再編成と受益者負担原則を根幹にした福祉見直し論は，福祉政策における大転換をもたらしたのである。特に，第2次臨時行政調査会は1983年に答申を提出し，「自助，互助，民間の活力を基本」とした活力ある福祉社会の実現を提言した。そこでは日本社会の特徴として家庭，地域，企業等の役割を強調し，「個人の自立，自助の精神に立脚した家庭や近隣，職場や地域社会での連帯を基礎としつつ，効率の良い政府が適正な負担の下に福祉の充実を図ることが望ましい」と説きながら「中福祉・中負担」の方向をめざした。このとき以来，政府・自民党は，北欧型の「高

268 第Ⅳ部 低成長時代における高齢者福祉政策

表 9 - 3 国民負担率（租税負担率および社会保障負担率）の推移

年　　　度	1955	1960	1965	1970	1975	1980	1985
国 民 負 担 率	20.8	22.3	22.7	24.3	25.8	31.3	35.3
租 税 負 担 率	18.1	19.2	18.3	18.3	18.3	22.2	24.6
社会保障負担率	2.7	3.1	4.4	5.4	7.5	9.1	10.7

年　　　度	1990	1995	2000	2001	2002	2003	2015
国 民 負 担 率	40.4	36.8	37.2	37.8	36.7	36.1	43.4
租 税 負 担 率	28.3	23.5	23.2	23.1	23.1	20.9	25.6
社会保障負担率	12.1	13.3	14.0	14.1	14.7	15.2	17.8

資料：厚生労働省編『世界の厚生労働2004』TKC 出版，2004年，付29頁より，再構成。

福祉・高負担」の路線から「中福祉・中負担」へと目標を転換した。

　こうした社会福祉に対する戦略的目標の転換によって，1980年代以後，日本の社会保障給付費の増加は穏やかなものにとどまった。1970年と1980年の国民所得に対する社会保障給付費の割合をみると，5.77％から12.4％へと飛躍的に伸びているのに対して，1990年の数値は13.65％と低い伸びになっている。1990年に入ると伸び率が増加傾向にあり，1993年には15.30％に達しているが，それでも同年の社会保障移転の対 GDP 比をみると12.3％に過ぎず，スウェーデンの25.2％，ドイツの15.8％はいうに及ばず，アメリカの13.2％より低い数値となっている。[14]

　しかし，日本の国民負担率は高齢社会に伴い，増加傾向を示している。1980年度の31.3％から2015年には43.4％まで達しており，公的年金給付費及び医療費の増加など，当然増と見込まれる費用を考慮すると，早晩目標とする国民負担率50％に達することが予測される（表 9 - 3）。

　国民負担率の増加は，人口構造の変化と連動し，直接税中心の税体系をとっている日本では，現役世代に大きな負担をもたらす結果を招く。したがって，政府・自民党は1989年に消費税を導入し，1994年には 3 年後の1997年から税率を 5 ％に変更することを決定し，社会福祉関連費用の増加に当てるとした。社会保障関連費用の負担のあり方に関して介護保険制度構想が浮上した背景としては，より直接的には医療費問題の出現があった。[15]

『平成17年度版厚生白書』によれば，老人医療費の国民医療費に対する割合は，1985年には25.4％であったのに対し，2002年には37.7％と17年間で12.3％の伸びを示している。[16] しかし，問題なのは，表 9 - 4 のように国民所得の伸び率をはるかに超えて医療費が増加していることと同時に老人医療費が急増したことである。

第9章　高齢社会と介護保険法　269

表9-4　国民医療費および老人医療費の対前年度伸び率

年　　度	1989	1990	1995	2000	2001	2002
国 民 医 療 費	5.2	4.5	5.3	1.9	3.2	0.6
老 人 医 療 費	7.7	6.6	9.3	5.1	4.1	0.6
国 民 所 得	6.9	7.3	1.8	1.5	2.8	1.3

資料：『厚生白書』平成17年度版，527頁より再構成。

　しかし，2002年に老人医療費の伸びが低下したのは2000年から介護保険制度が施行されたからである。老人医療費の増加は各保険者の拠出金を基礎財源としている以上，現役世代への負担増を免れない。したがって，老人医療費をいかなる形で負担するかは厚生省にとって重要な課題であった。特に，「社会的入院」をかかえ，さらに長寿高齢社会における要介護老人の増加を想定するとき，老人医療問題は介護保険法案への重要な背景になった。

　このように日本における介護保険制度構想の背景には，検討したように政策環境の変化が挙げられる。1996年9月当時，厚生省高齢者介護対策本部事務局の香取照幸次長は，著者のインタビューに介護保険が台頭した背景について次のように答えた。「1994年に高齢者数は約1800万人程度であり，そのうち介護を必要とする人は200万人程度がいる。しかし，これを支える福祉サービスは量的に充分ではなく利用者も限られているので結局，多くの高齢者を長期入院の形で医療が負担しているのが現実である。さらに，今後，要介護者の数は絶対的に増えていく。昔は脳卒中を起こせば死亡するケースがほとんどだったが，今は医療も進歩しているために何からの障害をもって5年，10年も生きる人が増えているので，量として介護のニーズはもっと増える。一方で日本の家庭には一般に思われているほど介護力はない。国民の8割は老齢の不安をもっている。介護問題は家族破壊の大きな要因になっており，経済的に社会保障も破綻する。したがって，制度を基本的に組み替えることが必要になった[17]」と話した。

第3節　政策議題としての介護保険の台頭

　既存の社会保障制度は1980年度以降，法制度上からも，財政上からも，社会構造の変化に対応できなくなったのである。しかし，こうした諸要因だけで政策が決定されるわけではない。なぜならば，福祉政策は社会・経済的な要因と強い相

270　第Ⅳ部　低成長時代における高齢者福祉政策

関関係にありながら政策決定の伝統やイデオロギー，及び政治構造と社会階層間の力学という複合的な要因の産物であるからである。すなわち，すべての社会問題が政策立案のプロセスに載ることは不可能であるからである。多くの問題は政府の関心をもたらす社会問題としてとどまる場合が多い。

　したがって，多くの社会問題のなかで政府が関心をもつ一部の問題のみが政策議題（パブリックアジェンダ）として転換される。それをアジェンダ・セッティング（agenda setting）というが，その過程というものは，政策過程の第一の段階であり，政策の方向と性格が規定される重要なプロセスである。ここでは介護という「社会問題」が，いかに政策議題に転換されたか，政策案がどのようなアクターらの関係によって，どのように議論されたかについて考察する。

（1）「日本型福祉社会」論の限界

　西欧諸国における福祉国家の危機的様相が深まるなかで，日本政府は，1970年代後半を境にして，公共部門の整備・拡充をめざしていた政策理念から大きく方向転換し，公共部門の抑制と小さな政府，市場経済とインフォーマルな部門を重視した「日本型福祉社会」をめざす政策目標へと，大きく転換した。なぜ，そのような大きな政策転換が起きたのか，その背景として考えられるのは，1970年代における福祉見直しの世界的風潮を背景としたものであることはいうまでもない。1976年にスウェーデンの社会民主労働党が政権を失い，1979年にはイギリス労働党も敗退し，英国病，福祉病に対する世論の批判が集中するようになった。

　他方，国内的には革新自治体による「バラまき福祉」を叩くとともに，福祉予算の抑え込みを図る必要を痛感したからに他あるまい。当時，福祉国家といわれる西欧諸国の国民負担は50％程度で，日本は40％程度と観念されていた。それをあくまで40％ラインにとどめ50％ラインに近づけてはならないというのが自民党の福祉政策に対する不動の方針であった。というのは，現行制度が存続するとすれば，21世紀初頭には社会保障給付費の対国民所得比は22〜23％，社会保険料率は30％まで達し，さらに，10年経てば，給付率が27〜30％，保険料率は40％を超えるという厚生省の試算が自民党政府を震憾させたに違いないからである。

　1979年，経済審議会が大平首相に答申した「新経済社会7カ年計画」のキーワードとして「日本型福祉社会」論が登場した。この答申のなかで，日本の社会保障は西欧諸国と比較して遜色がない水準までに達成されたので，今後は先進国

第9章 高齢社会と介護保険法 271

の範を求めるのでなく，個人の自助努力を基礎としつつ，日本型ともいうべき新しい福祉社会の実現をめざさなければならないと指摘し，[21]具体的施策として，「家族の相互扶助」「有料老人ホーム」など，市場機能を通じて提供されるサービスの活用，市民や企業のボランタリーなどの，福祉活動の振興を推奨した。

　そして，その延長線上で1982年に，第二次臨時行政調査会の答申の政治的プログラムが用意されることになる。これらは，福祉国家を否定しながら，かえってそれを日本の社会に見合うように適切に改善したかのような姿をとって現れてきた，いわゆる「日本型福祉社会」論である。そこでは「簡素で効率的な政府の実現」「活力ある福祉社会の実現」がめざされ，その実現のためには，日本の社会の特性を生かし，個人の自助・自立の精神，家庭や近隣，地域社会の連帯，企業の役割を基礎にすることによって，「福祉の充実を図る」ということであった。

　これらの構想はちょっとみたところ，まことにもっともらしくみえるかもしれない。しかし，日本型福祉社会が主張する真意とは，公的福祉の重視よりは，日本の伝統的な美徳を強調しながら，私的福祉の機能を重視したものであった。すなわち，日本型福祉社会論による日本型福祉国家の特質とは第一に，家族による福祉提供の比率が依然として相対的に高く，そして次に，日本は企業による終身雇用制度，企業の福祉厚生，退職金制度等を含む経済市場を通じて供給される福祉の比率が高く，それに対して，公共部門を通じての福祉供給の比率が相対的に低いというところに見いだすことができる。[22]このような，日本型福祉社会論は1980年の自民党保守政権の国家戦略として採用されてきた結果，1980年代の福祉政策に大きな影響を及ぼした。

　ところが，こうした主張について，日本型福祉社会というのは，国または公共団体が福祉施策遂行の責任を免れようとして自己責任を強調し，家庭や企業に福祉を肩代わりさせようとしているのではないかという厳しい批判が相次いでなされた。[23]

　このように，日本型福祉国家論の批判が高まるなか，高齢化社会における政策環境の急変は，1980年代後半からの日本型福祉社会論の修正を余儀なくしはじめる。つまり，日本型福祉社会の構想は福祉膨張の歯止めとして，日本型集団主義の活用を唱えてきたが，その家族観に変化が現れると同時に，家族に対する役割の期待が低下していることなどに対応できなくなった。

　1995年当時，「合計特殊出産率」[24]が1.43まで低下しているなか，女性は，社会

272　第Ⅳ部　低成長時代における高齢者福祉政策

的労働力として期待されていた。1970年から1991年にかけて女性雇用率は54.7％から74.0％へと大きく伸びている。これに伴い家庭の福祉機能は徐々に低下することになろう。また，日本型福祉が前提とする企業福祉も揺らいでいた。1980年代までは，年功賃金，終身雇用を労使協調による少数精鋭化と中間労働市場の創出によって，日本型雇用制度を擬制的に維持してきたが，1990年代に入り，契約年俸制の導入など，労使関係を根本的に見直す動きが生まれているのである。

　こうしてみると，福祉を経済の桎梏と考える新保守主義らが主張した日本型福祉社会の限界は明らかである。1990年代半ばを基礎とし，家族の介護のために職場を離れる労働力は，年間8万人を数えるといわれるが，公的介護の充実はこうした労働力を再び，社会へと復帰させることになり，それによって，福祉機能が家庭から外化されることで有効需要を創り出すことにもなるのである。

（2）新日本型福祉社会論

　1980年後半になると，日本型福祉社会を国家戦略としてきた自民党保守政権内で，福祉政策における新しい変化が現れる。周知のとおり，新保守主義の政権下での福祉に対する見方は，「福祉は社会のお荷物」とか「福祉の充実は経済を滅ぼす」という論理が通念であった。しかし，こうした論理はかつてほど力をもたなくなった。

　たとえば，厚生族の一人として厚生行政に深く関与してきた橋本龍太郎は，大蔵大臣在任時に，日本は世代間の同居率が高いのでその仕組みを中心に，これからも福祉を考えたいと発言した。ところが，1990年代の一連の福祉大改革が進むなか，橋本は，日本型福祉社会について次のように述べている。「日本の家族制度が今後，どのように変化していくかを見定めることの重要性とともに，国民負担率をどのように考えるかということも重要なテーマである。日本の場合，国民負担率は37.5％に対し，諸外国では，ヨーロッパ諸国が一様に高く，スウェーデンの77.4％，フランスの62.0％など先進国のほとんどが50％を超える数値を示している。国民負担率が極度に高くなれば，全体として個々人の私経済での可処分所得が減少し，やり方によっては国民の勤労意欲の減衰や経済の活力を損ねる結果を招きかねないが私は，福祉の充実と経済成長の維持は両立できるという立場である。したがって，高齢社会に対応するためには，基盤づくりを進めるとともに，税制や保険の分野での整備を着実に図っていくことで，日本の文化や風土に

見合った日本型福祉社会を実現することは可能である」と語った。[27]

　また，社会保障制度審議会将来像委員会は第二次報告のなかで，社会保障福祉の拡大が経済の衰退を招くとした先進国病論に対置する形で社会保障の意義を次のように述べている。[28]「今後も社会保障の充実及び財源の調達に当たっては，国民経済との調和を図らなければならないが，社会保障が国民経済の安定，発展に貢献する側面も積極的に評価すべきである」。これは，いままで福祉の拡大を否定的に評価した論調とは対照的に，福祉が「国民経済の安定・発展に貢献する側面」が評価されている。というのも新保守主義者たちが何よりも福祉の拡大に歯止めをかけることを目的としたのに対して，同報告書は高齢社会において，福祉に対するある程度の需要の拡大を前提にした上で，その負担を求める構えを強めたからである。

　羽田連立政権の与党税制協議会，福祉小委員会報告でも類似した発言をしている。すなわち，「これまでは，三世代同居率が高いことなどを踏まえ，家族の介護機能や育児機能に依拠してきた面もあったが，現在，わが国の同居率の低下，就業女性の増加等の変化などを考慮すると，介護需要や育児需要の拡大が見込まれている状況のなかで，福祉重視型の社会保障へ構造転換を図っていく必要がある」と述べた。これは老親の扶養と子どもの保育とは，第一に，家庭の責務であるとした日本型福祉家族観に対する決別の辞でもある。このように，政府側からも介護福祉の充実を主張することになった。

　健康保険組合会は，公的な老人介護制度を拡充することによって，主に主婦が家庭内の介護から解放されて外に働きに出るようになり，経済の潜在的な成長力が高まるとの研究報告をまとめた。[29]具体的には，いわゆる「寝たきり老人」など高齢で障害のある人々の介護を現在，政府が推進中の「高齢者保健福祉推進10カ年戦略」を計画どおり実施して社会福祉サービスを拡充し，公的な介護システムで引き受けるようにすれば，2000年には，22万人の労働力が増加し，国内総生産を0.2％押し上げる効果があるという内容であった。このような動きのなかで永峰幸三郎氏の「福祉への投資の効果は建設投資を上回る」と題する論文が発表される。[30]

　前にも言及したように，日本は財政危機下でも公共投資は拡大してきた。それを欧米先進国と比較してみると，確かに日本の公共投資は対国民経済の規模比較からみても，人口当たりからみても突出して大きい（表9-5）。にもかかわらず，

274 第Ⅳ部　低成長時代における高齢者福祉政策

表9-5　日本と他の国との建設投資の比較（1993年）

	日　本	米　国	E　U	ドイツ	イギリス	フランス	韓　国
公共投資額	38	14	21	4	2	3	2
（兆円）	(100)	(38)	(56)	(11)	(6)	(9)	(5)
対 GNP 比	8	2	3	2	3	3	5
公共投資額／km	99	2		9	9	6	19
（単位100万円）	(100)	(2)		(9)	(9)	(6)	(19)
公共投資額／千人	300	57		61	40	59	43
（単位100万円）	(100)	(19)		(20)	(13)	(20)	(14)
住宅着工件数／千人	12	5		6	3	5	
	(100)	(46)		(47)	(21)	(38)	
建設市場の内訳							
民　間　住　宅	29	44	25	35	15	19	
民　間　非住宅	18	19	16	19	18	12	
公　共　非住宅	7	27.5*	6	4	10	5	
土　木（官民計）	44	9.1**	21	17	19	22	
維　持　・修繕	0	0	32	25	38	41	

（　）内数値は日本を 100 にしたときの比率
＊公共部門　　＊＊民間土木
出典：岡本祐三ほか『福祉は投資である』日本評論社，1996年，182頁。

その国民生活への還元（住宅事情，街並み，生活利便施設）は，欧米と比較して著しく低いことがわかるのである。

　上記の論文によると，1000億円を当該各産業に同条件で投資した場合，「生産額の波及効果」は，社会保障（福祉）部門1859億円，医療保険部門1762億円，建設部門1786億円であり，「誘発される雇用増」は，社会保障部門が 2 万3635人に対し，医療保険部門は 1 万6956人，建設部門は 1 万3105人になるとの数字を出した。これは，今までの一般の印象とは逆に建設部門よりも福祉部門の方が経済効果が高いことが立証されたものである。

　厚生大臣の私的諮問機関である高齢社会福祉ビジョン懇談会は「21世紀福祉ビジョン」を発表した。そこで将来の高齢社会の社会保障を賄うには，社会保険料と租税を合わせた国民負担率の増加は避けられないという見通しを具体的に示した。そのなかで「21世紀に向けて急速に到来する少子・高齢化社会への対応が国民的課題になっている」とし，そのためには「世代間や制度間，負担者と受益者を通じて公正・公平が確保された制度としていくことが必要である」とし，また，「現在，年金・医療・福祉等の給付構造は，おおよそ 5：4：1 の割合となっているが，今後，そのバランスを 5：3：2 程度とすることを目指していくことが必要

第9章　高齢社会と介護保険法　275

である」としている。

さらに，社会保障給付に係る給付と負担の試算を行っているが，そのうち，「ケースⅡ[31]」によると高齢化がピークに達する2025年には，社会保障給付費が310兆円から375兆円となり，国民所得費でおよそ28.5％から31.5％になると見込んでいる。この試算に基づく社会保障負担費を前提にして，租税負担の推計を加えると，現在の国民負担率の38.6％が2025年には，約50％に達する数値になるのである[32]。

それではなぜ，1990年代に入ってから，福祉の拡大方向に急に議論が変化したのであろうか。今まで低福祉一辺倒の日本型福祉社会構想の論理はなぜ，後景に退くことになったのであろうか。こうした福祉拡大への政策転換について，二宮厚美は，福祉抑制という点では過去の新保守主義の延長線に位置しつつも，抑制の手法や形態においては，1980年代とは異なる面をもっていると指摘しながら，このような変化に対し次のように述べている[33]。

その一つは，「ポストバブル不況によって深刻化した財政危機，高まる国際貢献型財政需要や不況対策などの背景として，消費税の引き上げを中軸にした増税，高負担路線が新新保守主義の戦略的課題になってきたからである[34]。そして，第二の事情とは『先進国病の予防論』と一体になって登場した，日本型福祉社会論の前提条件が崩れたことが上げられる。福祉需要の高まりに対する防波堤として期待された日本型集団主義，とくに，家族構造の変貌は，低福祉一辺到の路線に見直しをせまり，福祉需要の高まりそれ自体については，これを認めざるをえない条件をつくり出したのである」と主張した。いずれにせよ，最近の新聞などの世論調査をみても，介護問題を含め国民の間でも「税金や社会保険料が高くなってもいいから，福祉やサービスを充実させた方がいい」と考える人々の比率が上昇していく傾向から，政府もこうした戦略をとらざるをえなくなったといえる。

（3）介護保険制度成立をめぐる厚生省の動き

① 要介護老人対策の歩み

政策議題の発見とは，社会のなかで問題が生じたり，あるいは問題発生が予想されることに政府が気づくことである。これは，政府関係の官僚が世の中の動きに目を配っていて発見する場合もあれば，外部の専門家によって指摘される場合もある。また，関係団体の要請を受けた議員が議会で取り上げる場合もあろうし，

276 第Ⅳ部　低成長時代における高齢者福祉政策

マスコミが取り上げたことがきっかけとなる場合もある。しかし，政策議題が発見されたとしても，それを政府が取り組むべき課題として認識しなければ，その問題は，「政策議題」までにはならない。すなわち，単純に介護問題が存在するということも重要であるが，その問題が個人問題の範囲を超えた社会問題として規定され，認識されることが政策案作成の必要条件になる。このように，社会問題が政策議題として採択されると，その問題は解決の可能性が高くなる。なぜならば，政策議題に採択され，政府内で関連がある個人や集団が問題解決のため政治的活動を促進させると，反対に非公式的に影響力を及ぼしている反対集団の力は，弱化される傾向があるからである。

　厚生省が公的介護保険法案の具体的な検討に入るまでは，大きく2つの側面から介護問題が議論されてきた。第一の側面は，要介護老人等，特に在宅介護老人に対するサービス提供に関する議論であり，もう一つの側面は，老人医療費対策の議論である。今日の公的介護保険制度の創設に向けての具体的な検討は，この要介護老人対策と老人医療費対策が連動したものである。そこで，厚生省を中心とする審議会等での要介護老人に対する検討経緯と医療費を関連させながら，厚生省が公的介護保険問題をどのように認識し，それがどのような過程を経て，政策議題となったのかについて記述しておくことにする。

　まず，要介護老人対策についてみると「介護」という用語自体は，生活保護行政で「介護加算」という形で，1958年登場したのが最初である。その後，1963年に，老人福祉法が制定されたが，そこでも在宅福祉サービスに関する規定は「老人家庭奉仕員の派遣の委託」のみであり，この時代に施策の中心は入所施設であった。早くも1965年度『厚生白書』は，「要介護者の増大により，施設整備拡充と家庭奉仕員の増員を図るべき」とし，在宅要介護老人に対する施策拡充の必要性を述べた。ところが，当時では，要介護老人の問題は，自助努力によって老後の生活を保障することが可能であると国民も政府も考えていたので，介護問題が社会問題になるまでには至らなかった。

　しかし，1960年代後半，マス・メデイアによって，老人問題が大きく取り上げられる。1968年，国民生活審議会が「深刻化する，これからの老人問題」を報告し，老齢人口の増加や社会・経済的変動が，これからの老人問題を量的・質的に重大させることを指摘した。さらに，民間福祉団体である全国社会福祉協議会が，初めて全国70歳以上の在宅寝たきり老人について実態調査を行うが，これを契機

に，全国で20万人と推定される要介護老人をめぐる問題とともに高齢化という問題が社会問題として注目を集め出すことになった[39]。

　厚生省も1970年9月「厚生行政の長期構想」を発表，そのなかで「寝たきり，一人暮らし老人等の福祉の緊要度の高い層」に関心を置きながら，「寝たきり老人の対策を最優先し，ホームヘルパーによる介護，保健婦による保健指導等に措置をすすめる」とし，老後問題は，国民的課題であることが強調された。このような動きのなかで，1973年には，老人医療費公費制度が実施される。だが，その制度の実施が，老人医療費が急速に増加する端緒となり，それは1983年の老人保健制度に引き継がれて，社会問題化する高齢者介護問題を，普遍的な医療保障の体系で代替する流れを作り出してしまった。1974年10月，老人保健医療問題懇談会は「今後の老人対策について」提言し，寝たきり老人に対する家庭内介護の負担に着目して，短期入所施設と介護手当の支給の検討に関して言及した。しかし，この介護手当に関する話は，あくまで言及にとどまり，介護手当に関する契機には至らなかったのである[40]。

　一方，1973年に発表された『経済社会基本計画』に示された理念にしたがって，厚生省は同年5月，社会保障長期計画懇談会を発足させ，2年後の1975年8月には，「今後の社会保障のあり方について」と題する意見書を提出する。そこで，医療費の一部負担及び各種保険制度の拠出金による財政方式の検討を提言した。さらに，同年12月には，社会保障制度審議会が「今後の老齢化社会に対応すべき社会保障の在り方について」と題する建議書を首相に提出する。これらの提言などを受けて，厚生省は高齢化社会への移行と安定成長経済という時代状況のもとで，将来の社会保障，社会福祉のあり方をめぐり各種の検討を開始することになったが，具体的な施策の展開に結実したものは，ただ家庭奉仕員の増員であり，1960年代と同様に入所施設対策が中心であったのである。

　このように高齢化社会の進展と同時に家族構造が変化したにもかかわらず，厚生省は介護対策に積極的に対応せず，1970年代末までお年寄りの同居率の高さが福祉予算の含み資産であると強調してきた。政府がようやく家族が置かれている状況を把握した上，介護を家族だけに任せることの困難さを認識し，社会的サービスに目を向けるようになったのは，1980年代中盤以降のことである。なぜならば，1970年代から1980年代にかけての政府の高齢者に対する対策は，財政状況に振り回された場当たり的なものに終始し，大きな見通しと高齢者に対する明確な

278 第Ⅳ部 低成長時代における高齢者福祉政策

理念に基づく計画的な長期政策はあまりなされてなかった。また，国の財政危機を背景に，1980年代には行政改革のもとで老人ホームの量的拡大が抑えられていたこともあって，公的にも，家庭的に介護を受けられない高齢者の長期の「社会的入院」という現象が，大きな社会問題として台頭した。

このようなこともあって，1984年中央社会福祉審議会の老人福祉専門分科会は，「養護老人ホーム及び特別養護老人ホームに係する費用徴収基準の当面の改定方針について」の意見具申を行った。同審議会は，老人福祉に対するニーズは年々多様化，かつ増大しているが，これに対応すべき福祉資源は有限である，一方，施設福祉の費用負担は在宅者との均衡を著しく欠いているので，「在宅福祉を重視する観点からも施設での費用負担を在宅者と均衡のとれたものとすべきである」との提言を行った。

また，1985年1月に，社会保障制度審議会は「老人福祉の在り方について」を建議した。そのなかで要援護老人，要介護老人が大幅に増加しているが，むしろ，家庭の介護機能は低下していることから重介護を要する老人のための対策として，家族の介護負担を軽減するため，訪問看護・家庭奉仕員制度・デイサービス・入浴サービスなどの在宅サービスの整備の推進を強調しながら，それとともに在宅サービスの拠点として介護施設を積極的に活用することを提言した。

この社会保障制度審議会の建議に応じて，同年4月から「中間施設に関する懇談会」を開催し，8月には，それまでの検討結果をまとめた「要介護老人対策の基本的考え方といわゆる中間施設の在り方について」とする報告が出された。同提言では，要介護老人対策の基本的な考え方は「在宅福祉を基本とし，施設処遇を合わせた施設体系を構築すると同時に，できるだけ，地域住民に身近な行政主体である市町村が要介護老人対策の中心的な役割を担っていくことが必要である」とした。

さらに，1986年6月には，閣議で「長寿社会対策大綱」が決定される。同大綱が閣議決定に伴って，当時の中曽根首相は同大綱について次のように発言した。「我が国における人口の高齢化は，諸外国に例を見ない速度で進行しており，人生80年は既に現実のものとなっている。長寿社会を迎え，経済社会の活力を維持しつつ，国民が長い人生を安心と生きがいを持って過ごすこととのできる社会全体のシステムをつくり上げることは，国政の最重要課題の一つである」と指摘する同時に，「長寿社会対策大綱は，このような経済社会システムの構築を目指し，

21世紀初頭の長寿社会に向かって，政府として推進すべき施策の指針となるものであり，今後は本大綱に基づき，関係省庁が一致協力して積極的に施策の推進に努める必要がある。したがって，関係大臣の格段な御尽力をお願いする」と述べた。

　これは，本格的な高齢化社会の到来に備え，「活力に満ち，包容力ある，豊かな長寿社会」の実現をめざして各省庁が推進すべき施策をまとめたものである。この大綱は，第一に，経済社会の活性化を図りながら活力ある長寿社会を築く，第二に，社会連帯の精神に立脚した地域社会の形成を図りながら包容力ある長寿社会を築く，第三に，生涯を通じて建やかな充実した生活を過ごせるよう，豊かな長寿社会を築く，という以上の３つの基本方針を踏まえ，４つの社会経済システムに係る長寿社会対策を総合的に推進することとしている。しかし，この大綱の推進にあたっては第２臨調の路線と同様に福祉の供給主体が国家より，個人の自助努力，家庭，地域社会の役割，民間活力の活用などを強調し，国の支出はなるべく抑え，受益者負担が増える方向の抽象的内容となっており，具体的な道筋は示されていなかったのである。

　このような動きに対応し，厚生省は1988年８月に，長寿社会対策推進会議を発足し，また，10月には，保健・医療・福祉対策の一貫した推進体制を整えるため，老人保健課と老人福祉課を統合した老人保健福祉部を新設し，老人保健福祉に本格的に取り組んだ。そして，厚生省・労働省により「長寿福祉社会を実現するため，施策の基本的な考え方と目標について」といういわゆる「福祉ビジョン」が国会に提出された。

　これは，保健医療，所得保障，雇用，研究開発などについて提言を行ったもので，2000年には，ホームヘルパーを５万人にする等の具体的目標値が初めて提示された。最も重要なのは，この内容が後の高齢者保健福祉推進10ヵ年戦略として，まとめられるきっかけになったことである。

　福祉ビジョンが提出された後，1989年３月には，「社会福祉関係三審議会合同企画分科会」によって，市町村の役割重視，在宅福祉の充実，福祉と保健医療の連携などを強調した「今後の社会福祉のあり方について」とする意見具申がなされた。その後，厚生事務次官の懇談会として介護対策検討会をつくり，12月14日に報告書を提出するが，これは，厚生省として介護対策を総合的に検討した初めてのものであった。このなかで「要介護者の生活の質の重視」「家族介護の発想

280 第Ⅳ部 低成長時代における高齢者福祉政策

表9-6 高齢者保健福祉推進10カ年戦略の目標

項　　　目	平成元年度	福祉ビジョン（昭和63年10月25日）	ゴールドプラン（平成元年12月）
[在宅福祉対策の緊急整備]			
ホームヘルパー	31,405人	平成12年度を目途に，50,000人	平成11年度までに，100,000人
ショートステイ	4,274床	平成12年度を目途に，50,000床	平成11年度までに，100,000床
デイ・サービスセンター	1,080カ所	将来的には小規模も含め10,000ヶ所	平成11年度までに小規模も含め　10,000ヶ所
在宅介護支援センター			平成11年度までに，10,000ヶ所
[施設の緊急の整備]			
特別養護老人ホーム	元年度末162,019床	平成12年度を目途にあわせて500,000床	平成11年度までに，240,000床
老人保健施設	元年度末27,811床		平成11年度までに，280,000床
ケアハウス	（創設）元年度末200人		平成11年度までに，100,000人
過疎高齢者生活福祉センター（仮称）			平成11年度までに，400ヶ所

注：在宅介護支援センター及び過疎高齢者生活福祉センター（仮称）は平成2年度予定。
出典：『厚生白書』平成元年版，52頁。

　の転換」等を介護における基本的考え方として据え，「どこでも，いつでも，的確で質の良いサービスを安心して気軽に受けられる」供給体制の整備，マンパワーの確保，介護費用の問題，介護環境の整備等について，幅広く提言を行った。[46]
　一方，消費税導入の問題などから，自民党からの検討要請を踏まえて，大蔵，厚生，自治の3大臣の検討後，厚生大臣が大蔵，自治大臣に了解を得て，12月21日にゴールドプランが策定された。ゴールドプランの主要な柱は表9-6で示すように在宅三本柱といわれる，ホームヘルプサービス，ショートステイ，デイサービスと「寝たきり老人ゼロ作戦」であった。つまり，要介護高齢者のため，在宅福祉が非常に大きく位置づけられ，1999年までの目標としてホームヘルパーが10万人，ショートステイが5万床，デイサービスが1万カ所という数字が示されている。
　しかし，ゴールドプランの策定は，消費税に対する国民の批判をそらすための

第9章　高齢社会と介護保険法　281

「大盤ぶるまい」という側面と，家族介護機能の限界などで社会的な諸問題を政府自ら積極的に打ち出さざるをえなかったという2つの側面をもっている[47]。ともかく，政府はゴールドプランを実現させるため，1990年「老人福祉関係法等福祉関係八法」[48]の一部を改正させた。同法の改正の目的は21世紀の本格的な高齢社会の到来を目前に控え，高齢者の保健福祉の推進等を図るためであって，住民に最も身近な市町村で在宅福祉サービスと施設福祉サービスが，きめ細かく一元的かつ計画的に提供される体制づくりを進めるための全面的な改正であった。特に，八法改正で新たに規定された「老人保健福祉計画」は，高齢社会に対応した住民のニーズに直結する在宅福祉を推進するにあたって，最も重要な役割を担う制度といわれた。

② 老人医療対策の歩み

　戦後，日本の医療保険制度は，医療費増加の問題と深く関係して議論されてきた。国民所得の伸びに伴って，国民医療費が増加するのは先進諸国において一般的な傾向であるが，この増加が国民の負担に耐えられない場合に医療費問題は社会問題となるだろう。1961年に，国民皆保険制度の実施によって，高齢者は息子等の被用者保険の被扶養者として認定されるか，あるいは国民健康保険に加入することが可能になった。国民健康保険制度では，1965年に世帯員の7割給付4カ年計画が開始され，世帯員の7割給付が実現したが，この3割の自己負担が経済的弱者である高齢者層にとっては，過重負担であるとして問題となり，結局1973年10月に「老人医療費公費制度」が導入された。

　しかし，同制度は高齢者にとって受診を容易にした反面，病院の待合室の老人によるサロン化，「はしご受診」といった現象を助長したとの批判を受けるなど，同制度の導入後，老人医療費は著しく増大し，各医療保険者，とりわけ老人加入率の高い市町村の国民健康保険の財政負担を大きなものとしていった[49]。

　厚生省は，このような状況による急激な保険料の上昇を緩和するため，老人医療対策臨時調整補助金の導入等の予算措置を講じてきたが，国・地方自治体とも財政状況の悪化に伴い対応できなくなり，老人保健医療対策全体を見直すべきとの機運が高まった。1975年8月には，社会保障長期計画懇談会が「今後の社会保障のあり方について」をまとめ，一部負担及び各医療保険制度の拠出金による，財政方式の検討などを提言した。また，1976年度予算編成に際して，大蔵省は老

282　第Ⅳ部　低成長時代における高齢者福祉政策

人医療費への一部負担導入を内示した。これは，三木首相の判断で見送りとなったが，これらを機に厚生省においては，制度改正の本格的な検討が進められることとなった。[50]

　こうして，1977年10月には，老人保健医療問題懇談会が「今後，老人保健医療対策のあり方について」と題した意見書を提出した。同意見書では，まず，医療をめぐる社会経済的環境の変化を指摘した後，社会保障政策がより厳しい財政状況に置かれていることを主張した。そして，家族構造の変化を説明した上で，こうした諸変化が老齢者への国庫補助を拡大させ，将来的に深刻な財政問題を惹起するであろうと予測した。それゆえ，これに対応するために，医療の治療型から予防型への移行，各種医療保険制度間の負担の平準化，老人医療への自己負担制度の導入を示唆した意見書を提出した。[51]厚生省は意見書に呼応し，12月社会局に老人保健医療制度準備室を設置し，制度作りのための検討作業を開始した。

　1978年に小沢振男厚相が私案として老人保健制度構想を発表し，続いて，1979年には橋本龍太郎厚相が私案を発表した。橋本私案発表直後，厚生省は国民健康保険における毎月の受診の7割は60歳以上の者であり，年間医療費の45％がこれに充てられていると公表し，制度見直しの必要性を訴え，[52]1980年には全省的な取り組み体制を整備するため，厚生事務次官を長とする，老人保健医療対策本部を設置した。そこで，総力を挙げて制度改正の具体案作成を進めた結果，老人医療費公費制度は廃止され，1982年に老人保健法が制定された。この法の制定によって，老人医療費の一部自己負担制が導入され，これに基づいて1984年には，健康保険法の改正など，国民への負担を増加させる方向に政策が転換されたのである。

　老人保健法が施行後1年あまりの間においては，老人医療費の伸び率は安定していたが，1985年に入って急激な増加傾向に転じ，平均伸び率も12％台とほぼ施行前と同程度の水準まで上昇した。そして，加入者按分率も逐年低下することになり，[53]老人加入率の高い国民健康保険の負担が増大することになった。さらに，寝たきり老人の問題が高齢化の進展に伴い，今後一層深刻化することが予想され，老人医療費を増大させる要因になることも懸念されたため，老人保健福祉審議会は1985年7月に「老人保健制度の見直しに関する中間意見」をまとめた。

　この中間意見のなかで，いわゆる社会的入院の問題等から「中間施設」[54]の必要性が認識されるとともに，将来にわたり，医療資源の有効な活用を図る等の観点から，老人保健制度の見直しに積極的に取り組むべきであると提言された。

第⑨章　高齢社会と介護保険法　283

　厚生省は，中間意見を受け老人保健制度の改正案を国会に提出，一部負担金と加入者按分率が各々引き上げられるようになり，また，1987年から新しい形の介護施設として老人保健施設（中間施設）を新設した。しかし，厚生省がこの施設を新しく制度化した背景には，社会的入院による医療費の増加の削減が主要な目的であったことは多くの論者から指摘されている[55]。

　というのは，増え続ける医療費にメスを入れ，国の支出を抑えようとした1980年代の臨調「行革」路線のもとで厚生省も医療費抑制政策を推進してきたし，そのなかでも自民党・政府が目標としてきた高齢者への医療費削減政策を積極的に行った結果，高齢者福祉の問題はますます深刻になってきたからである。つまり，老人保健法制定以降の医療費の抑制を目的とした諸法の改正で医療が必要な高齢者ほど在宅に追いやられるという結果を招来し，高齢者の介護問題が最も深刻な問題となってきたのである。

③　介護保険制度構想への動き

　1986年12月，社会保障・人口問題研究所は「日本の将来推計人口」を発表した[56]。そこでは，上，中，下位の３つの推計系列を示しているが，そのうち，中位推計によると，老年人口の比率は1970年に7.1％で高齢化の域に達し，1985年には10.3％となり，以後も急上昇し2010年には20％となって「超高齢」時代に突入，さらに，2020年に23.6％とピークに達すると推計した。しかし，３年後の1989年の統計によると，上記の高齢者人口の変化とともに，そこでは後期高齢者の問題を扱っている。すなわち，後期高齢者の人口のウェイトが高まり，そのなかでも寝たきり老人や，認知症老人等の要援護老人が急増し，当時の60万人から2000年には100万人にも達すると推計した。

　一方，厚生省側は，こうした人口構造の変化と伴い世帯規模の縮小，女性の雇用機会の拡大，扶養意識の変化等により，家族における介護能力が低下しており，今後の世帯の交替等を考慮に入れると，高齢者に関わる介護ニーズが高まることになり，それに対応するシステムの確立が要請されていると主張しながら，高齢化社会危機論を強調することになった。

　つまり，日本の高齢化の進展のもとで高齢者扶養の経済的負担が重くなる一方，それを支える経済的働き手の人口は相対的に少なくなるということである。そのために，現在の社会保障の仕組みや税制をそのままにしておくと，将来の生産年

284　第Ⅳ部　低成長時代における高齢者福祉政策

齢人口に属する人々の負担が耐えがたいものになり，国民経済にも，社会保障制度の上でも破綻を引き起こすことになるのであろう。このような，危機を回避するためにも，社会保障制度や税制の変更が必要であるとの議論が政府・自民党内で高まってきた。

　そこで，1986年に「長寿社会対策大綱」が発表されるとともに日本の社会福祉のあり方，とりわけ老人福祉施策に密接に関連のある文書が相次いで提出されることになった。すでに，少し触れたが，消費税導入に係る国会審議を前に1988年10月，厚生省はいわゆる「福祉ビジョン」を公表し，そこで在宅老人福祉サービスの整備目標を掲げている。1989年3月には，福祉関係三審議会合同企画分科会による「今後の社会福祉のあり方について」の意見具申がなされ，市町村の役割重視，在宅福祉の充実などが提言された。また，7月には，介護対策検討会がつくられ，12月には報告書がまとめられた。

　こうした一連の動きのなか，1987年，売上税の創設が挫折した後，1989年消費税法案が「高齢社会に備えるため」という名目下で導入されるとともに，高齢者保健福祉10カ年戦略が策定される。しかし，このプランは，予想を上回って増え続ける介護ニーズの高まりのなかで開始された後，すぐにより高いレベルの組み替えを迫られた。一方，1993年8月，大内敬伍厚相が，「高齢社会の福祉充実に最大限重点を置き，社会保障のあり方，財源確保を中心とした専門家による懇談会を設置して，総合的で立体的な高齢福祉ビジョンを，出来るだけ早く確立したい」。また，「介護保険の前向きな検討を……事務当局に真剣な検討を求めたい」[57]と述べた。10月には，年金審議会が「介護問題は，対応が急がれる今後の大きな課題であり，保健，医療，福祉を含む総合的な取組が必要である」という内容の意見書を厚相に提言した。

　また，1993年12月には，老人保健福祉審議会も「人口の高齢化に伴い急増する介護サービスのニーズに対応するため，介護サービス体制の確立について早急に検討を進めていくべきである」と意見具申を行った。さらに，同月，日本経営者団体連盟は「福祉企業と介護問題に関するプロジェクト報告書」により，高齢化の進展とともに，要介護高齢者の増加に伴う行政費用の増加の予想に対して，「国民が等しく負担する間接税等に財源を求めるべき」であるとした[58]。しかし，1993年当時における介護問題に関する各種審議会等の意見は，主としてサービス体制の確立に関する言及にとどまっていたのである。

第**⑨**章　高齢社会と介護保険法　285

このようななかで，1994年2月，細川連立政権は「国民福祉税」構想を発表し，税制によって，高齢者介護の財源を賄おうとした。ところが，この新税の構想は国民や大蔵省の抵抗もあって，白紙化された。厚生省内部では，この新税の構想が崩れたことにより，高齢者介護に新たな財源として「公的介護保険」を創設する方向へと本格的に進みはじめた。これに伴い，1994年3月28日には，高齢社会福祉ビジョン懇談会が「21世紀福祉ビジョン」を発表した。同ビジョンでは，いつでも，どこでも受けられる介護サービスをめざし，現在進行中のゴールドプランを大幅に見直して，新ゴールドプランを策定するともに，福祉重視型の21世紀に向けた介護システムの構築を求めたが，その財源は社会保険料を中心とすることと提言している。

同懇談会の提言を受け厚生省は，事務次官を本部長とする高齢者介護対策本部を設置し，高齢者の介護問題について本格的な検討を開始した。たとえば，厚生省の汚職事件で現在，収監中の岡光序治前次官などが大臣官房長時代に編著した『社会保障行政入門』のなかで「在宅および施設を通じる介護の新しい費用負担の仕組みの検討が必要であり，一律の定額の利用者負担の体系を目指すのであれば，何らかの形で社会保険の仕組みを導入することが必要であると考えられる」と述べている。

なぜ，厚生省は介護保険の導入にこのように積極的に動き出したのであろうか。その背景には，健保財政の負担を大きくしている老人保健制度への拠出金の増加を介護保険の新設によって，国民負担に切り換えるとの考えがあったためと思われる。つまり，高騰する老人医療費を介護保険の保険料と消費税という国民負担に置き換えるといった財源政策が構想されたのである。こうした傾向の動機について，梶山静六官房長官は，介護保険法案立案の最中に「厚生省や大蔵省の発想は健康保険の資金ぐりが苦しくなったので，新しい財源を見つけてシフトさせようというものだ」と語っている。

いずれにせよ，高齢社会福祉ビジョンが発表された後，衆議院厚生委員会においても「健康保険法等の一部を改正する法律案に対する附帯決議」のなかで，今後の高齢者の介護ニーズの増大・多様化等に応えていくために，新しいゴールドプランの策定と新たな介護システムを早急に確立すべきであると述べている。厚生省も介護問題をめぐる基本的な論点や考え方を整理するため，学識経験者によって構成された「高齢者介護・自立支援システム研究会」を設立し，10月には

286　第Ⅳ部　低成長時代における高齢者福祉政策

「老人保健福祉審議会」も創設した。

注

(1)　John W. Kingdon, *Agenda, Alternatives and Public Policies*, 1984, Little, Brown and Company.

(2)　審議会とは別に内閣総理や省庁大臣，さらには局長のもとに「研究会」「懇談会」といった名称をもつ私的諮問機関を指している。審議会と違って，法令上に設置の根拠をもたないところから「私的」といわれ，その経費は官房機密費などが支給されている。しかし，その機能は決して「私的」ではなく，場合によって，審議会以上に強い影響力をもつ。

(3)　永田邦雄「老人福祉政策と在宅ケア」『ジュリスト増刊』1993年4月，146頁。

(4)　心身に多少障害があるが，寝たきりになっていない高齢者を昼間だけ施設で，食事，入浴，リハビリテーションなどのサービスを提供する制度。

(5)　村上貴美子「介護保険構想の背景」西川克己編著『公的介護保険制度の今日的視点』小林出版，1996年，第1章を参照されたい。

(6)　Harold L. Wilensky, *The Welfare State and Equality : Structural and Ideological Roots of Public Expenditures*, Berkley : Uni. of California, 1975, pp. 45-49.

(7)　岡本祐三『高齢者医療と福祉』岩波新書，1996年，50頁。

(8)　斎藤弥生・山井和則『高齢社会と地方分権』ミネルヴァ書房，1995年，53-54頁。

(9)　『厚生白書』平成9年度版，110頁。

(10)　香取照幸「厚生省の政策動向」，全国社会福祉協議会編『高齢者介護への提言』第一法規，1995年，167頁。

(11)　三浦文夫編『図説高齢者白書1997』全国社会福祉協議会，45頁。ここでいう高齢者世帯とは，65歳以上の男子，60歳以上の女子のみで構成する世帯，または，これらに18歳未満の者が加わった世帯を指す。

(12)　措置制度の意義について詳しくは堀勝洋「措置制度の意義と今後のあり方」『月刊福祉』1994年4月号を参照。

(13)　加藤隆俊編『図説日本の財政』東洋経済新報社，1988年，166頁。

(14)　新川敏光「日本型福祉の終焉」，岡沢憲芙・宮本太郎編『比較福祉国家論』法律文化社，1997年，157頁。

(15)　村上貴美子，前掲書，25-26頁。

(16)　『厚生白書』1997年版，382頁。

(17)　1998年8月17日，厚生省で香取照幸企画官とインタビューを行った内容である。

(18)　政策問題は多くの問題のなかで政府の政策的対象の考慮になる問題を示し，そうした問題のなかから政府が実際の政策活動として，具体的な論議の対象と表明ないし，

第9章　高齢社会と介護保険法　287

採択した問題を「政策議題」と定義する。

⒆　ある問題に対して個人が認識した問題を「個人問題」とすれば，その問題に直接ないし，間接的に関連された不特定多数人が共同に認識した問題を「社会問題」と定義する。

⒇　後藤伝一郎「自民党政権の崩壊と日本型福祉社会論」『賃金と社会保障』No. 1128,1994年4月，4-5頁。

㉑　経済企画庁編『新経済社会七カ年計画』1979年。

㉒　松井二郎「原理論・行財政部門」『社会保障研究』50号，177頁。

㉓　日本型福祉社会論の批判に関する内容についてはすでに，第6章第2節の⑶で言及したので，詳細はそのところを参照されたい。

㉔　合計特殊出産率とは，一人の女性が生涯に産む子どもの平均人数を意味する。

㉕　新川敏光，前掲書，174頁。

㉖　橋本龍太郎『Vison of Japan』KK ベストセラーズ，1994年，185頁。

㉗　橋本龍太郎，前掲書，194-195頁。

㉘　二宮厚美「21世紀福祉戦略と福祉のリストラ」『賃金と社会保障』No. 1142,1994年11月，17頁。

㉙　『日本経済新聞』1994年11月28日。

㉚　永峰幸三郎「福祉への投資の効果は建設投資を上回る」岡本祐三・八田達夫・一園光彌・木村陽子編『福祉は投資である』日本評論社，1996年，178-201頁。
　　この他に福祉の経済効果に対しては以下の文献を参照。
　　　①滝上宗次郎『福祉は経済を活かす』勁草書房，1995年。
　　　②正村公広「小さな政府は国を滅ぼす」『Ronza』Vol. 2 No. 10, 1996年10月，10-23頁。
　　　③二宮厚美「医療・福祉の充実が日本経済を元気にする」『いつでも元気』No. 65, 1997年3月，14-17頁。
　　　④京極高宣「第8章　福祉への投資──福祉の経済効果は大きい──」『介護革命』ベネッセコーポレーション，1996年，192-204頁。

㉛　「21世紀福祉ビジョン」では将来の国民負担率について3つのケースを仮定しているが，ケースⅡというのは，国民所得の伸びが2000年まで5％，それ以降は3％と仮定して算定したケースをいう。

㉜　大江晋也「高負担化社会と租税──会計学の視角から──」日本租税理論学会編『高負担化社会と租税』谷沢書房，1995年，30-32頁。

㉝　二宮厚美，前掲論文，18-19頁。

㉞　二宮厚美は「新々保守主義」の概念について詳細には言及してないが，「新保守主義は低福祉・高負担路線のうち"低福祉"を前面に揚げたのに対し，新々保守主義は"高負担"を強調する」と述べている。

288　第Ⅳ部　低成長時代における高齢者福祉政策

(35)　小池治「政策形成と行政官——政策共同体論の視点から——」行政管理研究センター調査研究部編『政策形成と行政官の役割』1990年，33-34頁。

(36)　政策問題は多くの問題のなかで，政府の政策的対象の考慮になる問題を示し，そうした問題のなかから政府が実際の政策活動として具体的な論議の対象と表明ないし，採択した問題を政策議題という。

(37)　社会問題とは第一に，社会的価値，規範から切り抜けている問題，第二に，多くの人々がそれによって不定的な影響，あるいは被害を受けている問題，第三に，その原因が社会的であり，第四に，多くの人々はそれが問題であると判断している問題，第五に，社会がその改善を望んでいるし，またそれのため集団的行動が要求される問題を一般的に社会問題という。

(38)　村上貴美子，前掲書，29頁。

(39)　Jhon C. Campbell, "The-old People-Boom and Japanese Policy Making", *Journal of Japanese Studies*, 1979, p. 334.

(40)　厚生省五十年史編集委員会編『厚生省五十年史（資料篇）』中央法規出版，1988年，505-506頁。

(41)　医学的には入院の必要がなく，在宅での療養が可能であるにもかかわらず，ケアの担い手がいないなど，家庭の事情や家族の引き取り拒否により，病院で生活をしている状態をいう。

(42)　厚生省五十年史編集委員会編，前掲書，562頁。

(43)　同上，499頁。

(44)　全国社会福祉協議会編「ドキュメント長寿社会対策大綱」『月刊福祉』1986年9月号，108頁。

(45)　社会福祉関係三審議会とは，中央社会福祉審議会企画分科会，身体障害者福祉審議会企画分科会，中央児童福祉審議会企画部会小委員会を指す。

(46)　『厚生白書』1989年度版，378-380頁。

(47)　北山誠一「ゴールドプランを武器として」『部落解放』1992年，1345号，10頁。

(48)　老人福祉法，身体障害者福祉法，精神薄弱者福祉法，児童福祉法，母子及び寡婦福祉法，社会福祉事業法，老人保健法及び社会福祉・医療事業団法を指す。

(49)　老人医療費無料化制度は1969年美濃部東京都政が70歳以上の老人に対し，医療費を無料化したことが直接的なきっかけになって，厚生省も導入せざるをえなかった。この制度の導入をめぐる政治過程について詳細は第5章を参照。

(50)　岡光序治編『老人保健制度解説』ぎょうせい，1994年，45-46頁。

(51)　全国社会福祉協議会編『高齢化社会と老人福祉施策』1983年，55-62頁。

(52)　『朝日新聞』1979年11月26日。

(53)　たとえば，1983年度は0.472，1984年度は0.451，1985年度は0.447と低下していた。岡光序治，前掲書，67-68頁。

第⑨章　高齢社会と介護保険法　289

(54)　本来は，病院において集中的な治療は必要でなくなったが，また，家庭に復帰させるほどには快癒してない患者を入院させ，看護，リハビリテーション，その他のケアを行う施設を指す。ところが，日本で中間施設とは，医療，看護，福祉の機能をもつ，入所型中間施設と従来の病院，または施設と家庭をつなぐ在宅型中間施設に区分するようになった（仲村優一他編『現代社会福祉事典』全国社会福祉協議会，1990年，349頁）。

(55)　川口強・川上則道『高齢化社会は本当に危機か』あけび書房，1995年，255頁。

(56)　『厚生白書』1986年版，192頁。

(57)　『読売新聞』1993年8月11日。

(58)　村上貴美子，前掲書，38-39頁。

(59)　前田信雄「日本の介護保険，ドイツの介護保険」河畠修編『ドイツ介護保険の現場』労働旬報社，1997年，48-49頁。

(60)　相野谷安孝『医療と介護』同時代社，1996年，108頁。

(61)　『朝日新聞』1996年5月17日。

第10章

超高齢社会と介護保険法

—— 介護保険法案の成立と制度の問題点 ——

第1節　介護保険法案の形成過程

　政策案の作成は，政府が社会のニーズをどの程度認識し，いかに優れた政策を考案するかという最も基本的かつ重要な作業が行われる段階であり，その案の作成は政策課題が発見されたところから始まる。日本では，アジェンダは政治的のみならず行政的にも設定されるが，前者の場合にも大抵の法案は各省によって作成され，政府提出法案として議会に上程される。しかし，多くの場合は各省が独自にアジェンダ設定を行うのが一般的な傾向である。

　たとえば，国会提出案と政府提出案の過去10年間の法案提出件数をみると，衆議院で提出した法案の数は291件，そして，参議院で提案は101件であったのに対して，政府が提出した法案数は1008件にのぼる。また，それぞれ成立件数をみると，衆議院では119件，そして，参議院はわずか15件であったのに比べて，政府が提出し，成立した件数は953件にものぼる。このように，行政的アジェンダ設定こそは，日本型政策形成の特徴であったといえよう。

　行政内部で政策が企画，立案される場合には，アジェンダ設定と政策立案は同時に進行するのが通常である。政策立案の準備作業が開始すると，一連の「下調べ」が行われる。この「下調べ」はニーズの把握，対応するための資源調達の可能性，関係団体や各政党の反応，施策を実施した場合の効果など，将来の政策決定に万全を期するため，かなり周到に行われる。

　一般的には，問題の提起段階では利益集団が，そして政策案の立案段階で行政官僚が，さらに政策決定の段階では政治家の役割が大きな影響を及ぼしているといわれてる。ところが，日本では政策案の作成と決定過程は重複しているといえる。与党が政策案の作成を行政部門に任せているため，行政部門は政策立案段階

から関係団体，各省，与党あるいは野党勢力と政治的な交渉を行うのである。

政策立案の作成段階で政策創設者は，政策諮問の調達可能性や実行可能性など を詳細に検討してから原案を作成するため，その過程では関係団体との調整を図 る。そして，与党や関係各省に根回しを行い，全体において基本的な合意が成立 してから「稟議書」を回すというのが一般的なパターンである。ここからは厚生 省がどのような準備過程を経て，法案を国会まで提出したかを検討する。

（1）政府内の介護保険への議論

① 高齢社会福祉ビジョン懇談会と介護問題

国民に対して政府が介護保険に関して直接的に言及したのは1993年8月12日， 細川連立内閣で就任した大内敬伍厚生大臣が記者会見の席上，「介護保険の前向 きの検討を……事務当局に真剣な検討を求めたい」としたことから始まる。その 後，12月には医療保険審議会も，介護サービス体系の確立について早急に検討 が進められる必要があると提言し，老人保健審議会の「意見具申」においても 「人口の高齢化に伴い急増する介護サービスのニーズに対応するため，介護サービ ス体制の確立について検討を進めていくべきである」と提案した。同時に厚生省 による将来，寝たきりを含む介護を必要とする老人の数を発表し，介護対策の重 要性を示唆した。

各種の世論調査でも国民が老後生活で不安に思うのは経済的な要因よりも，寝 たきりや認知症になったときの介護問題にあることがわかった。たとえば，1993 年総理府の「高齢期の生活イメージに関する世論調査」によれば，89.2％の人が 高齢期の生活に不安を感じていることがわかった。そのうち，不安の内容に関す る質問において自分や配偶者の身体が虚弱になり，病気がちになることが49.4％， また，自分や配偶者が寝たきりや認知症老人になり，介護を必要になったときの ことが49.2％であった反面，老後の生活資金の問題のことは35.5％にとどまった。

このような動きのなかで厚相の諮問機関である高齢社会福祉ビジョン懇談会が 1994年3月28日に，将来の社会保障の全体像を示す「21世紀福祉ビジョン—— 少子・高齢社会に向けて——」と題する最終報告を提出する。同ビジョンのポ イントは，将来のめざすべき福祉社会の方向は，高福祉・高負担形ではなく，低 福祉・低負担形でもない。公民の適切な組み合わせによる日本独自の高齢社会を めざすことを明確にした上で，次のような事項が強調された。

その一つ目が，図10-1で示すように21世紀に向けて医療制度の安定化・効率化を図るとともに，福祉等の水準を引き上げ，介護や子育て等，福祉重視型の社会保障制度への再構築の必要性を明示し，現行の年金5：医療4：福祉1となっている給付構造を2025年には年金5：医療3：福祉2程度をめざすこととされている。そして二つ目は，将来の社会保障の給付や負担に関し，国民が議論し選択できるよう複数の試算を行っているのである。そして最後の三つ目に，介護については表10-1のように新ゴールドプランの策定，21世紀を向けた「国民の誰もが，身近に必要な介護サービスをスムーズに手に入られるシステム」の構策の必要性を明示したことが注目されたのである。さらに，重要なのは，社会保障制度の実施に必要な財源は「社会保険料中心の枠組」を中心とすることなどが提案されている。ここで介護費用を社会保険で対応するという介護保険構想の始まりをみることができる。

こうした同懇談会の報告に対して，関係団体や学者の間では基本的に好感をもって受けとめられていた反面，問題点や不満の声も多かった。福祉ビジョンが発表された後，丸尾直美は同ビジョンに対して，日本の社会保障制度のなかで遅れているところは老人・障害者の介護と子育ての分野であるが，福祉ビジョンではこれらの分野を重視したものであると評価している。

つまり，現行の社会保障制度では「年金」と「医療給付費」の比重が社会保障給付費の90％を占めており，欧米先進国と比べても介護などの福祉部分が少なすぎる。福祉ビジョンでは，選択肢のひとつとして2025年に福祉部分を16％まで引き上げ，年金，医療部分は全体として比率を下げることを明確に打ち出してある点から評価できると論じたのである。反面，同ビジョンは，基本的には土光臨調，行革審路線の「高齢化社会危機論」をバックにした社会保障費用抑制，企業への負担転嫁の阻止，高所得層から低所得層への負担転嫁という方針の一層ソフトな推進論に他ならない。また，医療費削減政策が推し進められているとの主張もあった。

確かに，福祉ビジョンでは社会保障給付費のうち，医療費だけが総額の5％削減を毎年明示され，給付費全体に占める割合を下げることになっているが，日本では総医療費が国民総生産に占める割合は約5％で，欧米諸国の8％，米国の13％に比べて非常に低い。さらに，医療は労働集約型の産業で，コストの半分は人件費であるにもかかわらず，医療費や診療報酬の削減を進めているため，対人

表 10-1 21世紀福祉ビジョンの主な内容

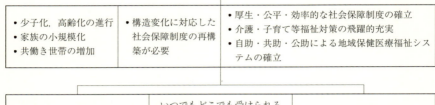

出典：厚生省大臣官房政策課「21世紀福祉ビジョンについて」『健康保険』1994年8月，32頁。

図 10-1 福祉重視の社会保障への転換

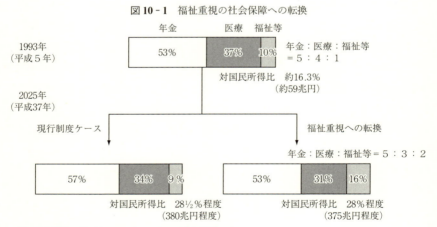

注：国民所得の伸び率は2000年まで5％，それ以降4％。
出典：『月刊福祉』1994年9月号，114頁。

サービスが低下するともに，老人病院における「お世話料」などの個人負担が増大している。

1990年度の国民医療費統計によると，国民医療費のうちの患者の負担率は12.1％の見込みだが，差額ベッド代，老人病院の保険外負担などを包括した実際の自己負担は22.2％にも達している。それにもかかわらず，同ビジョンにおける医療費用の削減は，さらに医療に対しての国民の負担を増加させることになるという批判もあった。[6]

また，滝上宗次郎はこのビジョンに対し次のような問題点を指摘していた。福祉ビジョンは国民の誰もが高齢社会を自分自身の身近な問題として真剣に考える端緒となった。高齢社会の対応はもう一日も待てる状況ではないので，老人介護対策を緊急の課題として位置づけているのは評価されるべきである。ただ，同ビジョンのなかに出てくる社会保障給付費の将来推計は福祉イコール負担という発想しかない点が問題である。高齢化が進めば負担がどんどん増えるというのは一面的な見方に過ぎない。なぜならば，福祉は経済の足を引っ張るものではなく，もしろ，高齢化社会においては福祉があることで国民全体の経済活動や雇用を刺激する面もある。それにもかかわらず，ビジョンをみても将来の福祉の具体像はみえてこない上に，負担ばかりが膨らむという試算を出して，消費税の引き上げの根拠に使おうというのでは「福祉ビジョンではなく，増税ビジョンと見られても仕方がないのではないか」と論じた。[7]

しかし，同懇談会のメンバーとして報告書の作成に関わった宮島洋は「高齢者の医療は，医療と介護がごっちゃになっていて，医療費を大きくしているが，これは介護対策がきちんと出来ていないためであり，介護を充実すれば医療費は自然に減ることになる。また，日本の社会保障は年金と医療偏重になっているため，福祉の方は依然として措置制度という古い形のままで，行政が需要を管理している。このような問題点から利用する人の選択とか自発性を保障する福祉にしたいという考えが同懇談会のメンバーのみなさんにあったので高齢者の介護に重点を置いて報告書を作成した」と述べている。[8]

② 高齢者介護対策本部と高齢者介護・自立支援システム研究会

厚生省内部で浮上・検討されていた介護保険構想が初めて外部の公式な場で言及されたのは上記の「21世紀福祉ビジョン」においてであった。そのなかで新

296　第Ⅳ部　低成長時代における高齢者福祉政策

表10-2　旧プランと新プランの主要項目対比表

主な項目	細部項目	現行	新プラン
在宅サービス	ホームヘルパー	10万人	17万人
	（ホームヘルパーステーション）	—	1万カ所
	ショートステイ	5万床	6万人分
	ディサービスディケア	1万カ所	1.7万カ所
	在宅介護支援センター	1万カ所	1万カ所
	老人訪問看護ステーション	—	5000カ所
施設サービス	特別養護老人ホーム	24万床	29万人分
	老人保健施設	28万床	28万人分
	高齢者生活福祉センター	400カ所	400カ所
	ケアハウス	10万人	10万人分
マンパワー養成確保	寮母・介護職員	—	20万人
	看護職員等	—	10万人
	OT・PT	—	1.5万人

出典：大熊由紀子「介護保険，新ゴールドプラン，そして消費税」『社会福祉研究』第61号，113頁。

ゴールドプラン（以下，新プラン）の策定が提言された。こうした同懇談会の提言を受け，厚生省は1994年4月13日事務次官を本部長とする「高齢者介護対策本部[9]」を設置する。一方，1994年6月にはドイツで介護保険法が成立し，その内容が紹介されるなど，公的介護保険への動きは次第に加速されていった。日本の労働組合の中心連合組織の「連合」も6月に公費負担を柱とした介護保険の検討を政府に求めた。また，国会の厚生委員会では「新ゴールドプラン」及び，「新しい介護システムの確立」が決議されたのである。

　周知のように，ゴールドプランというのはきわめて政治的な事情のもとに，何のニーズ調査もなしに，かなりいい加減に数字が出されたものであったが，それに比べて，新プランは全国の市町村から提出された「老人保健福祉計画」に基づいて作成されたものである。

　上記の表10-2で示されているように，新プランの基本的性格はホームヘルパーを10万から17万に，特別養護老人ホームを24万床から29万床に，そして，デイサービス，デイケアセンターを1万カ所から1万7000カ所，老人保健施設は283床を確保するなど，施設の拡充などの計画にも盛り込んでいる。また，注目すべきことは，ゴールドプランにはまったくなかったが，「利用者本位」，「自立支援」，「普遍主義」，「統合的サービスの提供」，「地域主義」などの計画の理念が

付されたことである。このような理念は介護保険構想に連携すべく，北欧の先進的な社会福祉の理念を吸収したものである。さらに重要なのは，新プランは厚生，大蔵，自治の3大臣の合意として発表された行政レベルでの確認事項であるということである。

　このように高齢者福祉に関連して政策転換ができた背景として「高齢者介護対策本部」の香取照幸企画官は「厚生省内問題として2000年を迎える前に，介護制度に対する基本的な枠組みを作らないと高齢社会を乗り切れないという非常に強烈な危機意識があった。したがって，福祉に対するそういう施策を重点的にやっていくことについて厚生省内のコンセンサスがあり，また，大蔵省，自治省を含めて政府内でもそういう流れについては基本的に受け入れたからである。さらに，政治情勢でいえば，55年体制が崩壊直前の状況下で保革が非常に伯仲してきて，こういう施策というのは中間領域で支持されやすい施策であったからこそ，政策転換が可能になった」と述べた。

　こうしたなかで，国民誰もが身近に必要な介護サービスがスムーズに手に入れられる介護システムを構築する必要性が，政府内外のいろいろな報告書でも指摘された。新プランのなかでも「より効率的で，国民だれもがスムーズに利用できる介護サービスの実現を図るという観点から新しい公的介護システムの創設を含めた，統合的な高齢者介護対策の検討を進める」と書いてあるように，政府内でもすでに合意が形成されていたのである。すなわち，サービスの供給量を増やしていくことと同時に今の高齢者介護サービスの中身と提供のあり方をもう一度「一から考え直してみよう」という試みのなかで，高齢者介護対策本部を中心として高齢者の介護問題の解決に本格的に動きはじめたのである。

　厚生省は，介護問題が福祉・医療・年金などの社会保障の各分野にまたがる課題として認識し，介護に着目した社会保障全般にわたる再点検の必要性から諸外国の動向等も調査しつつ，総合的な観点から検討を進めるとともに，介護問題をめぐる基本的な論点や考え方を整理するため，学識経験者による「高齢者介護，自立支援システム研究会」を対策本部内につくった。

　1994年9月8日には，社会保障制度審議会のもとに設置された社会保障将来像委員会が「21世紀に向けての社会保障制度の見直し」と題する，第二次報告書を提出した。そこで，長寿化社会の到来とその要介護状態の可能性を想定し，その介護サービス費用の個人負担の至難なことと，その負担の不均衡の是正の必要と

298 第Ⅳ部 低成長時代における高齢者福祉政策

表 10 - 3 介護保険制度創設の経緯

1960年代	（老人医療，福祉制度の基盤づくり）	（高齢化率）
1961年	国民皆保険の実施	5.7%（1960）
1963年	老人福祉法の制定	↓
1970年代	（老人医療費の増加）	7.1%（1970）
1973年	老人医療費の無料化（老人福祉法改正）	↓
1980年代	（老人保健制度の創設）	9.1%（1980）
1982年	老人保健法の制定（拠出金制度，一部負担の導入）	
1984年	健康保険法改正（患者自己負担拡大）	
1986年	老人保健法の改正（老人保健施設の創設）	
1989年	「高齢者保健福祉推進10ヶ年戦略（ゴールドプラン）」の策定	↓
		12.0%（1990）
1990年代	（21世紀に向けて高齢者介護基盤づくり）	
1990年	福祉8法改正（福祉サービスの市町村への一元化，老人保健福祉計画の策定の義務づけ）	
1991年	老人保健法の改正（公費負担の見直し，老人訪問看護制度の創設）	
1992年	福祉人材確保法，看護婦等人材確保法の制定，医療法の改正（療養型病床群の創設）	
1993年	都道府県，市町村老人保健福祉計画の策定	
1994年		
3月	「21世紀福祉ビジョン」の策定・新ゴールドプランの策定と新介護制度の構築を提言	
9月	社会保障制度審議会・社会保障将来像委員会第二次報告・公的介護保険制度の創設を提唱	
12月	高齢者介護・自立支援システム研究会報告，「高齢者の自立支援」を基本理念とする新たな高齢者介護制度の創設を提言，新ゴールドプランの策定	
1995年		
2月	老人保健福祉審議会において新たな介護制度についての審議に入る	↓
6月	与党福祉プロジェクトチーム（中間報告）	15.1%（1996）
7月	社会保障制度審議会（勧告），老人保健福祉審議会（中間報告），新たな高齢者介護制度の基本的考え方を取りまとめ	

資料：厚生省高齢者対策本部事務局監修『高齢者介護保険制度の創設について』1996年，174頁を参考に再構成。

介護サービス供給体制の充実のために「介護保障」という概念を提起した。そして，この概念の具体化のために，介護費用として社会保険方式による介護保険の構想が表明されたのである。続いて10月には，新たに「老人保健福祉審議会」が創設される。

　こうした動きのなか，「高齢者介護・自立支援システム研究会」は高齢者介護問題の現象分析からみた福祉，医療等の現行制度の問題，新しいサービス提供システムや介護費用の保障のあり方，介護サービスを担う人材や在宅問題に関する

さまざまな分野について幅広く議論を重ね，1994年12月に「新たな高齢者介護システムの構築を目指して」と題する研究会の報告書を対策本部に提出した。報告書では，介護の基本理念として，高齢者が自らの意思に基づき，自立した質の高い生活を送ることができるように支援すること，すなわち，「高齢者の自立支援を揚げ，そして新たな基本理念の下で介護に関連する既存制度を再編成し，社会保険方式の導入による「新介護システム」の創設を目指すべきである」と提言した。

　これは社会保障将来像委員会の二次報告の報告内容を一応の叩き台に，二次報告がマクロ議論をベースに21世紀社会保障像に及び，各論の細部的な事項には触れない介護保険制度創設の今後の討議に委ねたことを前提に，いわば，介護制度の実現化をめざして各論的に現行の公的措置社会福祉サービス給付制度の状況をもとに，福祉，保健医療などの分野の実務者によって，介護をめぐる保健医療，福祉の連携による，とりわけ介護サービスの実践的な制度化とそのための政策対応を提起したものである。この報告書は，前期の介護保険制度構想の法案構想とその要綱的な面を提起し，厚生省の政策の今後の内容ともなるものをかなり意識した上で，それを後押しするものとなっているとみてよい。この報告をもとに老人保健福祉審議会で検討することになり，介護保険制度の検討の本格的審議が始まった。これまでの介護保険制度創設の経緯を整理すると表 10 - 3 のとおりになる。

③　厚生省と介護保険制度

「高齢者介護・自立支援システム研究会」の報告後，厚生省関係者や厚生省寄りの研究者を中心に介護保険賛成への気運が始まった。そして，現在の介護問題を解決するためには，社会保険方式の介護保険以外にはありえないという論調が強まった。

　この時点において，介護保険制度の具体的内容は介護保障を社会保険方式で行うということ以外は，まったく示されていなかったが，そこには厚生省の付け込むすきがあった。明らかに，厚生省の結論は出ており，「先に社会保険方式ありき」という方針であった。後は，これまで公費方式でやってきた介護保障を社会保険方式に変えることをどう正当化していくかであった。公的な介護保障を介護保険と同一視する議論のすり替えが，厚生省関係者や一部の研究者，世論調査を

300　第Ⅳ部　低成長時代における高齢者福祉政策

通じて巧みに行われたのである。

　なぜ，介護保障が短期の間に公費方式から保険方式へと転換し，その方式を厚生省は主張してきたか。こうした変化についてさかのぼってみると，以下のような事情があったのがうかがえる。1987年，売上税の創設が挫折した後，1989年消費税法案が「高齢社会に備えるため」という名目のもとで導入される。この消費税導入と引き換えにゴールドプランが策定され，実施された。しかし，このプランは予想を上回って増え続ける高齢者，押し寄せる介護ニーズの高まりのなかで，スタート直後，すぐにより高いレベルの組み替えを迫られていた。そこで，1994年2月，細川連立政権は「国民福祉税」構想を発表し，租税によって高齢者介護の財源を賄おうとした。ところが，この新税の構想は，国民や大蔵省などの抵抗によって白紙化される。

　厚生省内部では，この新税構想が崩れたことにより，高齢者介護に新たな財源として「公的介護保険」創設の構想へと歩きはじめたといわれている。1994年9月，村山政権のもとで，消費税率を1997年度から現行の3％から5％に引き上げる法案が国会に提出された。この時期，厚生省は，消費税率の引き上げに合わせて，1997年度から介護保険制度を実施したいとの意向をもっていたのである。国民福祉税の税率が7％だったが，それより税率が2％下がった分を社会保険料に置き換えて財源を確保しようとする意図が厚生省にはあったからである。

　それでは，なぜ厚生省が社会保険方式を主張したのか，厚生省が社会保険方式を主張した最も重要な原因は，省益の確保と権限拡大という狙いであったといえる。なぜならば，社会保険料は医療（健康）保険と年金保険とともに厚生省所管の特別会計となる。特別会計は財源を確実に確保できる反面，一種の聖域化して，外部からのチェック機能が効きにくい。当然，予算の増大とともに新しく展開する施策を行うためには組織も必要となり，厚生官僚の天下り先も増大する。したがって，社会保険方式は自らの省益や権限を確保・拡大できるという点において，厚生省にとっては現実的で有益な選択肢であろう。

　厚生省は，1995年末までに老人保健福祉審議会で介護保険制度の具体的内容をまとめ，1996年の通常国会に介護保険法案を提出し，早ければ，1997年度からは介護保険制度をスタートさせたい意向を示し，介護保険制度の創設を向けての取り組みが進んでいた。

　しかし，厚生省が1997年度から導入をめざして，検討を進めている公的介護保

険制度について労働団体，医療団体などの関係者の意見が微妙に分かれはじめた。急増する老人介護の費用を確保するためには，医療保険などと同じように国民に保険料を払ってもらう社会保険制度をつくるのが適切という考えから基本的には支持する立場が多かったが，保険料負担など具体的な資料がみえないうちに判断するのは拙速であるとの意見や，社会保険以外の手法も検討すべきという声もあった。

　日本労働組合総連合会（連合）は「国や地方の公費負担を柱とする公的介護保険の創設を提唱し，介護サービスの提供にかかる運営経費を公費，保険料，利用者負担で賄う制度を構想した。そして，保険料は所得のあるすべての居住者が公平に負担し，サラリーマンについては事業主も保険料を負担すべき」と主張した。[18]日本医師会も高齢者自ら保険料を拠出した上で，公費と現役世代，事業主の保険料を投入した保険制度をつくるべきだと主張し，日本看護協会でも社会保険方式が適切との意見を表明した。

　これらの団体に対し，健康保険組合連合会は介護保険導入前に，老人医療費の負担のために財政が悪化している健康保険組合が多いため，老人医療費の負担の仕組みを定めている老人保健制度の問題点を解決すべきと指摘しながら介護保険構想自体については「保険料負担の増加には厳しい制約がある」と，全面的に賛成という立場ではなかった。日本経営者団体連合会も「保険料負担がどうなるか，介護サービスの提供がどうなるかなどの具体的な提示がないと判断できない」と述べた。

　これらの各団体などの意見に対し，二木立は「社会保険方式では保険料の未納で，介護が必要になっても介護サービスを受けられないケースが多く出てくると予想されるので，社会保険方式一辺倒ではなく，税金による公共サービスとしての介護の拡充なども含めて広く議論すべきだ」と厚生省がめざしている社会保険[19]方式に異議を表明した。一方，日本損害保険協会は保険による介護サービスは最低限にとどめ，国民の多様な需要を充たすには民間介護保険に任すべきだとの考え方を示した。さらに，中間報告が出される１週間前に全国保険医団体連合会は介護保険について，これは国や地方自治団体の責任を回避し，国民に負担を強いるとして反対の意見をまとめたのである。

302　第Ⅳ部　低成長時代における高齢者福祉政策

（2）法案作成において厚生省と老人保健福祉審議会との調整過程

① 老人保健福祉審議会と中間報告

　こうした介護保険に対する関係団体の意見が論じられるなかで，1995年2月，老人保健福祉審議会は，厚生省の介護保険創設に関する諮問に対し，表10-4でまとめたように13回の審議を重ね，その結果として「新たな介護システム確立」という中間報告書を7月26日に対策本部に提出した。この中間報告書では，高齢者介護をめぐる現状と問題点を整理した上で「高齢者自身の希望を尊重し，その人らしい，自立した質の高い生活が送られるよう，社会的に支援していくこと」を基本理念に，高齢者介護に対する社会的支援体制の整備による介護費用の確保などの3点を基本的な考え方とする新たな高齢者介護システムの確立が提言された。

　指摘される問題点を解決するために，「高齢者介護が福祉と分かれている現行制度を再編成し，新たな高齢者介護システムを確立することが必要」とし，再編成の考え方として，厚生省では「医療分野，福祉分野のなかから，介護部分を抜き出して，新たな高齢者介護制度として組み立てようとするものであって，現行の老人保健制度を手直しするような方向ではない」としている。さらに，「介護の社会化」を打ち出し，新ゴールドプランの推進を提言し，一人暮らしで要介護状態になっても自宅で生活できるような「24時間対応の支援体制」を政府に求めている。重要なのは，こうした介護費用をどのように調達するかについて，公費負担を組み入れた社会保険方式を提言したことである。

　同審議会委員であった京極高宣は，この中間報告について次のように評価している。「中間報告は高齢者介護の基本理念及び基本的方向に対する報告であり，新たな介護システムについて具体的指針は必ずしも明確ではないところもあるが，それらはその後の検討課題にゆだねられた。それにしても，社会保険方式については多少ともふれてほしかったという意見が出されたのは，もっともなことである。ただ，中間報告は高齢者介護・自立支援システム研究会の報告書とは政策的意味が異なっていることには留意が必要である」と指摘した上で，この報告は，単なる行政研究会レベルでのものではなく，厚生大臣の正式な諮問に応えるものとして医療関係，福祉関係，経済界，労働界などの代表を含む審議会の全体的合意によるものであるという点を強調した。

　そして，中間報告の最大の意義としては，「社会保険方式その具体的条件のい

第10章　超高齢社会と介護保険法　303

表 10‑4　老人保健福祉審議会の審議経過

	議　　題	主 な 提 出 資 料
第1回 （第9回） 2月14日	介護をめぐる現状に関する審議	介護をめぐる現状
第2回 3月1日	介護問題についての各報告書に関する審議	社会保障制度審議会社会保障将来象委員会第二次報告 介護・自立支援システム研究会報告 日本医師会「高齢社会を迎えるに当って（中間まとめ）」
第3回 （第12回） 3月27日	諸外国の介護関連制度介護問題についての各報告書	諸外国の介護関連制度の概要 日本看護協会「21世紀に向けた新しい介護システムへの提言」
第4回 （第13回） 4月5日	今後の検討スケジュール 介護に関する検討項目 介護をめぐる諸状況と介護の現状	今後の検討スケジュール 介護に関する検討項目 介護をめぐる諸状況と介護の現状について
第5回 （第14回） 4月17日	介護の基本的な在り介護問題についての各報告書	介護の基本的な在り方（主な論点） 健康保険組合連合会「公的介護制度について（当面の考え方）」
第6回 （第15回） 4月24日	介護の基本的な在り方 介護サービスの在り方 介護問題についての報告書に関する審議 介護サービスの在り方	これまでの議論の整理 介護サービスの在り方（主な論点） 介護サービスの相談・利用・調整体制について 介護サービスの内容相談・利用・調整体制について 家族介護について
第7回 （第16回） 5月16日	介護サービスの在り方	介護サービスの内容相談・利用・調整体制について 家族介護について
第8回 （第17回） 5月31日	前回と同じ	前回と同一 介護に関する人材の確保等について
第9回 （第18回） 6月9日	介護の費用保障のあり方	介護費用の状況と将来推計について 介護における費用保障方式について
第10回 （第19回） 6月16日	前回と同一	社会保険方式における主な論点 医療保険審議会関連資料 与党福祉プロジェクト「介護問題に関する中間まとめ」
第11回 （第20回） 7月3日	中間的な意見のとりまとめ	
第12回 （第21回） 7月10日	前回と同一	
第13回 （第22回） 7月26日	前回と同一	

　　注：①日程の欄の回数については，上段は高齢者介護問題に関する審議回数，括弧内は老人保健福祉審議会
　　　　の通産回数を示す。
　　　　②議題でのへ関する審議と高齢者介護で高齢者は省略した。
　　資料：厚生省高齢者介護対策本部事務局『新たな高齢者介護システムの確立について』ぎょうせい，1995年，
　　　　19-20頁により再構成。

304　第Ⅳ部　低成長時代における高齢者福祉政策

かんにかかわらず，新しい介護システムの基本的方向として認めたという点にあると，そしてこれまで医療・福祉関係者は，経済的メリットによって賛否という対応を見受けられたが，今回の報告はそれに一応の終止符を打ったと評価されるべきである。何はともあれ，複雑な利害関係をもつ委員を含む審議会で介護システムに新たな社会保険方式を採用することを決定した歴史的意義は大きい」と積極的に評価した。

　反面，「この中間報告は高齢者介護の社会化の必要性とそれを介護保険方式で構築する点では，従来の路線の延長上にもあるものであったが，高齢者介護・自立システム研究会の報告以上に，具体性には欠け，介護保険のあり方などの具体的な点については，ほとんど言及がなかった。むしろ，同研究会の報告よりも後退しているものである」という指摘もあった。

　中間報告が提出された後，「社会経済生産性本部」は公的介護保険について緊急提言をまとめた。すなわち，「介護が必要な老人に対し，どの程度の介護サービスが供給すべきかを評価する技術の確立が難しいことや，先行きの見えない当面の経済情勢に配慮して，段階的，部分的導入時期の柔軟性を持たせる」ことなどを提唱した。

　中間報告が出されて2カ月後老人保健福祉審議会は，制度分科会，介護給付分科会，基盤整備分科会の3つに分かれ，それぞれのテーマことに具体的な検討を進めていた。10月から始まった3分科会は各4回ずつ審議が行われた。基盤整備分科会では，新ゴールドプランなどに基づく，介護態勢の整備計画が主に論議され，大きな異論は出なかった。また，介護給付分科会では，要介護者に行うサービスについて病状・家族形態別のモデル案を厚生省が提示，了承されたが，現金給付については，賛否が分かれた。しかし，最も意見が分かれたのは，制度分科会である。この分科会では，保険者や実施事業者，企業負担の有無，利用者負担率，保険料の設定方法等について，医療界や経済界などそれぞれの委員が，自分が所属する団体寄りの意見を主張したからである。

　このように，サービスの利用方法などについてはおおむね意見が一致していたが，費用負担の方法や保険者などの根幹部分については，委員の意見が対立したまま，議論の方向性がみえなかった。厚生省も議論のたたき台となる費用負担方式などの具体的な素案を長らく審議会に提示しなかった。理由はおそらく，介護保険構想の全容を明らかにすれば，国民の介護保険構想への批判が高まる恐れが

第10章　超高齢社会と介護保険法　305

表10-5　各団体が提出した介護保険案の主な事項

提案者	保険者(事業実施主体)	被保険者(保険料負担者)	受給者	保険料		事業主負担	公費負担	保険給付	利用者負担
				高齢者	若年				
山崎素彦上智大学教授	市町村	20歳以上	高齢者	市町村ごとに決定,年金から特別徴収	全国一律基準	あり	50%	現物給付＋現金給付	
自治労	市町村	20歳以上				あり	50%以上	現物給付が原則	公平・公正な負担
連合介護システム委員会	公費による財政調整	一定年齢以上の所得者	高齢者			あり	50%以上	現物給付＋現金給付	公正な負担
日本経営者団体連盟	市町村	中高年齢の全国民	原則70歳以上	定額保険料		利用者の負担の一部については労使の話し合い	50%超	現物給付	定率負担
社会経済生産性本部	全国的に一元化		高齢者	年金か源泉徴収	給与か源泉徴収		50%以上	現物給付	応益＋応能
健康保険組合連合会	国	20歳以上	高齢者	定額で年金から特別徴収	定額保険料		50%		65-69歳20% 70歳5%
日本医師会	医療保険組合者が拠出	医療保険の被保険者	高齢者	医療保険料に上乗せ		あり	50%以上	現物給付＋現金給付	応益負担

出典：京極高宣『介護保険の前略』中央法規出版，1997年，86頁。

あるため，できるだけ制度の内容を小出しにして，よく知らないうちに法案を成立させたいとする思惑が厚生省にあったからだといえよう[24]。

　ただし，審議会は国の作業班や研究会などとは異なり，制度上の具体的な問題はもちろん，詳細な経済計算を必要とする制度的問題にはなじまないものである。むしろ，審議会は利害関係や立場の異なる委員で成り立っているのであり，実務上の課題や利害調整上の具体的課題に深く立ち入ることは，その後の国会審議や厚生省の実務レベルの議論に任せるべきだと同審議会のある委員は語ったのである。

　このように審議会の審議がなされているなかで厚生省は，介護保険構想について民間団体などが発表した表10-5のような7つの制度案を3つの案に集約し[25]，

老人保健福祉審議会の制度分科会に提示した。この3つの案に共通しているのは，第一に，保険受給者を65歳以上の高齢者とした点，第二に，給付に必要な費用を保険料だけに頼らず公費（税）でも賄うという点，第三に，保険料徴収などで現行の医療保険制度を活用することでも共通しており，こうした点では制度の方向は固まったのである。

受給者については，若い世帯が保険料を払うことに納得するかという大きな問題があるので，若い世帯の障害者や，65歳より若い初期の痴呆症患者も対象とすべきであるなどの意見もあったが，大勢は65歳以上という意見であった。そして，公費負担に関しては，国と地方自治団体の負担率などの論点が残っているが，公費負担の割合は全体で50％程度が大きな目安になっていた。

そして今後調整が必要になるのは，3つの案で大きく異なる保険の運営主体に関する問題である。特に，市町村が主体になる案は，地域によって受けられるサービスの格差が出る恐れがあるし，規模が小さい自治体は安全運営ができず，赤字になる懸念もあると反対された。また，医療保険の保険者が主体になる案は，現行の制度を利用し，介護保険制度をつくりやすいというメリットがあるが，この案に対して，日経連などは「現行制度の延長線上での介護保険の上乗せは反対」と主張したのである。

このように多岐にわたる論点がからむなかで，老人保健福祉審議会でも結論はなかなか出されなかった。[26] 今回の介護保険制度法案の骨子は，審議会においても，国としても複数の方向案をできるだけ具体的に検討し，市町村を主体とする案を基本としてあるべき姿をひねり出した結果でもある。もちろん国としても，単なる審議会に任せては，制度設計の段階は乗り越えることはできないので，審議会と充分すり合わせ可能な原案づくりに，政府与党福祉プロジェクトとのすり合わせを経て取り組んだが，意見がなかなか統一されず，最終報告の提出は当初の予定であった1995年末を大幅にずれ込むこととなったのである。

② 世論調査と介護保険制度

それでは，こうした介護保険制度の創設への動きに対して世論はどのような反応を示したのだろうか。

厚生省が主導する介護保険制度構想が明らかにされてから間もなく，老人介護に焦点を絞った初めての全国世論調査の結果が新聞によって発表された。[27] これに

第10章　超高齢社会と介護保険法　307

よると，厚生省が構想している公的介護保険制度の導入について，「賛成」と答えた人は86％に対し，「反対」はわずか9％で，社会的支援なしに介護は行えないことをうかがわせる。賛成理由のトップは「介護は社会的に解決しなければならない」という項目の35％であり，20〜30代の若者が多い。2位の「家族で介護費用を出すのは大変」は33％であり，この項目は各世帯で共通している。3位は「家族では面倒をみられない」が30％である。ところが，おもしろいのは「寝たきりやぼけ老人などの介護のために，今後，国はのどのような施策に重点を置くべきだと思いますか」という設問に対して，公的介護保険の導入は19％に過ぎなかったが，ホームヘルパーや特別養護ホームの増税など施設の増設に関する質問では40％にも達している。この結果をみると，確かに国民は介護保険制度の導入よりは公的サービスの充実を望んでいることがわかる。

　だが，この調査結果に対し高齢者介護対策本部の渡辺芳樹次長は「寿命が延びるにつれ，介護する期間は年単位となっている。家族介護を機能させるには，第三者によるサポート体制が必要になるが，公的介護保険の導入に86％が賛成したということは，国民が具体的な介護サービスが得られる道筋をみているからだと思う」からであるとしたのである。

　一方，老人保健福祉審議会の委員らは介護保険の導入には賛成したが，厚生省が考えている導入日程については拙速であるとみている人が多かったことが，日本経済新聞社が同委員を対象に実施したアンケート調査で明らかになった。同調査は1995年10月末に，同審議会委員にアンケートを郵送する方式で実施し，有効回答を得た13人分を集計した。このうち，公的保険をつくることについては13人中12人が「賛成」と答え，回答した委員の認識はほぼ一致している。ところが，年内に審議会の意見を集約し，1996年の通常国会への法案を提出して，1997年度からスタートという厚生省のスケジュールについては，8人も「拙速」と答えたのである。

　読売新聞社も，老人保健福祉審議会が1995年7月末に新しい介護制度として創設の方針を打ち出した直後の同月29日から30日両日にかけて，全国の有権者2000人を対象に面接の形で，公的介護保険について世論調査を行った。この調査によると，介護保険の導入に対し，「賛成」は68％にのぼり，「反対」12％を大きく上回った。賛成理由は「高齢化問題は社会全体で取り組むべきだから」が53％で1位，次いで「本人や家族だけでは支え切れない」が35％である。反面，反対理由

の1位は「十分な介護サービスが期待できない」が38%で，「保険あってサービスなし」となることへの強い懸念がうかがえる。

　この調査に対して，老人保健福祉審議会の委員である樋口恵子は「行政側は在宅介護が中心と強調するが，国民は在宅サービスに頼る生活には限界があり，老いの最後の受け皿として高齢者用施設の質的，量的な充実が急務である」とコメントした。その後，1996年2月末には朝日新聞社も同じ問題に対してアンケートを実施したが，その結果，賛成が60%，反対が29%，その他（答えない）が11%であった。

　一方，統理府も1995年12月に「高齢者介護に関する世論調査」の結果を発表したが，その直前に，「公的介護保険の創設の検討を知ってますか？」という問いに「知っている」との答えはわずか13%，「聞いたことがある」が14%で，実に71%が「知らない」と答えた。ところが，介護保険システムを説明した上で，重ねて導入の賛否を尋ねたところ，賛成が46.7%，どちかといえば賛成が35.6%で，両者を合わせると82.3%が賛成した反面，反対の方は5.9%であることが政府側から強調され，制度導入の世論が高まっているかのように報道が広まったのである。しかし，賛成と答えた人たちの最大理由は介護保険自体への賛成ではなく，「介護問題は社会全体で対応していく必要がある」からと答えたのが65.8%としてトップであった。

　以上のように世論調査の結果だけをみると，公的介護保険制度の導入に対して，一般的に国民の支持が高いことは明らかである。しかし，この時期，介護保険制度の具体的な内容が明らかにされていないところ，こうした世論調査をもって介護保険制度への導入に世論が高い支持率を示したとするのは早計に過ぎよう。こうした，高い世論の支持にもかかわらず，老人保健福祉審議会の最終報告へのとりまとめが費用負担のあり方などをめぐって調整が難航していたため，最終報告書の提出が当初予定の2月末から大幅に遅れることになってしまったのである。

③　第二次中間報告と関係団体の反応

　さらに，連立与党内でもじっくり議論すべきとの声が強まっているなかで，1996年1月31日，老人保健福祉審議会は介護保険制度に関する「第二次中間報告」にあたる「新たな高齢者介護制度について」を提出した。この第二次中間報告は，介護給付の内容等についての合意は進んだが，介護保険制度の根本である

制度設計については合意までには達しなかった報告にどとまった。報告のなかでは「費用，負担，制度のあり方に関して，制度分科会で検討された主な論点と基本的な考え方に関する議論の概要は別紙のとおりである」と述べるにとどめ，別紙が添付された。

　ちなみに，第二次中間報告では，保険者についての市町村を保険者とする案と国を保険者とする案，そして，老人保健制度を活用した仕組みとする3つの案が提示された。厚生省の側の意図は多分，市町村を保険者とする案にあったが，厚生省がそれを明確に言い出せなかったのは，当時市町村を保険者としている国民健康保険が財政的に危機的状況にあることをよく知っていたからであろう。

　第二次中間報告が出されて以後，介護保険賛成一辺倒の論調にも変化がみえはじめてきた。まず，介護保険制度の保険者として想定されている市町村の側から，介護保険が「第二の国民健康保険」になるのではないかという不安や，保険者の問題も含めて市町村に対する具体的な情報提供が厚生省の側からほとんどなされていないことに対する批判の声が上がってきた。また，介護保険制度構想の具体的な内容が明らかになるつれ，保険でカバーするサービスの内容や範囲が限定的で，貧弱であることに対して，主として福祉施設の現場や関係団体から懸念や反対の声も噴出するようになった。さらに，研究者やマスコミの論調にも介護保険に対する慎重論や批判論が目立つようになってきたのである。

　全国市町村会は保健福祉対策委員会を開き，公的介護保険の運営主体を市町村とすることについて検討した。そこで，構造的な赤字体質になっている国民健康保険の二の舞になる恐れがあるなど慎重論が続出した結果，厚生省に対して，具体的な財政安定の仕組みの提示を求めていくことに議論が一致し，運営主体を市町村に想定している厚生省の案には反対の意見を出したのである。しかし厚生省は，市町村が保険の実施主体となる「地域保険方式」とする方針を固め，老人保健福祉審議会に提示した。

　その後，福祉関係者や医師会らでつくる市民団体の「公的介護保険を考えるフォーラム」が東京と大阪でシンポジウムを開いた。参加者からは老人保健福祉審議会の最終報告に対し，「コンセンサスがない」「障害者の排除は差別だ」など慎重論が相次いだのである。たとえば，二木立は，公的介護保険自体に絶対反対というわけではないが，このままでは厚生省案の介護保険は最悪の社会保険となると勧告し，また，同フォーラム代表であった石井暎禧も，市民団体は，公的介

護保険の導入によって社会的入院がなくなるとの期待をしているが，今回の中間報告は「病院が介護を抱え込む現状を追認したもので，社会的入院を温存，合法化したうえ援助までする結果になる」と批判した。こうした議論を踏まえ，同フォーラムは「介護対策で拙速はやめよう，時間をかけて国民的議論をしたうえで，新たな介護システムを再構築してほしい」とのメッセージを採択したのである。

　こうした反対論について，厚生省の高齢者介護対策本部は次のように対応した。まず，社会的入院の容認という指摘について養型病床群は病院のなかにある介護のための特別施設と考えてもいい。なぜなら，1人当たりの床面積も広いし，介護のための人材も設備も一般病院とは段違いに備わっているのが条件である。つまり，病院だからすべて社会的入院とはいえないのである。いずれにせよ，本格的に制度が開始するまでは時間がかかるので，法案の国会提出を急いでいることは確かであるが，これからでも国民的な議論をするには遅くないと反論したのである。

　このように対策本部は一刻も早い制度導入を推進していたが，老人保健福祉審議会で，介護保険制度の運営主体をめぐって市町村の反発が強く，簡単に結論が出そうにない。こうした，事態を打開するため，与党福祉プロジェクトチームの会合で，自民党医療基本問題調査会の丹羽雄哉会長が「試案」を提示した。試案によると，介護保険の給付対象となるのは中間報告と同様であるが，費用の負担については一割を利用者負担とし，九割を保険から支給する仕組みになっている。また，制度導入も厚生省の1997年より1年遅らせた，1998年とした。

　この方式によると2000年度に必要となる介護費用の推計は1兆3000億円になるが，厚生省試案の介護費用は4兆1000～8000億円に膨らむと試算したのである。そして同試案では，費用給付対象は当面はホームヘルパーの派遣など在宅サービスに限るという項目が含まれた試案を提出し，厚生省はこの試案なども足掛かりに，老人保健福祉審議会に最終報告を4月中旬までにはまとめてもらいたい，との意向を明らかにした。

　こうしたなかで老人保健福祉審議会はようやく，1996年4月22日に「高齢者介護保険制度の創設について」と題する最終報告を管直人厚相に提出した。主な内容としては第一に，65歳以上の高齢者を加入者とする新しい社会保険を創設し，要介護者に24時間の介護サービスを提供する，第二に，利用者は在宅サービスが

施設サービスのいずれかを選択する，そして第三に，費用の半分は公費で負担し，残りは保険料と若年世代が負担する，などであった。

第二次中間報告が出てから 2 カ月半あまり，審議は半ば空転で，最終報告の日程も，1996年 6 月に会期末を迎える通常国会への法案提出という厚生省のスケジュールから逆算して決まった感が強い。これは最終報告に当たるものであるが，現金給付を除く，介護サービスのあり方や基盤整備については，細部を除き，おおむね意見の一致に達しつつあるようである。しかし，制度の骨格をなす制度設計部分については相変わらず一致がみられず，複数の考え方を列挙するという混乱ぶりであった。

実際，「国民の皆様に訴える」というおおげさな副題が付いたこの最終報告は，精神的な論調が強いわりには多くの点で「両論併記[33]」となり，事実上，最終的な報告とはならなかった。こうした異例の形をとらざるをえなかったのはなぜか。当時の高齢者介護対策本部の和田勝事務局長は「新制度だけに問題の広がりと深さが大きい」と説明したが，ある審議会の委員は「厚生省の本音を聞けず，議論が深く踏み込めないまま締め切りが来た」と語る。もちろん，審議会が意見の一致に達しないことはありうることである。むしろ，それは審議会が単なる官僚の応援団ではなく，実質的に機能していることの証拠であるともいえる。

だが，その場合は，意見の一致に達するまで議論を続けるべきであり，特に，不一致点が制度の根幹に関わっている以上，それは不可欠であったはずである。にもかかわらず，両論併記どころか場所によっては 3 つも 4 つもの意見を列挙せざるをえない段階で，なぜ，あえてそれを最終報告に当たるものとして急いで公表せねばならなかったのか。そこには，何はともあれ，審議会の審議を終了させ，介護保険法案の提出にこぎ着けたいという「初めに介護保険ありき」的な発想が透けてみえるといえよう[34]。

また，厚生省が制度の骨格についてどう考えているのかは「審議会で議論中だから」と法案になるまで明らかにされなかった。たとえば，社会保険方式を採用することを始め，若年障害者を制度から排除する点や民間介護と公的介護保険との「二階建て構想[35]」など，厚生省が早くからハラを固めていた部分がある。老人保健福祉審議会の最終報告が出されてすぐ，毎日新聞社が電話で26人の審議会の委員のうち21人にアンケートした結果，11人が「議論が不十分」と回答し，「法案を提出するために見切り発車だ」と多くの委員の不満が相次いだ。審議の中身

について聞くと，議論といえるものではなかったという委員でさえ，「自分の利害にかかわる問題ばかり主張し，肝心なことを後回しにしたのではないか」と話したのである。また，「審議というより，言い合いに近い」と反省する委員の証言によれば，「家族介護はどうあるべきか，介護保険で提供される介護サービスモデルが適当かどうか」，どのサービスに，どれぐらいの保険給付が適当か，保険料はいくらにするべきかなどの核心的な部分についても「議論する余裕がなかった」といった。審議会はよく官僚の隠れみのといわれるが，介護保険の議論ではもっと露骨であったため，結局，大方は事務局である厚生省に決められたと斎藤義彦氏は述べている。[36]

（3）法案作成において厚生省と与党との調整過程

① 最終報告書をめぐる厚生省と自民党の動き

　最終報告の提出後，厚生省は，審議会の報告で意見がまとまらなかった部分については，今後与党と調整し，一本化する方針であり，連休明けまでは厚生省としての試案をまとめ，通常国会に提出したいとの意向を示した。その後，厚生省は与党福祉プロジェクトの要請を受け入れ，表10-6のように制度試案を作成し，老人保健福祉審議会に提示した。[37]

　厚生省の試案では最終報告で意見が対立していた部分に関して，保険者は市町村とし，家族が介護をする場合の現金給付は原則的には行わない，事業主も保険料を負担する，など厚生省の考えを明確に打ち出した。同時に，介護保険給付の対象者と保険料負担者をともに40歳以上にすることや，在宅サービスを1999年度から施行し，施設サービスの開始を2年遅らせるという，最終報告とは大幅に異なる内容となっていた。実は，このように変更された内容は，自民党の丹羽試案を基本とした自民党の案に近いものであった。[38]

　それまでの厚生省のシナリオでは，給付の対象者は65歳以上の高齢者，負担対象者は20歳以上ということが主張されてきた。たとえば，1995年11月13日の第2回制度分科会に厚生省は「公表されている介護保険制度案の整理」として3つの案を示したが，その3つの案とも受給者を高齢者とし，保険料等の負担者を20歳以上，または医療保険の被保険者としていたのである。また，厚生省の試案では，在宅サービスの優先という段階的実施などもまったく出ていなかった。

　その後にも厚生省は3つの案を整理し，高齢者介護保険制度に関する事務局試

第 10 章　超高齢社会と介護保険法　313

表 10 - 6　老人保健福祉審議会の最終報告と厚生省試案の違い

	最 　終 　報 　告	厚 　生 　省 　試 　案
給　付　者	原則65歳以上の高齢者（初老期痴呆など例外も認める）	40歳以上の国民が保険料を負担し，受給者にもなる
負　担　者	20歳以上国民（65歳未満は介護負担金，65歳以上は保険料とする）	
一人当たり負担（制度導入時）	月額1400円〜1700円	月額500円
サービス内容	ホームヘルパーサービス，ショートステイなどの在宅サービスと，特別養護老人ホームなど介護体制の整った施設でのサービス	当面は在宅サービスのみでスタート
運　営　主　体	「市町村とする」「国とする」などを併記	市町村とする
事 業 者 負 担	労使の話し合いにゆだねるべきだとする意見と，法定論を併記	法定する
家族介護への現物給付	消極的な意見と積極的な意見を併記	原則として当面行わない
施　行　時　期	必要な準備期間を置く段階的実施も検討する	1994年4月に在宅サービスを先行実施。施設サービスは2001年をめどに実施

案を作成した。それを第31回老人保健福祉審議会に提出したが，3案とも受給者は65歳以上とし，若年者負担については0歳から65歳未満に負担させることを第一案，20歳以上とすることを第二案としていた。それがいとも簡単にひっくり返されたのである。

　こうした突然の変更の理由には，自民党への厚生省のすり寄りがあったとのことである。すなわち，与党福祉プロジェクトでの調整過程で，若い人はお金だけとられるのに保険給付が受けられないのは保険制度としてはおかしい，という反対論が自民党から提起されたのである。本来，社会保険制度は，保険料の負担対象者と給付対象者が同一となるのが原則である。しかし，この案は高齢者の負担が重くなるのを避けるため，20歳から64歳までの世帯にも負担金を求めるという考えであったのである。それが自民党の主張に押し切られた形で制度の根幹部分が変えられることになったのである。確かに，この案であれば保険制度の整合性がとれるが，保険の給付対象者が増えるのに負担する人が減ると，当然，1人当たりの保険料負担は増えることになる。そこで，自民党が在宅サービスの先行実

314　第Ⅳ部　低成長時代における高齢者福祉政策

施を打ち出し，制度開始当初の負担額が少なくなるようにしたのである。自民党としては，予想される総選挙を前に，国民に消費税の引き上げとともに新たな負担増を求めるのは，選挙において不利だという思惑があったのである。[41]

　また，在宅，施設の実施時期については，審議会は最後まで全員一致で同時実施を望んだが，厚生省・与党はあくまで折れなかった。というのは，在宅を先行させると保険料は月1人当たり500円程度となるため，負担が小さくみえ，選挙で有利と判断したからである。初めて経験する小選挙区選挙にはどうしても少ない負担が必要という自民党の意見は強硬で，結局，与党が段階実施で押し切ったのである。

　いずれにせよ，一夜にして方針が変わるとは，政治の意向が強く働いた結果ともいえる。梶山静六官房長官は，厚生省と連立与党の福祉プロジェクトチームがまとめた試案を説明するために，首相官邸を訪れた厚生省の羽毛田老人保健福祉局長を門前払いし，1995年5月13日，財政再建の説明に来た大蔵省の小林主計局長にも「まず，介護保険をやめさせられないか」と話した。また，記者会見で，公的介護保険の創設について「官が慌てて手を出す必要がない」と述べ，同時に，[42]時間を検討すべきだとの意向を表明し，厚生省が希望する介護保険法案の通常国会提出を事実上否定したのである。

　また，制度導入において推進派であった大蔵省からの批判も出るくらい，厚生省の無節操ぶりへの批判が高まった。さらに，事務局である厚生省に，審議会での議論を無視され，この存在意義すら否定された形となった老人保健福祉審議会も，厚生省の試案に同調しなかった。特に，保険者を市町村としたことに対しては，審議会の議論のなか，市町村代表が「十分納得し得る説明のないまま，とりわけ，市町村の態様別の財政見通しの資料すら示されることなく，今回示された試案で市町村が保険者とされていることは，誠に遺憾である」という意見書を読み上げ強く反発した。一方，市町村会は，保険者は国にするとの内容を含む，12項目に達する意見をまとめ，菅直人厚相に要請書を提出した。[43]

　また，事業主負担に対しては，経済界の代表が難色を示したし，家族への現金給付を見送ったことにも反対論が出て，審議開始当初の議論が蒸し返された。そのため，厚生省は5月30日，制度の運営主体となる市町村の財政負担軽減を重視した「修正試案」をまとめ，与党福祉プロジェクトチームと老人保健福祉審議会[44]に提示した。修正試案では，保険者となる市町村への事務的財政的支援を大きく

打ち出していた。つまり，具体的な負担軽減策としては，都道府県ごとに介護保険者連合会を設置し，市町村の介護保険会計が赤字になった場合には同連合会が補填する仕組みなどを挙げた。こうした修正試案は審議会でおおむね評価できるなどの意見が集約され，厚生省は6月6日に修正試案とほぼ同内容の「介護保険制度大綱[45]」を老人保健福祉審議会と社会保障制度審議会にそれぞれ諮問した。同大綱は「保険料負担，サービス給付とともに40歳以上」としたが，これは老人保健福祉審議会の最終報告での「負担は20歳以上，給付は65歳以上」と，内容が大きく変わったのである。

② 介護保険制度大綱をめぐる政界の反応

　厚生省による介護保険制度大綱が発表された後，これに対して山崎泰彦は最終報告に比べて不充分な点が残るとしながら，「学識経験者や福祉関係者，行政などの間でも各論で意見が激しく対立するなか，厚生省が実現可能性がある方向性を選択したという意味では意義がある」と語った。

　一方，市民団体の「高齢社会をよくする女性の会」の代表でありながら老人保健福祉審議会委員の樋口恵子は「大綱は最終報告とほど遠い，サービスの給付も小さくならざるをえない」とした上で「介護は家族に，嫁にやらせておけばいいという意見がいかに根強いか，私が議論の外側にいたら，こんな中途半端な法案は通すなと言ったと思うが，構想をつぶすという勢力を知った今は，法案提出を働き掛ける側に立つ。提出されても，されなくても後悔するが，同じ後悔するなら少なくても介護の社会化を進める方を選びたい[46]」と話したのである。

　老人保健福祉審議会では市町村側が「過剰な負担を強いることなく，安定的な運営が図る制度として受け止めることは困難との意見書を出したが，市町村に対する財政支援策が盛り込まれたことで，反対はしない」という立場をとった。経済界からも異論が出されたが，6月10日，老人保健福祉審議会は「制度案大綱」を大筋で認める答申を出し，翌日には，社会保障制度審議会も「制度案大綱」を大筋で了承する答申を出した。

　厚生省はこれらの答申を得た後，通常国会の会期末の6月17日を目前に控えていたにもかかわらず，あくまで通常国会へ法案を提出する方針を崩さず，与党との折衝に入った。社会民主党とさきがけ両党は法案の国会提出をめざしていたが，自民党内では慎重論が大勢であった。このような状況のなかで，大蔵省は「将来

316 第Ⅳ部 低成長時代における高齢者福祉政策

的に財源措置が不十分」と指摘し，自治省も「市町村財政は国民健康保険の赤字などでひっ迫しているので介護保険制度による負担は困難」と慎重な立場をとったため，結局，政府・与党は公的介護保険法案の通常国会への提出見送りを6月17日正式に決定した。

　一方，与党がまとめた文書には「法案要綱を基本として懸案事項の解決を図りながら次期国会に提出する」という内容の合意文書が作成され一応の決着をみたのである。このように法案提出が見送られた理由として，山崎拓自民党政調会長は「結局は選挙にある。国民に負担を求めるということより，小選挙区制だから市町村の協力を得られないことを恐れたんだ」としたし，さきがけのある幹部は「市町村が自民党を動かしたことが提出見送りの決め手になった」と語ったのである。

　もうひとつの背景としては，薬害エイズ問題で国民の強い支持を受けた菅直人厚相をめぐる与党3党間の駆け引きがあったといえる。つまり，"菅人気"に乗りたい社会民主党とさきがけの両党は，法案提出を求める菅直人厚相に積極的に同調したが，単独政権時代の厚生行政を菅厚相に否定された格好の自民党は，当然反発したのである。通常国会で自民党のある衆議院議員は「菅には介護保険をやらせない。介護保険は自民党が厚相を握ってからでいい[47]」と憤慨した。

　また，厚生省試案が自治体の不安を解消できなかったので市町村が消極的姿勢にあったことは間違いない。しかし，一方ではこうした市町村の消極的な姿勢に対して批判もあった。たとえば，制度導入に賛成した北良治・奈井江町長は「高齢化が急ピッチで進み，家庭での介護だけではもう限界に達している。これ以上この現実を放置することは行政の責任放棄となる」と厳しく批判した。また，岡本祐三も「最後は"介護は家族がやれ"という自民党や市町村長などにつぶされた」と批判した。

　しかし，市町村が消極的だった理由を考えれば，これらはまったく筋違いの批判ともいえる。すなわち，厚生省は1980年代以降，社会福祉事務の団体事務化，措置費の国庫負担の削減など，福祉サービスの財政負担を自治体に押し付けてきた。これらのことから市町村は厚生省に対して不信感をもっていた。しかも，厚生省は介護保険制度の骨格において市町村側にも充分な説明なしに，保険者を市町村とするとしてきたのである[48]。

　一方，厚生省は制度の根幹部分を修正するまで，妥協に妥協を重ね，通常国会

第10章　超高齢社会と介護保険法　317

への法案提出にこだわってきたが，その背景には，厚生省が1997年度に医療保険を始めとする社会保障制度全体の見直しという大きな課題をかかえていたが，介護保険の具体的な制度像がはっきりしないまま，それよりはるかに財政規模が大きい医療保険や年金の議論になれば介護保険自体の議論はさらに先送りになってしまうという本音があったのであろう。

　法案提出が見送られた直後の6月25日，次期国会への法案提出をめざし，「介護保険制度の創設に関するワーキングチーム」が与党内に設置された。ワーキングチームは7月12日，福岡で初めて公聴会を開催した。そこで菅厚相は「官僚には国民が行政のコントローラーであるとの認識が薄い。役所は変化することを嫌がる組織になっている」と改革精神に乏しい官僚体質を批判した上で，「厚生省が次期臨時国会への法案提出を予定している公的介護保険が単に高齢者介護が充実されるだけでなく，医療保険や年金などの今後の社会保障の構造改革のカギとなる(49)」と語った。ワーキングチームは7月から9月にかけて全国の6カ所で地方公聴会を開催し，関係者らの意見を聴いた。しかし，公聴会でも，市町村側からは，赤字に苦しむ国民健康保険の二の舞になるのではないかという不安と，要介護認定の作業がやりにくいという懸念や本音が語られたのである(50)。

　こうした動きのなかで全国町村会が7月末に「財政負担は国が，保険料の設定と認定は都道府県，介護サービスは市町村が責任を」という内容の意見書をまとめた。8月末には全国市長会も市町村の財政負担軽減を柱とした要望書を作成し，厚生省に提出した。要望書には，保険料の設定や要介護認定は都道府県が，都道府県と市町村の共同処理とするなど従来の要望に加え，国がもっと財政的な面で支援することを求めていた。

　9月14日には日本商工会議所も保険料の企業負担を法律で義務づける構想について経営を大きく圧迫するから，保険料は個人負担を原則とし，企業がこの一部を負担するかどうかは各社の個別判断に任せるべきであるという意見書をまとめ，政府と厚生省に提出した。国の財政支出については，厚生省の法案大綱では，介護費用の20％，プラス調整交付金5％で合計25％とされていたが，一方，市町村側は費用の25％を国の定率負担とし，別の調整交付金5％で合計30％とするよう要求していた。これについて，与党ワーキングチームの山崎拓座長は，市町村が財政負担に苦しむことがないシステムにしたいと話したが，厚生省は国の財政負担は今の案でほぼ目いっぱいであると応じたのである(51)。

318 第Ⅳ部 低成長時代における高齢者福祉政策

　9月に入ると，ワーキングチームは公聴会で出されたさまざまな意見を踏まえ，通常国会の会期末に確認した介護保険の制度案の内容に修正を加えることを決め，調整作業に入った。最終的には，9月19日の政府・与党首脳会議で「介護保険法要綱案に係る修正事項」が了承・決定された。修正された事項は第一に，在宅サービスは1999年度から，施設サービスは2001年度からの段階実施とされていた厚生省案を2000年度に在宅・施設を同時実施とすることと第二に，要介護認定の審査業務の委託など都道府県の役割を強化することであった。

　段階実施は，もともと施設整備が間に合わないと慎重姿勢を示す市町村への配慮として自民党が考えたが，公聴会で逆に市町村側から同時実施の要求があって自民党は段階実施を撤回し，同時実施復活に主導的な役割を演じたのである。しかし，地方公聴会で要望が多かった家族介護への現金給付の支給は結局見送られた。さらに与党は，新ゴールドプランが完了する2000年度から介護保険制度の施行と同時に，新ゴールドプラン以上の整備計画である「スーパーゴールドプラン[52]」を実施することで合意した。

③　修正試案と関係団体の対立

　一方，与党修正案を受け入れた全国市長会や全国町村会はあくまで条件付きであることを強調し，家族介護の支持策の再検討など7項目を厚生省などに要望したが，基本的には厚生省案を了承した。このようななかで，9月27日に召集された臨時国会の冒頭で，衆議院は解散となり，10月20日に総選挙が行われた。選挙の結果，自民党は過半数を占めるには至らなかったものの第一党となり，社会民主党とさきがけは惨敗した。それでも自民党は，それまで連立を組んできた両党との政策協議を行い，10月31日に3党の新政策合意を決定した。その3党合意の第一項目には介護保険制度法案の次期臨時国会への提出が掲げられたのである。

　ところが，東京都市長会会長の土屋正忠武蔵野市長が，全国の667の市長や東京23区特別区長に介護保険制度の導入に対する“異議書”を出していることが報道された[53]。武蔵野市は菅直人厚相が立候補している選挙区の地元であり，同市長は，総選挙の争点として皆で議論すべきだと問題を提起した。異議書では，国の制度案が一定水準以上の年金受給者からは天引き，それ以下からは市町村が徴収するとしていることを示し，「これではまるで市町村長は“鬼のような役割をやれ”ということではないか」と憤慨すると同時に，役人は条文を作れば済むが，

第 10 章　超高齢社会と介護保険法　319

　責めを負うのは市町村長であり国民であるので，新制度の導入は要介護認定など
事務量の増大を招き，役人を増やすことになる。
　したがって，必要なのは現行制度内で公的介護保険を充実させるための財源強
化であり，その手段として「介護地方消費税」の創設を求めた。これに対し，厚
生省の高齢者介護対策本部は，高年金者からの天引き徴収は，市町村や加入者の
負担を減らすためにわざわざ行うのであって，土屋正忠市長の論理は逆である。
文書は誤解に基づいており，ナンセンスであると反論したのである。
　また，11月11日には，経営者団体連合会が医療保険制度の抜本的な改革を求め
る提言を発表した。その提言は，1997年から医療費の自己負担率を引き上げ，
2000年度には，老人保険への拠出金制度を廃止し，患者負担分を除く老人医療費
すべてを税金で賄うべきだという内容であった。経団連は，かねてより，法人税
と社会保険料の負担が増大していることに批判的で，介護保険の導入によって，
事業負担の形で保険料が増えることに懸念を表明した。同提言は，急速に膨らむ
老人医療費や介護の財源を社会保険に求めるのは限界があるとし，政府・厚生省
の介護保険構想に真っ向から反論したものになっている。[54]
　政党のなかでも新進党は，介護保険制度案に反対し，公費方式を強く主張して
きた。共産党も，政府・厚生省の案は国民の期待とはかけ離れているとの立場で，
税方式と保険方式の独自の折衷方式を提案した。
　こうしたなかで，橋本新政権のもとで小泉純一郎氏が厚生大臣に起用された。
小泉厚相は就任後，当面の最重要課題として，公的介護保険制度の導入を取り上
げながら，次期臨時国会への法案提出と同時に，医療保険制度改革も通常国会に
法案提出する意向を強く示した。11月初旬には，厚生省は，修正された介護保険
法案の各省との調整を終え，臨時国会への提出準備を備えた。
　この法案は14章260条と附則で構成されており，6月にまとまった厚生省案と
同じであるが，9月の与党3党の修正意見を入れ，市町村の保険財政が悪化した
場合に支援する財政安定化基金を都道府県に設置することを明記したものであっ
た。制度の運営に密接に関わる強力な圧力団体である日本医師会も制度導入に基
本的に協力していく方針を示し，この時点まで流れは介護保険制度創設の方向に
あった。厚生省のシナリオに乗って，会期の短い臨時国会での成立は無理にして
も，次の国会で介護保険法案がすんなりと成立してしまう可能性が高くなったの
である。

320 第Ⅳ部 低成長時代における高齢者福祉政策

　ところが，11月18日，厚生省幹部の特別養護老人ホームを舞台にした大規模な汚職事件が明るみに出た。介護保険の陣頭指揮をとっていた厚生省の岡光序治前次官が，特別養護老人ホームを運営する業者から賄賂を受け取ったとして収賄容疑で逮捕されたのである。岡光前次官は，埼玉県に本部を置く社会福祉法人「彩福祉グループ」の小山元代表から特別養護老人ホームの建設・整備に際して，補助金交付に便宜を図った謝礼として，合計6000万円にも及ぶ賄賂を受け取っていたという事件であった。この事件は，小山元代表が特別養護老人ホームを建設する際，自分のグループ会社に建設を受注させ，そこが安い費用で他の業者に「丸投げ」し，国から補助金などを余分に受け取り，それを前事務次官らへの賄賂に回していたというものであった。また，取り巻きを集め，業者の援助で「研究会」を組織し，毎年仕事始めは，小山元代表の自宅で研究会のメンバーと過ごした。そのメンバーのなかで厚生省内では岡光前次官の“直系”といわれ，省を挙げて準備してきた公的介護保険でも中心的な役割を果たしてきた和田勝前審議会も100万円の現金を受け取ったことが発覚し懲戒解雇された。

　このように福祉を食い物にして，私腹を肥やす官僚はどんな制度をめざしていたのか，超高齢社会の切り札として鳴り物入りで登場した介護保険であるが，本気で老人や障害者のことを考えているのか，など疑問がわいてくる。薬害エイズ問題に続く，厚生省のこの不祥事に，国民の厚生省に対する不信は頂点に達した。当然のことながら厚生省を中心にまとめられた介護保険法案への風当たりも厳しくなった。自民党の有力な厚生省関係議員は，厚生行政への不信が強まるなかで，国民に負担をかける改革は非常に気が重いだけではなく，介護保険法案を国会に提出しても，審議のなかで不祥事が攻撃されるだろうと懸念した。

　一方，自民・社民・さきがけ3党の政策調整会議は，法案を審議する前に省内の断固たる綱紀粛正を求めるとの談話を発表した。一方，社会保障の将来象を検討していた厚生省の社会保障関係審議会会長は11月20日，「国民負担率」を高齢化のピーク時でも50％以下に抑えるためには，「年金・医療の給付を中長期的に2割以上削減しなければならない場合もありうる」とした中間報告を作成した。報告書は，少子・高齢化の進展で社会保障費の増大は不可避といった上で，国民負担率が高齢化のピーク時において50％以下という目案は，公私の活動の適切な均衡をとる上での指標となり得ると負担率の目案設定を是認したのである。

　これらを踏まえて，名目国民所得の伸び率を最も低いと仮定したケースとして

2000年まで毎年1.75％，それ以降1.5％で，介護保険の導入などを前提とした場合，高齢化ピーク時の2025年度の国民負担率は55.5％程度になると推計した。このため，報告書は「国民所得の伸びが低い場合に，国民負担率を50％以下にとどめるという目標を達成するには，医療・年金を中心に2割以上の給付の効率化が必要な場合もありうる」とした。また，医療保険審議会も，健康保険の被保険者本人の自己負担を現在の1割から2割に引き上げ，老人保健制度の高齢者自己負担分を現行の定額制から1〜2割の定率負担にすることなどを盛り込んだ医療保険制度改革の意見書を提出した。

（４）国会での政策決定の過程

① 衆議院での審議

　紆余曲折を経て政府は11月29日，公的介護保険法案など「介護関連3法案」[56]に対し，閣議決定を経て同日召集された第139回の臨時国会に，政府提出案として提出した。ところが，法案の国会提出に対し各界団体の強い抵抗があった。厚生省の福祉行政をめぐる一連の不祥事に対して，新進党の野田政審会会長は国民に大きな負担を求める前に，けじめが必要であると指摘し，汚職事件の中心人物が法案作成に関わっていたので，同法案を撤回して検討し直すべきであると法案提出に強く反発した。[57]

　また，国会に提出した介護保険法案に対し，経団連や経済同友会は社会保険方式ではなく，税方式が望ましいと主張し，保険方式を主張する日経連や日商も保険料の企業負担を義務づけることは容認できないと法案の修正を求めたのである。ある経済団体の幹部は不祥事が発覚した厚生省への不信感も手伝って国民的な議論を深めるために法案を撤回すべきであるとの声明を出したのである。[58]

　このような，反対の声もあったが，同法案は12月13日の衆議院本会議で審議に入った小泉厚相が介護保険法案と同法案に関連する介護保険法施行法案，医療法改正法案について趣旨説明を行った。趣旨説明に続く質疑のなかで橋本首相は「介護は最重要課題の一つであり，今回の一連の厚生省の不祥事を理由に先送りすべきものではない」と早期成立に理解を求めた。その後，衆議院の厚生委員会に付託され，12月17日同委員会で提案理由が説明された。この翌日臨時国会は21日間の会期を終え，閉会になり，介護保険関連3法案は1997年1月20日に召集された第140回通常国会へ継続審議となった。

322 第Ⅳ部 低成長時代における高齢者福祉政策

　このように，臨時国会の会期は18日までしかなく，介護保険法案は実質審議が
ないまま，次期通常国会に継続審議となるのが確実であるにもかかわらず，政
府・与党が今国会での趣旨説明にこだわったのは，成立に向け，審議を一歩でも
進めたいという思惑があったからであろう。厚生省の汚職事件も尾を引き，20日
開会の通常国会で本格審議が始まる介護保険法案に対し，賛否両論が渦巻いてい
るなか，東京都内の老人福祉施設長らが有志でつくる「現場から公的介護保障を
考える会」は公的介護保険制度が実際に導入されれば，老人福祉は後退するとし
て公的介護保険制度の導入に反対する声明文をまとめ，小泉厚相に提出した。声
明文には介護サービス利用までの手続きが煩雑で利便性に劣ることや特別養護老
人ホームの入所者本人負担が重いことなどを列挙した。また，全国公私病院連盟
も現状では介護を提供する施設や要因が圧倒的に不足しているので介護保険を急
げば，保険あって介護なしになる恐れがあるし，新制度の創設は厚生省の権益を
増やすだけに過ぎないと批判したのである[59]。

　一方，介護財源をめぐり，衆院予算委員会で自民，社民両党が論戦を展開した。
社労族で鳴らした新進党の坂口力議員は税金の方が介護に適していると迫ったの
に対し，小泉厚相は「将来，介護が必要な人の増加を考えると保険制度導入が欠
かせない」と主張した。これに対し，坂口議員は年金や医療はたとえば，若いと
きの負担者がほぼ確実に将来には受給者となるので，これらのような負担者が受
益者になりうるなら保険が適しているが，介護は一般の人の1割しか世話になら
ないのでかならずしも負担者が受給者にならない場合もあるから，保険ではなく
税で賄うべきであると反論した。また，これに対し小泉厚相は，利用者の立場か
らみると保険制度の創設が望ましいとし，特に政府が今国会で提案する介護保険
法案は在宅介護や介護施設利用など「どういうサービスを受けられるかを利用者
が選択できるようになる」と利点を強調した。

　23日から介護保険法案が通常国会で本格審議に入ったが，そこでも新進党は相
変わらず保険方式への懸念を表明し，介護費用は原則として国が税で面倒をみる
方式を続けて主張した。反面，小泉厚相は「保険方式は医療や年金でも定着して
いる。一種の目的税で完全な税方式よりも理解が得られやすい」などと反論し，
社会保険方式の導入を重ねて強調した[60]。

　一方，1997年2月10日には，先の医療保険審議会の意見書を受け，政府・厚生
省が検討を進めていた健康保険法改正案も通常国会に提出された。同審議会の意

見書では高齢者の自己負担は，1〜2割の定率制とされていたが，法案では，日額制度に切り換えられた。しかし，この法案がこのまま成立すると，70歳以上の高齢者は現在平均で月に2〜3回程度通院しているので，その負担額はおよそ2.8倍になる。したがって，この法案が成立すると，受診率の大幅な落ち込みが予想されるので，日本医師会も反対しており，各関係団体や野党からも批判や反対論が続出している。さらに，与党の社会民主党も難色を示しており，国会での審議も難航していたので，この法案の影響もあって介護保険法案の通常国会での成立も微妙な状況になってきた。[61]

　介護保険が通常国会で審議されているなか，厚生省は公的介護保険制度導入へ向けた施行準備体制を強化するため，高齢者介護対策本部を改組し，「介護保険準備推進本部（仮称）」を新設した。新本部は現在の対策本部のメンバーより5〜10人増員する計画として，そこには自治体からの出向職員も別途受け入れるものであった。その背景には，介護保険法案の国会審議が曲折を予想され，自治体との連携を強める準備作業を並行して進める考えがあるからである。新たに設置される推進本部は健康政策局など保険制度の運営に関与する他部局などから協力を得ながら，さらに，自治体とのパイプを確保するため，一部の都道府県などには介護保険担当者らの要員派遣を要請するものであった。

　一方，4月7日，小泉厚相が菅直人民主党代表に医療保険改革，介護保険の2つの法案を持ち掛けたところ，医療法案を修正すれば，介護法案とセットで成立させてもいいと菅代表が返答した。さらに，同日，加藤紘一自民党幹事長，山崎拓政調会長，小泉進一郎厚相がこの案件に対し，コンセンサスをとり，10日には加藤幹事長と山崎政調会長が，介護，医療両法案をめぐり民主党の菅代表や仙谷議員と会談した。14日には小泉厚相と菅代表の会談のとおり，法案を修正して一括成立させるとの合意を結んだのである。関係団体の反対もあって介護保険法案が次期国会に先送りというムードも出ているなか，これで改めて今国会で両法案をセットで成立させるという巻き返しの動きが出てきたのである。その背景には，政策論よりも政略論を優先したのではないかと考えられる。たとえば，介護保険を地方組織の強化材料に使おうとする民主党が，自民党の山崎拓政調会長らに早期成立を詰め寄ったという見解もある。[62]

　このように自民党と民主党が内容の修正を前提に，今国会で成立させることに合意したため会期内成立の見通しが強まったのである。民主党は保険方式による

324　第Ⅳ部　低成長時代における高齢者福祉政策

介護体制の充実を一刻も早く進めるべきとの立場であったが，法案の内容についてはいくつか改めなければならない点があると主張した。一方，新進党は財源は介護保険ではなく税金で進めるべきであるなどと政府原案の根本部分での修正を求めていた。しかし，政府・与党は新進党の要求はとても受け入れられないとしているが，民主党や社民党の修正要求には極力応じて，同法案を何とか可決にもっていきたい考えであった。結局，5月21日に介護保険法案が衆議院厚生委員会で自民，民主，社民の3党と無所属議員で構成する「21世紀」などの賛成多数で可決され，同法案は22日衆議院本会議で可決され，成立に向けての第一歩を踏み出したのである。

②　参議院での審議

　介護保険という設計図は衆議院で可決されたが，それを軸にする新しい制度の発足までにはさまざまな問題が残っていた。法案だけで215条にのぼるし，その条文の内容は不明であり，理解できない例が山積している。さらに，厚生大臣は介護保険に関する重要事項に関しては，あらかじめ政令で定める審議会に諮問するとしている。こうした法案の可決について市民参加や情報公開などを盛り込むよう法案の修正を求めてきた「介護の社会化を進める1万人市民委員会」の運営委員である池田省三は可決された法案に大きな失望を感じていると述べた。[63]政府案は基本的に高齢者介護法案であって，65歳未満の要介護者へのサービスの提供は特定疾患に限られている。同市民委員会は将来すべての障害者がサービスを受けられるよう，加齢に伴う疾病で要介護状態になった人だけを対象にするという法案第1条の修正を求めたのである。与党3党に民主党が関わった修正協議は「加齢条項」の削除も視野に入れて進めたが，政府側はこれに応じず，30年の国策を決める法案の修正に失敗したと批判したのである。

　一方，介護保険案が可決された後，日本経済新聞社は6月20日から22日にかけて全国を対象に世論調査を実施したが，回答者の9割が政府提出の公的介護保険に批判的であったことがわかった。[64]表10-7のとおり，同調査は介護保険を早急に実施すべき，保険ではなく税で賄うべき，供給体制が整ってから実施すべき，法案を出し直すべき，国民の負担が増えるので必要ない，言えない・わからない，という6つの選択肢を設け，性別，年代，職業，支援政党，地域別の回答をクロス集計した。それによると，まず女性の方が男性より批判が多かった。また，高

第10章　超高齢社会と介護保険法　325

表 10 - 7　介護保険法に関するクロス集計結果 (%)

	早急に実施	税金で補うべきだ	給付体制が整ってから	法案を出し直すべき	必要ない	分からない
全　　体	7.8	19.0	18.9	42.0	8.4	4.0
性　　別						
男　　性	10.0	19.4	21.3	38.6	7.8	3.0
女　　性	5.6	18.6	16.6	45.2	9.0	5.1
年 代 別						
20 歳 代	3.3	26.6	19.7	40.8	6.4	3.3
30 歳 代	1.7	16.8	24.2	50.3	5.7	1.4
40 歳 代	6.1	19.5	19.6	45.7	6.2	2.8
50 歳 代	7.9	19.5	16.9	43.7	8.7	3.2
60 歳 代	13.7	18.1	15.0	37.1	11.7	5.1
70歳以上	15.3	11.6	18.8	28.9	14.7	10.7
支持政党別						
自 民 党	10.4	17.6	21.1	37.6	9.9	3.4
新 進 党	5.5	23.0	19.5	43.4	6.9	1.7
民 主 党	9.0	24.7	13.9	42.3	7.4	2.8
共 産 党	3.6	16.2	11.1	54.9	11.1	3.2
社 民 党	7.9	17.5	19.0	43.7	11.5	0.4
太 陽 党	7.1	14.3	28.6	21.4	28.6	0.0

出典：『日本経済新聞』1997年6月24日。

齢者ほど賛成が多いが，負担増になるので必要ないという意見が多かった。そして，支持政党別では自民党，民主党は早急に実施すべきであるが相対的に多かったが，自民党以上に介護保険導入に熱心な民主党の支持層は保険ではなく税でという回答比率が最も高かったのである。さらに，言えない，わからないという回答が4％しかなかったように，全体として介護保険法案への批判的見方が大勢になっていることが明らかになった。

　すでに検討したように，介護保険制度構想が登場した当初の各世論調査では国民の大多数が賛成であったのに対し，今回の調査では反対の結果になったのである。これは，介護の現場では制度ができれば何とかなるのではないかという漠然とした期待感があったに違いないが，その内容が具体化するにしたがって介護保険法案への批判が高まったといえる。また，介護保険ができれば介護問題は解決できるといった厚生省・与党の解説が介護保険法案の成立のための，一方的宣伝であることもわかったのである。安田降男は「国民の大多数が批判している法案を衆議院だけとはいえ通過させたことは一体，政治とはなんなのか，議員の見識

を疑いたくなると同時に厚生官僚による国民不在の政策づくりの姿勢を改めて感じた」と述べた。

　一方，6月29日は，「現場から公的介護保障を考える会」が「疑問だらけの公的介護」というテーマで公開シンポジウムを開き介護保険法案の問題が議論された。そこで，シンポジストの佐野正人日経新聞編集委員は第140回通常国会で介護保険法案が通過したのは「十分な審議を重ねたのでなく，政党間の談合の結果でしかない」と指摘した。伊藤周平は介護認定について東京都の調査で，厚生省基準に基づく判定と現場の医師らの所見を交えた判定結果に4割以上ズレがあった点を挙げ，「認定への不満は必ず出てくるが，法案は対応も明らかではない。すなわち，法案では政令や省令で定めるとしたものが300近くあるが，具体的な中身が知らされていない。さらに，保険料を払って，自分が介護を必要だと思っても，認定されなければ不可能年金から天引きするとしているが，年金は本来，生活のための所得保障で税金や保険料は想定されていない」と同法案の内容について問題点を指摘したのである。

　先の通常国会で継続審議となった，介護保険法案をめぐり，厚生省は目標の2000年度の実施に向けて秋の臨時国会を法案成立のタイムリミットと位置づけているが，国会審議のゆくえが不透明感を増してきた。法案成立に前向きだった民主党は党内で非自民路線を唱える声が強くなってきたし，与党の社民党でも9月の医療費引き上げに続いて国民に負担増を求めるのだから介護保険法案を慎重に審議すべきであるとの気運が広がっているなか，同法案は参議院で本格審議が始まった。

　小泉厚相は，介護問題は放置できない問題であるので一日も早い成立を主張したが，参院厚生委員会の質疑で自民党議員でさえ「見えない法案」であると嘆いた。11月13日の参院委で社民党の清水澄子議員は「介護報酬の水準について厚生省からは一切，教えてもらえない秘密主義だ」と批判したが，厚生省は「各サービス費用の実態調査や審議会の意見を踏えて検討」と繰り返すにとどまっている。

　一方，東京都は27日，参院で審議中の介護保険法案の条文修正を求める要望書を厚生省に提出した。そのなかで制度を担う地方自治体の財政措置や介護サービス基盤の整備について要望してきたが，いまだに反映されていないと政府の対応を批判し，介護保険の財源のうち国が負担する割合を4分の1と法律に明記することを求めるともに，サービスの質を確保するために，都道府県に対しサービス

第10章 超高齢社会と介護保険法 327

表 10-8 介護保険法案の成立をめぐる主要な動向

	内　　　容
1996年 1月31日	老人保健福祉審議会（第二次報告） • 介護給付及び基盤整備について，国民に情報を公開していく視点から，具体的な内容及び考え方をとりまとめ
4月22日	老人保健福祉審議会が「高齢者介護保険制度の創設について」と題する最終報告を発表 • 高齢者介護保険制度については，それぞれの問題点ごとに議論を整理し，これを踏まえ，厚生省において，制度の具体的な試案を作成することを要請
5月15日	厚生省が介護保険制度試案を老人保健福祉審議会に提示
5月30日	厚生省が「介護保険制度修正試案」を老人保健福祉審議会に提示
6月6日	厚生省が介護保険制度案大綱を老人保健福祉審議会等に諮問
10日	厚生省が介護保険制度案大綱について老人保健福祉審議会より大筋で了承の答申社会保障制度審議会が「介護保険制度大綱」を大筋で了承の答申
17日	介護保険創設に関する与党合意事項 • 関係者の意見を踏まえつつ，要綱案を基本として懸案事項についての解決を図りながら，必要な法案作成作業を行い，時期国会に法案を提出することを合意
25日	与党介護保険制度の創設に関するワーキングチーム設置
7〜9月初め	ワーキングチーム　全国6カ所で地方公聴会
9月19日	介護保険法要綱案修正事項に関する与党合意 • 市町村に対する財政面・事務面での支援の強化，2000年度から在宅・施設を同時実施等
10月31日	3党政策協議による合意 • 介護保険制度については，3党において選挙前にとりまとめた内容で次期臨時国会に法案を提出し，成立を期すことを合意
11月29日	第139回臨時国会に「介護保険関連三法案」提出　岡光前厚生事務次官を汚職容疑で逮捕
12月18日	第139回臨時国会閉会，「介護保険関連三法案」継続審議に
1997年 5月21日	第140回通常国会衆議院厚生委員会において「介護保険関連三法案」可決
5月22日	第140回通常国会衆議院本会議において「介護保険関連三法案」可決
12月2日	第141回臨時国会参議院厚生委員会において「介護保険関連三法案」可決
12月3日	第141回臨時国会参議院本会議において「介護保険関連三法案」可決
12月9日	第141回臨時国会参議院衆議院本会議において「介護保険関連三法案」可決

事業者の指導・監督結果の公表を義務づけ，事業者には利用者への情報提供義務を課す条文を追加するよう提案した。

このように介護保険法案は保険料などを含め，当初から指摘された法案提出以来の問題が，約一年にわたる審議によってもほとんど解消されないまま，12月2日，参院厚生委員会で公的介護保険法案の政府修正案を再修正のうえ，自民・社民・民主・太陽の4党派の賛成多数で可決された。12月12日，参院厚生委員会で

328 第Ⅳ部 低成長時代における高齢者福祉政策

は4党派が共同で介護施設などの基盤整備に不安を抱く自治体を配慮し，国の責任を明確にする条文を加えた修正案を提示し，可決された。しかし，財源問題における全額税方式を主張した平成会と，現行の老人福祉制度と保険方式の組み合わせを訴えた共産党は反対した。

政府修正案の柱は，第一に，介護対象は原則的に65歳以上とし，40歳～64歳は老化による疾病に限る，第二に，介護費用の1割は利用者が負担し，残りを40歳以上の全国民から徴収する保険料と公費で折半する，第三に，介護を受けたい人は運営主体となる市町村の窓口に申請して審査と認定を受けるなどという内容であった。[66]

介護法案は衆参両院審議を通じて，さまざまな問題点を浮かび上がらせた。つまり，保険料負担か全額税負担かという財源論の他に，第一に，介護サービスが需要に間に合わず，保険あって介護なしといった結果にならないか，第二に，保険料など将来的な負担増の見通しがはっきりしない，第三に，低所得層の自己負担が重すぎる，第四に，市町村は財政・事務両面にわたって重い負担を強いられるのではないか，などという懸念が指摘された。

しかし，政府は「今国会で成立が見送られれば，2000年度からの制度導入は難しくなる」と強調し，問題点については制度の運用のなかで修正すべき点は修正していくとして法案の大幅な修正を拒み，早期成立を優先させた。同法案は3日，参院本会議で可決の後，衆院に回付，9日にも衆院本会議で可決され成立した。寝たきりや認知症となった高齢者に，2000年度から包括的な介護サービスを提供する介護保険法案は，1996年秋の臨時国会への提出から3国会を経て成立し，高齢化社会を迎え新たな社会保障制度が発足することになったが，以上，同法案の国会提出までの経緯をまとめると表10-8のようになる。

第2節　介護保険制度の仕組み

（1）目　的

介護保険法第1条では同法の目的について次のように規定している。本法律は加齢（老化）が原因に発生される疾病によって要介護状態となり，介護，機能訓練並びに看護及び療養上の管理，その他の医療を必要とする者が自分の能力に応じ，自立生活が可能になるよう，必要な保健医療サービス及び福祉サービスの給

付を行い，国民の保健医療向上及び福祉の増進を図ることを目的としている（第1条）。

（2）基本的な理念

介護保険法では介護保険制度の基本理念に次のようなことを提示してある。

第一に，今後増加が予想される介護費用を将来に安定的に確保するため，保険者負担と給付サービスとの対応関係を明確にすることと同時に，国民の連帯，相互扶助を基礎とした社会保険方式で対応する。第二に，介護給付サービスは被保険者本人の自己決定を最大尊重し，サービスの内容や種類，事業者などを利用者が選択できる利用者本位制度にする。第三に，現行の措置制度を廃止し，利用者とサービス提供字間に契約を締結，民間事業者や営利組織などを含んだサービス提供主体を多様化する。第四に，サービスの提供は速やかに行われなければならないし，保険給付は要介護状態の軽減，悪化の防止及び予防に貢献されることができるようにする同時に，医療との連帯を配慮して行われなければならない（第2条2項）。

第五に，介護保険制度は被保険者本人の自分の決定を最大限尊重して，自分の選択に基づいて，一人ひとりに適当な保健，医療，福祉などサービスが多様な事業者や施設から総合的，効率的に提供されるように配慮されなければならない（第2条3項）。第六に，高齢者の多くは要介護状態になっても家族や慣れた地域で生活することを望んでいるので，できれば在宅で自立生活が可能になるように配慮されなければならないと規定している（第2条4項）。

（3）保険者及び被保険者

① 保険者

介護保険制度の実施運営の主体である保険者は市町村及び特別区になっている。保険者は一定の要件に該当するものを被保険者として強制加入させ，保険料の徴収など被保険者管理を行うとともに，保険料収入や国からの負担金等を財源に保険財政の適正な運営を図りながら，保険事故が発生した場合に所要の保険給付を行っている。しかしながら，同制度は保険者である市町村を国，都道府県，医療保険者，年金保険者が重層的に支え合う仕組みになっているので制度を実施することになっている。

330　第Ⅳ部　低成長時代における高齢者福祉政策

表 10‐9　被保険者と対象者，保険料負担

	第 1 号 被 保 険 者	第 2 号 被 保 険 者
対　象　者	65歳以上の者	40歳以上65歳未満の医療保険加入者
受　給　者	・要介護者（寝たきり・痴呆） ・要支援者（虚弱）	左のうち，初老期の痴呆，脳血管障害等の老化に起因する特定の疾病によるもの（＊）
保険料負担	市町村が徴収	医療保険者が医療保険料として徴収し，給付金として一括して納付
賦課・徴収方法	・所得段階別定額保険料 　（低所得者の負担軽減） ・一定額以上の年金受給者は年金から天引，それ以外は普通徴収	・健保：標準報酬×介護保険料率（事業主負担あり） ・国保：所得割，均等割等に按分（国庫負担あり）

＊：特定疾病以外の事由によるものについては，現行の障害者福祉各法に基づき，障害者プランの拡充により，総合的計画的に介護サービス等を提供。
出典：『介護保険の手引平成14年版』ぎょうせい，2002年，37頁。

②　被保険者

　被保険者とは，保険制度の目的である保険事故が発生した場合に保険される主体として損害等の給付を受けるものをいう。同制度では，表 10‐9 のように被保険者を第 1 号被保険者と第 2 号被保険者に区分している。この第 1 号被保険者は，市町村の区域内に住所を有する65歳以上の者として保険料は所得段階別に定額の保険料を支払しなければならない。なお，保険料は年金から天引きにより徴収されることになっているが，無年金者や障害年金，遺族年金受給者等については市町村が徴収することになっている。

　次に第 2 号被保険者は，市町村の区域内に住所を有する40歳以上65歳未満の医療保険加入者をいう。保険料は，健康保険に加入しているサラリーマンの場合は本人の収入により保険料を算定するが，国民健康保険に加入している場合は各市町村の国民健康保険料の算定ルールにより，所得割，資産割，均等割，平等割等に按分する。ただ，いずれの第 2 号被保険者についても健康保険では事業者や政府等の負担があり，国民健康保険では国庫負担にする。[68]

（4）要介護認定

　被保険者が介護給付と受けるためには介護認定審査会による認定を受けなければならない。この認定では被保険者が「要介護」または「要支援」状態にあるか

第 10 章　超高齢社会と介護保険法　　331

表 10 - 10　要介護認定の仕組み

```
1. 申請(代行可)
2. 訪問調査                              被 保 険 者
5. 認定などの通知

2. 意見聴取(主治医意見書)              主 治 医

3. 調査結果などの通知, 審査・判定依頼
市 町 村                              介護認定審査会
4. 審査・判定結果の通知

                    30日以内
```

どうかに加え，要介護の状態の程度に確認する。要介護認定は被保険者の申請から始まり，それぞれの段階を経って進められるが，原則的に市町村は被保険者の申請から30日以内に認定を行うこととされている。また，認定の効力は申請日にさかのぼって生じるのである。

　そのプロセスを簡単にまとめると表10‐10のようである。第一に，被保険者のうち介護サービスを必要とする本人あるいは家族は必要な書類を添えて市町村に申請する。第二に，市町村は申請があった被保険者を訪問面接し，心身の状況などについて調査する。訪問調査と同時に，市町村は被保険者の主治医に対し主治医意見書の提出を求める。第三に，市町村は前記の結果を「介護認定審査会」に通知する。要介護認定は，申請者が要介護状態であるかどうかに加え，要介護状態の程度も合わせて判定するが，この要介護状態区分を要介護度という。要介護度は，生活の一部について部分的に介護が必要な状態から，軽度の介護を要する状態，最重度の介護が必要な状態まで，5段階に区分されている。これに加えて要支援状態の2区分があるので全体で，7段階に区分されている。認定審査は，基本調査の結果を用いたコンピュータによる「一次判定」と訪問調査の特記事項や主治医意見書の内容を加味した「二次判定」によって決定される。第四に，介護認定審査会は判定結果を市町村に通知する。第五に，市町村は介護認定審査会の結果判定に基づき認定を行う。そしてその結果を申請者に通知する。介護保険法では市町村の認定結果に不服がある場合，被保険者は都道府県に設置されてい

332 第Ⅳ部 低成長時代における高齢者福祉政策

る「介護保険審査会」へ60日以内に審査請求をすることができる。

（5）介護保険給付

介護保険給付は，「介護給付」，「予防給付」，「市町村特別給付」の3種類がある。

① 介護給付

介護給付は，要介護者に対して行う保険給付として，居宅介護サービス費，特例居宅介護サービス費，居宅介護住宅，居宅介護サービス計画費，特例居宅介護サービス計画費，施設介護サービス費，特例施設介護サービス費及び高額介護サービス費[71]の9種類がある。

② 予防給付

予防給付は，「要支援者」[72]を対象に行う保険給付として給付の内容は介護給付に準じている。ただし，予防給付は施設給付ではなく，また在宅給付の対象サービスとして認知症対応型共同生活介護が含まれていない。

③ 市町村特別給付

市町村特別給付は，要介護者あるいは要支援者に対して，介護給付及び予防給付以外に介護保険制度の趣旨に沿って市町村が条例で定めるところにより行う，市町村独自の保険給付であるが，これは基本的には第一号保険料を財源として行うこととされている。

（6）財政と費用負担

① 財源構成

介護保険制度は社会保険方式になっているので，財源は公費と保険料で構成されている。表10-11のように介護費用から利用者負担を除いた額を「給付費」というが，総給付費のうち50％を公費で賄い，残りの50％を保険料で賄うことになっている。

第 10 章　超高齢社会と介護保険法　　333

表 10-11　費用負担の割合（全国）

利　　用　　者　　負　　担					
公費 50%	国　　費　（25%）	定　　率　（20%）	保 険 料 50%	1　号　保　険　料	
		調整交付金（5%）			
	都　道　府　県（12.5%）			2　号　保　険　料	
	市　　町　　村（12.5%）				

② 公費負担

　給付費の50％は公費で負担するが，このうち，要介護者への「介護給付」及び要支援者への「予防給付」の費用の合算額の20％を国が定率で，12.5％を市町村及び都道府県が定率で，それぞれ負担する。また，国は，全市町村の総給付費の5％に当たる額を「調整交付金」として交付するが，これは，市町村間の財政力格差を調整するために使われているから，個々の市町村ごとにみると，5％未満のところや5％を超えて交付されるところもある。しかし，国費の合計は給付費の25％となっている。

③ 保険料

　総給付費の50％は，保険料財源で賄われているが，保険料は第1号被保険者と第2号被保険者に区分される。第1号被保険者（65歳以上の者）については，市町村ごとに所得段階に応じて設定されているが，3年ごとの見直しに基づいて行われる。そして第2号被保険者（40歳以上から64歳までの医療保険に加入している者）は1人当たりの全国均一額に保険料がほぼ同じ負担水準となっている。

④ 利用者負担

　利用者負担については，サービス利用者と利用しない者との負担面で公平性とサービス利用に対する費用負担を認識させるという観点から利用者負担は1割負担の定率負担が原則である。しかし，2015年の改正により，年間280万円以上の所得がある利用者は2割負担と改正された。ただし，利用者負担が高額になる場合には高額介護サービス費等の支給により利用者負担に上限を設けている。また，これらの高額介護サービス費等の自己負担の上限額は，低所得者に配慮し，一般の人より低く設定されている。

334 第Ⅳ部 低成長時代における高齢者福祉政策

（7）事業者及び施設

　保険給付は，原則として都道府県知事の指定を受けた事業者及び施設からサービスを受けた場合に行われる。都道府県知事が指定を行うにあたっては，当該事業者または施設が，厚生労働大臣の定める人員基準，設備基準，運営基準を満たしているか否かを判断して行うこととなっている。なお，指定居宅介護支援事業者及び介護保険施設には，法律上，介護支援専門員（ケアマネジャー）を必ず設置するようになっている。

　指定事業者・施設の用件の一部を満たしていない場合でも，たとえば，法人格を有しない訪問介護の事業者などについて，そのサービスが一定水準を満たす場合には，保険者が個別に判断して保険給付の対象とすることができる。さらに，離島など事業者の確保が困難な地域では，かならずしも指定基準を満たさない事業者にかかるサービスについても，保険者が特に認めた場合には給付対象とすることができる。

第3節　介護保険制度の改正（2005年）

　日本の介護保険制度は制定当初から「付則条項」に，内容を検討し，必要に応じて改正するようになっている。2006年は制度施行の6年目を迎えるので，厚生労働省は「高齢者介護研究会」を設置し，改正案を検討してきた。そして2005年2月にはまとめられた改正案が国会に提出され，部分的な修正の後6月に新改正案として成立した。同改正により，2005年10月からは介護施設入所者は食費と住居費が全額自己負担になったし，また在宅サービス利用者に対しては予防を中心とした新しいサービス体系が整備されることになった。本節ではこのような2005年改正案がどのような仕組みに改定されたのかをその背景とともに，主な内容について厚生労働省の資料に基づいて検討する。

（1）介護保険制度の改正背景

① 保険給付の効率化の問題

　介護保険制度は高齢者の老後生活を支援するための制度の一つとして施行されて来た。しかし，サービス利用者の増加とともに給付費用は毎年増加し，2015年には10兆円近くになり，2025年には21兆円まで増加すると推計している。これは

第 10 章　超高齢社会と介護保険法　335

2000年制度施行当時の3.6兆円に比べると約2.5倍の費用である。前でも触れたように，介護保険の給付費は保険料と公費に構成されているので，給付費の増加は保険料を引き上げることになる。したがって，今の状態が続いたら第1号被保険者である高齢者にも保険料を引き上げなければならない状況に置かれている。だが，急に保険料を引き上げるのは容易なことではない。したがって，給付費を抑制する代案として給付費用の効率化または重点化の必要性が議論されるようになった。2005年の改正はこのような主旨下で，具体的には改正によって保険給付費が年間3000億円位を軽減させるのみならず，保険料引き上げも全国平均月200円引き上げで可能であるので，同制度が持続的に施行されるためには介護保険給付費の抑制が必要であるという方向に意見が集約された。例えば，2004年5月に財政制度審議会議の「2005年度予算編成の基本的な構想に対する建議」では，毎年増加する社会保障関係予算を計ることは日本において重要な問題であると指摘した上，介護保険制度に対しては現行の10％の利用者負担率を20～30％で引き上げることによって，費用の増加を抑制する措置を講じなければならないと言った。

②　負担と給付の問題

　現行の介護保険制下では要介護状態が同様な高齢者であっても，在宅サービス給付者と施設サービス給付者との費用負担という面で差異がある。例えば，在宅の場合は，住宅賃貸費，光熱費などを含んだ住居費や食費を本人が負担しているが，施設入所者の場合はこのような費用が保険から給付されている。だが，グループホームやケアハウスの利用者の場合は住居費や食費を利用者が負担している。このように現行制度においてはサービスの給付と負担面において不公平が存在するという問題が提議された。したがって，このような不公平をとり除くためには同一な要介護状態であれば，どこでサービスを受けるとしても同一な負担をすべきであるとの議論も制度改革の重要な背景になった。

③　新しいサービス体系の確立

　介護保険制の実施の後，要介護認定の方法，介護報酬の基準，ケアマネジメントのプラン作成または各種サービスの運営基準などについて部分的な修正は行われてきた。しかし，新しい給付や機関の創設，利用者負担良の大幅に引き上げ，保険者として地方自治体の役割に対する再編などに関する問題は大規模的な制度

336 第Ⅳ部 低成長時代における高齢者福祉政策

改革を要する部門と判断されて改正が行われなかった。さらに，地域福祉の観点からも介護保険制度が順調に機能してないという問題が多様なチャンネルを通じて指摘されて来た。こうした状況下で介護給付の効率化，給付と負担の公平性という問題が提議され，総合的な観点で制度改革の必要性が政策担当者に認識されるようになった。

（2）制度改正の内容

① 予想重視型制度への転換

　2005年改正案において重要なポイントは「介護予防サービス」が実施されるという点である。介護保険制度でサービスを需給するためには要介護認定を必要とするが，既存の要介護度の等級区分は要介護が1等級でから5等級と要支援をあわせて6等級に区分されていた。しかし，2005年改正案では表10-12のように，既存の6段階の等級区分の中で要支援と介護1等級の一部分が要支援1，2等級に変更され，全体的には7等級に細分化された。

　改正案で重要なことは新しく新設された要支援1，2等級であるが，要支援1，2等級に認定された者は「新予防給付」という新しいサービスの給付が提供される。例えば，「訪問介護サービス」を必要とする場合，要支援1，2に認定された被保険者は従来の訪問介護サービスの代わりに，「介護予防訪問介護」という新しいサービスの給付を受けられる。訪問介護サービスと介護予防訪問介護サービスの違いは「介護予防」つまり，要介護状態にならないように予防するという内容が含まれている。訪問介護事業のなか家事援助（生活援助）を例としてみると，例えば，ホームヘルパーは自分が料理や掃除を直接に行うのではなく，できればサービス利用者の自立生活ができるようにそばで手伝ってくれるということである。また要介護状態にならないようにするための方法として身体の機能を維持，向上させるという内容も含まれている。例えば，運動器具を利用して筋肉を向上させるとか，転倒を防止するために身体の均衡をとるトレーニングをするとか，または身体機能の老化を防止するのに効果があると知られた口腔ケア，高年者の栄養状態の改善のための指導を行うなど多様な種類のサービスが含まれている。

　こうした予防重視型システムでは「新予防給付」と「地域支援事業」があるが，新予防給付に対する具体的な内容は次のようである。新予防給付サービスの責任

表 10 - 12 介護等級区分

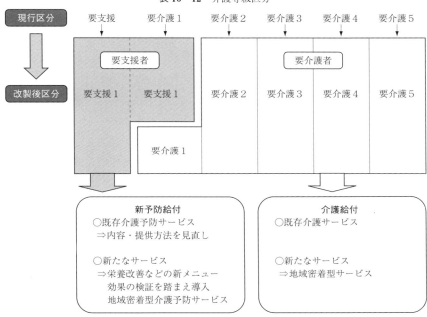

者は保険者である市町村であり，予防給付の対象者は要支援1，2と要介護1 (一部) 認定者で，廃用性症候群であったものである。厚生労働省は要介護1認定者の70〜80％はこの予防給付の対象者として推定している。厚生労働省が予防給付の対象者を要支援1，2と要介護1 (一部) にしたのはこのような階層の要介護認定者が急増してサービス利用率の増加が予想されるからである。また過剰の支援サービスによって，「廃用性症候群」で，要支援1，2及び要介護1認定者が増加したのでこれを抑制する方法として予防給付サービスを確立するようになったといえる。

改訂によって市町村は要支援，または要介護状態にないよう介護予防管理体系の確立が必要であることから「地域包括支援センター」を設置することになった。このような新予防給付は2006年4月から施行するようになっている。

② 新しいサービス体系の確立

新しいサービスとして制度改革では居住している地域内で施設サービスの利用

338 第Ⅳ部 低成長時代における高齢者福祉政策

ができるように新しく「地域密着型サービス制度」を新設した。その目的は要介護高齢者が生活に慣れた地域内で継続的に生活ができるようにサービスの体系を総合的な管理，運営するためである。このような地域密着型サービスにはグループホーム，小規模多機能型在宅介護，認知症高齢者専用デーサービス，夜間対応型訪問介護，小規模（定員30人未満）介護専用型施設及び介護専用型特定施設などがある。このようなサービスに対しては地域の実情に合わせて適切なサービスが独自的に運営されるように市町村に多様な権限を付与している。そしてこのような地域密着型サービスが円滑に運営されるため，新しい機関として「地域包括支援センター[74]」の設置，運営するようになったが，その具体的な機能は次のようである。

第一に，地域の高齢者に対する実態把握や虐待への対応などに対して総合的な相談支援業務及び権利擁護業務の担当する。すなわち，地域内の高齢者に対して必要なニーズを把握して，それに相応する適正なサービス業務だけでなく，制度や施設のサービスをより利用しやすくするように支援する。このような業務は主に社会福祉士が中心になって担当するようになっている。

第二に，介護予防ケアマネジメント業務機能であるが，これはできるだけ利用者自身が行うことによって，利用者の主体的な活動と参加意欲を高めることを目標にしている。このようなものは地域のボランティアなど，多様な社会支援を利用しながらも連続的で，一貫されたケアマネジメントが要求されるから，業務の担当は主に保健社などが中心になって他の機関と連携して実施するようになっている。第三に，包括的で継続的なケアマネジメントの業務であるが，これは主治医，ケアマネージャーと地域機関と連携して包括的，また継続的なケアマネジメントができるようにするため支援を行う。この業務は主任ケアマネージャーが中心に，他職種の人や地域の関係機関との連携を必要とする。

③ 施設給付の改正

介護保険制度は施行後予想より，サービス利用者が多くなり，保険財政面からも厳しい状況に置かれているので，2005年改正の重要なポイントの一つは急膨張するサービスの利用と加えて財政問題にどのように対応するかの問題である。したがって，このような問題点を解決するため，多くの給付費を必要とする施設給付を改正し，利用者に経費負担範囲を拡大させたという点を挙げることができる。

具体的な改正の内容は介護保険の３施設（特別養護老人ホーム，介護老人保健施設，介護療養型医療施設）のサービス利用者に対して住居費と食費全額が利用者の自己負担に変更され，そして通所サービス利用者は食費の全額が自己負担に転換された。

入所施設の住居費と食費の負担は要介護入所者の財政状況によって４段階に区分けされる。ただ，住居費に対しては居間の形態によって負担額が相異なっているが，食費は等しく負担する。制度の改正によって要介護３認定の利用者からは負担額が増加することになる。このように改正で施設利用者の負担を増加させる結果になったが，改正の目的である給付と負担の公平性がどの程度，達成可能になったか，または50万人を上回っている施設入所の待機者問題はこれからどのように解決すべきか，というところが注目される。

④　介護サービスの質の確保及び向上

介護サービスを利用者が適切または円滑に選択や利用できるように，そして良質のサービスの提供が確保されるように次の４項目を規定した。第一に，すべての介護サービス事業者にサービスの内容や運営状況などに関する情報を公開するように義務つけられた。介護事業者の情報公開はサービス利用者たちがサービス事業者を客観的に選択する際，重要な資料である。第二に，介護事業者に対する指揮監督を強化する一方，不正な事業者を排除するなど，事業者に対する規制を強化する方向に制度改革が行われた。第三に，ケアマネージャーの資質や専門性を向上させる同時に，公正，中立的な立場でケアマネジメントができるように，ケアマネジメントとケアマネージャーに対する機能を強化した。具体的なにはケアマネージャーの資質を高めるために５年間の資格更新制度を取り入れる一方，資格更新の時には研修を義務化した。また，ケアマネージャーの公正性と中立性を確保するために１人当たり，ケアプランの標準担当件数を現行の50人から40人以下で担当するように変わったのである。

⑤　保険料負担の適正化と制度運営の改善

底所得層の負担能力を軽減させるために現行の所得段階を細分化し，保険者である市町村に介護保険事業所等に対して監督及び調査権限を付与して保険者としての機能をより強化するなど改正があったが，保険料負担および制度運営に関す

340 第Ⅳ部 低成長時代における高齢者福祉政策

る改正の内容をみると次の通りである。まず，介護事業者に対する保険者の指導
や監督に権限を与えて事業者のサービス給付などに対するチェック機能を強化し
た。また地域密着型サービスに対する事業者の指定や指揮監督権限も付与し，都
道府県の事業者の指定を行う時，市町村長の意見を取りいれることなどが新たに
規定された。そして，市町村の事務に関する負担軽減と効率化をはかるという主
旨から，保険者の行政業務の外部委託に関する規定が整備され，介護保険業務に
精通した事業者に対しては認定調査などの業務委託が可能になった。次に，第1
号被保険者の中で底所得層を配慮して保険料の段階区分を細分化した。つまり，
改正前は6段階で構成されていたが，制度改正では底所得層の負担を軽減させる
ために7段階を区分して保険料を負担するようになっている。そして保険料の徴
収方法も保険者の事務効率化という観点から，現在の年金受給者に加えて2006年
10月からは遺族年金，障害年金受給者まで保険料を年金で源泉徴収するように改
正された。また源泉徴収以外の普通徴収の対象者は便宜をはかるために代理納付
やコンビニなどでも保険料の納付が可能になった。しかし，このように第1号被
保険者に対して源泉徴収の対象を拡大させることで，保険料の未納問題の防止に
より，介護保険の財政や管理，運営の効率には寄与するかも知れないが，被保険
者にとってはどうかという問題も残されている。

⑥　介護サービス報酬・基準などの改正

　介護報酬は保険者が介護サービスを提供した事業者に諸般の経費を介護保険財
政で支払う公定価格をいう。これは限られた財源を有効に使うため，各サービス
の価格及び基準を3年ごとで見直しするように介護保険法成立当時からの規定事
項になっている。

　2005年の改正では高齢者の尊厳の保持と自立支援という介護保険の基本理念を
踏まえて，次のような5つの観点に基づき，改正が行われた。すなわち，第一に
介護予防，リハビリテーション，第二に中重度者への支援強化，第三に認知症ケ
ア及び地域包括ケア，第四に医療と介護の連携と機能分担の明確化，第五にサー
ビスの質の向上である。特に今回の改正では医療との連携が必要な要介護高齢者
への対応を強化する観点から，ケアマネジメントにおける主治医などの連携や在
宅サービスの提供体制の整備を進めることにした。そして介護サービス報酬・基
準などの見直しは，第一に介護予防サービス，第二に地域密着サービス，第三に

第10章　超高齢社会と介護保険法　341

訪問系サービス，第四に居宅介護支援・介護予防事業，第五に通所系サービス，第六に短期入所系サービスがある。

　以上で2005年改正案について概括したが，このなか「施設給付の改正」分野は2005年10月１日から実施されたが，その以外は2006年４月１日から施行されている。

第４節　介護保険制度の問題点と残された課題

（１）介護保険制度の問題点

①　制度施行以前からの問題点

　法内容や制度上の問題でまず指摘することができることは，第一に法内容における行政裁量の範囲があまりにも多いということである。つまり，介護保険法には300余個に近い政・省令があって，例えば，要介護認定，サービス給付対象者，など重要な事項の多くの部門が政省令に規定されている。これは厚生労働省が政策環境及び状況によって内容をやさしく変更することができるようになっているから介護保険の重要事項に対する実質的な決定権が厚生労働官僚によって左右されるということである。

　第二に，同制度において保険者と被保険者，そして保険者と保険給付提供機関の関係は法律上に公法上の給付関係にあるが，サービス受給者とサービス提供機関との関係は当事者間の契約を前提になっているので，私法上の契約関係にあるといえる。このような法的規定はもし保険給付提供機関がサービス受給者と問題が発生した場合，保険者である行政側には責任がないということを意味する。

　第三に，同法ではサービス提供機関として民間企業の参入が可能になっている。しかし，このような営利企業の参入によってサービス質の向上ではなく，質の低下の問題や利用者の権利が侵害される可能性が発生する恐れがある。なぜなら，営利企業は本来企業の営利を目的としているので，サービス利用者のためではなく，企業の利潤追求にある。したがって農・山村のような打算が当たらない場合，その地域で事業を撤収してサービスの空白地域が生ずることもできる。これは制度上，競争原理を主張しながらもサービスの質よりはサービス提供価格（介護報酬）が決まっているからであるといえる。

　第四に，基盤整備及びインフラ構築に関する問題である。同法では介護保険実

施にあたり基盤整備及びインフラ構築のために「新ゴールドプラン」,「ゴールドプラン21」を策定し,具体的な目標量を設定している。しかしこのような目標達成が容易ではなく,たとえ,厚生労働省が計画したホームヘルパーの数が確保されたとしても,他の一方では利用者数が急増していることや西欧の福祉国家と比べてみるとき,十分な数ではない。さらに,地域別への需給不均衡及びホームヘルパーのサービス質とかかわったさまざまな問題点などがある。

　第五に,サービスの給付は基本的に要介護認定を要するが,このような要介護認定と関連し,多様な問題が提議されている。例えば,認定基準に関する問題で介護保険法では全国的に統一された介護認定基準によって認定作業が行われるようになっている。しかし,このように全国一律的な基準は現在政府が地方分権及び地域福祉を実施して行くという主旨からみて,むしろ地方自治体の役割りや権限を阻害する要因であると考えられる。また手続き及び時間の問題で,申し込みから認定,サービス需給までの手続きが複雑のみならず,多くの時間を待たなければならないという問題がある。例えば,医療保険の場合は,医療サービスを受けるために医療機関窓口に申し込みをすれば,すぐ診療を受けるのに比べて,介護保険の場合は認定まで数カ月の時間がかかるだけでなく認定を受けたといっても施設入所の場合,施設待機者が多いときには何年を待機する場合もある。

　最後に,保険料及び利用者負担に関する問題である。税金方式ではなく社会保険方式を取っているから,被保険者は保険料とサービス利用の時,1割か,2割の利用料を負担しなければならない。制度成立当時,第1被保険者の保険料は月2500円であったが,介護保険法では3年ごとに保険料を改正するようになっているので,必要によって保険料の増加が予想される。ここにサービス利用時の利用料負担とともに特に,施設サービスを利用する場合には標準負担額（食費や生活費）を追加で負担するようになっている。このようなことから低所得高齢者には大きな負担になる。その結果,要介護認定を受けても負担費用の問題で実際サービスを利用することができない事例が発生している。そのほかにも保険料未納の問題,年金から保険料の源泉徴収の問題,保険料は支払っても要介護認定を受けることができなければサービスを受けることができないという基本的に保険原理に当たらないという問題点[7]も指摘されている。

第 10 章　超高齢社会と介護保険法　343

表 10 - 13　要介護認定者数の増加推移

(単位：万名)

年度	2000年	2001年	2002年	2003年	2004年	2010年	2014年
数	218.2	258.2	302.9	348.4	379.5	487.0	533.0

＊2015年4月を基準にした数字である。
資料：厚生労働省「介護保険事業状況報告」から作成。

表 10 - 14　介護サービス利用者数の増加推移

(単位：万名)

種類＼年度	2000年	2001年	2002年	2003年	2004年	2014年
施設サービス（％）	52	65（ 25％）	69（32.6％）	72（ 38.4％）	78（ 50％）	92
在宅サービス（％）	97	142（46.3％）	172（77.3％）	202（108.2％）	247（154.6％）	508
合計（％）	149	207（38.9％）	241（61.7％）	274（ 83.8％）	325（142.9％）	600

＊2015年12月を除いて，各年度は4月末を基準にした。
＊（　）内の％は2000年度を基準に増加率を示したものである。
資料：厚生労働省「介護保険事業状況報告」から作成。

②　制度施行以後の問題点

　介護保険制施行以後路程された問題点としてまずは要介護認定者数，サービス利用者数，財源増加の問題などを取りあげられる。制度実施以前と比べて，予想以上に第1号被保険者の増加割合に比べて，要介護認定者の割合が大きく増加した。例えば，表 10 - 13 のように，介護保険が実施された2000年4月，当時要介護認定者数は218万2000人だったが，2014年8月には533万人で，14年間314万8000人にも増加した。このように要介護認定者数の急増は必然的にサービスの利用者数の増加をもたらすことになる。

　次に，サービス利用者数の増加現況を見れば，表 10 - 14 のように，2000年4月に149万人から2014年8月には600万人まで増加して14年4カ月ぶりに4倍以上に増加した。このようなサービス利用者数の増加は同一時期に高齢化率の増加速度と比べてもあまりにも急速なスピードでサービス利用者の数が増加しているということがわかる。

　このようにサービス利用者数の増加割合に比べて，被保険者割合の増加が低調な場合，当然介護費用の増大をもたらすようになる。その結果，介護総費用は2000年4月に3兆6000億円であったが，ますます増加して2005年には6兆円を超えて，今後とも毎年10％ずつ増加して2015年には10兆円，そして2025年には21兆円にまで達すると予測している。このように介護費用の増大は保険者だけでなく，

被保険者の負担増加を招来するようになる。特に，施設入所者の場合は2003年の介護報酬の改訂で特別養護老人ホームの個室化を推進し，個室入所者には月5万円程度の住居費を新しく徴収することになり，負担費用は月10万円程度に増加された。低所得高齢者にこのような負担増加はサービス利用を難しくする要因のひとつである。また介護保険の運営主体である市町村の場合も介護関係の財政が増加して全国の約30％に近い市町村が保険費より給付費のほうが多く支出されて政府の財政安定化基金を使って制度を運営している状況である。

　次は，施設整備やインフラ構築に関する問題である。実際に介護サービスを担当している介護労働者たちの労働條件の悪化や低賃金，不安定雇用などが拡がって，地域によっては人材不足の問題に直面している[80]。さらに，介護保険施行以後，多くの市町村で自治体直営または委託による訪問介護事業を縮小あるいは廃止することによって，いままでは正式職員がパートタイムで転換されるケースや，そのなかでも多くの人々に交通費も支払ってないことが表れている。こうした劣悪な労働條件は特に施設入所者への虐待へとつながれて，最近入所施設内で虐待問題が社会問題になり，2005年12月には高齢者虐待防止に関する法律まで制定されるようになった。

　また，ケアマネージャーの場合も介護報酬が少ない理由で，賃金水準が低く策定され，事業者側でも充分な人力を配置することができないから兼職する場合が多い。さらに，ケアマネージャーは市町村から委託を受けた要介護認定調査及び給付管理業務も兼ねなければならないことで，多くのケアマネージャーが残業と長期間の重労動という劣悪な労働條件下で業務を遂行している現実である。

　第三の問題は，事業者間の競争を通じてサービスの質を高めるという理念から在宅サービス分野ではNPO法人，医療法人だけでなく，営利企業の参入も可能になった。その結果，営利法人の事業所数は1万222カ所（2000年7月）から3万8837カ所（2006年10月）に，大きく増加した。問題はこのような営利法人の増加でサービスが質的に向上されたかということである。これに対して，平岡は市場メカニズムを取り入れたと言っても実際においては利用料に対する規制が強かったから，初期には事業者の競争が限定的で，ほとんど価格競争が成り立つことができなかったが，時間が経過しながら少しずつ競争が活発になるようになったと言った。

　しかし，このような価格競争によるサービス質の向上という面よりは営利企業

の参入によって，ケアマネージャーが自分が属した機関の売り上げを高めるために，サービスを利用者に対して必要以上にサービスを利用させることや介護報酬の不正請求の問題が指摘された。毎日新聞によれば，介護補修の不正請求などで都道府県から指定取り消し処分を受けたサービス事業者数は2017年に119事業者で，これは2000年度の7事業所に比べて約25倍以上増加したと述べた。一方，市町村や都道府県が介護報酬を不正または不当に請求したサービス事業者に返還を要求した金額が制度施行の2年後に32億1000万円にのぼるなど，今後ともこのようなことがもっと多くなることが予想される[81]。

第四は，介護の社会化という目的を実現するため実施された介護保険制度が実際は期待以下に在宅介護の負担が軽減されなかったし，低所得者の場合はむしろ介護負担が増加させたという問題である。介護保険での10％（年間280万以上の所得者は20％）の利用者負担の導入は従来福祉制度下では無料または少額でサービス利用が可能であった低所得者たちに利用者の負担を増加させ，介護サービスを抑制する結果をもたらした。また同制度では要介護認定等級及び介護給付の支給限度額が設定されて，その以上を超越する場合，その部門に対しては全額自己負担になっているから，重度の要介護者であるほど多くの費用を要する。

一方，認知症高齢者の場合，実際には重度の介護を要するが行動が可能であるという理由で，軽い等級に認定されて，必要なサービスを充分に利用することができない事例も多い。その結果，制度施行以後，施設入所希望者が急増し，施設入所待機者の問題が大きなイシューになった。2013年，厚生労働省が全国自治体を対象に調査を実施した結果，特別養護老人ホームの入所待機者数は52万2000人にのぼると発表した[82]。このような施設入所待機者は全般的に障害程度が重度であるので，介護者の介護負担も重いのみならず，経済的でも余裕がないということに問題がある。したがって，施設入所待機者の増加問題は介護の社会化という観点で見ても見逃すことができない重要な問題であるといえる。

最後に，前でも言及したように，施行以後，新しく現われた問題点の一つとして介護報酬の不正請求の問題である。事態の程度が深刻になると厚生労働省は介護報酬の不正請求及び不適切なサービス提供の防止のため，すべての介護保険サービス事業所に対してサービスの質を客観的にチェックできる「第三者評価」の制度を実施している。「介護保険サービスの評価に関する調査委員会」がまとめた中間報告ではその具体的な方法としてサービスの種類別で事業所が表示しな

346　第Ⅳ部　低成長時代における高齢者福祉政策

ければならない情報を決めて，第三者が確認した後，すべての情報を公開するシステムの構築を申し入れた。実施体制としては都道府県別に評価機関を設置して年1回位の調査を行うということと調査員は専門的な研修を受けることを要件とし，また調査結果に対してはインターネットに公開するというなどの内容であった。

　しかし，このような第三者サービス評価制度に対して，サービス評価はサービスの質的改善のための手段であって，そのものが目的ではない，またサービスの質の標準になる尺度が提示されない状態で評価が行われる時，客観的な評価が難しいというなどの問題が指摘されたのである。

（2）残された課題

①　介護サービスの地域間格差の課題

　介護保険制度は市町村がすべての部門で主体になり，制度の運営や管理および責任下で実施されている。しかし。市町村によって人口規模，高齢化の割合，と要介護者出現率，所得水準の格差など多方面から地域間の格差問題が存在している。その結果，介護保険料の割合や財政調整，民間サービス事業者の市場参入などに多くの影響を及ぼしている[83]。

　地域社会内で自立生活が可能になるように支援するのが介護保険の基本目標と同時に理念になっているので，これを実現させるために市町村の役割は非常に重要である。しかし，高齢化率が高い過小地域では地理的条件やサービス供給の不足により，充分なサービスの提供が容易では市町村もある。または財政規模が小さな市町村では多くの資金を要する施設整備に補助金を支援する余裕もなくて，ニーズがあっても施設サービスの確保が難しい状況である。一方，都市地域では地価が高くて，ニーズに適当な新しい施設建設が困難な状況である。給付費の地域間格差を見ても都道府県水準の比較で最大1.8倍の地域格差が発生しているが，これが市町村の水準になるとその差がもっと拡がることが予想される。

　もちろん，介護保険制度ではこのような地域間の格差調整のために公費の5％を財政交付金で設定しているが，これが地域間の格差問題を解消するのにどの位効果があるかは疑問である。したがって，今後ますます地域間の格差が拡大されることを考慮すれば，地域間の格差解消問題が先決課題のひとつである。

第 10 章　超高齢社会と介護保険法　　347

表 10 - 15　要介護度による認定者数の推移

(単位：千名)

年度＼等級	要支援	要介護 1	要介護 2	要介護 3	要介護 4	要介護 5	合　計
2000年 4 月	291	551	394	317	339	290	2,182
2004年 4 月	581	1,225	595	477	466	449	3,795
増加率	99.6%	123.5%	51%	50%	37.4%	54.8%	73.9%

資料：『厚生労働白書』2004年，205頁の図 5 - 2 から再構成。

表 10 - 16　社会支出対 GDP の国際比較

(2001年度)

	日　本	アメリカ	イギリス	ドイツ	フランス	スウェーデン
対国民所得費	24.02%	17.05%	28.90%	38.83%	38.88%	41.48%
国内総生産費	17.64%	15.17%	23.35%	28.77%	28.45%	29.50%

出典：『社会保障給付費』，国立社会保障・人口問題研究所，2002年，41頁。

② 　介護予防に関する課題

　高齢障害者に必要なサービスは純粋な意味での医療サービスより広い意味での生活支援サービスがより重要である。つまり，医学的治療行為 (cure) よりも日常生活の維持のための生活支援 (care) が重要な社会のニーズになるのである。厚生省の「人口動態及び社会経済調査」の結果によれば，寝たきり高齢者のうち，3 年以上寝たきり状態である人が53％で半分以上であり，また，全体寝たきり高例者の中で3/4 ぐらいの高齢者が 1 年以上寝たきり状態でいると報告した。これと関連して介護保険制実施の以来要介護認定者数は毎年増加傾向にあるというのはすでに触れたが，ここで重要なことは要介護認定者のなかで要支援や要介護 1 等級の軽度の認定を受けた数が大きく増加しているということである。

　要介護認定の増加割合を等級別に比べてみると，表 10 - 15 のように，要支援が99.6％，要介護 1 が123.5％で，全体増加割合である73.9％より増加が高いことが分かる。[84]

　さらに，要支援と要介護 1 の軽度の認定者が徐除に重度の方に進行するという傾向は軽度認定者に対する新しい介護サービスの提供が必要であることを示唆する。したがって，今回の改正でも介護予防にウェイトを置いて今後は軽度認定者がこれ以上悪化しないように多様な対応策を講じたのである。

③ 　介護保険財政をめぐる課題

　2001年，日本の社会保障給付費が GDP に占めた割合は表 10 - 16 で示してい

348 第Ⅳ部 低成長時代における高齢者福祉政策

表 10 - 17 国民医療費対前年度増加率 (%)

	1988年	1991年	1993年	1995年	1997年	1999年	2001年
国民医療費	6.1	5.9	3.8	4.5	1.9	3.7	3.2
老人医療費	12.7	8.1	7.4	9.3	5.7	8.4	4.1
国 民 所 得	6.8	6.4	0.0	1.3	0.9	▲1.6	▲2.7

資料:『厚生労働白書』2004年, 239頁の図7-1から引用。

るように, 17.64%で, 福祉先進国と比べて高い水準ではない。

　しかし, 日本の国民医療費は国民所得の増加を上回って増加し, 国民所得の7.3%を占めている。その中でも国民医療費の3分の1を老人医療費が占めていることやその, 増加率をみると表10-17のように継続的に高くなっている。[85]

　また, 医療保険の医療費と人口構成の推計を見ると, 2007年度の総医療費の34.7兆円のなか, 65歳以上の老人医療費が18.8兆円で全体医療保険費用の54.3%を占めている。さらに, 2025年には総65.6兆円の医療費のなか, 高齢者の医療保険費が45.0兆円で, 全体医療保険費用の60%を占めると予想されている。

　このような医療費の増加を適正化するためには増加する医療費の負担を国民全体が公平に負担することが重要な課題である。介護保険制度の導入はこのように増加する医療保険費用の負担を減らす目的で実施されるようになった。しかし, 医療費の増加と加えて, 介護給付費も予想以上に増加している。社会保障給付費のなかで介護給付費の割合をみると, 介護保険が施行された2000年度には3.6兆円であったが, 毎年増加して2004年度には6.1兆円, そして2025年度には20兆円まで増加すると推計している。

　このように増加傾向にある介護給付費に対する課題はまず, サービス給付の増加に比べて保険料収入の十分な確保が難しいという点を挙げることができる。現行の介護保険法ではサービス給付費の18%ぐらいを, 第1号被保険者から保険料を徴収されるようになっているので, 施設サービス利用者が多い地域では第1号被保険者の保険率を高く設定しなければならない。しかし, 第1号被保険者の場合は年金生活者を含め, 経済的に余裕のない高齢者が多数含まれている。その上に, 2025年には総人口の約30%が第1号被保険者に推計され, 保険料問題は同制度が持続するためにはなによりも重要な課題であるといえる。その保険料の拡充のため, 政府が考えているのが, 2005年の改正では実現できなかったが, 被保険者の範囲を拡大させるということである。すなわち, 20歳から39歳までの第3号

第10章　超高齢社会と介護保険法　349

被保険者で新しく設定し，財政の問題を解決しようとしている。

④　在宅福祉の課題

　介護保険制度は在宅福祉に重点を置いて，それを実現させるために実際にサービス提供においても施設サービスより在宅サービスを中心に行われた。総理府の調査によれば，高齢者の60％以上が自宅で生活するのを希望していることに対して，施設入所の希望は20％未満であった。

　しかし，介護サービスの利用実態をみると，軽度の要介護認定者は在宅サービスの利用が高いが，重度の場合は半数以上が施設で介護サービスを利用している状況である。つまり，高齢者用介護状態が重くなっても高齢者自身はできれば在宅での生活を希望するが，重度の要介護者の場合，在宅生活が可能な割合は半分以下で，現在の在宅サービスはすべての要介護者が在宅での生活ができるほど充分なサービスの提供できるまでには及ばない状況である。

⑤　ケアマネジメントの課題

　介護保険制度においてケアマネジメントは制度の理念のひとつである「利用者本位」を実現させるために新しく導入した。ケアマネジメントは要介護者の状態を適切に把握して自立支援に必要なサービスを総合的，計画的に提供すると趣旨から重要な意味を持っている。しかし，要介護者の状況を判断するアセスメント（ニーズ探索）が充分に行われてないから適切で，効果的なサービス提供にならないという指摘もある。2003年に実施した「ケアマネージャーの実態及び意識調査」によれば，93％のケアマネージャーは利用者の自宅訪問を希望しているが，現実的には大部分のケアマネージャーが形式的な利用者訪問や一般事務処理に時間を過ごしているので，本来のケアマネジメントの実践が困難であるという調査結果もあった。

　このような課題を解決してケアマネジメントの質的向上のためにはケアマネージャーが利用者住宅を直接訪問して面接や相談を充分にした後，ケアプランを作成し，またサービスの提供者である事業者と調整やモニタリングが必要である。これを実現するためにはそれぞれの在宅介護支援事業所で，利用者に対するアセスメントを重視して，個別のニーズに対応した質の高いケアプランが策定されることができるように環境を作りが大きな課題のひとつであるといえる。

350　第Ⅳ部　低成長時代における高齢者福祉政策

注

(1)　厚生省高齢者介護対策本部事務局監修『新たな高齢者介護システムの構築を目指して』ぎょうせい，1995年。

(2)　小池治，「政策形成と行政官——政策共同体論の視点から——」行政管理研究センター調査研究部編『政策形成と行政官の役割』1990年，36頁。

(3)　表9-2に詳しい統計数字が示されている。

(4)　厚生省高齢者介護対策本部事務局監修，前掲書，78頁。

(5)　全国社会福祉協議会編「21世紀福祉ビジョン——少子・高齢社会に向けて——」『月刊福祉』1994年9月号，96-114頁。

(6)　『日本経済新聞』1994年5月21日。

(7)　高齢社会福祉ビジョン懇談会（厚相の私的懇談会）が提言した21世紀の福祉ビジョンに対する論評としては，『日本経済新聞』1994年6月7日，8日，9日付の『福祉ビジョン，私の見方』を参照。

(8)　『朝日新聞』1994年4月28日。

(9)　高齢者介護対策本部は，1994年3月に公表された高齢社会福祉ビジョン懇談会（宮崎勇男座長）の報告書『21世紀福祉ビジョン』の報告を受け，高齢者介護施策について総合的に検討を行う目的として1994年4月13日，厚生省内設置された。同対策本部は事務次官を本部長とし，副本部長に官房長を含め関係局長7人及び審議官2人，事務局長など10人と，本部員に関係課長7人及び事務局次長2人など9人と，事務局員として8人の専任と構成された大組織体である。

(10)　岡本祐三「新ゴールドプランと老人介護」『世界』1995年4月，612号，128頁。

(11)　1997年7月15日，厚生省内で高齢者介護問題について1時間半インタビューをした内容である。

(12)　岡本祐三監修『公的介護保険のすべて』朝日カルチャーセンター，1995年，24頁。

(13)　「高齢者介護，自立支援システム研究会」は，介護をめぐる問題を各専門分野の観点から基本的な論点や考え方を整理するため1994年7月，10名全員が学識経験者として構成された。具体的な検討テーマとして，第一に，今日の社会経済状況からみた介護問題の意義，第二に，介護・自立支援に関する現行制度の対応と課題，第三に，介護サービスに求められる特性と基本的なあり方，第四に，介護サービスを支える人材の確保・養成，第五に，将来の介護システムに関する論点整理などの項目を中心に論議し，12月まで12回の会議をもち，12月13日に対策本部に報告書を提出した。

(14)　佐藤進・河野正輝編『介護保険法』法律文化社，1997年，30頁。

(15)　伊藤周平『介護保険』青木書店，1997年，72頁。

(16)　前田信雄「日本の介護保険，ドイツの介護保険」『ドイツ介護保険の現場』労働旬報社，1997年，48-49頁。

(17)　宮武剛『介護保険のすべて』保健同人社，1997年，73頁。

第10章　超高齢社会と介護保険法　351

⒅　『日本経済新聞』1995年5月9日。

⒆　里見賢治・二木立・伊藤敬文『公的介護保険に異議あり』ミネルヴァ書房，1996年，109-117頁。

⒇　この「中間報告」は，厚生省高齢者対策本部事務局監修『新たな高齢者介護システムの確立について』（1995年）に収録されている。

㉑　京極高宣『介護保険の戦略——21世紀型社会保障のあり方——』中央法規出版，1997年，77-78頁。

㉒　里見賢治・二木立・伊藤敬文，前掲書，20-21頁。

㉓　『日本経済新聞』1995年7月25日。

㉔　伊藤周平，前掲書，73頁。また，その根拠については同書，87頁を参照。

㉕　A案では市町村が保険者になっている案，B案では国が保険者になっている案，C案では各医療保険者が保険者になっている案，の3つの案を提示した。

㉖　京極高宣，前掲書，85-88頁。

㉗　『毎日新聞』1994年10月4日。

㉘　『日本経済新聞』1995年11月22日。

㉙　『読売新聞』1995年8月24日。

㉚　全国社会福祉協議会編『社会福祉関係施策資料集14——施策資料シリーズ——』月刊福祉増刊号，第79巻第5号，1996年，89-90頁。

㉛　『日本経済新聞』1996年3月12日。

㉜　『日本経済新聞』1996年3月14日。

㉝　両論併記について菅直人厚相は，議論を充分重ねた上で両論併記の形になったと述べた。また，鳥居泰彦老人保健福祉審議会会長は，無理に一本化して切り捨てられる意見を示さないより，議論の過程を整理して国民に議論してもらった方がいいとの判断の結果だと，両論併記についてコメントした。

㉞　里見賢治「厚生省，介護保険制度案大綱の陥穽」『社会保障研究』第66号，1997年，4頁。

㉟　社会保険が介護のリスクの一部しかカバーせず，残りのリスクは個人が任意で加入する私保険で対応するという考え方を意味する。

㊱　斎藤義彦『そこが知りたい公的介護保険』ミネルヴァ書房，1997年，6頁。

㊲　連立与党は5月10日，公的介護保険について，①サービス給付対象，保険料給付対象をともに40歳とする，②保険者は市町村を原則とした上，都道府県を加える，③家族介護する場合，現金給付は行わない，とする内容を厚生省に要請した。

㊳　丹羽試案については『週刊社会保障』1996年3月25日号を参照。

㊴　里見賢治，前掲論文，6頁。

㊵　『毎日新聞』1996年5月28日。

㊶　たとえば，1996年5月16日付『日本経済新聞』に山崎拓自民党政調会長は選挙前に

352 第Ⅳ部 低成長時代における高齢者福祉政策

国民負担増は口にしたくないと話したのである。

(42) 『日本経済新聞』1996年5月16日。

(43) 全国町村会長黒沢丈夫が1996年5月21日，高齢者介護保険について町村会の意見をまとめ厚相に提出した。

(44) 修正試案の内容は厚生省高齢者介護対策本部事務局の『高齢者介護保険の創設について』の257-258頁を参照。

(45) 介護保険制度大網の問題点については里見賢治「厚生省，介護保険制度案大綱の陥穽」『社会保障研究』第66号，1997年，2-11頁を参照。

(46) 『毎日新聞』1996年6月7日。

(47) 同上，1996年8月20日。

(48) 伊藤周平，前掲書，81頁。

(49) 『日本経済新聞』1996年7月25日。

(50) たとえば，桑原敬一福岡市長は「介護保険は国保や国民年金より保険料の受納は厳しく，第二の国保になる」とし，福永幸徳熊本県菊水町長は「小さな町では知り合いも多く，要介護認定はやりづらい，事務分担も増える」と懸念を表現した。

(51) 『朝日新聞』1996年9月14日。

(52) スーパーゴールドプランについては『毎日新聞』1996年9月18日を参照。

(53) 『朝日新聞』1996年10月30日。

(54) 『日本経済新聞』1996年11月13日。

(55) 一般的に国民負担率は税と社会保険料が国民所得に占める割合を示しているが，大熊由紀子は国民負担率という言葉の代わりに「公的負担」あるいは「国民連帯負担」という言葉を提案した。また，里見賢治教授も国際比較なら，租税，社会保障負担が国民所得に占める割合ではなく，国内総生産（GNP）に占める割合の方が妥当だと主張している。なぜなら，国民所得には間接税が含まれていないために，間接税の割合が高い国では現実以上に負担率が高くみえるからであると語っている。

(56) 介護保険法案，介護保険法施行法案，医療法改正法案などの3つの法案を示す。

(57) 『毎日新聞』1996年11月30日。

(58) 『日本経済新聞』1996年12月14日。

(59) 『日経産業新聞』1997年1月22日。

(60) 『日本経済新聞』1997年2月22日。

(61) 伊藤周平，前掲書，85-86頁。

(62) 『日本経済新聞』1997年4月15日。

(63) 『朝日新聞』1997年5月22日。

(64) 『日本経済新聞』1997年6月24日。

(65) たとえば，同法案は一番重要な保険料の負担金額や，その算定基準になる料率は法案に明示されておらず，法案成立後政令に委ねられるなど，政令や省令で定めるとし

たものが 300 近くある。したがって，法律が成立すれば，国会の審議なしで保険料は引き上げられる。

(66) 『日本経済新聞』1997年12月2日。

(67) 『介護保険の手引 (平成14年版)』ぎょうせい，2002年5月，29-35頁

(68) 白澤政和『介護保険とケアマネジメント』中央法規，1999年，51-54頁

(69) 主治医意見書には，被保険者の傷病の状況や経過，投薬内容，特別な医療，心身の状態，医学的見地からの介護の意見，特記事項などを記載する。主治医がいないときなどは，市町村が指定する医師または市町村の職員である医師が診断により意見書を作成するようになっている。

(70) 介護認定審査会とは，要介護認定・要支援認定の審査判定業務を行うために市町村が設置する機関である。委員は保健・医療・福祉に関する学識経験者から市町村長が任命する者で構成され，実際に審査判定業務は委員定数5名を標準として行われる。委員の任期は2年で，守秘義務が課せられている。

(71) 高額介護サービス費は1割の定率利用者負担が著しく高額となった場合，当該費用負担の家計に与える影響を考慮し，負担が一定額を上回らないよう負担軽減を図るために行う保険給付をいう。

(72) 要支援者とは，機能訓練の必要性にかんがみ，週2回の通所リハビリテーションが利用できる水準の者をいう。

(73) 介護保険法の付則第2条には同法の改正について以下のように規定している。すなわち，「介護保険制度は費用の状況，国民負担の推移，社会・経済の情勢などを考慮し，被保険者および保険給付や内容，保険料負担等について施行5年を基準に制度全般に対して，検討後，その結果によって，必要な改正等の措置を講じる」と規定されている。

(74) 地域内で総合的な相談援助，ケアマネージメントの支援などのため「地域包括支援センター」は機能面からみると，現行の在宅介護支援センターの再編，拡充という機能も持っているが，それと違うのは地域包括ケアシステムという重要な機能を担当する機関として設置されている。

(75) 本改正の保険料区分段階で低所得層の適用対象は非課税世帯として本人の年金収入が年間80万円以下の世帯を指している。

(76) 政省令は，国会の審議を経ることなく改訂ができるので，行政官僚の手によって簡単に変更することができる。

(77) 伊藤周平『改革提言 介護保険』青木書店，2004年，156-157頁。

(78) 社団法人全国老人保健施設協会編『平成16年版介護白書』ぎょうせい，2003年，18頁。

(79) 上掲書，66頁。

(80) 伊藤周平，上掲書，134頁。

354　第Ⅳ部　低成長時代における高齢者福祉政策

(81)　http://www.kaigollo.co.jp.

(82)　『朝日新聞』2003年 2 月 5 日。

(83)　地域間の高齢化率を比較すると高齢化率が一番高い群馬県の南牧村は53.4％であるが，東京都の小笠原村は8.5％で，おおよそ 6 倍の差がある。

(84)　厚生労働省編『厚生労働白書』平成16年版，2004年，205頁。

(85)　上掲書，239頁。

終　章
今後の課題

第1節　日本型政策決定の特徴

　本書では，政策環境とアクター間の関係という2つの観点から戦後，日本の高齢者福祉政策の変容に注目し，その決定過程の実態を検討してきた。これまでみてきたように，本書でめざしたのは「日本における戦後，高齢者福祉政策はどのように決定され，また，どのように変化したか」という問いに対する新たな理論ないし，モデルを提示することよりは，いくつかの事例研究の分析を通じて既存の議論をより正確に理解するための考察であった。

　基本的に政策の転換はその政策を取り巻く政策環境の変化を背景としていることに対しては異論がないだろう。しかし，同様な政策環境であっても，それに対応するその国の政治文化，体制の特性，イデオロギーなどによって政策の内容は異なってくるのである。たとえば，1970年代石油危機以降，経済の低成長と高齢化の衝撃に直面した北欧ヨーロッパ諸国とアメリカやイギリス，日本などの政策的対応は相異なる例を提示しているからである。

　したがって，政策環境の変化は政策の転換に影響を及ぼしているが，それが政策産出に直接結びつくわけではない。両者を結びつける上で鍵を握るのが個々の政策をめぐる主要なアクター間の政治力学が存在している。そこでは主要なアクターの行動様式やアクター間のパワー関係の対立や協力関係が焦点となる。つまり，主要なアクターの位置関係のいかなる変動が政策転換を可能にするかが問われなければならない。しかも，政策転換はアクター間の関係にも影響を与え，新たな政治的対立を引き起こすこともありうる。それゆえ，政策転換はアクター間関係の変動によって促進されるとともに，アクター間の対立・協力関係に変動をもたらす原因ともなるのである。

このように，これまでの政策過程の研究の多くは政策の実質が形成される政策案の作成過程よりも，むしろ決定の過程に関心を集中させてきたといえる。ところが，こうしたアクター論による分析の結果は，どのような内容の政策が，どのようなプロセスを通じて作り出されるのかという面についての関心は少ない。

したがって，本書では政策決定過程をおおよそ3つの段階に区分し，その段階別に政策環境とアクター間の関係を考察した。そのなかでも，政策案の形成段階に焦点を当て，その過程を官僚政治モデルと組織過程モデルとの併用によって分析したのである。

一般的に日本の行政に強くみられる政策決定の方式は，組織過程を通じての決定方式であるといえる。欧米人の思考方式や組織のあり方とは異なり，日本の社会や組織は個人よりは集団を重視しているといわれている。行政組織の面においても，稟議制や事前の根回しを重視するやり方，法規では明確でない行政指導が相対的に重要視されていること等々は，日本の行政組織の特徴である。このような社会や組織のあり方が政策決定において，合理的決定方式よりも組織過程を通じる決定方式を優先させるのである。

日本の場合，法案の企画あるいは予算編成，または行政指導などにより，多くの場合，政策案の実質を作成するのは官僚の役割である。したがって，官僚が政策案の作成の局面において重要な役割を担っていることは確かであるが，必ずしも，すべての政策において政策形成を主導しているわけではない。なぜなら，政策案の作成段階においても，その政策の産出に対し，利害関係をもつ利益集団や政治家などのアクターが存在し，それらのアクターらは相異なる組織ないし，個人の目標を追求しているので対立する場合が多いからである。しかし，こうした場合，官僚は行政の裁量権及び許認可権を背景に利益集団を統制している。また，政治家も現実的に政策案を作成するためには官僚に依存しなければならない。こうした状況を考慮すれば，日本における政策形成過程，特に政策案の作成段階においては他のアクターより官僚の役割は重要であり，政策共同体のなかでも優位な立場にあるといえる。

ところが，1980年代に日本の学界やジャーナリズムでは日本の政策決定の特徴として「政党優位論」が通説の位置を占めてきたが，こうした現象もあらゆる政策の分野で政党と官僚制とのパワー関係が逆転してしまったことを示していない。たとえば，自民党主導が確立されているのは政治家が選挙区や支持団体に利益誘

導のできる分野に限られており，実際には政治的アクターが関与しない政策が最も多い。したがって，自民党政治家にとって直接的な利害関係が少ない分野においては依然として官僚が大きな影響力を果たしていることには疑いがないだろう。

さらに，日本では政策立案段階から官僚は政治的実現可能性を考慮した上，関係アクターらと利害調整を行うために，ほとんどの政策は行政内部で合意し，法案が作成され，国会までに提出されれば，その法案はほぼそのまま決定されるケースが多い。逆にいえば，決定過程で紛争が生じるのは，稀なケースである。確かに，検討したように老人医療費無料化制度の廃止や消費税問題など，利害関係が国民的規模に及ぶビッグ・イッシューの場合は各省間の間で「縄張り争い」が生じたり，場合によっては，族議員が調整に入ることがあるが，それは例外であって，むしろ，争いが表面化しないところに，日本的政策決定の特質があるのである。

森を見て個々の木の特性を判断することは容易ではない。逆に，ひとつの木をみて森の全体の特性を評価することも容易ではない。たとえば，長い間の政策過程の一般的な特徴をある特定の事例研究を通じてそれを一般的モデルであるかのように説明するというのは，過度の一般化になっていないだろうか。政策学の先駆者である T. ローウィは政策類型論を初めて明確に定式化した。ここで注意しなければならないのはローウィは政策類型にしたがって，その決定過程の特徴も異なるという点から「政策が政治を決定する」という仮定を提示したことである。

ところが，実際に問題は，もっと複雑であり，特定の争点の性格が時代や状況の変化につれて異なったものになり，それに対応して争点をめぐる対立の構造も変化する点である。また，同一の政策領域においても関係する利益集団の政治や行政からの自律性や組織化の度合によって政治過程のパターンも微妙に異なったものにならざるをえない。たとえば，同じ分配削減的な政策であっても医師会や健保連など自律的で有力な団体が関与する医療保険の改革と利益団体の行政依存性が強い年金改革や福祉見直しとは異なった政策決定パターンを示すのである。

したがって，一般的にいえるのは，ある政策の決定において，どのアクターが最も大きな影響力を及ぼしているかについては政策形成の経緯や政策類型によっても，また，政策形成過程のそれぞれの局面，たとえば，アジェンダ設定段階か，政策立案段階か，決定過程段階かによっても異なりうるということである。つまり，政策形成過程における各アクターの役割やアクター間の関係は，問題となっ

ている政策類型及び，政策形成の各段階に応じて異なるのである。ただし，時代的な流れをみるとなお多く政策決定における官僚優位の傾向がみられるが，その比重が次第に少なくなっているようである。しかし，そうした変化を検証するためには多様な政策を対象に，より多くの事例研究が必要であろう。

第2節　今後の課題

　こうした点から，本書は今日，少子高齢社会における重要な政策問題を高齢者福祉政策という面から取り扱った。また，単一の事例ではなく複数の事例を取り上げ，比較・評価しながら，日本の高齢者福祉政策の決定過程を微視的な政策過程と巨視的な政治過程を通じて，複眼的に分析した。しかし，本書には次のような課題が残されている。

　前でも言及したように事例研究方法の限界点として高齢者福祉政策に関連した多様な資料や現象があるが，そのなかでも研究者の人為的な選択や解釈によって，結論を推理する傾向がある。つまり，研究の方向ないし，設定と反対の立場にある議論や資料の抜け落ちは今でも限界として残されている。そして，本書は高齢者福祉政策の決定過程を通じて，日本の政策決定過程の特徴を分析しようとするものであって，社会保障政策はいかにあるべきか，超高齢社会における医療改革はどうなるべきかという当為論，あるいは規範論を展開したものではない。さらに，インタビューや，知られざる一次資料に基づいた「ハード」な実証研究でもない。

　本書における事例研究は第9，10章である介護保険法の制定過程を除いては主に既存の研究文献と新聞資料に依存し，政策形成及び決定過程を追跡したので，政策決定のインフォーマルな過程を明瞭にすることにはある程度の限界がある。つまり，一般的に目にはみえない決定過程の「ブラック・ボックス」を明らかにするためには，当時の政策決定過程に参加したアクターらの実証資料としてアンケートないしインタビューによる一次資料が重要である。ところが，さまざまな要因から充分な実証研究ができなかったのは今後の課題のひとつである。したがって，こうした弱点を補充するひとつの方法として本書では新聞の徹底した検索を通じて当時の政策決定過程を考察したのである。

　また，日本は超高齢化社会のなかで政策環境の変化を踏まえて，2000年6月に

「社会福祉の増進のための社会福祉事業法等の一部を改正する等の法律」により社会福祉事業等の改正が行われた。ところが，残念ながら本書では社会福祉基礎構造改革について述べることができなかったので今後の課題としたい。

あ　と　が　き

　日本では，少子・超高齢社会のなかで高齢者をめぐる諸問題が国や自治体にお
いて政策上の重要な争点になっている。したがって，日本政府は1980年代から老
人保健法の制定を始め，介護保険法の制定など政策的に対応してきた。2000年に
は「社会福祉の増進のための社会福祉と事業法等の一部を改正する等の法律」が
制定され，社会福祉における大きな変化をもたらしたのである。

　長い間，日本の社会福祉制度は生存権の保障という基本理念に基づいて措置制
度が実施されてきたが，社会福祉法の改定により，2000年6月からは個人の尊厳
の理念に基づく利用者間の契約へと大きく変わったのである。

　本書では，戦後日本における高齢者福祉政策に焦点を当てて，政策の変化過程
を政策環境とアクターという観点から検討してきた。つまり，日本の高齢者福祉
制度を単に政策環境的な問題としてとらえるのではなく，ここで取り上げたそれ
ぞれの政策がどのような理由からどのような政策環境のもとでいかなるプロセス
を経て立案されるのか。また，それはどのような政策コミュニティのなかでいか
なるプロセスを経て決定されるのかを包括的に明らかにすることを目的とした。

　本書は，1998年3月に筑波大学社会科学研究科に提出した博士論文『高齢化社
会と政府の対応──日本型政策決定に関する考察──』を再検討し，全体の構
成にも変更を加えたものである。しかし，本書は出版社の事情から出版が相当に
遅れることになった。

　本書は全部で11章から構成されているが，これはさらに大きく4つの部分に分
けられる。第Ⅰ部は，第1章から第3章になっているが，序論に該当する部分で
もある。まず，第1章では問題提起として高齢社会における諸々の問題点を概観
し，これまで研究されてきた高齢者福祉政策に関する先行研究を検討した後，問
題点として現れる部分の論理的分析を通じて，研究方法を提示した。そして，そ
の研究方法に基づいて本書で試みている高齢者福祉政策決定に関する理論的枠組
を提示した。第2章では，政策決定に関する一般理論モデルを考察した上で，日
本の政策決定理論と比較検討し，さらにそれを福祉政策の決定理論と関連させて

論点を整理した。第3章では，日本において時代によって福祉観というものがどのように変遷してきたかを五つの時期に区分し，それぞれの特徴を検討した。

そして，第4章から第10章にかけては，本書の本論に該当する部分である。政策の内容や時代的な区分によって，第Ⅱ部では1960年から1970年代までのことを，第Ⅲ部では福祉改革が行われた1980年代のことを，そして，第Ⅳ部では1990年代以後のことを取り扱った。したがって，第Ⅱ部，第Ⅲ部，第Ⅳ部では，第Ⅰ部で提示した分析枠組に基づいて日本の高齢者福祉政策のうち，福祉制度における大きな変化をもたらした5つの政策を事例として取り上げ，各々の事例がどのような政策環境のもとで，どのようなアクターらの政治的妥協によって政策が形成及び決定されてきたかを明らかにした。つまり，第Ⅱ部では高度経済成長時期と高齢化社会の準備という政策環境のなかで制定された，老人福祉法と老人医療費無料化制度と各々第4章，第5章で扱った。また，第Ⅲ部では安定成長時期と高齢化社会という政策環境のなかで行われた福祉改革の過程を老人保健法と1984年の健康保険法の改正事例を第7章，第8章で検討した。そして第Ⅳ部では，低成長時代と高齢少子社会という社会現象とともに制定された介護保険法を第9章と第10章に分けて詳しく考察した。最後に，終章では日本の高齢者福祉政策決定における諸般特徴をまとめた上で本書の限界として問題点を今後の課題として提示したのである。

「少年老い易く，学成り難し」ということを切実に感じるほど留学生活を含めて日本での生活も20年以上の歳月が流れてしまった。物足りないとはいえ本書の完成までに多くの方々から多大なるご指導とご支援を得た。この場で是非お礼を申し上げたい。まず，筑波大学社会科学系政治専攻の先生方はゼミと政治学総合研究という講座を通じて博士中間評価論文の構想段階から先生方から賜った貴重なご意見，厳しいアドバイスがあったことにより，本書の執筆が可能であったと思われる。中でも進藤榮一先生は指導教官として私を引き受けていただき，本書の構想の段階から出版のいままで暖かくご助言をいただいた。さらに，先生の学問に対する熱情は私にとって多くの面から勉強ができ，感謝の意を表わしたい。

また，日本の政策決定をテーマにして本書ができたのは，慶応義塾大学の大山耕輔先生の多年間のゼミとご指導のお陰である。先生は私の修士論文のときから厳しくも的確なご助言を下さった。そして，身元保証人として見守って下さった筑波大学元副学長の波多野登雄先生，また，私が研究に専念できる多面からご配

あとがき　363

慮して下さった東京福祉大学にも心より厚く感謝を申し上げたい。

　さらに，私費留学生として長期間の生活は多くの方からご支援があった。このなかでも私が勉学に専念するように経済的な支援して下さった茨城県大宮市議会議員の秋山信夫会長にも感謝の意を表したい。

　最後に，長い日本生活の間に始終励まし続けてくれた妻と二人の息子，そして学術図書の売れ行きが著しくないといわれて久しいなか，本書の出版を引き受けていただいたミネルヴァ書房の杉田啓三社長にも改めて感謝を申し上げたい。

　2017年 8 月

赤城山を眺めながら

尹　文九

参 考 文 献

（１）日本語文献

① 一次資料

三浦文夫編『図説高齢者白書1997』全国社会福祉協議会，1997年。

副田義也『厚生省史の研究（平成三，四年度科学研究補助金研究成果報告書）』筑波大学社会科学研究科，1993年。

社会保障研究所編『占領期における社会福祉資料に関する研究報告書』社会保障研究所，1978年。

経済企画庁編『新経済社会七カ年計画』大蔵省印刷局，1979年。

————『国民生活白書』大蔵省印刷局，1965年。

健康保険組合連合会編『健保連四十年の歩み』健康保険組合連合会，1983年。

————『社会保障年鑑1984年版』東洋経済新報社，1984年。

仲村優一他編『現代社会福祉事典』全国社会福祉協議会，1990年。

『日本労働研究雑誌』「特集介護マンパワー，介護保険」No. 427，1995年10月。

『福祉を創る——21世紀福祉展望——』ジュリスト増刊，有斐閣，1995年11月。

『福祉改革Ⅳ　第 4 回社会福祉トップセミナー——報告——』全国社会福祉協議会，1993年。

『総合特集シリーズ "内閣と官僚"』「法学セミナー増刊」日本評論社，1979年 3 月。

『厚生省便覧　平成 9 年度版』中央法規出版，1998年。

『政界，官庁人事録：1997年版』東洋経済新報社，1996年。

『審議会総覧平成 5 年度版』大蔵省印刷局，1993年。

『老人の保健医療と福祉——制度の概要と動向——』長寿社会開発センター，1996年11月。

『社会保障・社会福祉事典』労働旬報社，1989年。

『月刊福祉』1994年 4 月号，1994年 9 月号，1995年 2 月号，1995年11月号，全国社会福祉協議会。

家庭基盤充実研究グループ『家庭基盤の充実』大蔵省印刷局，1985年。

『厚生白書』1956年，1958年，1971年，1979年，1982年，1983年，1986年，1989年，1996年，1997年，1998年。

『国民生活白書』大蔵省印刷局，1965年。

『歳出百科』大蔵省印刷局，1980年。

『社会保障年鑑』東洋経済新報社，1983年，1984年。

『保険と年金の動向』厚生統計協会，1984年。

『高齢者の生活年表』日本エディタースクール出版部，1995年。

② 二次資料

《単行本》

相野谷安孝『国が医療を捨てるとき』あけび書房，1993年。

―――― 『医療と介護』同時代社，1996年。

有馬元治『健保国会波高し』春苑堂，1984年。

相磯富士雄・太田貞司編『日本の高齢者政策を問う――保険・医療・福祉からの提言――』大月書店，1995年。

足立正樹『増補 福祉国家の歴史と展望』法律文化社，1991年。

A．グールド／高島進・二文字理明・山根祥雄訳『福祉国家はどこへいくのか：日本，イギリス，スウェーデン』ミネルヴァ書房，1997年。

朝日新聞論説委員室・大熊由紀子『福祉が変わる，医療が変わる』ぶどう社，1996年。

B．ミッチェル／埋橋孝文・三宅洋一・伊藤忠通・北明美・伊田広行『福祉国家の国際比較研究――LIS 10カ国の税・社会保障移転システム――』啓文社，1993年。

江波戸哲夫『ドキュメント日本の官僚』筑摩書房，1992年。

藤田晴『福祉政策と財政』日本経済新聞社，1984年。

福祉文化学会編『高齢者生活年表――1925～1993――』日本エディタースクール出版部，1995年。

藤本孝雄『藤本孝雄の大臣報告――高齢社会に視点をすえて――』プラネット出版，1989年。

F．ローク／今村都南雄訳『官僚制の権力と政策過程』中央大学出版部，1983年。

行政管理研究センター編『政策研究のフロンティア』行政管理研究センター，1988年。

行政制度研究会『現代行政全集の政府』ぎょうせい，1983年。

G．T．アリソン／官里政玄訳『決定の本質――キューバ・ミサイル危機の分析――』中央公論社，1985年。

G．ピアソン／田中浩・神谷直樹訳『曲がり角にきた福祉国家――福祉の新政治経済学――』未来社，1996年。

グループ1984年『日本の自殺』PHP 研究所，1977年。

河合幸尾編著『「豊かさのなかの貧困」と公的扶助』法律文化社，1994年。

河中二講『政策と行政』良書普及会，1983年。

橋本宏子『老齢保障の研究――政策展開と法的視覚――』総合労働研究所，1981年。

橋本龍太郎『Vison of Japan』KK ベストセラーズ，1994年。

林 健久『福祉国家の財政学』有斐閣，1992年。

樋口恵子編『介護が変われば老後も変わる』ミネルヴァ書房，1997年。

広瀬道貞『補助金と政権党』朝日新聞社，1981年。

広井良典『医療保険改革の構想』日本経済新聞社，1997年。

白鳥令・R．ローズ編著／木島賢・川口洋子訳『世界の福祉国家――課題と将来――』

新評論, 1990年。

畠山弘文『官僚制度支配の日常構造——善意による支配とは何か——』三一書房, 1989年。

羽田春兔『現代の医療——医師と患者と日本医師会——』ベクトル・コア, 1988年。

保坂正康『日本の医療』朝日ソノラマ, 1989年。

本間正明, 跡田直澄編『21世紀日本型福祉社会の構想』有斐閣選書, 1998年。

猪口　孝『現代日本政治, 経済の構図——政府と市場——』東洋経済新報社, 1983年。

猪口孝・岩井奉信『族議員の研究——自民党政権を牛耳る主役たち——』日本経済新聞社, 1987年。

一番ケ瀬康子『社会福祉とは何か』労働旬報社, 1995年。

一番ケ瀬康子・川井龍介編『厚生省福祉汚職』労働旬報社, 1997年。

石田　雄『近代日本の政治文化と言語象徴』東京大学出版会, 1983年。

————『日本の政治と言葉』上巻, 東京大学出版会, 1989年。

岩井奉信『立法過程』東京大学出版会, 1996年。

伊藤周平『介護保険』青木書店, 1997年。

————『介護保険と社会福祉』ミネルヴァ書房, 2000年。

池上直己・J. C. キャンベル『日本の医療——統制とバランス感覚——』中公新書, 1997年。

池田敬正『日本における社会福祉のあゆみ』法律文化社, 1995年。

————『日本社会福祉史』法律文化社, 1994年。

井上博文『間違いだらけの老人福祉』高輪出版社, 1996年。

J. C. キャンベル／三浦文夫・坂田周一監訳『日本政府と高齢化社会——政策転換の理論と検証——』中央法規出版, 1995年。

自由民主党研修叢書編集委員会『日本型福祉社会』自由民主党広報委員会出版局, 1978年。

J. C. キャンベル／小島昭・佐藤和義訳『予算ぶんどり——日本型予算政治の研究——』サイマル出版会, 1984年。

川村匡由『現代老人福祉論』ミネルヴァ書房, 1992年。

川内一誠『太平政権五五四日』行政問題研究所, 1982年。

香山健一『英国病の教訓』PHP 研究所, 1978年。

厚生省社会局老人福祉課編『老人福祉法の解説』中央法規出版, 1984年。

————『要説老人福祉法』中央法規出版, 1974年。

厚生省五十年史編集委員会『厚生省五十年史（記述編)』厚生問題研究会, 1988年。

————『厚生省五十年史（資料篇)』中央法規出版, 1988年。

厚生省保険局企画課監修『医療保険制度五九年大改正の軌跡と展望』年金研究所, 1985年。

厚生省高齢者介護対策本部事務局監修『新たな高齢者介護システムの構策を目指して』ぎょうせい, 1995年。

京極純一『日本の政治』東京大学出版会，1983年。

京極高宣『介護革命』ベネッセコーポレーション，1996年。

――――『介護保険の戦略――21世紀型社会保障のあり方――』中央法規出版，1997年。

健康保険組合連合会編『健保連四十年の歩み』健康保険組合連合会，1983年。

小山路男編『戦後医療保障の証言』総合労働研究所，1985年。

加藤隆俊編『図説日本の財政』東洋経済新報社，1988年。

川口強・川上則道『高齢化社会は本当に危機か』あけび書房，1995年。

加藤淳子『税制改革と官僚制』東京大学出版会，1997年。

小池保子『老人医療福祉論』ドメス出版，1987年。

熊代昭彦『福祉の心．政治の心』中央法規出版，1996年。

金子仁洋『官僚支配』講談社，1993年。

草野　厚『政策過程分析入門』東京大学出版会，1997年。

加茂利男『日本型政治システム――集権構造と分権改革――』有斐閣，1993年。

窪野鎮治『国際比較からみた社会保障改革』年金研究所，1994年。

K.ヴォルフレン／篠原勝訳『人間を幸福にしない日本というシステム』毎日新聞社，
　　1997年。

小山路男編著『戦後医療保障の証言』総合労働研究所，1985年。

小室豊允『90年代の福祉政策を読む――福祉改革の軌跡と展望――』中央法規出版，
　　1992年。

加藤　寛『官僚主導国家の失敗』東洋経済新報社，1997年。

片岡寛光『官僚のエリート学』早稲田大学出版部，1996年。

厚生省大臣官房政策課監修『二一世紀への架け橋――高齢者保険福祉10カ年戦略――』
　　ぎょうせい，1991年。

村松岐夫・伊藤光利・辻中豊『日本の政治』有斐閣，1992年。

村松岐夫『戦後日本の官僚制』東洋経済新報社，1983年。

真渕　勝『大蔵省統制の政治経済学』中央公論社，1994年。

三浦文夫『図税高齢者白書1997』全国社会福祉協議会，1997年。

――――『社会福祉政策研究――福祉政策と福祉改革――』全国社会福祉協議会，
　　1995年。

宮川公男『政策科学入門』東洋経済新報社，1995年。

――――『政策科学の基礎』東洋経済新報社，1994年。

宮武剛著『介護保険のすべて』保健同人社，1997年。

宮本政於『お役所のご法度』講談社，1995年。

――――『お役所の掟』講談社，1994年。

宮田和明『現代社会福祉政策論』ミネルヴァ書房，1996年。

宮島　洋『高齢化時代の社会経済学――家族，企業，政府――』岩波書店，1993年。

松井二郎『社会福祉理論と再検討』ミネルヴァ書房，1996年。

松下圭一『政策型思考と政治』東京大学出版会，1995年。

馬場啓之助「福祉社会の日本的形態——ひとつの試論——『社会保障研究』Vol. 12 No. 3，1977年。

前田信雄『保健医療福祉の統合』勁草書房，1991年。

村川浩一『高齢者保険福祉計画研究』中央法規出版，1996年。

百瀬 孝『日本福祉制度史——古代から現代まで——』ミネルヴァ書房，1997年。

中野 実『現代日本の政策過程』東京大学出版会，1996年。

————『日本の政治力学——だれが政策を決めるのか』日本放送出版協会，1995年。

中邨章・竹下譲『日本の政策決定』梓出版社，1984年。

NHK 放送世論調査所編『図説戦後世論史』日本放送出版協会，1975年。

日本経済新聞社編『自民党政調会』日本経済新聞社，1983年。

長岡 実『素顔の日本財政』金融財政事政研究会，1981年。

西尾 勝『行政学』有斐閣，1993年。

日本経済新聞社編『官僚——軋む巨大権力——』日本経済新聞社，1994年。

日本弁護士連合会編『高齢者の人権と福祉——介護のあり方を考える——』こうち書房，1996年。

野村 拓『日本医師会』勁草書房，1976年。

N. ジョンソン／青木郁夫，山本隆訳『福祉国家のゆくえ——福祉多元主義の諸問題——』法律文化社，1995年。

萩野浩基編『現代社会の福祉政論論』高文堂出版社，1985年。

大嶽秀夫『政策決定』東京大学出版会，1990年。

————『現代日本の政治権力・経済権力』三一書房，1981年。

————『自由主義的改革の時代——1980年代前期の日本政治——』中央公論社，1994年。

大山耕輔『行政指導の政治経済学——産業政策の形成と実施——』有斐閣，1996年。

大山 正『老人福祉法の解説』全国社会福祉協議会，1964年。

大河原伸夫『政策・決定・行動』木鐸社，1996年。

岡本多喜子『老人福祉法の制定』誠信書房，1993年。

岡光序治『老人保健制度解説——第 1 次，第 2 次改正と制度の全容——』ぎょうせい，1994年。

岡本祐三『高齢者医療と福祉』岩波新書，1996年。

————『医療と福祉の新時代——寝たきり老人はゼロにできる——』精文堂印刷，1993年。

岡本祐三監修『公的介護保険のすべて』朝日カルチャーセンター，1995年。

臨調・行革審 OB 会監修『臨調・行革審——行政改革2000日の記録——』行政管理研

究センター，1987年。

―――『日本を変えた10年――臨調と行革審――』行政管理研究センター，1991年。

S. J. アンダーソン／京極高宣監訳『日本の政治と福祉――社会保障の形成過程――』中央法規出版，1996年。

新川敏光『日本型福祉政治経済学』三一書房，1993年。

斎藤弥生・山井和則『高齢社会と地方分権』ミネルヴァ書房，1995年。

斎藤義彦『公的介護保険――そこが知りたい――』ミネルヴァ書房，1997年。

佐藤進・河野正輝編『介護保険法』法律文化社，1997年。

佐藤誠三郎・松崎哲久『自民党政権』中央公論社，1986年。

里見賢治・二木立・伊藤敬文著『公的介護保険に異議あり』ミネルヴァ書房，1996年。

佐竹五六『体験的官僚論――五五年体制を内側からみつめて――』有斐閣，1998年。

坂本重雄『社会保障改革――高齢社会の年金・医療・介護――』勁草書房，1997年。

坂本重雄・山脇貞司編著『高齢社会語の政策課題』勁草書房，1996年。

澤村誠志『障害者・高齢者の医療と福祉』医歯薬出版，1993年。

総務庁行政監察局編『高齢者対策の現状と課題』大蔵省印刷局，1998年。

隅谷三喜男編『社会保障の新しい理論を求めて』東京大学出版会，1991年。

真田是編『戦後日本社会福祉論争』法律文化社，1979年。

坂寄俊雄編『図説日本の社会保障』法律文化社，1996年。

社会保障研究所編『福祉国家の政府間関係』東京大学出版会，1992年。

新藤宗幸『福祉行政と官僚制』岩波書店，1996年。

高島　進『社会福祉の歴史――慈善事業・救貧法から現代まで――』ミネルヴァ書房，1995年。

―――『社会福祉の理論と政策――現代社会福祉政策批判――』ミネルヴァ書房，1989年。

―――『超高齢化社会の福祉』大月書店，1991年。

辻　敬一『曲り角の福祉』ファイナンス，1975年8月。

土光敏夫監修『これが行革だ』サンケイ出版，1982年。

田原総一郎『新・日本の官僚』文春文庫，1988年。

滝上宗次郎『福祉は経済を活かす』勁草書房，1995年。

武田　宏『高齢者福祉の財政課題』あけび書房，1995年。

武智秀之『行政過程の制度分析――戦後日本における福祉政策の展開――』中央大学出版部，1996年。

田中秀征『民権と官権』ダイヤモンド社，1997年。

宇治敏彦『鈴木政権・863日』行政問題研究所，1983年。

埋橋孝文『現代福祉国家の国際比較――日本モデルの位置づけと展望――』日本評論社，1997年。

参考文献　371

上野真城子『政策形成と日本型シンクタンク』東洋経済新報社，1994年。

尹　文九『高齢者社会と政府の対応——日本型政策決定に関する研究——』筑波大学
　　大学院社会科学研究科博士学位論文，1999年。

————「アジア型福祉政策とワークフェア」進藤栄一・平川均編『東アジア共同体を
　　設計する』日本経済評論社，2006年。

————『日本の介護保険制度を解剖する——2005年改正を中心に——』弘益齋出版，
　　2007年。

————「現在の老人福祉法の意義」水野喜代志編『実践と理論からから学ぶ高齢者福
　　祉』保育出版社，2009年。

尹文九訳，新川敏光著『日本型福祉の政治経済学』弘益齋出版，2001年。

山口二郎『大蔵官僚支配の終焉』岩波書店，1987年。

山井和則『体験ルポ：世界の高齢者福祉』岩波新書，1993年。

山下袈裟男編『転換期の福祉政策』ミネルヴァ書房，1994年。

吉田久一『日本社会福祉理論史』到草書房，1995年。

————『日本の社会福祉思想』到草書房，1994年。

薬師寺泰蔵『公共政策』東京大学出版会，1996年。

————『政治家 VS 官僚』東洋経済，1988年。

湯浅　博『国会「議員族」』教育社，1986年。

横山和彦・田多秀範編著『日本社会保障の歴史』学問社，1993年。

《論 文》

青木泰子「健保改正の政治過程」内田健三他編『税制改革をめぐる政治力学』中央公論
　　社，1988年。

天野マキ「老人保健医療保障の現状と課題——日本型老人保険医療制度の動向をめ
　　ぐって——」『東洋大学社会学部紀要』24-2 号，1987年 3 月。

江見康一「老人保健法の課題」健康組合連合会偏『社会保障年鑑』1983年。

江藤俊昭「現代政治の諸相——国民国家の相対比と福祉国家の局面での市民政治の可
　　能性——」山本啓編『政治と行政のポイエーミス』未来社，1996年。

藤井良治「高齢化社会の医療保障システム」伊部英男・金森久雄編『高齢化社会の経済
　　学』東京大学出版会，1996年。

河中二講「政策決定と官僚制」『内閣と官僚』「法学セミナー増刊」1979年 3 月。

————「福祉政策の決定過程」『ジュリスト』No. 537，1973年 6 月25日号。

グループ1984年「日本の自殺」『中央公論』1976年 2 月号。

地主重美「高齢化社会の医療保障」東京大学社会科学研究所編『福祉国家 5　日本の経
　　済と福祉』東京大学出版会，1985年。

早川純貴・山口裕司・田村晃司「二一世紀の医療保険は展望できたか——健康保険法

改正をめぐる政治過程——」『阪大法学』1986年。

早川純貴「福祉国家をめぐる政治過程（1）——84年健康保険法改正過程の事例研究——」駒澤大学法学部『法学論集』第43号，1991年。

堀　勝洋「日本型福祉社会論」『季刊社会保障研究』第17巻第1号，1982年。

————「措置制度の意義と今後のあり方」『月刊福祉』1994年4月号。

橋本宏子「老人福祉法の成立とその意義」福島正夫編『家族政策と法2　現代日本の家族政策』東京大学出版会，1976年。

橋本信之「政策立案における官僚行動」日本行政学会編『アドミニストレーション』ぎょうせい，1987年。

H. キッシンジャー／佐藤信行訳「政策はいかに決定されるべきか——官僚機構と政策決定——」『文藝春秋』1969年3月号。

原田隆司「高級官僚の意識構造からみた現代日本の政策決定過程」『研究紀要』第24号，甲南女子大学，1988年。

石田　雄「日本における福祉観念の特質」『福祉国家4　日本の法と福祉』東京大学出版会，1984年。

石本忠義「高齢化社会と医療費——日本と外国の比較——」『教育評論』No. 498，1988年12月。

石毛金英子「新介護システムと公的介護保険」『労働経済旬報』No. 1540，1995年7月下旬号。

伊藤周平「公的介護保険と日本の福祉政策」『大原社会問題研究所雑誌』第454号，1996年。

岩下清子・奥村元子「保健医療サービス供給構造の変革と看護マンパワーの動向」『季刊社会保障研究』Vol. 24 No. 2，1988年。

医療保険制度政策研究会「医療保険政策の構想（上）——低成長下における医療保障のあり方——」『健康保険』1983年4月。

池田省三「介護保障システムと費用負担」『自治労通信』第618号，1995年7月。

今里　滋「意思決定過程論再考」『法政研究』第61巻，九州大学法政学会，1995年3月。

一圓光彌「介護保険制度の構想と運営」『ジュリスト』No. 1094 特集号，1996年7月。

————「安心できる老後を買う」『社会保険旬報』No. 1634，1988年11月21日。

J. C. キャンベル／増山幹高訳「メディアと政策転換：日本の高齢者対象」『レヴァイアサン』本鐸社，1990年7月秋。

————，平岡公一訳「日本における老人福祉政策の形成過程」『社会保障研究』Spring Vol. 18，No. 4，1983年。

加藤淳子「政策決定に関する理論と実証——公的年金制度と医療保険制度改革のケースをめぐって——」『レヴァイアサン』8号，木鐸社，1991年。

厚生省社会局老人福祉課「老人福祉十年の歩み」『老人福祉研究』第7号，財団法人老

人福祉研究会，1974年。

小池　治「政策形成と行政官」『政策形成と行政官の役割』財団法人行政管理研究センター，1990年。

―――「政策形成と行政官――政策共同体論の視点から――」行政管理研究センター調査研究部編『政策形成と行政官の役割』1990年。

小沢修司「福祉切り捨ての論理と再編の方向」『経済』1980年11月号。

小室豊允「介護保障と介護保険の問題点」『日本社会保障法学会誌』第11号，1996年。

蒲島郁夫「マスメディアと政治」『レヴァイアサン』木鐸社，1990年7月。

京極高宣「日本型福祉社会論を批判する」『経済』1980年，12月号。

香取照幸「厚生省の政策動向」全国社会福祉協議会編『高齢者介護への提言』第一法規，1995年。

―――「介護不安をどう解消する――新介護システムの創設――」『第三十三期・一稿・フォーラム21』1997年2月。

後藤伝一郎「自民党政権の崩壊と日本型福祉社会論」『賃金と社会保障』No. 1128，1994年4月。

後藤道夫「岐路に立った日本社会（上，下）――日本型大衆社会統合の大改編と対抗戦略――」『民医連医療』1998年2-3月号。

北山誠一「ゴールドプランを武器として」『部落解放』1345号，1992年。

久米郁男「統治過程と行政官僚制――統治連合の拡大とこの制度化――」『神戸法学年報』第9号，1993年。

川口　弘「減速経済下でも福祉優先を」『エコノミスト』1975年9月16日。

―――「日本の福祉は先進国並みか――主として老齢年金水準を中心に――」『経済』1980年11月。

三浦文夫「わが国老人対策の展開に関する覚書き」社会保障研究所『季刊社会保障研究』第1巻第4号，1977年。

―――「老人福祉法30年」『社会福祉研究』第58号，1993年。

森　幹夫「養老事業から老人福祉事業へ」『老人福祉』第31号，全国養老事業協会，1963年。

村松岐夫「政策決定」三宅一郎・山口定・村松岐夫・進藤榮一『日本政治の座標』有斐閣，1984年。

―――「福祉政策の政治過程」『社会保障研究』Vol. 19 No. 3，1984年。

―――「政治過程における政党と行政官僚集団」『法学論叢』京都大学法学会，102巻第5，6号。

村松岐夫・伊藤光利「国会議員と市民からみた国家活動に対する評価」『季刊行政管理研究』第7号，1979年9月。

村川一郎「厚生省研究」『北陸法学』第4巻第3号，1996年。

————「日本における政策決定過程の特質——政治と行政の接点——」『季刊行政管理研究』No. 14，1981年。

村上貴美子「介護保険構想の背景」西川克己編著『公的介護保険制度の今日的視点』小林出版，1996年。

松井二郎「原理論・行財政部門」『社会保障研究』50号。

————「日本型福祉社会の特徴と限界」『社会福祉研究』第51号，1991年。

————「日本型福祉行政の特質」『社会福祉研究』56号，1993年。

正村公広「小さな政府は国を滅ぼす」『Ronza』Vol. 2 No. 10，1996年10月。

前田信雄「日本の介護保険，ドイツの介護保険」河理修編『ドイツ介護保険の現場』労働旬報社，1997年。

森安拓史「介護保障政策の問題点と今後の課題」『福祉労働』81巻12号。

丸尾直美「高齢者介護の重点政策」『週刊社会保障』1826号，1995年2月13日。

三重野卓『国会議員の福祉認識』防衛大学紀要，68巻1994年。

中村紀一「政策過程と行政広報——テクノ・デモクラシーの可能性——」『都市問題研究』第48巻第5号。

中村昭雄「第5章　行財政改革と健康保険法改正」『日本政治の政策過程』芦書房，1996年。

中野実編『日本型政策決定の変容』東洋経済新報社，1986年。

仲村達也「国は富み，そして日本人は貧しくなった」『エコノミスト』1992年。

西村谷通「福祉社会論と総合福祉政策の展開」『月刊労働問題』1980年，8月号。

二宮厚美「21世紀福祉戦略と福祉のリストラ」『賃金と社会保障』No. 1142，1994年11月下旬号。

————「医療・福祉の充実が日本経済を元気にする」『いつでも元気』No. 65，1997年3月。

永峰幸三郎「福祉への投資の効果は建設投資を上回る」岡本祐三・八田達夫・一園光彌・木村陽子編『福祉は投資である』日本評論社，1996年。

永田邦雄「老人福祉政策と在宅ケア」『ジュリスト増刊』1993年4月。

中尾信一「老人保健制度について」『健康保険』47巻9号，1993年。

中野　実「我が国　福祉政策形成の政治過程」『年報政治学』1989年。

新美慎八「官僚が描く"日本型"の設計図」『エコノミスト』1975年2月17日。

西尾　勝「省庁の所掌事務と調査研究企画」西尾勝，村松岐夫編集『講座行政学　政策と管理』有斐閣，1994年。

生天目昭「老人を食う老保法案」『経済往来』1982年4月。

大嶽秀夫「健康保険法改正にみる"福祉見直し"——医療費の抑制をめぐって——」『自由主義的改革の時代』中央公論社，1994年。

————「中曽根政治のイデオロギーとその国内政治的背景」『レヴァイアサン』1号，

参考文献　375

1987年秋。

大河原伸夫「官僚政治モデル」白鳥令編『政策決定と社会理論』良書普及会，1984年。

大熊由紀子「破綻続く"日本型福祉"」『社会福祉研究』第51号，1991年。

――――「介護保険，新ゴールドプラン，そして消費税」『社会福祉研究』第61号，
　　1994年。

大熊一夫「"社会的な死"の大量生産を支える日本人の無知とケチ」『世界』1990年2月号。

――――「ルポ　三流福祉国日本①～⑱連載」『週刊金曜日』1996年1月19日～1996年5
　　月31日。

大江晋也「高負担化社会と租税――会計学の視角から――」『高負担化社会と租税』谷
　　沢書房，1995年。

岡本祐三「新ゴールドプランと老人介護」『世界』No. 607，1995年4月。

岡光序治「ゴールプラント老人保険・福祉関係法の改正」『月刊福祉』1993年9月。

大森　彌「日本官僚制の事案決定手続き」『年報政治学』1985年。

小倉　要「老人対策の視点」『政策月報』自由民主党政務調査会，1972年1月号。

小笠原祐次「老人保健法の改正と高齢者福祉体系」『ジュリスト』1987年2月15日。

曽根泰教「日本の政策形成論の変化」中野実編著『日本型政策決定の変容』東洋経済新
　　報社，1986年。

――――「変わる政治．変わる政治学」『レヴァイアサン』2号，1987年秋。

副田義也「生活保護制度の展開」東京大学社会科学研究所編『転換期野福祉国家（下）』
　　東京大学出版会，1988年。

――――「福祉政策論の基本的枠組」『社会福祉研究』第29号，1983年。

新川敏光「日本型福祉と保守支配体制の再編，強化（一）」『法政』第25巻第1号，1993
　　年。

――――「日本型福祉の終焉」岡沢憲芙・宮本太郎編『比較福祉国家論』法律文化社，
　　1997年。

――――「政策ネットワーク論の射程」『季刊行政管理研究』59号，1992年。

里見賢治「厚生省，介護保険制度案大網の陥穽」『社会福祉研究』第66号，1995年。

――――「高齢者介護政策の新展開――公的介護保障の課題と介護保険の問題点――」
　　『市政研究』第107号，1996年4月。

佐藤　進「高齢社会と"介護をめぐる法政策"の現状と課題」『立正法学論集』第28号
　　1～4，1995年8月。

城戸喜子「人口構造の高齢化と日本の福祉政策の状況」『社会保障研究』Vol. 15 No. 3，
　　1980年。

高橋秀行「医療保険――政策変容と政治過程――」『日本の公共政策――その基準と実
　　際――』行政管理研究センター，1991年。

――――「日本医師会の政治行動と意思決定」中野実編『日本政策決定の変容』東洋経

済新報社，1986年。

――――「日本における政策決定過程研究（上・下）」『季刊行政管理研究』No. 45，No. 46，1989年3月。

高橋毅夫「大量消費時代」有沢広己監修『昭和経済史』日本経済新聞社，1976年。

高山憲之「公的介護保険をめぐる問題」『社会保障研究』Vol. 32 No. 3，1996年。

高田浩一他「革新自治体と社会福祉」『世界』第323号，1972年10月。

孝橋正一「現代社会事業理論の基本的課題」吉田久一編『戦後社会福祉の展開』ドメス出版，1976年。

谷川貞夫「厚生事業実践体の動向」『厚生事業研究』31巻1号，1943年1月。

田原総一郎「自民党政権 T. O. K. Y. O 作戦の尖兵，鈴木俊一東京都知事」『中央公論』1980年9月号。

田辺国昭「戦後日本の社会保障――保守一党優位体制下での福祉国家の形成――」『レヴァイアサン』1995年春。

武智秀之「福祉政策」西尾勝・村松岐夫編集『講座行政学　政策と行政』有斐閣，1994年。

梅本純正・小山豆男（対談）「行革答申作業を振り返る――答申と厚生行政を談ずる――」『総合社会保障』1983年6月。

尹　文九「日本における福祉と文化の形成とその変遷過程」『筑波法政』第23号，1997年。

――――「福祉改革の政治過程――公的介護保険法の制定を中心に――」『筑波法政』第24号，1998年。

――――「福祉政策形成における行政官僚の役割」『筑波法政』第34号，2003年。

――――「韓国の Social Enterprise――ワークフェアの観点から――」『海外社会保障研究』No. 147，国立社会保障・人口問題研究所，2004年。

――――「ワークフェアとして生産的福祉の再照明」『日・米高齢者保健福祉学会誌』第2号，1997年。

――――「日本における外国人ケア・ワーカーの受け入れ問題に関する考察」『国際アジア共同体学会誌』創刊号，2008年。

和田八束「社会保障財政の思想と構造」『社会保障講座』総合労働研究所，1980年。

若松栄一「老人の福祉と医療――その日本的展開――」『自由』1978年12月。

山口二郎「多様化する官僚制論と統合への模索」『自治研究』第59巻第10号，良書普及会，1983年。

山口　定「戦後日本の政治体制と政治過程」三宅一郎・山口定・村松岐夫・進藤榮一『日本政治の座標』有斐閣，1984年。

山崎泰彦「新介護保障システムの課題」『共済新報』1995年6月。

山脇貞司「公的介護保険制度構想の検討」『静岡大学法政研究』1巻1号，1996年9月。

湯沢雍彦「老人問題と老親扶養の動向」福島政夫編『家族（政策と法 3）』東京大学出

版会，1977年。

吉村　仁「医療費をめぐる情勢と対応に関する私の考え」『週刊社会保障』No. 1217，
　　1983年 3 月 7 日。

————「医療保険改革の憂鬱な選択（上，中，下）」『健康保険』1978年 8 ，9 ，10月
　　号。

吉原健二「老人保健法の成立とその内容①」『社会保険』1983年 5 月。

八代尚宏・伊藤由樹子「高齢者保護政策の経済的帰結」八田達夫・八代尚宏編『弱者保
　　護政策の経済分析』日本経済新聞社，1995年。

全国社会福祉協議会「実現されるか老後の保障」『生活と福祉』第88号，全国社会福祉
　　協議会，1963年。

（2）英語文献

Alec Pemborton, "Marxism and Social Policy : A Critique of Contradictions of Wel-
　　fare," *Journal of Social Policy*, Vol. 12 No. 3, 1983.

Allison, G. T., *Essence of Decision, Explaining the Cuban Missile Crisis*, Boston : Cittle,
　　Brown and Company, 1971.

Anderson, S. J., *Welfare Policy and Politics in Japan : Beyond the Developmental State*,
　　Paragon House, 1993.

Calder, E. K., *Crisis and Compensation*, Princeton : Princeton University Press, 1988.

Cameron, D. R., "The Expension of the Public Economy : A Comparative Analysis,"
　　American Political Science Review, 72, 1978.

Campbell, J. C., "Problems, Solutions, Nonsolusions, and Free Medical Care for the
　　Elderly in Japan," *Pacific Affairs*, 57, 1984.

Campbell, J. C., "The Old People Boom and Japanese Policy Making," *Journal of
　　Japanese Studies*, Vol. 5 No. 2, Summer 1979.

Campbell, J. C., *How Policies Change : The Japanese Government and the Aging Socie-
　　ty*, Princeton : Princeton University Press, 1993.

Castles, F. and Mckinlay, R. D., "Does Politics Matter : An Analysis of the Public Wel-
　　fare Commitment in Advanced Democratic States," *European Journal of Political
　　Research* 7, 1979.

Charles, O. J., "*An Introduction to the Study of Public Policy*, Second edition, North
　　Situate : Duxbury Press, 1977.

Collier, D. and Messick, R., "Prerequisites Versus Diffusion : Testing Alternative Ex-
　　planation of Social Security Adoption," *American Political Science Review*, 69,
　　1975.

Esping-Andersoen, G., *The Three Worlds of Welfare Capitalism*, Princefon : Princeton University Press, 1990.

Esping-Andersoen, G., "Power and Distributional Regimes," *Politics and Society*, Vol. 14, 1985.

Fukui Haruhiro, "Studies in Policy making : A Review of the Literature," in T. T. Pempel, ed., *Policy making in Contemporary Japan*, Ithaca : Cornell University Press, 1977.

Kingdon, J. and Agenda,W., *Alternatives and Public Policies*, Little, Brown and Company, 1984.

Krauss, M., *The New Protectionism; the Welfare State and International Trade*, New York : New York University Press, 1978.

Lowi, T. J., "Four Systems of Policy, Politics, and Choice" *Public Administration Review*, Vol. 32, No. 4, 1972.

Macpherson, S. and Midgley, J., *Comparative Social Policy and the Third World*, London : Wheatsheaf, 1987.

Madison, B. Q., *The Politics of Social Policy*, London : Croom Helm, 1980.

Muramatsu Michio and Krauss, Ellis, "The Conservative Policy Line and the Development of Patterned Pluralism," in K. Yamamura and Y. Yasuba, eds., *The Political Economy of Japan*, Vol. 1, The Domestic Transformation, Stanford : Stanford University Press. 1987.

Midgley, T., "Welfare Implication of Development Paradigms," *Social Service Review*, 1984.

Naomi Maruo, "Development of the Welfare Mix in Japan," in Richard Rose and Rei Shirator, eds., *The Welfare State East and West*, Oxford : Oxford University Press, 1986.

Schmidt, M. G., "The Welfare State and Economy in Periods of Economic Crisis : A Comparative Study of Twenty-Three OECD Nations," in N. J. Vig and S. E. Schier, eds., *Political Economy in Western Democracies* : New York : Holmes and Meier, 1985.

Shalev, M., "Class, Politics and the Western Welfare State," in S. E. Spiro and E. Yuchtmann-Ynnr, eds., *Evaluating the Welfare State : Social and Political Perspective*, New York : Academic Press, 1983.

Yoon, Mungu. Hong, Kumja, "Population Aging and Support for the Elderly in Korea ; 16th Asian Conterence on Mental Retardation,"

Warwick, C. P. and Oserson, S., *Comparative Research Methods*, N. J. : Prentice Halls Inc., 1973.

Wilensky, H. L., et al., *Comparative Social Policy*, Berkeley : Institute of International

参考文献　379

Studies, University of California, 1985.

Wilensky, H. L., *The Welfare State and Equality : Structural and Ideological Roots of Public Expendifures*, Berkley, Cal : University of California, 1975.

（3）韓国語文献 （韓国式発音のアルハベット順である）

安海均共著『韓国官僚制と政策過程』茶山出版社，1994年。

安海均『政策学原論』茶山出版社，1980年。

朴泰龍『老人福祉研究』大邱大学校出版部，1993年。

C. リンドブロム／権仁錫・曹鐵玉訳『政策形成過程論』大永文化社，1991年。

C. ジョン／金海東訳『政策形成論』法文社，1977年。

崔京錫・宋鄭府『現代老人福祉政策』韓国福祉政策研究所出版部，1990年。

李永昌編著『韓国政策研究』大永文化社，1990年。

福井治弘「日本の政策決定に関する研究」韓培浩他編『日本の政策決定の解部』正音社，1984年。

翰林科学院編『福祉国家の現在と未来』ナナム出版，1993年。

玄外成『韓国の老人福祉政策の形成過程とその徴候に関する研究』ソウル大学校修士学位論文，裕豊出版社，1994年。

玄外成他『福祉国家の危機と新保守主義的再編——英国，米国，日本の社会福祉改革——』大学出版社，1992年。

玄外成『韓国と日本の老人福祉政策の形成過程』裕豊出版社，1994年。

鄭淳徹『政策形成過程における行政官僚の役割』釜山大学校修士学位論文，1994年。

鄭熙彩「政策執行過程」全学俊外共著『現代政治過程論』法文社，1983年。

K. ウォルフレン著，ヤンチャンギュ訳『日本の権力構造』時事英語社，1991年。

キルスンフム「日本の政策決定過程」現代日本研究会編『日本政治論』博英社，1981年。

姜昌男『政策決定過程において行政官僚の役割』成均館大学校修士学位論文，1982年。

金泰星，成キョン降『福祉国家論』ナナム出版，1995年。

金慶鎬・玄外成「日本の自民党の社会福祉政策決定構造と社会福祉政策の特徴に関する研究」『日本研究』創刊号，1990年。

金泳宗『福祉政策論』蛍雪出版社，1992年。

金聖順『高齢化社会と福祉行政』弘益齊，1991年。

金炯烈『政策決定論』大永文化社，1997年。

金世杰『財政危機と自民党支配構造の均裂——1980年代日本の財政再建の政治過程——』西江大学校博士学位論文，1997年。

呉錫泓編『政策学の主要理想論』經世院，1993年。

申昌雨『政策決定体制の研究』大永文化社，1990年。

孫蛍洛『政策決定過程において行政官僚の役割に関する研究』高麗大学校修士学位論文，

1990年。

兪焄『政策学原論』法文社，1987年。

尹文九「日本の介護保険制度の実態と問題点及び政策提言」『Working Paper』韓国保
健社会研究院，2005年。

尹文九「日本の高齢者福祉と福祉情報化に関する考察」『韓国地域情報学会誌』第6巻
第2号，2003年。

尹文九「韓国の介護保険制度の組織設計に関する報告書」韓国健康保険公団，2007年。

尹文九「日本政府の高齢者福祉政策の現況と課題——在宅福祉政策を中心に——」『リ
サーチアカデミー論叢』第4集，2001年。

尹文九「日本の介護保険制度に関する考察——社会的意義と問題点を中心に——」『日
本研究』2003年。

尹文九「東アジア型福祉モデル構築に関する小考」『アジア研究』韓国アジア学会誌，
第11巻第2号，2008年。

尹文九「地域福祉時代における社会福祉協議会の役割」『日本空間』Vol. 4，2008年11
月。

尹正吉『政策過程論』洞論社，1991年。

尹在豊編著『組織管理論』法文社，1981年。

人 名 索 引

あ 行

アリソン，G. 6, 40
石田 雄 81
伊藤周平 326
伊藤大一 63
伊藤光利 163
猪口 孝 34, 65
岩井奉信 34
ウィレンスキー，H. L. 7, 23, 25, 55, 263
エスピン-アンデルセン 186
大内敬伍 284
大熊一夫 187
大嶽秀夫 1, 26, 65, 253
大山 正 100
岡光序治 320
岡本多喜子 102
小沢辰男 218

か 行

加藤淳子 26
香取照幸 269, 297
カルドア，K. 29
キャメロン，D. 58
キャンベル，J. C. 26, 51, 149, 152, 168, 189, 221
京極高宣 302
キングダン，J. W. 260
孝橋正一 85
香山健一 182
コーエン，M. 52
ゴーレヴィッチ，P. 28, 31

さ 行

斎藤義彦 312
サイモン，H. 51

佐藤誠三郎 65
佐野正人 326
ジョンズ，C. 33, 35, 36
新川敏光 29, 185

た 行

滝上宗次郎 295
竹中勝男 83
武見太郎 215
田中角栄 170
田中正己 216
辻 清明 63
土光敏光 201

な 行

中曽根康弘 200
中野 実 26, 69
仲村達也 188
二木 立 301, 309
野口悠紀雄 195

は 行

橋本宏子 101
橋本龍太郎 272
ハルパソン，M. 42
樋口恵子 315
ベアナルド，H. 62
堀 勝洋 90, 189
ホール，P. 1
ホーレン，R. 62

ま 行

松崎哲久 65
マーチ，J. 51, 52
真渕 勝 195, 197
丸尾直美 25, 293

三浦文夫　101
美濃部亮吉　154
宮島　洋　295
村松岐夫　65, 148, 163, 182

や・ら行

山口二郎　68

山井和則　188
吉村　仁　14, 92, 239, 241, 242, 243, 252
リンドブロム，C.　51
ロウィ，T.　66, 357

事 項 索 引

あ 行

アイディア行政　154

アクター　2, 6, 22, 28, 32, 35, 60, 126, 140,
　251, 355, 356, 361

朝日訴訟　86, 110

アジェンダ　16, 38

　──策定　126

　──・セッティング（agenda setting）　260,
　270

アセスメント　350

「家」制度　107, 109

意思決定　10, 27

イシュー・アプローチ（issue approach）　1, 2

一部自己負担制度　230

一部負担金　222

一般会計予算　194

イデオロギー　31, 55, 190, 270, 355

医療改革　12, 31

医療機能訓練　228

医療政策　210, 214, 244

医療制度　202

　──改革　243

インフレーション　198

英国病　89, 181, 182, 270

医療費　13, 230, 268

　──効率逓減論　92, 243

　──需給過剰論　243

　──適正化　252

　──亡国論　92, 242, 243

　──負担の効率化　238

　──抑制　214, 228

医療保険　245, 252

　──制度　203, 209, 237

医療保険政策研究会　241

エリート　53, 163

　──モデル　7

　──理論　60, 61, 65

大蔵省　11, 196, 198, 201, 216, 219, 222

OR　49

小沢構想　14, 218, 219

汚職事件　320, 322

お世話料　295

か 行

介護　359, 264, 276, 328

　──制度　259, 346

　──手当　277

　──ニーズ　283, 285

　──費用　293, 302, 310, 322, 328, 329, 343

　──問題　269, 276, 283, 285, 308, 325, 326

介護関連3法案　321

介護給付　332, 333

　──費　348

　──分科会　304

介護支援専門員（ケアマネジャー）　334, 335,
　338, 339, 344, 345, 350

介護対策検討会　279, 284

介護地方消費税　319

介護認定　331

　──審査会　330, 331, 332

介護の社会化を進める1万人市民委員会　324

介護報酬　335, 340, 341, 344, 345

介護保険準備推進本部（仮称）　323

介護保険制度　260, 300, 308, 322

　──大綱　315

介護保険の3施設　339

介護保険法　5, 15, 16

　──案　324, 328

介護予防　336, 340

　──サービス　336

　──訪問介護　336

介護療養型医療施設　340
改正民法　107
核家族化　265
拡散理論（diffusion theory）　59
革新自治体　10, 143, 152
可処分所得　272
家族介護　312, 318
家族国家　78
家族福祉　24
「活力ある福祉社会」　170, 202
家庭福祉　190
賀屋構想　123
過労死元年　188
過労死問題　188-189
患者一部負担　226
患者一割負担　246
慣性型（interial）　27
官僚　25, 40, 131, 356
官僚支配　7, 33
　　──論　60
官僚主導　15, 31, 67
　　──政治　14
官僚制　65, 163, 356
官僚政治　40, 41, 162, 220
　　──モデル（bureaucratic politics model）
　　　6, 63, 356
官僚優位　33
　　──説　67
　　──論　8, 34, 60
議員立法　131
企業年金　185
企業福祉　29, 192, 272
規制指向国家　33
機能訓練　210
義務的救助主義　78
キャリア　43
救済事業　8
旧生活保護法　85
救貧　78
　　──制度　106
給付費　332, 338

行革推進委員会　203
行財政改革　12
行政改革　15, 226, 235, 238, 248, 251
　　──関連法案　252
　　──大綱　13, 203
行政官僚　16
行政指導　64, 356
共同体　8
狂乱物価　180, 194
偶然型（artifactural）　27
クライディング・アウト　198
グループホーム　335, 338
グループ1984年　88, 182
ケアハウス　261, 335
ケアマネジャー　→介護支援専門員
ケアマネジメント　338, 339, 249
「経済から福祉へ」　173
経験的事例研究　4
「経済社会基本計画」　87, 170
経済団体連合会（経団連）　199
経済的弱者　18
経済的自由主義　171
軽費老人ホーム　114
計量分析　60
軽老の国　188
敬老の日　168
ケインズ型福祉国家　204
欠陥車回収問題　149
ゲーム理論　49
権威主義体制国家　33
現金給付　318
健康診査　211, 228
健康保険法　5, 235
検診万能主義　229
現場から公的介護保障を考える会　326
憲法第25条　84
権利擁護業務　338
権力エリート理論　32
権力三頭モデル　40
権力システム　30
権力リソース動員モデル　29

事項索引　385

合意モデル（consensus model）　62
高額療養費　249, 251
後期高齢者　263, 283
公共事業　198
　──関連費　196
　──費　192
公共政策　21, 22, 38, 61, 139, 189, 259
公共選択モデル　49
公共問題　35
合計特殊出生率　107, 271
公衆衛生　229
厚生官僚　15, 239
厚生行政　245
　──の長期構想　277
厚生事業　9, 82
　──論　83
厚生省　11, 31, 118, 127, 217, 219, 241, 242,
　246, 264, 276, 281, 285, 300, 305, 307, 312
　──の試案　312
　──予算　116
公的介護保険を考えるフォーラム　309
公的扶助　94
行動理論　4
高度経済成長　146
公費　328
　──負担　306
　──方式　319
高福祉・高負担　87, 240, 242, 267, 268, 292
合理性　26, 49
効率性　2, 179
合理的決定モデル　40
合理的行為者モデル（rational actor model）
　41
合理的行為モデル　6
合理モデル（rational model）　49, 50
高齢化　263
　──社会　21, 222, 229, 241, 271, 277
　──社会危機論　293
　──率　263, 264
「高齢期の生活イメージに関する世論調査」
　292

高齢社会　23, 265, 268, 272, 281, 295
　──福祉ビジョン懇談会　274
高齢者介護研究会　334
高齢者介護対策本部　285, 310
高齢者介護・自立支援システム研究会　285,
　298
「高齢者介護に関する世論調査」　308
高齢者虐待　344
高齢者世帯　109
　──人口　111
高齢者福祉　9, 283
　──政策　4, 5, 23, 264, 355, 358
　──制度　361
高齢者保健福祉推進10カ年戦略（ゴールドプラ
　ン）　259, 273, 279, 280, 300
紅露試案　130
国債依存率　194, 236
国勢調査　21
国際比較　111
国保問題懇談会　243
国民医療破壊阻止全国医師大会　245
国民医療費　211, 212, 236, 240, 268, 295, 248
　──将来推計　240
　──適正化総合対策推進本部　241
国民健康保険　210
　──法　110
国民年金法　100
「国民福祉税」構想　285, 300
国民負担率　14, 179, 192, 235, 237, 238, 243,
　268, 272, 275, 320
55年体制　297
個人問題　16
コスト意識　248
国家行政組織法第8条　200
コーポラティズム　30
ゴミ箱モデル（garbage can model）　52
ゴールドプラン21　342, 344

さ　行

財界4団体　227
財政赤字　192, 197, 237

財政再建　12, 214, 236, 251
財政制度審議会　201
財政危機　12, 204
在宅介護　322
「在宅寝たきり老人実態調査」　158
在宅サービス　278, 325, 344
在宅福祉　263, 278, 349
　　──サービス　261
産業民主主義（の）理論　7, 37, 54
残滓的福祉国家　30
三頭権力エリート（triparita power elite）　61
　　──論　61
賛否両論　247, 322
GHQ　94
自己責任意識　230
市場経済　270
市場原理　241
自助　190
　　──・自立　94
　　──努力　190, 271, 279
施設サービス　335
施設入所待機者　345
慈善　8
下調べ　291
市町村特別給付　332
失業率　25
実証研究　30
疾病構造　236
私的諮問機関　183, 260
私的福祉　271
児童福祉法　85
シビル・ミニマム　154
資本主義国家　53
資本主義社会　7
市民運動　153
自民党　11, 169, 170, 250, 268
　　──三役　220
諮問機関　13, 162
社会・経済環境の変化（inertial explanations）
　　27
社会参加　266

社会事業　79
社会主義社会　7
社会的介護　188
社会的権力関係　13
社会的公平性　237
社会的支援　307
社会的弱者　154
社会的な死　188
社会的ニーズ　163
社会的入院　262, 269, 278, 310
社会福祉　76, 198
　　──基礎構造改革　359
　　──事業　8
　　──政策　23, 26, 36
　　──政策理論　3
　　──プログラム　23
社会福利　85
社会保険行政　241
社会保険審議会　219
社会保険方式　17, 186, 299, 302, 304, 311,
　　322, 329
社会保険料　293, 319
社会保障　58, 145, 199, 252
　　──関係費　12, 195, 196, 237
　　──給付費　267, 270, 275, 347, 348
　　──給付抑制　239
　　──政策　11
　　──長期懇談会　217
　　──の構造改革　317
　　──福祉制度　266
社会保障制度　237, 267, 284, 317
　　──審議会　86, 171, 220, 223, 224, 225,
　　277, 278, 297, 315
社会民主型福祉国家　186
社会民主主義型　56
社会民主主義モデル　7
社会民主主義理論　7, 37, 56, 57
社会問題　116, 157, 262, 266, 270, 276
社会連帯　94, 279
　　──論　94
自由主義型　57

――福祉国家　186
終身雇用　100
　――制　185
　――制度　271
住民運動　147
収斂理論　55, 59
受益者負担　219, 243, 252, 279
首相官邸主導　71
受診率　247
恤救規則　77, 104
「生涯福祉計画」　88, 180
小規模多機能型在宅介護　338
少子化　259, 266
少子・高齢化　320, 358
　――社会　274
ショートステイ　280
　――の事業　261
消費税　12, 199, 268, 275, 280, 284, 285, 300,
　314, 357
自立自助　90, 184
自立支援　350
シーリング方式　236
事例研究　1, 2, 26, 31, 355, 357
事例比較研究　2
審議会　26, 33, 201, 215, 247, 276, 305
「新経済社会7カ年計画」　90, 270
「新経済社会発展計画」　158
人口（の）高齢化　236, 263
人口問題研究所　113, 128
新ゴールドプラン　259, 285, 293, 296, 302,
　342
新自由主義　58
新生活保護法　86
親族相扶　106
新保守主義　58, 179, 182
　――者　11, 12, 30, 31, 259
新予防給付　336
診療報酬　226, 236, 240
　――支払いシステム　248
　――支払い方式　219, 223
　――点数制　215

SCAPIN 775（号）　85, 107
スティグマ　57
スーパー官庁　162, 172
スーパーゴールドプラン　318
生活保護　109
　――法　121
制限的救助主義　78
政策　4, 6, 21, 25, 26, 38, 41
　――案　126, 260
　――課題　147
　――過程（policy process）　36, 356
　――環境　6, 13, 14, 16, 22, 25, 26, 35, 59,
　60, 110, 235, 238, 269, 241, 355, 356, 361
　――企業家　14, 252
　――課題（パブリック・アジェンダ）　270,
　275, 276
　――共同体　15, 356
政策形成　356
　――過程（policy-making process）　34, 37,
　103
　――者　24
　――段階　4
　――モデル　35
政策決定　8, 358
　――過程（policy-decision process）　1, 5, 6,
　15, 36, 37, 39, 66, 132, 148, 235, 253, 356,
　358
　――理論　5
政策構想フォーラム　88, 181
政策産出　23, 37
政策主唱者　16
政策事例　5
政策選択　26
政策（の）転換　10, 11, 22, 140, 150, 180, 263,
　267, 270, 275, 355
　――のスポンサー　149
政策の創設者（initiator）　11
政策の流れ（political stream）　260
政策の窓理論　260
政策変化　11, 23
政策問題　16

政策立案　17, 214, 291
政策理念　24
政策類型　34, 68
　──論　357
生産年齢人口　266
政治（politics）　260
　──アクター　235
　──・行政過程　27
　──献金　215
　──的判断　22
　──的アクター　38
　──的力関係の変化（political explanations）
　　27
　──力学　23
政党優位論　7, 67, 356
制度的アプローチ　29
制度的福祉国家　21, 146
聖母の園　109, 119
ゼロ・シーリング予算　15, 242
先行　31
　──研究　5, 9, 35, 100
　──事例研究　4
全国社会福祉協議会　125, 158, 166
全国養老事業協議会　118
先進国病　185
漸増主義的（incrementalism）予算編成方式
　204
総需要抑制政策　194
増税なき財政再建　201, 202, 203, 226, 243
総量の変化（artifical explanations）　27
相互扶助　90, 94, 185, 190, 271
増分主義（incrementalism）　51
増分モデル（incremental model）　51
族議員　7, 34, 253, 357
組織過程モデル（organizational process mod-
　el）　6, 41, 356
措置制度　266, 361
「園田構想」　158, 162

た　行

第1号被保険者　330, 333, 335, 340, 343, 344,

　348
第2号被保険者　330, 333
第三次基本答申　202
第三者評価　345
退職者医療制度　251
第2臨調（第2次臨時行政調査会）　12, 91,
　180, 200, 235, 236, 238, 243, 252
第二の国民健康保険　309
タイムリミット　17
第四の権力　149
代理受領制度　251
多元化　5
多元主義　66, 260
　──モデル　7, 60
　──理論　60, 64
　──論　3
脱商品化　186
多変量回帰分析　25
地域福祉　190
地域包括ケア　340
地域包括支援センター　337, 338
地域密着型サービス制度　338
地域密着サービス　340
小さな政府　14, 162, 172, 201, 236, 270
中間施設　278, 282
中間層　101
中福祉・中負担　267, 268
超高齢化　21
超高齢社会　15, 320, 358
「長寿社会対策大綱」　92, 278, 284
調整交付金　333
定額制　246
デイサービス　278, 280
　──の事業　261
低福祉・低負担　292
出来高払い制　224
出来高払い制度　14
出来高払い方式　215
テクノクラシー　26
テクノクラート　63
鉄の三角形　253

事項索引　389

東京都方式　168
党高官低　15, 32, 260
　——論　34
党高政低論　7, 34
動態的接近法（action approach）　1
統治エリート　28
特殊法人　200
特別養護老人ホーム　261, 266, 296, 320
としよりの日　108

　　　　な　行

ナショナル・ミニマム　181, 185, 186
二階建て　186
21世紀の国民医療を考える会　248
「21世紀福祉ビジョン」　274, 285, 292, 295
ニーズ　16, 152, 266
日本医師会（日医）　14, 31, 143, 214, 245, 301,
　323
日本株式会社論　40, 62
日本型　189, 190
　——政策形成　291
　——官僚政治モデル　40
　——福祉社会　16, 179, 183, 184, 270, 272
　——福祉社会論　9, 11, 12, 22, 24, 84, 87,
　189
日本病　182
「日本の自殺」　88, 181
『日本列島改造論』　170
日本労働組合総連合会（連合）　301
認知型（cognitive）　27
認知症　264, 265
認知の変化（cognitive explanations）　27
認定審査　331
認定調査　340
ネオ・コーポラティズム　33, 58
寝たきり　328
　——高齢者　347
　——大国　188
　——老人　263, 264, 273, 283
　——老人ゼロ作戦　280
年金　245

　——改革　30, 31, 357
　——給付費　268

　　　　は　行

廃用性症候群　337
バーゲニング・ゲーム　40
橋本構想　219
バラまき福祉　89, 179, 183, 199, 270
比較研究　3
　——方法　3
比較社会福祉政策　3
比較事例研究　4
比較事例分析　4
PPBS　49
被保険者　17, 236, 312, 330, 341
標準負担額　342
費用便益分析　49
フィードバック（feed back）　37
福祉　8, 76, 202
　——改革　11
　——観　8, 76, 87
　——関係八法　263
　——元年　57, 75, 87, 180, 195, 198
　——ギャップ　148, 153
　——切り捨て　13, 76, 187, 202, 210
　——後退　221
　——国家　7, 28, 63, 202, 271
　——国家危機論　76
　——国家論　30
　——再編　30, 31
　——資本主義　146
　——社会　88, 202, 292
　——政策　8, 163, 166, 187, 263, 267, 269,
　271, 272
　——ビジョン　279, 284, 293
　——病　270
　——見直し　76, 217, 357
　——見直し論　11, 75, 88, 94, 179, 267
　——優先　170, 171
　——優先政策　179
不公平　213

扶助国家　88
付則条項　324
負担の公平化　237
負担費用　244
普遍主義　186, 296
プライマリー・ケア　229, 240
ブラック・ボックス　23, 25, 27, 358
プロセス　17, 42
文化間比較研究　3
分析方法　6
分析モデル　6
平均寿命　263
平均世帯規模　265
法案作成過程　13
方面委員会制度　79
訪問介護事業　344
保健サービスと医療の連携　230
保健事業　210, 211, 230
保健指導　228
保険者　17, 224, 309, 314, 329, 337, 341
保健福祉事業　228
保険料　327, 328, 333, 340, 342
保守主義型　57
ポスト多元主義　66

ま　行

マイナス・シーリング　244, 245
埋設費用（sunk cost）　50
マクロ　4, 22
マッカーサー草案　85
マスメディア　148
マルキシズム（Marxism）　7, 53
慢性疾患　265
マンパワー　229, 280
満足モデル（satisfying model）　51
ミクロ　4, 70
民営化　204
民間活力の活用　279
民法改正　102
無差別主義　85
問題認識（problem recognition）　260

や　行

夜間対応型訪問介護　338
有病率　140, 223
有料老人ホーム　271
要介護　330
　――高齢者　265, 284
　――者　262, 269, 310
　――老人　269, 276, 278
　――状態　328
　――認定　18, 317, 319, 331, 335, 341, 342
　――認定者　343, 347, 349
要支援　330, 336, 347
要収容者　11
予算　244, 248
　――配分　215
予防給付　332, 333

ら　行

ライフサイクル　185
利益集団　29, 209, 253, 356
利益団体　8, 40
立法過程　69
リハビリテーション　340
利用者（の）負担　304, 333, 342, 345
利用者本位　296, 349
　――制度　329
両論併記　311
理論　3
　――モデル　7
稟議書　17, 292
稟議制　356
連立政権　32
老人医療費　210, 212, 213, 214, 216, 217, 261,
　268, 269, 301, 319, 348
　――公費制度　281
　――支給制度　139, 239, 261
　――特別措置法　162
　――無料化制度　5, 10, 13, 140, 143, 152,
　156, 166, 209, 211, 217, 218, 357
　――有料化　202

事 項 索 引　391

老人憲章　120, 125, 168
老人クラブ　14, 101, 108, 131, 150
老人診療報酬　230
老人対策基本法案　168
老人福祉　261
　　——施設整備 5 カ年計画　169
　　——法　5, 9, 21, 99, 119, 261
　　——法大綱　129
老人ブーム　125, 156
老人保健医療対策本部　221
老人保健医療問題懇談会　13, 216, 282
老人保健施設　261, 283
老人保健福祉審議会　282, 284, 302, 304, 307,

　　310, 315
老人保健福祉計画　263, 296
老人保健制度　216, 219, 224
老人保健法　5, 13, 179, 209, 228, 230, 240,
　　247, 261, 282
　　——案　225, 227
　　——案要綱　224
老人問題　119, 150, 276
労働なきコーポラティズム　33
労働力人口　266
老齢者保健特別制度構想　217
老齢年金　202, 217
老齢保険制度　11

《著者紹介》

尹　文九（ゆん・むんぐ）

1962年　韓国生まれ。
1998年　筑波大学社会科学研究科博士課程終了（法学博士）。
　　　　明和大学大学院行政学科講師を経て，
現　在　東京福祉大学社会福祉学研究科教授。
専　攻　社会福祉政策，高齢者福祉論，福祉行政，地域福祉。
著　書及び共著　『人口減少時代の社会福祉学』ミネルヴァ書房，2007年。
　　　　　　　　『東アジア共同体を設計する』日本経済評論社，2006年。
　　　　　　　　『日本の介護保険制度を解剖する』弘益齋，2007年。
　　　　　　　　『実践と理論から学ぶ高齢者福祉』保育出版社，2009年。
　　　　　　　　『高齢者への支援と介護保険制度』みらい，2014年。

新・MINERVA 福祉ライブラリー㉖
高齢社会の政治経済学
──日本の高齢者福祉政策を中心に──

2017年10月10日　初版第1刷発行　　　　　　　〈検印廃止〉

定価はカバーに
表示しています

著　　者　　尹　　　文　九
発　行　者　　杉　田　啓　三
印　刷　者　　坂　本　喜　杏

発行所　株式会社　ミネルヴァ書房
607-8494　京都市山科区日ノ岡堤谷町1
電話代表　（075）581-5191
振替口座　01020-0-8076

©尹文九，2017　　　　冨山房インターナショナル・清水製本

ISBN 978-4-623-08148-6
Printed in Japan

G・エスピン-アンデルセン著／岡沢憲芙・宮本太郎監訳

福祉資本主義の三つの世界
――比較福祉国家の理論と動態

A 5 判・304頁・本体3,400円

藤井　威著

福祉国家実現へ向けての戦略
――高福祉高負担がもたらす明るい未来

A 5 判・268頁・本体2,800円

埋橋孝文編著

比較のなかの福祉国家

A 5 判・362頁・本体3,500円

大沢真理編著

アジア諸国の福祉戦略

A 5 判・362頁・本体3,500円

金　成垣編著

現代の比較福祉国家論
――東アジア発の新しい理論構築にむけて

A 5 判・560頁・本体8,000円

齋藤純一編著

福祉国家／社会的連帯の理由

A 5 判・328頁・本体3,500円

加藤榮一著

福祉国家システム

A 5 判・424頁・本体6,500円

――――――― ミネルヴァ書房 ―――――――

http://www.minervashobo.co.jp/